7급 공무원

PUBLIC SERVICE APTITUDE TEST

대표유형 + 실전문제

공무원합격전략연구소

2026

7급 공무원 ｜ P S A T ｜ 대표유형+실전문제

인쇄일 2026년 1월 1일 5판 1쇄 인쇄
발행일 2026년 1월 5일 5판 1쇄 발행
등 록 제17-269호
판 권 시스컴2026

발행처 시스컴 출판사
발행인 송인식
지은이 공무원합격전략연구소

ISBN 979-11-6941-833-1 13350
정 가 20,000원

주소 서울시 금천구 가산디지털1로 225, 514호(가산포휴) ｜ **홈페이지** www.siscom.co.kr
E-mail siscombooks@naver.com ｜ **전화** 02)866-9311 ｜ **Fax** 02)866-9312

7급 공무원 시험에 도입된 PSAT는 공무 수행에 필요한 기본적 지식과 소양, 자질 등을 갖추고 있는지를 종합적으로 평가하는 시험으로 언어논리, 자료해석, 상황판단으로 구성된다.

언어논리는 문장구성, 이해력, 표현력, 논리적 사고력, 추론력에 관한 문제가 출제되고, 헌법 및 법률 조문, 신문기사 등의 장문을 지문으로 제시한 뒤 얼마나 잘 이해하고 있는지를 평가한다. 자료해석은 수치자료 처리와 분석, 기초적 통계처리 및 해석, 정보화 능력을 점검하는데 각종 비율, 증가율 등 각종 수치를 내준 뒤 분석능력을 측정하고 있다. 상황판단은 기획, 분석, 추론, 판단, 의사결정, 문제해결 등의 능력을 평가한다. 일본과 영국에서는 이미 오래전부터 시행 중이던 시험을 도입하여 공직자 시험에 시행하고 있다.

PSAT시험은 내용이 어렵다기보다는 긴 문장과 많은 자료를 제시하여 문제를 어렵다고 느끼게 만드는 것이 특징이다. 특히 언어논리의 경우 주어진 지문을 모두 읽고 문제를 풀이하면 주어진 시간에 풀 수 없다. 따라서 문제를 읽고 선지에 맞추어 지문을 찾아보면 쉽게 답을 찾을 수 있다. 자료해석의 경우도 선지를 읽고 이에 맞추어 자료에 대입하면 어렵지 않게 답을 찾을 수 있다. 많은 자료와 지문으로 인하여 어려움을 겪는 시험이므로 다양한 문제의 유형을 익히는 것이 가장 좋은 공부 방법이다. 'PSAT시험은 유형 익히기'라는 말은 이 때문이다.
이 책의 특징을 보면

첫째, 많은 기출문제를 토대로 문제를 구성하여 기출유형을 알 수 있게 하였다.
둘째, 문제 풀이유형을 제시하여 몇 가지 풀이유형만 익히면 쉽게 풀 수 있게 하였다.
셋째, 문제마다 상세한 해설을 제공하여 문제풀이과정을 쉽게 이해할 수 있게 하였다.

끝으로 이 책을 읽는 모든 이들이 고통에서 벗어나 완전한 평화와 행복에 이르기를 기원한다.

■ PSAT이란?

PSAT Public Service Aptitude Test (공직적격성평가)

공직자로서 필요한 기본적 지식, 소양, 자질 등을 측정하는 시험으로 언어논리, 자료해석, 상황판단의 세 영역으로 나누어 종합적인 사고력을 평가한다.

■ PSAT의 도입 배경

21세기 지식기반사회에서는 현대 과학기술의 급격한 발전과 정치, 사회, 문화의 급속한 변화가 진행되고 있다. 이러한 현대사회에서 요구하는 창의적이고 능동적으로 사고하는 인재를 선발하기 위해 PSAT이 도입되었으며, 국가고시에 있어서 암기와 단편적 지식측정위주의 1차 시험을 대체하여 초급관리자가 지녀야 할 기본적 소양과 공직적격 여부, 자질능력을 평가하기 위해 치러진다.

■ 문제출제 방향

- 지식을 단순히 암기하여 해결할 수 있는 문제는 피하고 다양한 독서를 통해 넓고 깊은 교양을 쌓아 종합적이고 심도 있는 사고를 요하는 문제를 중심으로 출제한다.
- 문제를 푸는 데 필요한 지식은 대학의 교양 수준을 넘지 않는 수준으로 출제하며, 전문지식을 필요로 할 때는 해당 지식을 별도로 설명해 주어야 한다.
- 문제에 제시되는 자료 또는 지문은 실제 공직에서 많이 다루어지거나 다룰 가능성이 높은 자료를 가능한 많이 사용하여 출제한다.

■ 언어논리

글의 내용을 이해하고 표현하고 추론하고 비판적, 논리적으로 사고하는 능력을 측정

- **평가항목** : 이해, 표현, 추론, 논리적 비판 등
- **소재** : 인문과학, 사회과학, 자연과학 등 다양한 분야의 지문을 사용하며 실용적인 글도 지문으로 이용하나 시 등과 같은 문학지문은 가급적 사용하지 않음
- **학습방법**
  - 글의 내용을 정확하게 이해하는 능력을 키우기 위해서는 평소 다양한 분야의 글을 접하여 읽는 것이 중요
  - 글을 표현하는 능력을 키우기 위해서는 평소에 자신의 생각을 명료하게 표현하는 습관을 길러야 하며, 다른 사람의 글을 읽고 자신의 입장에서 그 글을 새로 고쳐쓰는 훈련을 하는 것도 많은 도움이 됨
  - 추론능력을 키우기 위해서는 논리적으로 서술된 다양한 글을 읽고 그 글에 내제된 내용을 추론해보는 연습을 꾸준히 하여야 함

- 비판적, 논리적 사고능력을 키우기 위해서는 다른 사람이 써놓은 글을 바로 수용할 것이 아니라 의식적으로 비판적, 논리적으로 따져보는 습관을 가져야 함

■ 자료해석

기초통계능력, 수치리능력, 응용계산능력, 수학적 추리력 등을 측정

- **평가항목** : 이해, 적용, 분석, 종합평가 등
- **소재** : 사회과학, 자연과학의 분야뿐만 아니라 한국사, 시사적 자료까지 다양한 소재가 사용될 수 있으며 다양한 분야의 지표, 지수, 통계치를 이용한 문제도 출제될 수 있음
- **학습방법**
  - 자료의 이해능력을 키우기 위해 제시된 표와 그래프의 의미를 언어적 형태로 바꾸어 보는 연습 필요
  - 적용능력을 키우기 위해 주어진 개념이나 방법, 규칙, 법칙 등을 주어진 자료의 형태에 맞는 통계치로 찾아 사용
  - 분석능력을 키우기 위해 주어진 복잡한 자료를 정리하여 자료 속에 숨어 있는 아이디어를 찾아내고 주어지지 않은 정보를 찾는 연습
  - 종합평가능력을 키우기 위해 여러 개의 자료를 통합하여 결론을 도출해내는 연습이 필요

■ 상황판단

구체적으로 주어진 상황을 이해하고 추론 및 분석, 문제해결능력, 판단 및 의사결정능력을 측정

- **평가항목** : 이해, 추론 및 분석, 문제해결, 판단 및 의사결정 등
- **소재** : 인문과학, 사회과학, 자연과학, 법률 등 다양한 분야에서 공직자들이 접하게 될 실제적인 상황, 구체적인 사회 이슈, 공공정책 등을 사용
- **학습방법**
  - 이해능력은 복잡한 상황 속에 감추어져 있는 해결해야 할 문제와 그 문제의 본질을 찾는 것으로, 평소 우리 주변에서 일어나는 일이 어떤 흐름으로 흘러가는지 관심을 갖는 것이 도움이 됨
  - 추론 및 분석능력을 키우기 위해 다양한 글을 읽으며 그 글 속에 숨어있는 주요 요인을 추론하는 연습을 해야 함. 또한 기본적인 분석기법에 대한 개념과 논리를 이해하여 이러한 분석기법들이 주는 정보를 이해하고 이를 자신의 통찰력과 연결하여 미래를 예측하는 훈련을 반복하는 연습이 필요
  - 문제해결능력을 키우기 위해 평소 사회문제에 관심을 갖고 문제에 대한 대안 및 실행 시 나타날 수 있는 결과 등을 예측하는 연습 등이 필요
  - 판단 및 의사결정능력을 키우기 위해 복잡한 상황 속에서 해결해야 할 문제의 여러 대안들을 비교, 평가하여 최적의 대안을 도출해내는 훈련이 필요

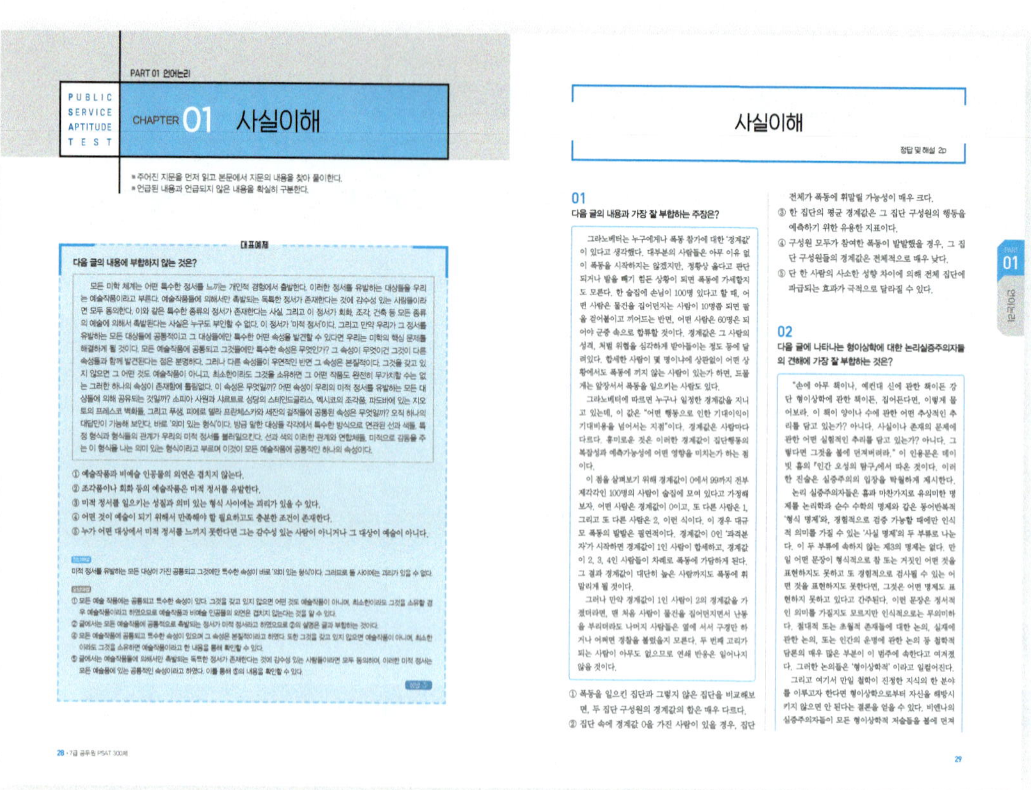

기출유형 문제

- **핵심 다이제스트** : 문제풀이에 앞서 각 영역별로 반드시 알아야 할 이론과 공식을 학습할 수 있도록 압축하여 정리해두었습니다.
- **문항구성** : 기존의 5급 공채, PSAT형 NCS, 민간경력채용 PSAT 시험 등의 기출문제와 기출변형문제, 유사유형문제를 영역별로 100문항씩 수록하여 문제 유형을 익힐 수 있도록 구성하였습니다.
- **대표예제** : 해당 영역의 유형마다 대표예제와 풀이 팁을 수록하여 본격적인 문제풀이에 앞서 문제 유형을 파악하기 쉽도록 하였습니다.

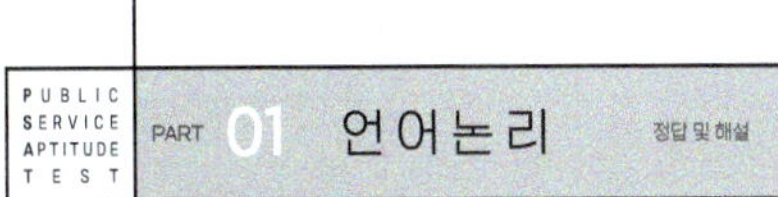

정답 및 해설

- **정답해설** : 각 문항별로 상세하고 이해하기 쉽게 풀이한 해설을 달아 수험에 도움이 되도록 하였습니다.
- **오답해설** : 정답을 아는 것에서 나아가 오답이 오답인 이유를 명백히 이해할 수 있도록 오답에 대한 해설도 함께 수록하였습니다.
- **난이도** : 문항마다 상(●●●) · 중(●●○) · 하(●○○)로 난이도를 표시하여 문제 풀이에 참고가 되도록 하였습니다.

목 차

SISCOM
Special Information Service Company
독자분들께 특별한 정보를 제공하고자 노력하는 마음
www.siscom.co.kr

핵심 다이제스트

PSAT 정복을 위한 핵심 다이제스트 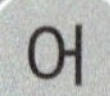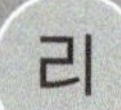

● 문제 풀이 방법

(1) 문제를 확인한다.

(2) 문제 선지를 확인한 후 지문을 확인한다.

(3) 글의 화제와 방향을 파악한다.

● 문장의 구조

(1) 이어진 문장은 절과 절이 이어져 만들어진 문장이다.

(2) 안은 문장은 한 절이 다른 절 속에 들어가 있는 문장이다.

(3) 글의 주제는 대부분 첫 문장이나 마지막 문장에 오는 것이 특징이다.

● 문단의 특징

(1) 한 문단에는 하나의 중심 내용이 있다.

(2) 중심 문장과 뒷받침 문장으로 이루어진다.

(3) 원인과 결과를 제시하고, 대상을 비교 및 대조한다.

● 지문의 특징

(1) 장문의 글을 제시한다.

(2) 핵심내용은 기억해야 할 내용이고, 세부내용은 정리해야 하는 내용이다.

(3) 두괄식, 미괄식, 양괄식 등이 있으나 중심 주제는 글의 앞에 오는 것이 대부분이고 글의 효과를 나타내기에도 좋다.

● 지문의 구성

(1) 공통점과 차이점

(2) 원인과 결과

(3) 주장과 근거

(4) 목적과 수단

(5) 비례와 반비례

(6) 현상과 원리

(7) 있음, 없음, 일부 있음, 모두 있음

(8) 양과 비율

● 전문영역의 글

(1) 익숙하지 않은 전문영역의 명사가 등장한다.

(2) 지문의 내용이 경험으로 이해할 수 없는 내용으로 기술되어 있다.

(3) 전문영역의 글은 서로 유기적으로 연결되어 있어 〈보기〉를 제시하고 다른 상황에 적용하는 문제들이 주로 출제된다.

● 선지의 구성

(1) 선지는 지문의 내용과 일치하는지, 다른지에 관하여 나타낸다.

(2) 추론이 가능한지 아닌지에 관한 내용도 나타낸다.

(3) 참인 경우와 참이 아닌 경우를 나타낸다.

(4) 지문이 길면 선지를 먼저 보고 선지에 따라 풀이해야 한다.

(5) 선지의 내용과 지문의 내용이 일치하는지를 확인하여 풀이해야 한다.

● 명제의 개념

(1) **명제** : 참, 거짓을 판별할 수 있는 문장이나 식을 말한다.

(2) **정언명제** : 어떤 대상 또는 상황에 대하여 단언적으로 말할 수 있는 명제이다.

　① 모든 P는 Q이다.

　② 모든 P는 Q가 아니다.

　③ 어떤 P는 Q이다.

　④ 어떤 P는 Q가 아니다.

(3) **복합명제** : 명제와 명제를 연결한 것이다.

　① P and Q이다.

　② P or Q이다.

　③ IF P라면 Q이다.

● 필요조건과 충분조건

(1) **필요조건** : 어떤 명제가 성립하는 데 필요한 조건으로 명제 'A이면 B이다.'가 성립할 때, A에 대하여 B를 이르는 말이다.

(2) **충분조건** : 어떤 명제가 성립하는 데 충분한 조건으로 'A이면 B이다.'에서 'A'는 'B'가 성립하는 데에 충분조건이다.

(3) **필요충분조건** : 어떤 명제가 성립하는 데 필요하고 충분한 조건으로 두 개의 명제 'A이면 B이다.'와 'B이면 A이다.'가 모두 참일 때, A에 대한 B, B에 대한 A를 이르는 말로 명제 A와 명제 B가 근본적으로 같다는 뜻이다.

● 명제의 진리표

(1) P∧Q

P	Q	P∧Q
T	T	T
T	F	F
F	T	F
F	F	F

(2) P∨Q

P	Q	P∨Q
T	T	T
T	F	T
F	T	T
F	F	F

(3) P → Q

P	Q	P → Q
T	T	T
T	F	F
F	T	T
F	F	T

(4) P ↔ Q

P	Q	P ↔ Q
T	T	T
T	F	F
F	T	F
F	F	T

● 삼단논법

(1) 전제 1 : P → Q

(2) 전제 2 : Q → R

(3) 결론 : P → R

● 대우

(1) 어떤 명제가 참일 때 그 명제의 대우는 항상 참이다.

(2) P → Q = ∼Q → ∼P

● 역

(1) 어떤 명제가 참일 때 그 명제의 역이 항상 참인 것은 아니다.

(2) 명제 P → Q의 역은 Q → P이다.

● 이

(1) 어떤 명제가 참일 때 그 명제의 이가 항상 참인 것은 아니다.

(2) 명제 P → Q의 이는 ~P → ~Q이다.

● 정보 추론

(1) 빈칸 추론은 빈칸 앞뒤의 문장과 관련이 있다. 또한 전체적으로 강조되고 있는 내용이 빈칸에 주로 들어간다.

(2) 〈보기〉의 내용을 적용할 때 지문의 개념과 같은 내용의 관계를 파악하여야 쉽게 풀이할 수 있다.

● 견해의 분석

(1) 견해는 주장과 근거로 구성된다.

(2) 견해는 인정과 동의, 비판과 동의하지 않음으로 구성된다.

● 강화와 약화

(1) 강화는 논증과 주장이 참일 가능성을 높이는 것이고, 약화는 논증의 주장이 거짓일 가능성을 높이는 것이다.

(2) 강화와 약화의 내용이 대부분 지문의 앞에 오는 경우와 끝부분에 오는 경우가 많다.

● 자료의 구성요소

(1) 주로 표의 형태로 나타내고 있으며 제목, 단위, 각주로 구성된다.

(2) 주어진 조건에 유의하여야 한다. 사소한 조건을 무시하면 답을 제대로 구할 수 없다.

● 자료읽기형의 특징

(1) 표의 내용이 광범위하게 주어진다.

(2) 원자료와 전체 자료와 개별 자료와 관계를 통하여 추론할 수 있는 것이 특징이다.

● 자료의 단위읽기

(1) 자료의 단위는 자료에 나타난 수치의 특성을 나타낸다.

(2) 주로 사칙연산을 통하여 계산할 수 있게 제시된다.

(3) 비율과 대비 비율에 유의하여 계산하여야 한다.

(4) 단순 대소비교, 항목 간 차이값과 총합을 묻는 문제가 주로 출제되고 있다.

● 각주 읽기

(1) 각주는 개념을 제시한다.

(2) 계산식을 제시하여 계산할 수 있게 한다.

(3) 제약조건을 제시하여 조건을 무시하면 오답을 구할 수 있게 하고 있다.

● 빈칸추론형

(1) 빈칸에 들어갈 내용을 찾으면 쉽게 답을 구할 수 있다.

(2) 계산에서 실수를 유도하는 문제가 출제된다.

(3) 풀이할 경우 계산을 적게 하는 방법으로 해야 한다.

● 표의 구성

(1) 비율형, 실수와 비율형

(2) 누적형과 구간형

(3) 도식화형

● 비율추론형

(1) 덧셈과 뺄셈은 어림산으로 자료를 소거하는 것이 편리하다.

(2) 보수를 이용하면 쉽게 수치를 단순화시킬 수 있다.

(3) 기준점과 비교점을 명확히 하여야 한다.

● 식컨트롤형

(1) 식의 결과값을 도출하고 크기를 비교하는 유형이다.

(2) 분수형은 번분수를 사용하여 단순한 분수로 변경하여 계산한다.

● 산술평균

(1) 평균 성적, 평균 수입 등 전체 자료의 개별 수치를 합하여 평균을 구한다.

(2) 편차는 개별 자료의 수치와 전체 평균의 차이값이다.

(3) 평균의 대소를 비교하는 문제와 중앙값을 계산하는 문제가 출제되고 있다.

(4) 가중평균을 구하는 문제가 출제되고 있다.

● 순위자료형

(1) 순위자료는 개념을 이용한 문제가 주로 출제된다.

(2) 순위는 수의 크기가 작을수록 우월하다.

● 보고서형

(1) 보고서와 자료를 효율적으로 연결해야 한다.

(2) 필요한 정보만을 찾아내는 것이 지름길이다.

(3) 자료의 일치여부를 확인하여야 한다.

● 매칭형

(1) 주어진 자료를 순서대로 확인하면서 경우의 수를 줄여야 한다.

(2) 경우의 수를 활용하여 풀이한다.

● 기타

(1) 벤다이어그램, 막대, 산포도, 방사형, 선버스트 그래프형

(2) 표−그래프 변형

(3) 상황판단형

　① 표, 그래프, 보고서 등 여러 가지를 복합적으로 제시하여 이루어진 문제이다.

　② 결과값의 크기를 순서대로 나열한 문제들도 자주 나온다.

　③ 규칙을 적용 또는 변형하여 판단하는 문제들도 나온다.

● 대응관계

(1) 대응관계에 있는 자료들을 정리한다.

(2) 대응시켜야 항목을 확인한다.

(3) 표 안에 들어갈 내용을 정리한다.

(4) 우선 순위를 정하여 순차적으로 적용한다.

● 참과 거짓

(1) 제시된 조건을 기준으로 인물들의 대화가 참, 거짓인지 판단한다.

(2) 모순되는 진술을 찾는다.

(3) 참과 거짓말을 하는 사람이 몇 명인지 확인한다.

● 경우의 수

(1) 확정적인 내용과 불확정적인 내용을 확인한다.

(2) 일정한 가정을 통하여 가능한 모든 경우의 수를 검토한다.

(3) 확정적인 내용부터 정리하여 나머지도 채워간다.

● 규칙 적용하기

(1) 문제에 나타난 규칙적인 내용을 확인한다.

(2) 명시적으로 나타나 있지 않은 규칙을 찾아 순서를 결정한다.

(3) 규칙이 복잡한 경우 구하고자 하는 내용이 무엇인지를 명확히 한 후 풀이한다.

● 시차 구하기

(1) 지역별 시차를 구하고, 지역 간 소요시간을 구한다.

(2) 기준 시점보다 빠르다 또는 느리다는 개념을 확실히 해야 한다.

● 최단 경로 구하기

(1) 최솟값, 최댓값을 갖는 경로를 활용한다.

(2) 최댓값을 갖는 경로를 소거해 나가는 방법을 활용한다.

(3) 유휴시간을 인지하여야 한다.

● 비교 및 평가 구하기

(1) 구하고자 하는 것을 명확히 한다.

(2) 적용이 제외되는 것을 확인한다.

(3) 계산을 최소화하는 방법을 찾는다.

● 법조문 이해

(1) 법조문에는 항상 주체가 먼저 나온다.

(2) ~을 할 수 있다는 것은 반드시 하여야 할 내용이 아니고 하지 않아도 된다는 의미이다.

(3) ~을 하여야 한다는 것은 필히 하여야 할 내용이다.

(4) ~으로 본다는 내용은 간주 규정으로 특별한 규정이 없으면 그렇게 되어야 한다는 것이다.

(5) 단지, 다만, 단 등의 내용은 예외적인 규정이므로 앞의 내용과 별개로 보아야 한다.

● 상황이해

(1) 비교되는 개념들이 존재하는지를 확인한다.

(2) 여러 가지 개념들이 있는 경우 개념 간의 차이를 확인한다.

(3) 접속사의 표현에 유의한다.

PUBLIC SERVICE APTITUDE TEST

PUBLIC SERVICE APTITUDE TEST

PART 01 언어논리

PUBLIC SERVICE APTITUDE TEST

CHAPTER 01 사실이해

■ 주어진 지문을 먼저 읽고 본문에서 지문의 내용을 찾아 풀이한다.
■ 언급된 내용과 언급되지 않은 내용을 확실히 구분한다.

대표예제

다음 글의 내용에 부합하지 않는 것은?

모든 미학 체계는 어떤 특수한 정서를 느끼는 개인적 경험에서 출발한다. 이러한 정서를 유발하는 대상들을 우리는 예술작품이라고 부른다. 예술작품들에 의해서만 촉발되는 독특한 정서가 존재한다는 것에 감성 있는 사람들이라면 모두 동의한다. 이와 같은 특수한 종류의 정서가 존재한다는 사실, 그리고 이 정서가 회화, 조각, 건축 등 모든 종류의 예술에 의해서 촉발된다는 사실은 누구도 부인할 수 없다. 이 정서가 '미적 정서'이다. 그리고 만약 우리가 그 정서를 유발하는 모든 대상들에 공통적이고 그 대상들에만 특수한 어떤 속성을 발견할 수 있다면 우리는 미학의 핵심 문제를 해결하게 될 것이다. 모든 예술작품에 공통되고 그것들에만 특수한 속성은 무엇인가? 그 속성이 무엇이건 그것이 다른 속성들과 함께 발견된다는 점은 분명하다. 그러나 다른 속성들이 우연적인 반면 그 속성은 본질적이다. 그것을 갖고 있지 않으면 그 어떤 것도 예술작품이 아니고, 최소한이라도 그것을 소유하면 그 어떤 작품도 완전히 무가치할 수는 없는 그러한 하나의 속성이 존재함에 틀림없다. 이 속성은 무엇일까? 어떤 속성이 우리의 미적 정서를 유발하는 모든 대상들에 의해 공유되는 것일까? 소피아 사원과 샤르트르 성당의 스테인드글라스, 멕시코의 조각품, 파도바에 있는 지오토의 프레스코 벽화들, 그리고 푸생, 피에로 델라 프란체스카와 세잔의 걸작들에 공통된 속성은 무엇일까? 오직 하나의 대답만이 가능해 보인다. 바로 '의미 있는 형식'이다. 방금 말한 대상들 각각에서 특수한 방식으로 연관된 선과 색들, 특정 형식과 형식들의 관계가 우리의 미적 정서를 불러일으킨다. 선과 색의 이러한 관계와 연합체, 미적으로 감동을 주는 이 형식을 나는 의미 있는 형식이라고 부르며 이것이 모든 예술작품에 공통적인 하나의 속성이다.

① 예술작품과 비예술 인공물의 외연은 겹치지 않는다.
② 조각품이나 회화 등의 예술작품은 미적 정서를 유발한다.
③ 미적 정서를 일으키는 성질과 의미 있는 형식 사이에는 괴리가 있을 수 있다.
④ 어떤 것이 예술이 되기 위해서 만족해야 할 필요하고도 충분한 조건이 존재한다.
⑤ 누가 어떤 대상에서 미적 정서를 느끼지 못한다면 그는 감수성 있는 사람이 아니거나 그 대상이 예술이 아니다.

정답해설

미적 정서를 유발하는 모든 대상이 가진 공통되고 그것에만 특수한 속성이 바로 '의미 있는 형식'이다. 그러므로 둘 사이에는 괴리가 있을 수 없다.

오답해설

① 모든 예술 작품에는 공통되고 특수한 속성이 있다. 그것을 갖고 있지 않으면 어떤 것도 예술작품이 아니며, 최소한이라도 그것을 소유할 경우 예술작품이라고 하였으므로 예술작품과 비예술 인공물의 외연은 겹치지 않는다는 것을 알 수 있다.
② 글에서는 모든 예술작품에 공통적으로 촉발되는 정서가 미적 정서라고 하였으므로 ②의 설명은 글과 부합하는 것이다.
④ 모든 예술작품에 공통되고 특수한 속성이 있으며 그 속성은 본질적이라고 하였다. 또한 그것을 갖고 있지 않으면 예술작품이 아니며, 최소한이라도 그것을 소유하면 예술작품이라고 한 내용을 통해 확인할 수 있다.
⑤ 글에서는 예술작품들에 의해서만 촉발되는 독특한 정서가 존재한다는 것에 감성 있는 사람들이라면 모두 동의하며, 이러한 미적 정서는 모든 예술품에 있는 공통적인 속성이라고 하였다. 이를 통해 ⑤의 내용을 확인할 수 있다.

정답 ③

사실이해

정답 및 해설 186p

01

다음 글의 내용과 가장 잘 부합하는 주장은?

그라노베터는 누구에게나 폭동 참가에 대한 '경계값'이 있다고 생각했다. 대부분의 사람들은 아무 이유 없이 폭동을 시작하지는 않겠지만, 정황상 옳다고 판단되거나 발을 빼기 힘든 상황이 되면 폭동에 가세할지도 모른다. 한 술집에 손님이 100명 있다고 할 때, 어떤 사람은 물건을 집어던지는 사람이 10명쯤 되면 팔을 걷어붙이고 끼어드는 반면, 어떤 사람은 60명은 되어야 군중 속으로 합류할 것이다. 경계값은 그 사람의 성격, 처벌 위협을 심각하게 받아들이는 정도 등에 달려있다. 합세한 사람이 몇 명이냐에 상관없이 어떤 상황에서도 폭동에 끼지 않는 사람이 있는가 하면, 드물게는 앞장서서 폭동을 일으키는 사람도 있다.

그라노베터에 따르면 누구나 일정한 경계값을 지니고 있는데, 이 값은 "어떤 행동으로 인한 기대이익이 기대비용을 넘어서는 지점"이다. 경계값은 사람마다 다르다. 흥미로운 것은 이러한 경계값이 집단행동의 복잡성과 예측가능성에 어떤 영향을 미치는가 하는 점이다.

이 점을 살펴보기 위해 경계값이 0에서 99까지 전부 제각각인 100명의 사람이 술집에 모여 있다고 가정해 보자. 어떤 사람은 경계값이 0이고, 또 다른 사람은 1, 그리고 또 다른 사람은 2, 이런 식이다. 이 경우 대규모 폭동의 발발은 필연적이다. 경계값이 0인 '과격분자'가 시작하면 경계값이 1인 사람이 합세하고, 경계값이 2, 3, 4인 사람들이 차례로 폭동에 가담하게 된다. 그 결과 경계값이 대단히 높은 사람까지도 폭동에 휘말리게 될 것이다.

그러나 만약 경계값이 1인 사람이 2의 경계값을 가졌더라면, 맨 처음 사람이 물건을 집어던지면서 난동을 부리더라도 나머지 사람들은 옆에 서서 구경만 하거나 어쩌면 경찰을 불렀을지 모른다. 두 번째 고리가 되는 사람이 아무도 없으므로 연쇄 반응은 일어나지 않을 것이다.

① 폭동을 일으킨 집단과 그렇지 않은 집단을 비교해보면, 두 집단 구성원의 경계값의 합은 매우 다르다.

② 집단 속에 경계값 0을 가진 사람이 있을 경우, 집단 전체가 폭동에 휘말릴 가능성이 매우 크다.

③ 한 집단의 평균 경계값은 그 집단 구성원의 행동을 예측하기 위한 유용한 지표이다.

④ 구성원 모두가 참여한 폭동이 발발했을 경우, 그 집단 구성원들의 경계값은 전체적으로 매우 낮다.

⑤ 단 한 사람의 사소한 성향 차이에 의해 전체 집단에 파급되는 효과가 극적으로 달라질 수 있다.

02

다음 글에 나타나는 형이상학에 대한 논리실증주의자들의 견해에 가장 잘 부합하는 것은?

"손에 아무 책이나, 예컨대 신에 관한 책이든 강단 형이상학에 관한 책이든, 집어든다면, 이렇게 물어보라. 이 책이 양이나 수에 관한 어떤 추상적인 추리를 담고 있는가? 아니다. 사실이나 존재의 문제에 관한 어떤 실험적인 추리를 담고 있는가? 아니다. 그렇다면 그것을 불에 던져버려라." 이 인용문은 데이빗 흄의 『인간 오성의 탐구』에서 따온 것이다. 이러한 진술은 실증주의의 입장을 탁월하게 제시한다.

논리 실증주의자들은 흄과 마찬가지로 유의미한 명제를 논리학과 순수 수학의 명제와 같은 동어반복적 '형식 명제'와, 경험적으로 검증 가능할 때에만 인식적 의미를 가질 수 있는 '사실 명제'의 두 부류로 나눈다. 이 두 부류에 속하지 않는 제3의 명제는 없다. 만일 어떤 문장이 형식적으로 참 또는 거짓인 어떤 것을 표현하지도 못하고 또 경험적으로 검사될 수 있는 어떤 것을 표현하지도 못한다면, 그것은 어떤 명제도 표현하지 못하고 있다고 간주된다. 이런 문장은 정서적인 의미를 가질지도 모르지만 인식적으로는 무의미하다. 절대적 또는 초월적 존재들에 대한 논의, 실재에 관한 논의, 또는 인간의 운명에 관한 논의 등 철학적 담론의 매우 많은 부분이 이 범주에 속한다고 여겨졌다. 그러한 논의들은 '형이상학적'이라고 일컬어진다.

그리고 여기서 만일 철학이 진정한 지식의 한 분야를 이루고자 한다면 형이상학으로부터 자신을 해방시키지 않으면 안 된다는 결론을 얻을 수 있다. 비엔나의 실증주의자들이 모든 형이상학적 저술들을 불에 던져야 마땅하다고까지 나아간 것은 아니었다. 그들은 그런 저술들이 인생에 대해 어떤 재미있거나 관심을 둘 만한 태도를 표명할 수도 있다고 인정하였다. 그들의 요점은 그렇다 하더라도 그것은 진리이거나 거짓일 수 있는 그 어떤 것도 진술하지 않으며, 따라서 지식의 확장에 아무런 기여도 할 수 없으리라는 것이다. 논리실증주의자들은 형이상학적 발언을 정서적이라는 이유가 아니라 인식적인 체하고 있다는 이유로 비판했다.

① 형이상학의 명제는 동어반복적이기 때문에 거짓일 수 없다.
② 형이상학은 존재 그 자체를 탐구함으로써 우리의 지식 영역을 넓혀준다.
③ 형이상학의 명제들은 인생에 대한 성찰을 통해서 심리적 만족을 줄지 모르나 참이거나 거짓일 수 없다.
④ 형이상학과 경험과학은 연구 대상은 다르지만 진리를 추구함으로써 완전한 인간으로 나아가게 한다는 목표는 같다.
⑤ 형이상학은 경험적 인식이 가능하기 위한 전제들을 찾아내고 비판적으로 반성함으로써 경험적 인식의 토대를 밝혀준다.

03

다음 글에서 A의 설명과 지적을 모두 파악했을 때 빈칸에 들어갈 문장으로 가장 적절한 것은?

많은 서양학자들은 도(道)의 의미를 설명하기 위해 도로를 은유로 사용해왔다. 예를 들면 A는 도의 개념을 설명하기 위해 도로라는 은유를 광범위하게 사용하고 있고, 심지어는 예(禮)를 도의 '도로 구조'로 묘사하고 있다. 현대 중국어에서 '도로'가 길을 의미하는 것으로 보아 길들(roads)은 확실히 도의 범주에 포함된다. 도로가 길을 의미하는 똑같은 예가 고전 문헌에도 나타난다. 또 주(周) 왕조 금문에서도 도의 의미 가운데 '도로'가 들어 있다. 하지만 A는 길의 은유가 철학적 개념으로서 적절하지 못하다고 지적했다. 그것은 도와 연관된 원칙이나 이미지가 십자로에 의해 함축된 선택을 허락하지 않았기 때문이다. 더구나 도의 길은 한 방향으로 흐른다.

이처럼 일치하지 않는 이유는 도가 길이라는 특별한 의미를 갖고 있지 않기 때문이다. 중국어에서 수로나 도로, 즉 사람이 따라 걷는 땅 위뿐만 아니라 물이 흘러가는 수로 등은 모든 종류의 길을 포함하는 일반적 범주이다. 만약 우리가 도의 은유 뿌리로서 도로를 취한다면 그것은 (   ) 그러나 만약 개념의 전형으로서의 도로보다 물의 흐름이나 수로의 자연적 코스를 취한다면 더 이상 특이한 점이 없어진다. 비록 수로는 지류들에 의해 합류되지만 원천을 갖고 있으며 한 방향으로 흘러 결국 바다에 이를 때까지 계속 아래로 움직일 것이다.

도를 길로 해석하는 것은 설득력이 있고 이해할 수도 있다. 왜냐하면 길은 서양에서 친근한 형이상학적 이미지이기 때문이다. 길에 의한 반향은 '다마스커스로 통하는 길'에서부터 현대의 영화에서 표현되는 길에 관한 이미지까지도 포함한다. 그래서 서양 사람들은 길에 대해 심원한 이미지에 쉽게 반응한다.

그러나 도를 길로 해석하는 것은 길이 '잘못된 인도'의 이미지를 갖고 있다는 데에 호소하고 있다. 서양 사람들에게 길은 정신적 여행을 의미하는 경향이 있다. 그 여행의 과정을 통해 사람들은 여러 가지 고통을 경험하고 낯선 사람들과 만나면서 깨닫고 자기를 구현하는 결과를 가져오기 때문이다. 서양 사람들은 신이든 자기 자신이든 길 위에서 어떤 것을 발견하고자 한다. 이 길이 바로 서양 사람들이 자연스럽게 따르는 길이다. 반면 고대 중국인들은 도를 따름으로써 신이나 내 적자신과 만나지는 않으나 인간으로서의 가장 높은 가능성을 완성할 수 있다고 생각했다. 가장 완전한 사람만이 도를 따르는 것이다.

① 모든 방향으로 뻗어나다가 결국 한 곳으로 모이는 길이 될 것이다.
② 한쪽 방향으로만 흐르고 교차점이 없는 특이한 길이 될 것이다.
③ 모든 방향으로 갈 수 있지만 순환 구조를 가진 특수한 길이 될 것이다.
④ 한쪽 방향으로 흐르는 두 길이 끊임없이 평행하게 진행될 것이다.
⑤ 한쪽 방향으로 나아가지만 교차점이 있어 순간의 선택이 허용되는 길이 될 것이다.

04

다음 글의 내용과 가장 부합하지 않는 것은?

우리는 신체의 감각으로부터 얻는 '느낌'과 개념적 사고로부터 얻는 '이성'을 다른 차원의 것이라고 생각한다. 느낌은 명료하게 정의내릴 수도 없고 명확히 분류할 수도 없다는 점에서, 개념적으로 명확한 경계가 있는 언어야말로 이성의 초석이다. 즉 포유류와 어류, 삼각형과 원, 숫자 등의 개념은 언어가 마련해 준다. 그래서 유일하게 언어를 사용하는 인간만이 이성적 존재로서 다른 생물들과 근원적으로 다르다는 생각을 가지게 되는 것이다.

그러나 레이코프(George Lakoff)와 존슨(Mark Johnson)은 이성을 중심으로 한 서구의 사상을 비판한다. 범주화는 언어가 마련해주는 개념을 기반으로 하기 때문에 인간만이 할 수 있는 것으로 흔히 생각되지만, 모든 생물이 사물을 범주화한다는 것이다. 예컨대 가장 하등한 동물이라고 여겨지는 아메바도 자기와 마주치는 것들을 먹을 수 있는 것과 먹을 수 없는 것으로, 또는 다가가야 할 대상과 멀어져야 할 대상으로 범주화한다. 이런 범주화는 동물계의 모든 층위에 적용된다. 동물들은 음식, 약탈자, 가능한 짝, 자신들의 종에 소속된 동물 등을 범주화한다. 동물들이 범주화하는 방식은 자신들의 감각기관과 이동능력 및 대상 조작 능력에 의존한다.

인간이 사물을 범주화하는 일도 신체화되어 있는 방식의 한 결과이다. 대체적으로 범주화는 의식적인 사유작용의 산물이 아니다. 범주화는 인간의 생물학적구조의 피할 수 없는 결과이다. 인간은 신경을 가진 존재로서, 두뇌에는 1,000억 개의 뉴런과 100조 개의 시냅스 연결체가 있다. 정보가 뉴런들이 빽빽이 들어찬 한 집합에서 비교적 드문드문 있는 연결체들의 집합을 통해 다른 집합으로 보내지는 것은 두뇌에서 흔한 일이다. 이런 일이 일어날 때마다 뉴런들의 첫 번째 집합에 대해 분산되는 활성화의 패턴은 너무 커서 드문드문 있는 연결체의 집합에서 일대일 방식으로 표상될 수 없다. 그러므로 드문드문 있는 연결체들의 집합은 어떤 입력 유형들을 출력 집합에 사상할 때 그 유형들을 반드시 분류해 놓는다. 한 뉴런 집합이 다른 입력들을 동일한 출력에 제공할 때마다 신경상의 범주화가 존재한다.

범주들 중 소수만이 의식적인 범주화 행위에 의해 형성되었다. 그러나 대부분의 범주는 세계 안에서 기능화의 결과로서 자동적·무의식적으로 형성된다. 비록우리가 일상적으로 새로운 범주들을 배우기는 하지만, 이러한 의식적인 재범주화행위를 통해 우리의 범

주 체계에 대규모의 변화를 일으킬 수는 없다. 우리는 우리의 범주화 방식을 의식적으로 완전히 통제하지도 않고 또한 통제할 수도 없다. 따라서 인간이 아무리 심사숙고하여 새로운 범주들을 만들고 있다고 생각할 때에도, 무의식적 범주들은 모든 의식적 범주들의 선택에 개입한다는 것이다.

① 모든 생물은 사물을 범주화한다.

② 인간이 이성으로만 사물을 범주화하는 것은 아니다.

③ 인간은 의식적인 재범주화를 통해서 동물과 변별된다.

④ 아메바가 사물을 분별하는 능력과 인간의 이성은 정도의 차이이지 질적인 차이가 아니다.

⑤ 인간이 인간의 범주화 방식을 완전히 통제하는 것은 불가능하다.

05

다음은 아인슈타인의 사고와 창의성에 관한 설명이다. 다음 글의 내용과 거리가 가장 먼 글은 어느 것인가?

아인슈타인은 사고를 다음과 같이 정의했다.

"개념의 조작, 즉 개념들 사이에 공고한 기능적 관계를 만들고 사용하는 것이고, 이러한 개념들에 감각 경험을 배분하는 것이다."

사고에 관한 아인슈타인의 말은 헬름홀츠가 1894년에 쓴 「우리의 감각 인상의 기원과 바른 해석」에서 사고에 대한 분석과 거의 똑같고, 시각 이미지가 〈개념〉이라고 한 말은 1897년의 볼츠만의 정의와도 같다.

그러나 아인슈타인의 관점은 헬름홀츠의 관점과 두 가지 본질적인 이유에서 다르다. 첫째, 아인슈타인에게 사고는 〈개념을 가지고 자유롭게 노는 것〉이고, 이것은 푸앵카레의 관점과 비슷하다. 둘째, 감각 경험과 개념 사이의 관계 조정은 감각 데이터 또는 실험 데이터와 정확한 물리 법칙 사이에 놓여 있는 심연을 직관에 의해 뛰어넘음으로써만 가능하다.

아인슈타인은 우리의 창조적 사고가 본질적으로 비언어적이라고 생각한 듯하다. 그는 이렇게 말했다. 〈어떻게 우리는 경험에 대해 자발적으로 '놀라워할' 수 있는가?〉 아인슈타인은 〈놀라워한다〉는 말의 뜻을 최대한 정교하게 했다. 놀라움은 〈어떤 경험이 이미 우리 속에 충분히 정착된 세계 개념과 충돌할 때 일어난다〉. 예를 들어 아인슈타인은 자기가 대여섯 살 때 나침반을 보고, 바늘이 마치 보이지 않는 손에 잡힌 듯이 한 방향을 유지하는 것을 〈놀라워한〉 기억을 회상했다. 이 이미지는 그에게 큰 영향을 주어서, 그는 물리학을

패러데이와 맥스웰이 기초한 것과 같은 장이론으로 정
식화하는 것을 좋아하게 되었다. 장이론은 접촉에 의
한 작용을 추상화한 것이다.

직관에 대한 아인슈타인의 세 가지 정의는 〈놀라움〉이
라는 말의 용법에 모두 융합된다. 아인슈타인이 직관
이라는 용어를 자주 사용하기 시작한 것은 「복사의 존
재와 구성에 관한 우리의 직관의 발전에 관해」(1909)
에서였다. 소제목이 보여주듯이, 아인슈타인은 이 논
문에서 오랫동안 받아들여졌던 빛의 파동론과 자기가
1905년에 발표한 입자론, 즉 광양자론 사이의 직관의
괴리를 다루었다. 아인슈타인은 특수상대성이론이 새
로운 시공간 개념을 가지고 있음에도 뉴턴 역학의 연
장이라고 생각했고, 나중에 두 이론의 연속성을 주장
했다.

① 아인슈타인은 새로운 시공이론인 상대성이론을 완
　성하였는데, 이것은 뉴턴 역학과는 비교할 수도 없
　는 완전히 새로운 것이었다.

② 아인슈타인은 특정 경험이 우리가 지니고 있는 기존
　개념과 충돌을 할때 놀라움이 일어난다고 보았다.

③ 아인슈타인에게서 창조적 사고는 본질적으로 비언
　어적인 것이었다.

④ 아인슈타인의 사고에 대한 생각은 헬름홀츠, 볼츠만
　과 유사한 측면이 있긴 하지만, 푸앵카레의 관점과
　비슷한 측면이 더 많다.

⑤ 실험데이터와 정확한 물리법칙 사이에 모순이 나타
　날 때 직관 및 시각적 이미지를 바탕으로 창조적인
　사고로 만들어나가는 것은 아인슈타인의 태도와 유
　사하다.

06

다음 글은 교통 관련 논문의 요약에 해당한다. 글의 내
용을 대표하는 핵심 단어를 네 개 선정할 때, 여기에 들
어갈 단어로 가장 적합하지 않은 것은?

국내 교통사고는 매년 35만 건 이상이 발생하여 그
어떤 재난과 비교할 수 없을 만큼 심각한 인명 및 재산
손실을 초래하고 있다. 국가는 국민의 생명과 안전을
지키기 위해 다양한 교통안전사업을 시행하고 있지만
여전히 선진국 수준에는 미치지 못해 보다 적극적인
노력이 필요하다.

교통안전 사업의 평가체계는 다음과 같은 두 가지
문제점을 지니고 있다. 첫 번째는 교통안전사업의 성
과분석 및 평가가 사망자 수 감소에 집중되어 있다는
점이다. 두 번째는 교통안전사업 평가에 투자예산이
비용으로 처리된다는 점이다. 교통안전사업이 잘 운영
되려면 교통안전사업의 정확한 평가를 통한 불요불급
한 예산방지 및 예산효율의 극대화가 무엇보다 중요하
다. 교통안전사업 시행에 따른 사회적 비용 감소 효과
를 명확하게 분석할 수 있다면 명확한 원칙과 기준을
제시할 수 있을 뿐만 아니라, 교통안전사업의 효과를
높일 수 있어 교통사고 비용 감소에 크게 기여할 수 있
을 것이다.

따라서 본 연구는 교통안전사업을 유형별로 분류하
고, 교통안전 사업시행에 따른 교통사고 비용감소효과
를 분석하여 사업의 효과를 계량적으로 도출한다. 더
불어 교통안전사업에 투자되는 예산을 비용이 아닌 자
산으로 인식하고 평가하는 패러다임을 제시하여 교통
안전사업평가가 보다 명확하게 이루어질 수 있도록 시
사점을 제시한다. 이로 인해 교통안전사업이 보다 효
과적으로 수행될 수 있도록 초석을 제공하는 것이 본
연구의 목적이다.

교통안전사업을 시설개선 · 교통단속 및 교육홍보연
구라는 3가지 범주로 나누고, 사업별 예산투자에 따른
사상종별 비용감소효과를 분석하였다. 도로교통공단
연구자료인 '도로교통 사고비용의 추계와 평가'에 제시
된 추계방법을 활용하여 2007년부터 2014년도까지 8
개년 간 각 지자체의 사고비용을 계산하였으며, 정부
기관 문헌자료를 참고하여 8개년간 각 지자체의 교통
안전사업 투자예산을 계산하였다.

이를 바탕으로 교통안전사업 투자예산과 사고비용
감소와의 상관관계를 분석하였다. 과거연구모형을 수
정하여 사업 투자금액을 자산으로 분류하였다. 연구결
과, 사망자 사고비용 감소를 위해 가장 유효한 사업은
교통단속으로 나타났으며, 중상자 및 경상자 사고비용
감소를 위해 가장 유효한 사업은 안전한 보행환경 조

성 사업으로 나타났다.

　비용으로 분류되던 교통안전사업의 결과를 자산으로 처리하고, 종속변수를 교통사고 비용으로 하여 기존 연구와 차별점을 두었다. 사상종별로 효과가 있는 사업이 차이가 있음을 확인하였으며, 교통사고 현황 분석을 통해 주로 발생하는 사고유형을 확인하고 맞춤형 교통안전사업을 전개한다면 보다 효과적이고 수용성 높은 방향으로 사업이 시행될 것으로 판단된다.

① 비용감소효과
② 교통단속
③ 보행환경조성
④ 사회적 비용
⑤ 교통안전사업

07

다음 ㉠으로 가장 적절한 것은?

　오늘날 유전 과학자들은 유전자의 발현에 관한 ㉠ 물음에 관심을 갖고 있다. 맥길 대학의 연구팀은 이 물음에 답하려고 연구를 수행하였다. 어미 쥐가 새끼를 핥아주는 성향에는 편차가 있다. 어떤 어미는 다른 어미보다 더 많이 핥아주었다. 많이 핥아주는 어미가 돌본 새끼들은 인색하게 핥아주는 어미가 돌본 새끼들보다 외부 스트레스에 무디게 반응했다. 게다가 많이 안 핥아주는 친어미에게서 새끼를 떼어내어 많이 핥아주는 양어미에게 두어 핥게 하면, 새끼의 스트레스 반응 정도는 양어미의 새끼 수준과 비슷해졌다.

　연구팀은 어미가 누구든 많이 핥인 새끼는 그렇지 않은 새끼보다 뇌의 특정 부분, 특히 해마에서 글루코코르티코이드 수용체들, 곧 GR들이 더 많이 생겨났다는 것을 발견했다. 이렇게 생긴 GR의 수는 성체가 되어도 크게 바뀌지 않았다. GR의 수는 GR 유전자의 발현에 달려있다. 이 쥐들의 GR 유전자는 차이는 없지만 그 발현 정도에는 차이가 있을 수 있다. 이 발현을 촉진하는 인자 중 하나가 NGF 단백질인데, 많이 핥인 새끼는 그렇지 못한 새끼에 비해 NGF 수치가 더 높다.

　스트레스 반응 정도는 코르티솔 민감성에 따라 결정되는데 GR이 많으면 코르티솔 민감성이 낮아지게 하는 되먹임 회로가 강화된다. 이 때문에 똑같은 스트레스를 받아도 많이 핥인 새끼는 그렇지 않은 새끼보다 더 무디게 반응한다.

① 코르티솔 유전자는 어떻게 발현되는가?
② 유전자는 어떻게 발현하여 단백질을 만드는가?
③ 핥아주는 성향의 유전자는 어떻게 발현되는가?
④ 후천 요소가 유전자의 발현에 영향을 미칠 수 있는가?
⑤ 유전자 발현에 영향을 미치는 유전 요인에는 무엇이 있는가?

08

다음 글은 공공기관 사회적 가치 포럼에 대한 보도 자료에 해당한다. 포럼에 참석한 사람들이 언급한 내용으로 적절하지 않은 것은?

　지난 7월 5일 대전컨벤션센터 무역전시관에서 열린 '공공기관 사회적 가치 포럼'은 사회적 가치 실현과 확산을 위한 과제 및 실행방안에 대해 주요 공공기관 관계자, 관련 연구자 등 전문가들이 모여 활발하게 이야기를 나눈 자리였다. 현 정부 핵심 과제 중 하나인 사회적 가치에 대해 국민들의 관심과 기대가 높아지는 가운데, 주요 추진 주체인 공공기관들이 느끼는 다양한 고민을 허심탄회하게 주고받았다.

　'제2회 대한민국 사회적 경제 박람회'의 부대 행사로 열린 이날 포럼은 '공공기관 사회적 가치 협의체' 주관으로 열렸다. 협의체는 올해 2월 한국가스공사, 한국수자원공사, 한국철도공사, 한국토지주택공사를 비롯한 공공기관과 희망제작소, 한겨레경제사회연구원, 한국사회적기업진흥원, 전국 사회연대경제 지방정부협의회 등 연구 및 지원기관 등이 모여 사회적 가치 실천과 확산을 도모하기 위해 꾸린 기구다.

　포럼의 첫 포문은 이○○ LAB2050 대표가 열었다. 그는 '공공기관의 사회적 가치와 국민 인식'이라는 주제를 통해 지난 5월 국민 1,027명을 대상으로 LAB2050이 실시한 '국민 인식조사' 결과를 공개했다 (온라인, 95% 신뢰수준 오차범위 ±3.06%). "국민들은 공공기관이 앞장서서 사회적 가치를 실현해야 하지만, 현재는 미흡한 상황으로 인식한다."라는 게 골자였다. 두 번째 발제자로 나선 임○○ 한국가스공사 상생협력부장은 '공공기관 사회적 가치 실현의 어려움과 극복방안'이라는 주제로 업무 담당자로서 현장에서 느낀 현실적인 고민들을 언급했다. 세 번째 '공공기관 사회적 가치 실현 사례와 유형'을 주제로 발제에 나선 조○○ 한겨레경제사회연구원 시민경제센터장은 주요 공공기관에서 진행된 실제 사례를 예로 들며 참석자들의 이해를 도왔다. 그는 연구를 통해 최근 정리한 공공기관의 사회적 가치 실현 방법을 소개했다. '기관 설립 목적 및 고유사업 정비'(타입 1), '조직 운영상 사회적 책임 이행'(타입 2), '가치사슬(Value Chain) 상 사회적 가치 이행 및 확산'(타입 3)의 세 가지였다.

발제 후 이어진 토론에서는 공공기관 사회적 가치 업무 담당자들의 공감의 발언들이 쏟아졌다. 오○○ 한국수자원공사 사회가치창출부장은 "공공기관은 수익성을 놓지 않은 채 사회적 가치를 실현할 방법을 고민하고 있다."며 "기관 전체 차원에서 사업추진 프로세스와 관점의 변화가 필요하다."라고 강조했다. 마○○ 한국철도공사 윤리경영부장도 "사회적 가치를 추구하더라도 공공성과 효율성을 어떻게 조화시킬 것인가 하는 고민은 계속될 것"이라고 전했다. 공공기관 구성원들에 대한 당부도 나왔다. 김○○ 전국 사회연대경제 지방정부협의회 사무국장은 "사회적 가치 실현을 위해 외부 기관의 진단이나 평가 등을 제도화하는 것도 중요하다."라면서도 "다만, 구성원들이 사회적 가치를 제대로 이해하고 성찰하는 계기를 마련하는 작업이 우선"이라고 말했다.

공공기관 담당부서 관계자, 관련 연구자 등 100여명이 넘는 참석자들이 자리를 가득 메운 채, 약 2시간 동안 진행된 이날 포럼은 '사회적 가치를 공공기관 경영의 중심에 놓아야 한다' 깊은 공감대 속에서 활발하게 진행됐다. 사회적 가치의 개념과 추진 방법에 대한 현장의 혼란을 고스란히 듣고, 수익성과 공공성 사이에서 적절한 지점을 찾는 과정이 필요하다는 점 등 향후 과제를 짚어본 점 역시 큰 수확이었다. 그 때문에 앞으로 공공기관과 공공부문을 중심으로 추진될 사회적 가치 실현 작업에 대한 기대도 커졌다. 나아가 민간 기업, 그리고 사회 전반으로 확산되는 그림도 어렴풋이 그려졌다.

① 공공기관이 사회적 가치를 실현하는 수준은 국민 인식상 아직까지 미흡한 수준이다.
② 공공기관이 사회적 가치를 실현할 때에는 공공성과 효율성을 함께 고려해야 한다.
③ 공공기관이 사회적 가치를 실현하기 위해서는 다섯 가지 핵심 원칙을 준수해야 한다.
④ 공공기관이 사회적 가치를 실현하기 위해서는 진단이나 평가 제도를 마련해야 한다.
⑤ 공공기관이 사회적 가치를 실현하기 위해서는 기관 전체 차원에서 관점의 변화가 필요하다.

09

다음 글의 주장과 부합하는 것으로 가장 적절한 것은?

고구려 태학에서는 사람들에게 풍악을 가르쳤기 때문에 명칭을 '성균관(成均館)'이라 하였다. 그러나 지금 태학에서는 풍악을 익히지 않으니 이 이름을 쓰는 것은 옳지 않고 '국자감'으로 바꾸는 것이 옳다. 국자(國子)란 원래 왕실의 적자(嫡者)와 공경대부의 적자인데, 지금 태학에는 국자만 다니는 것이 아니기에 명칭과 실상이 서로 어긋나지만 국자감이 그래도 본래 의미에 가깝다.

옛날에 사람을 가르치는 법은 원래 두 길이었다. 국자는 태학에서 가르쳤는데 대사악(大司樂)이 주관했고, 서민은 향학에서 가르쳤는데 대사도(大司徒)가 주관하였다. 순 임금이 "기여, 너에게 악(樂)을 맡도록 명하노니 주자(胄子)를 가르치되 곧으면서 온화하게 하라." 했으니, 이것은 태학에서 국자를 가르친 것이다. 순임금이 "설이여, 백성들이 서로 친근하지 않는구나. 너를 사도(司徒)로 삼으니, 공경하게 오교(五敎)를 펼쳐라." 했으니, 이것은 향학에서 서민을 가르친 것이다. 주례에 대사악이 육덕(六德)으로 국자를 가르쳤는데 이것도 순임금이 기에게 명하던 그 법이고, 대사도가 향삼물(鄕三物)로 만민을 가르쳤는데 이것도 순임금이 설에게 명하던 그 법이었다. 오늘날은 국자가 어떤 인물인지, 성균이 어떤 의미인지 알지 못하여, 서민의 자식이 국자로 자칭하고, 광대의 노래를 성균에 해당시키니 어찌 잘못된 것이 아니겠는가?

왕제(王制)는 한(漢)나라의 법이다. 왕제가 시행된 이래로 국자와 서민이 함께 태학에 들어가게 되었다. 그 제도가 2천 년이나 내려왔으니, 옛 제도는 회복할 수 없게 되었다. 비록 그렇지만 국자를 가르치던 법을 없어지게 해서는 안 된다. 우리나라 제도에 종학(宗學)이 있어 종실 자제를 교육했었는데, 지금은 혁파되었다. 태학은 종실 자제를 교육하던 곳인데 까닭 없이 서민에게 양보하고 따로 학교를 세워 종학이라 한 것도 잘못된 일인데 지금은 그것마저 혁파되었으니 개탄할 일이 아닌가? 지금 태학의 명륜당은 종학으로 만들어 종실의 자제 및 공경의 적자가 다니게 하고, 비천당은 백성들이 다니는 학교로 만들어 별도로 운영하는 것이 합당할 것이다.

① 종실 자제 위주의 독립된 교육은 잘못된 일이다.
② 성균관에서 풍악을 가르치던 전통을 회복해야 한다.
③ 향학의 설립을 통해 백성에 대한 교육을 강화해야 한다.

④ 왕제보다는 주례의 교육 전통을 따르는 것이 바람직하다.

⑤ 국자와 서민의 교육 내용을 통합하는 교육 과정이 필요하다.

10

다음 글의 논지의 전개방식으로 적절하지 않은 것은?

화가 고갱이 퐁타방이라는 마을에 머물고 있을 때 그 마을의 한 젊은 부부에게 신세를 진 일이 있어 그 감사의 표시로 젊은 부부 중 부인의 초상화를 그려 보 낸 적이 있었다. 그러나 초상화를 받은 부인(당시 마 을에서 미인으로 평판이 나 있었다.)은 물론 남편까지 도 이 초상화에 대하여 고마워하기는커녕 무슨 이런 추한 그림이 있느냐는 투로 불만을 노골적으로 표시했 다. 결국 초상화는 다시 고갱의 손으로 돌아오고 말았 다. 훗날 〈아름다운 앙젤〉이라는 이름을 딴 제명이 붙 은 초상화는 파리에서 비싼 값으로 팔렸다.

"참 아깝게 되었군요. 그때 그 초상화를 기꺼이 받아 지금껏 보관하고 계셨더라면…"

한 사나이가 초상화의 모델격인 그 젊은 부인에게 그 소식을 전하면서 못내 아쉬운 듯 이렇게 중얼거렸 지만 그 부인은 표정 하나 고치지 않고 이렇게 담담하 게 말했다.

"나하고 전혀 닮지 않은 그런 못난 그림을 내가 가졌 더라면 나는 지금도 그 그림 때문에 부끄러워 얼굴을 들고 다니지 못했을 거예요."

그러나 당시 화상을 하던 반 고흐의 동생 테오는 형 에게 보내는 편지에서 이 그림의 인상을 이렇게 적고 있다.

"여기에 그려져 있는 젊은 여인에게 어미 소 같은 포 근함이 느껴지며 얼굴의 표정은 물론 자태에서 시골풍 이 엿보여 보고 있으면 그저 즐겁습니다."

'그림의 목적이 꼭 닮아야 하고 아름다워야 하나'라 는 질문에 논란의 여지는 있지만 미술사적으로 보아 모 방의 개념이 그림을 평가하는 하나의 관점으로 되어 왔 다는 것은 숨길 수 없는 사실이다. 그래서인지 일반적 으로 화가라 하면 사물을 그대로 모방하는 기술자로 보 아 버리는 경우가 많다. 그림 그리는 일을 특수한 기술 훈련으로만 밀어붙이는 이러한 통념은 진실로 화가가 되기를 꿈꾸는 자에게 커다란 장애요소가 되기도 한다.

미술사가 뵐플린은 그의 저서 〈미술사의 원리〉에서 화가 리히터의 체험을 소개하고 있다. 리히터는 친구 셋과 더불어 티볼리에서 똑같은 풍경을 대상으로 보이

는 대로만 그리자고 단단히 약속하고 그리기 시작하였 으나 각자가 그려 낸 그림은 제각기 너무나도 다른 풍 경이었다고 고백을 하고 있다. 이것은 똑같은 풍경을 찍어내는 사진과 달리 화가들에겐 일치되는 단 하나의 절대적 모방이 불가능함을 잘 지적한 것이 아닐까.

대상을 모방할 때 대상의 표현뿐만 아니라 고갱의 초상화에서 테오가 읽어 낸 시골풍의 건강미와 같이 이면에 존재하는 비가시적인 것도 포함된다면 모방의 개념은 더욱 모호하고 복잡한 것이 되고 만다. 그래서 아리스토텔레스는 모방하는 것이 그림의 임무라면 사 람의 슬픔이나 기쁨도 동시에 모방할 수 있지 아니한 가라고 반문하고 있다. 풍경이 아름답다고 여겨질 때 우리는 한 폭의 그림 같다는 표현을 즐겨 하지만 결코 한 장의 사진 같다는 말을 하지 않는다. 화가가 아무리 대상을 그대로 모방한다 하더라도 그려진 그림에는 어 느 정도 화가 자신의 표정이 드러나게 마련이다. 뒤러 는 그렇기 때문에 화가의 힘은 자연을 모방한다기보다 는 자연으로부터 무엇인가를 끌어내는 것에 있다고 하 지 않았던가. 고갱의 작품 〈아름다운 앙젤〉도 알고 보 면 부인의 모습을 모방한 것이 아니라 부인으로부터 무엇인가를 찾아 낸─그래서 고갱 자신의 표정이 드러 난 단순한 초상화가 아닌 예술작품이다.

① 일화나 체험을 소개하여 흥미를 유발하고 있다.

② 상반된 주장을 모두 비판하면서 두 주장의 절충점을 도출하고 있다.

③ 구체적인 예를 제시하여 현실의 의미를 부여하고 있다.

④ 권위자의 견해를 소개하여 신뢰도를 높이고 있다.

⑤ 서로 다른 관점의 사례를 제시하여 필자가 말하고자 하는 바를 효과적으로 드러내고 있다.

11

다음 글에서 알 수 있는 것으로 가장 적절한 것은?

근세 조선은 건국 초부터 가족을 중시하였다. 가족 의 안정이 곧 사회의 안정이라는 인식하에, 가정의 핵 심인 부부를 보호하기 위해 어떻게든 이혼을 막아야 했다. 중국 법전인 대명률은 부인이 남편을 때렸거나 간통을 했을 경우 남편이 원하면 이혼을 허용했다. 그 런데 조선은 대명률을 준용하면서도 '조선에는 이혼이 란 없다.'라는 태도를 견지하였다. 대명률에는 이른바 출처(出妻)라는 항목이 있어서 이런저런 이유로 부인 을 내쫓을 수 있게 되어 있지만, 조선에서는 출처가 거 의 명목상으로만 존재하였다. 조선은 남편이 부인을

쫓아내는 것이 사회 안정에 도움이 되지 않는다는 사실을 잘 파악하고 있었다.

양반 남자 집안 또한 이혼이나 출처에 부정적이었다. 부인을 쫓아내면 그것은 곧 적처가 없게 되는 것이다. 적처는 양반가에서 적자의 배우자로 집안을 온전하게 유지하는 가정의 관리자다. 이에 조선의 양반가에서 적처의 존재는 필수 불가결한 것이었다. 게다가 적처를 쫓아내고 새 부인을 얻는다는 것은 현실적으로 비용과 노력이 많이 드는 골치가 아픈 일이었다. 적처를 내보내면 적처 집안과의 관계가 단절된다.

조선 전기에는 오늘날과 달리 남자가 여자 집으로 장가를 드는 형태로 혼인이 이루어졌기 때문에 적처의 집안 즉 여자 집안의 영향력이 컸고, 남자 집안과 여자 집안은 비교적 대등하고 협력적인 관계를 맺어 왔다. 물론 조선 후기로 내려오면서 혼인의 형태가 변화하여 남자 쪽이 주도권을 잡게 되었지만, 여전히 여자 집안으로부터의 영향력과 지원은 무시할 수 없었다. 따라서 여자 집안과의 공조를 끊는 것은 쉽게 결정할 일이 아니었다. 이러한 문제를 다 고려해서 이루어진 혼인이었으므로, 재혼을 통해 더 나은 관계를 찾는 것은 쉽지 않은 일이었다.

조선에서 남자 집안은 새로운 관계를 찾기보다는 처음 맺은 관계를 우호적으로 유지하면서 사회적인 이익을 얻기 위해 노력하는 것이 더 현실적이었다. 칠거지악이 여자들을 옥죄는 조선의 악습으로 알려져 있지만, 사실은 이 때문에 부인이 쫓겨난 경우는 없었다. 이처럼 이혼이 거의 불가능하고 또 불필요했기 때문에 조선의 부부들은 자신들에게 주어진 상황에 적응하는 쪽으로 노력을 기울였다.

① 조선 사회에서 양반 계층보다는 평민이나 노비 계층에서 이혼이 빈번했다.

② 조선의 양반 집안은 적처를 쫓아내기보다는 현실적인 이유에서 결혼을 유지하였다.

③ 조선에서 적처의 존재를 중요하게 생각한 것은 부인의 역할이 중국과는 달랐기 때문이다.

④ 조선 시대에는 중국 법전의 출처 항목에 명시된 사유에 해당한다고 판단될 경우 이혼을 용인하였다.

⑤ 조선 시대에 국가는 이혼을 막기 위해 남자 집안과 여자 집안 간의 공조를 위한 지원 정책을 실시했다.

12

다음 글을 읽고 (가) 문단에서 추론할 수 있는 내용이 아닌 것은?

(가) 온실가스로부터 지구를 지키지 못하면 인류의 미래를 보장할 수 없을지 모른다는 위기감이 부상하면서 신개념에너지에 대한 관심이 높아지고 있다. 이러한 관심에 힘입어 여러 방식의 신재생에너지가 개발되고 있으며 이 중 가장 주목받고 있는 것이 바로 풍력발전이다. 사실 인류가 바람을 에너지원으로 사용한지 1만년, 풍차를 사용한지 3,000년이 넘었다. 풍력발전이 시작된지도 100년이 넘었지만 그동안 생산비용이 저렴하고 사용하기 편리한 화력발전에 밀려 그다지 빛을 보지 못했다. 그러나 온실가스와 같은 환경문제가 대두되자 이로부터 자유로운 풍력발전이 차세대 에너지로 주목받게 되었고 이에 힘입어 풍력발전은 변신을 거듭하고 있다.

(나) 풍력발전은 바람의 운동에너지를 회전에너지로 변환하고 발전기를 통하여 전기에너지를 얻는 기술이다. 공학자들은 운동에너지를 조금이라도 더 얻기 위하여 풍력발전기 기술을 발달시키고 있다. 먼저 요우 시스템(yaw system)이 있다. 바람에 따라 풍력발전기의 방향을 바꿔 회전날개가 항상 바람의 정면으로 향하게 하는 것이다. 풍향계와 풍속계로 바람의 움직임을 실시간으로 측정해 발전기의 출력이 항상 최대가 되도록 한다. 또 비행기 날개와 같이 회전날개의 각도를 변화시키는 피치 시스템(pitch system)이 있다. 로터의 회전날개는 비행기의 날개와 마찬가지로 에어포일 구조로 되어 있어 바람에 따라 회전날개의 각도를 바꾼다. 이외에도 회전력을 잃지 않기 위하여 기어 없이 직접 발전기에 연결하고 복합재료를 이용하여 발전기통(나셀, nacelle)의 무게를 줄이는 등 다양한 방법을 쓴다. 무게가 줄어들면 보다 높은 위치에 풍력발전기를 매달 수 있기 때문이다.

(다) 고고도풍을 이용한 풍력발전은 결국 제트기류를 이용하게 될 것이다. 제트기류는 대류권 상층부에 부는 초속 30m의 편서풍이다. 때로는 초속 100m가 넘는 경우도 종종 있다고 한다. 제트기류의 단 1%만 이용해도 미국에서 사용하는 전기에너지를 모두 충당할 수 있다고 한다. 2차 세계대전 당시 일본은 미국 본토까지 폭탄을 실어 나르기 위하여 이 바람을 사용했지만 이제 제트기류는 인류를 구원할 막대한 에너지원이 됐다.

① 화력발전은 풍력발전보다 전력 생산비용이 낮다는 장점이 있다.

② 신재생에너지는 기존의 화력발전과 같은 발전방법에 비하여 환경문제를 적게 일으킬 것이다.

③ 풍력발전은 인류사에 있어 가장 오래된 에너지원이다.

④ 환경오염에서 자유로운 신재생에너지에 대한 관심이 높아지고 있다.

⑤ 화력발전은 온실가스 배출과 같은 환경문제를 일으킨다는 문제점이 있다.

13

다음 글은 독점 및 거래제한 행위에 대한 규제에 관한 내용이다. 글의 내용과 부합하지 않는 것은?

셔먼법은 1890년 독점 및 거래제한 행위에 대한 규제를 명시하여 제정되었다. 셔먼은 반독점법 제정이 소비자의 이익 보호와 함께 소생산자들의 탈집중화된 경제 보호라는 목적이 있다는 점을 강조했다. 그는 독점적 기업결합 집단인 트러스트가 독점을 통한 인위적인 가격 상승으로 소비자를 기만한다고 보았다. 더 나아가 트러스트가 사적 권력을 강화해 민주주의에 위협이 된다고 비판했다. 이런 비판의 사상적 배경이 된 것은 시민 자치를 중시하는 공화주의 전통이었다.

이후 반독점 운동에서 브랜다이스가 영향력 있는 인물로 부상했다. 그는 독점 규제를 통해 소비자의 이익이 아니라 독립적 소생산자의 경제를 보호하고자 했다. 반독점법의 취지는 거대한 경제 권력의 영향으로부터 독립적 소생산자들을 보호함으로써 자치를 지켜내는 데 있다는 것이다. 이런 생각에는 공화주의 전통이 반영되어 있었다. 브랜다이스는 거대한 트러스트에 집중된 부와 권력이 시민 자치를 위협한다고 보았다. 이 점에서 그는 반독점법이 소생산자의 이익 자체를 도모하는 것보다는 경제와 권력의 집중을 막는 데 초점을 맞추어야 한다고 주장했다.

반독점법이 강력하게 집행된 것은 1930년대 후반에 이르러서였다. 1938년 아놀드가 법무부 반독점국의 책임자로 임명되었다. 아놀드는 소생산자의 자치와 탈집중화된 경제의 보호가 대량 생산 시대에 맞지 않는 감상적인 생각이라고 치부하고, 시민 자치권을 근거로 하는 반독점 주장을 거부했다. 그는 독점 규제의 목적이 권력 집중에 대한 싸움이 아니라 경제적 효율성의 향상에 맞춰져야 한다고 주장했다. 독점 규제를 통해 생산과 분배의 효율성을 증가시키고 그 혜택을 소비자에게 돌려주는 것이 핵심 문제라는 것이다. 이 점에서

반독점법의 목적이 소비자 가격을 낮춰 소비자 복지를 증진시키는데 있다고 본 것이다. 그는 사람들이 반독점법을 지지하는 이유도 대기업에 대한 반감이나 분노 때문이 아니라, '돼지갈비, 빵, 안경, 약, 배관공사 등의 가격'에 대한 관심 때문이라고 강조했다. 이 시기 아놀드의 견해가 널리 받아들여진 것도 소비자 복지에 대한 당시 사람들의 관심사를 반영했기 때문으로 볼 수 있다. 이런 점에서 소비자 복지에 근거한 반독점 정책은 안정된 법적, 정치적 제도로서의 지위를 갖게 되었다.

① 셔먼과 브랜다이스의 견해는 공화주의 전통에 기반을 두고 있었다.

② 아놀드는 독점 규제의 목적에 대한 브랜다이스의 견해에 비판적이었다.

③ 셔먼과 아놀드는 소비자 이익을 보호한다는 점에서 반독점법을 지지했다.

④ 반독점 주장의 주된 근거는 1930년대 후반 시민 자치권에서 소비자 복지로 옮겨 갔다.

⑤ 브랜다이스는 독립적 소생산자와 소비자의 이익을 보호하여 시민 자치를 지키고자 했다.

14

다음 글에 대한 이해가 바르지 않은 것은?

최근 국가 먹거리 종합 전략과 지역 먹거리 계획수립의 근거를 담은 개정 법률안이 발의됐다. 생산, 유통, 소비까지 전 과정을 연계하는 시스템으로 국민에게 건강한 먹거리를 보장하고 지속가능한 농식품 산업을 도모하고자 한 것이다. 국가 차원의 먹거리 전략수립, 이른바 푸드플랜(food plan) 개념은 2010년 전후 런던, 암스테르담, 샌프란시스코, 뉴욕, 토론토, 벤쿠버 등 북미와 유럽의 대도시 중심으로 처음 등장했다. 생산, 유통, 소비부터 시민들의 건강증진과 기아근절, 식품안전, 공공급식 개선, 로컬 푸드 활성화, 일자리 창출 등 다양한 먹거리 현안을 국가차원에서 처음으로 다루기 시작한 것이다.

최근 기후변화, 환경오염, 유전자변형식품(GMO) 등으로 인해 안전한 먹거리의 중요성이 강조되는 가운데 경쟁력을 앞세운 시장구조, 대량생산체제의 먹거리 산업은 많은 문제점을 야기하고 있다. 효율성, 경제성만 따지다 보니 품질이 보장되지 않는 저가 식재료를 사용하는 경우가 늘어나고 이에 따라 식품 안전사고도 지속적으로 발생한다. 또한 소비자 접근이 유리한 대

형마트, 기업농 중심으로 소비가 이루어지고 전통시장이나 지역 중소기업, 중소농은 갈수록 위축되는 양극화 현상이 심화된다. 영양, 건강 측면에서도 저소득층 소외현상이 심화되고 있다.

　우리나라도 전주시, 서울시 등 일부지역을 중심으로 푸드플랜이 추진되고 있고 최근 들어 많은 지자체가 관심을 가지기 시작했으나 아직은 걸음마 단계다. 우리나라의 푸드플랜은 다른 나라와 지역의 성공모델을 벤치마킹하되 우리나라가 지닌 또한 각 지역만의 고유한 특성과 현안과제를 중심으로 접근해야 한다. 높은 유통비용, 농촌 소득저하 및 양극화, 도농간의 교류단절, 공공급식의 질 저하 등은 우리나라가 안고 있는 먹거리 고민이다. 이러한 고민에 대한 하나의 대안으로 등장한 것이 로컬푸드이다. 예를 들어 대기업과 급식 공급계약을 맺고 있던 지역학교가 로컬푸드, 즉 지역 농산물로 공급계약을 전환할 경우 대기업에 지원되던 비용이 지역농가 및 지역기업으로 환원된다. 이는 신규시장 및 일자리 창출 등 지역경제 활성화로 이어진다. 원거리 배송에 따른 환경오염 부담도 줄일 수 있다. 로컬푸드를 통하여 지역사회와 국가가 안고 있는 다양한 먹거리 현안의 해결방안을 모색할 수 있는 것이다.

① 먹거리와 관련한 현안을 해결할 수 있는 방안으로서 로컬푸드를 활용하면 지역농가와 지역기업으로 이익을 돌리고 신규시장과 일자리를 창출하여 지역경제를 활성화할 수 있다.

② 우리나라도 먹거리의 전 과정을 연계하여 시스템을 갖춰 국민들이 안심하고 식생활을 할 수 있고 더불어 농식품 산업도 지속적으로 발전할 수 있도록 법적 토대를 마련하고 있다.

③ 국가 차원의 먹거리 전략수립 계획인 푸드플랜이 우리나라 일부 지역에서 추진되고 있으며 높은 유통비용, 농촌 소득저하, 도농간의 교류단절 등의 문제를 해결해야 한다.

④ 최근 기후변화, 환경오염, 유전자변형식품 생산 등의 상황으로 인하여 안전한 먹거리의 중요성이 강조되는 가운데 효율성, 경제성만을 중시하여 발생하는 식품안전사고가 늘어나고 있다.

⑤ 국가 차원의 푸드플랜 수립 이전에는 먹거리와 관련된 현안에 대한 논의가 없었다.

15
다음 글에서 알 수 있는 것이 아닌 것은?

　신라 범종이 현존하는 한국 범종 중에서 으뜸이다. 신라 범종으로는 상원사 동종, 성덕대왕 신종, 용주사 범종이 있으며 모두 국보로 지정되어 있다. 이 가운데 에밀레종이라 알려진 성덕대왕 신종은 세계의 보배라 여겨진다. 그러나 이러한 평가는 미술이나 종교의 차원에 국한될 뿐, 에밀레종이 갖는 음향공학 차원의 가치는 간과되고 있다.

　에밀레종을 포함한 한국 범종은 종신(鐘身)이 작고 종구(鐘口)가 벌어져 있는 서양 종보다 종신이 훨씬 크다는 점에서는 중국 범종과 유사하다. 또한 한국 범종은 높은 종탑에 매다는 서양 종과 달리 높지 않은 종각에 매단다는 점에서도 중국 범종과 비슷하다. 하지만 중국 범종은 종신의 중앙 부분에 비해 종구가 나팔처럼 벌어져 있는 반면, 한국 범종은 종구가 항아리처럼 오므라져 있다. 또한 한국 범종은 중국 범종에 비해 지상에 더 가까이 땅에 닿을 듯이 매단다.

　한국 범종은 종신과 대칭 형태로 바닥에 커다란 반구형의 구덩이를 파두는데, 바로 여기에 에밀레종이나 여타 한국 범종의 숨은 진가가 있다. 한국 범종의 이러한 구조는 종소리의 조음에 영향을 미쳐 독특한 음향을 내게 한다. 이 구덩이는 100헤르츠 미만의 저주파 성분이 땅속으로 스며들게 하고, 커다란 울림통으로 작용하여 소리의 여운을 길게 한다.

　땅속으로 음파를 밀어 넣어 주려면 뒤에서 받쳐 주는 지지대가 있어야 하는데, 한국 범종에서는 땅에 닿을 듯이 매달려 있는 거대한 종신이 바로 이 역할을 한다. 이를 음향공학에서는 뒷판이라 한다. 땅을 거쳐 나온 저주파 성분은 종신 꼭대기에 있는 음통관을 거쳐 나온 고주파 성분과 조화를 이루면서 인간이 듣기에 가장 적합한 소리, 곧 장중하고 그윽하며 은은히 울려 퍼지는 여음이 발생하는 것이다.

① 현존하는 한국 범종 중 세 개 이상이 국보로 지정되어 있다.

② 한국 범종과 중국 범종은 종신 중앙 부분의 지름이 종구의 지름보다 크다.

③ 한국 범종의 종신은 저주파 성분을 땅속으로 밀어 넣어주는 뒷판 역할을 한다.

④ 한국 범종의 독특한 소리는 종신과 대칭 형태로 파 놓은 반구형의 구덩이와 관련이 있다.

⑤ 성덕대왕 신종의 여음은 음통관을 거쳐 나오는 소리와 땅을 거쳐 나오는 소리가 조화되어 만들어진다.

16

다음 글에 대한 이해로 올바른 것은?

성과지향성은 조직이 업무성과의 향상이나 수월성을 어느 정도 강조하고 이에 대해 얼마나 적극적으로 보상하는가에 따라 규정된다. 성과지향성이 높은 조직은 개인의 성취를 중시하고 개인의 성취에 따라 보상이나 지위가 달라져야 함을 인정한다. 따라서 조직구성원은 자신에게 주어진 일을 어떻게, 얼마나 잘 수행하였는가에 근거하여 평가를 받는다. 또한 성과지향성이 높은 조직은 지속적인 자기개발이나 성과의 향상을 요구하고 이에 가치를 부여한다. 이에 반하여 성과지향성이 낮은 조직은 객관적인 성취보다는 개인의 사회적 배경을 포함한 귀속적 요인이나 연공서열에 따른 평가와 그에 기초한 보상이 이루어지는 경향이 있다. 같은 맥락에서 성과지향성이 낮은 조직은 사회 또는 가족관계를 중시하며 소속감을 강조한다. 성과지향이 낮은 조직의 경우 성과평가에 충성심이나 협동심 등 주관적인 요소가 작용할 여지가 많다. 결과적으로 성과지향성이 낮은 조직은 업무에 대한 평가에 무엇을 하였는가보다는 누가 하였는가가 더 중요하다.

이렇게 볼 때 성과지향적 조직에서는 관리자에 대한 평가를 그 관리자가 얼마나 업무를 잘 수행하였는가의 객관적 요소에 따라 달라지기 때문에 성별과 같은 사회적 배경이 작용할 여지가 그만큼 적어질 것이다. 이는 관리자의 성에 따른 성고정관념적 평가의 여지가 적어진다는 것을 의미하기도 한다. 실제로 62개국을 대상으로 한 경험적 연구는 높은 성과지향성이 양성평등에 긍정적인 영향요인임을 밝힌 바 있다. 또한 성과지향성은 객관적인 과업이나 성취를 강조하는 시장지향적인 합리문화와 그 특성의 일부를 공유한다. 합리문화는 개인주의적 정향성과 일정한 관련이 있다. 물론 합리문화의 개인주의적 성향이 지나칠 경우 응집력과 팀워크를 약화시키는 부정적 측면이 없지 않지만 개인의 성과와 성취를 강조한다는 점에서 여성 연구원의 평가에는 긍정적일 것이다. 여성관리자는 권력의 원천 중 전문적 권력(expert power)을 통하여 조직에서 겪는 어려움을 극복하려고 한다. 이는 전문적 권력이 주관적 편견이나 관행에 따른 평가의 여지가 상대적으로 적기 때문이다. 결국 여성관리자는 전문적 권력을 통하여 무엇을 할 수 있는가를 보여줌으로서 누구인가의 영향력을 상쇄하려는 시도를 하는 것이라고 볼 수 있다.

① 성과지향적 조직문화는 여성 관리자에 대한 인식에 긍정적으로 작용할 것이다.

② 성과지향적 조직문화는 구성원의 성별에 따른 차별을 더욱 강화할 것이다.

③ 가족적 조직문화는 여성관리자에 대한 인식에 긍정적으로 작용할 것이다.

④ 성과지향성이 낮은 조직에서는 조직구성원 간의 성차별 가능성이 낮을 것이다.

⑤ 성과지향성이 낮은 조직에서 여성관리자의 전문적 권력이 발휘될 가능성이 높아질 것이다.

17

다음 글은 네트워크에 관한 내용이다. 이 글에서 알 수 있는 것은?

네트워크란 구성원들이 위계적이지 않으며 독자적인 의사소통망을 통해 서로 활발히 연결되어 있는 구조라고 할 수 있다. 마약조직 등에 나타나는 점조직은 기초적인 형태의 네트워크이며, 정교한 형태의 네트워크로는 행위자들이 하나의 행위자에 개별적으로 연결되어 있는 '허브' 조직이나 모든 행위자들이 서로 연결되어 있는 '모든 채널' 조직이 있다. 네트워크가 복잡해질수록 이를 유지하기 위해 의사소통 체계를 구축하는 비용이 커지지만, 정부를 비롯한 외부 세력이 와해시키기도 어렵게 된다. 특정한 지도자가 없고 핵심 기능들이 여러 구성원에 중복 분산되어 있어, 조직 내의 한 지점을 공격해도 전체적인 기능이 조만간 복구되기 때문이다. 이런 네트워크의 구성원들이 이념과 목표를 공유하고 실현하는 데 필요한 것들을 직접 행동에 옮긴다면, 이러한 조직을 상대하기는 더욱 힘들어진다.

네트워크가 반드시 첨단 기술을 전제로 하는 것은 아니며, 서로 연결되어 있기만 하면 그것은 네트워크다. 그렇지만 인터넷과 통신 기술과 같은 첨단 기술의 발달은 정교한 형태의 네트워크 유지에 필요한 비용을 크게 줄여놓았다. 이 때문에 세계의 수많은 시민 단체, 범죄 조직, 그리고 테러 단체들이 과거에는 상상할 수 없었던 힘을 발휘하게 되었으며, 정치, 외교, 환경, 범죄에 이르기까지 사회의 모든 부문에 영향력을 미치고 있다. 이렇듯 네트워크를 활용하는 비국가행위자들의 영향력이 확대되면서 국가가 사회에서 차지하는 역할의 비중이 축소되었다. 반면 비국가 행위자들은 정보통신 기술의 힘을 얻은 네트워크를 통해 그동안 억눌렸던 자신들의 목소리를 낼 수 있게 되었다.

이러한 변화는 두 얼굴을 가진 야누스이다. 인권과 민주주의, 그리고 평화의 확산을 위해 애쓰는 시민사회 단체들은 네트워크의 힘을 바탕으로 기존의 국가

조직이 손대지 못한 영역에서 긍정적인 변화를 이끌어 낼 것이다. 반면 테러 및 범죄 조직 역시 네트워크를 통해 국가의 추격을 피해가며 전 세계로 그 활동 범위를 넓혀 나갈 것이다. 정보통신 기술의 발달과 네트워크의 등장으로 양쪽 모두 전례 없는 기회를 얻었다. 시민사회 단체들의 긍정적인 측면을 최대한 끌어내 정부의 기능을 보완, 견제하고 테러 및 범죄 조직의 발흥을 막을 수 있는 시스템을 구축하는 것이 시대의 과제가 될 것이다.

① 여러 형태의 네트워크 중 점조직의 결집력이 가장 강하다.

② 네트워크의 확산은 인류 미래에 부정적인 영향보다 긍정적인 영향을 더 크게 할 것이다.

③ 네트워크의 외부 공격에 대한 대응력은 조직의 정교성이나 복잡성과는 관계가 없을 것이다.

④ 기초적인 형태의 네트워크는 구성원의 수가 적어질수록 정교한 형태의 네트워크로 발전할 가능성이 크다.

⑤ 정교한 형태의 네트워크 유지에 들어가는 비용이 낮아진 것은 국가가 사회에 미치는 영향력이 약화된 결과를 낳았다.

18

다음 글의 설명 방식으로 가장 적절하지 않은 것은?

사랑을 일종의 광기로 간주한 철학자들은 너무도 많다. 그러나 이때 광기란 부정적인 의미가 아니라 자아가 스스로 자신의 가치를 높이는 독특한 형태의 충만감이다. 〈젊은 베르테르의 슬픔〉에서 베르테르는 사랑에 빠진 후 스스로 숭배하게 되었다고 말한다. 사랑에 빠진 사람은 상대방을 황홀하게 보는 만큼이나 자신을 귀하게 여기게 된다. 한편 니체가 보기에 사랑을 한다는 행위는 자존감을 높여주고 생명에너지를 분출시키는 것이었다. 사랑에 대한 철학적 논의에서 공통적인 것은 사랑을 통하여 자아는 열등감을 벗어나고 자신의 유일성을 확인하게 된다는 점이다. 동서고금을 막론하고 사랑은 자존감의 고취를 이끈다. 하지만 여기서 주목하고자 하는 것은 현대사회가 사랑에 부여하는 감정이다. 현대의 인간관계에 있어 사랑이 만들어내는 자존감은 그 어느 때보다 중요하며 결정적인 요소이다. 현대의 개인주의야말로 자존감을 세우는 일로 고군분투하고 있기 때문이다. 자신을 차별화하고 자신감을 가져야 한다는 강박관념이 현대사회를 지배하고 있다. 과거에

는 사랑의 감정이 사회적으로 아무런 의미를 갖지 않았으며 사회적 인정을 대신해 줄 수 있는 것도 아니었다. 그런데 이 인정의 구조가 현대의 관계에서 변화했으며 과거의 그 어느 때보다도 심각한 의미를 갖게 되었다.

구애와 관련되어 1897년에 출간된 저서 〈남자를 위한 예절〉은 계급과 성에 맞는 연애예절에 대해 충고한다. 이 책은 남자가 거리에서 길을 걸을 때는 어느 편에 서야 하는지, 우산을 받쳐 줄 때는 어떻게 해야 하는지 등의 자잘한 예절들을 망라하고 있다. 이처럼 과거의 연애 지침서는 계급과 성정체성을 정의하는 일에 매달렸다. 연애의 성공하는 것이 사랑의 가장 중요한 목표라고 할 때 그것은 교육을 잘 받은 교양인의 능력과 관련되어 있었기 때문이다. 남녀의 행동을 통하여 자신의 소속 계급과 정체성을 드러냈고 동시에 상대방의 그것을 확인하고자 했다. 오늘날의 연애 지침서들은 전혀 다른 문제를 다룬다. 연애방법과 관련된 책에는 나는 누구인가, 자신감을 가져라 등의 부제가 달여 있다. 현대의 책들은 더 이상 예절이나 성정체성을 강조하지 않으며 오로지 나의 내면과 감정을 통하여 정의되는 자아에 집중한다. 정확히 말하자면 현대의 연애에서 가장 중요하게 여기는 것은 상대방을 통하여 자신의 가치를 가늠하는 일이다. 불안함은 19세기의 사랑에서는 발견하기 어려운 어휘였지만 현대의 사랑 관념에서는 매우 핵심적인 개념이 되었다. 불안하다는 것은 자신의 가치를 확신하지 못한다는 것, 이를 위하여 다른 사람에게 의존하여야 한다는 것을 뜻한다.

현대에 들어와서 일어난 근본적인 변화 가운데 하나는 사회관계 안에서 자신을 나타냄으로서 사회적 자존감과 가치가 획득된다는 사실이다. 이는 곧 자아의 가치가 상호작용에 의존하게 된다는 것을 뜻한다. 과거의 낭만적 관계는 고정된 사회계층에 바탕을 둔 반면 현대에는 자아가 스스로 자신을 책임지고 자기의 자존감을 획득해내야 하기 때문이다. 현대의 사랑은 사회라는 테두리가 설정한 조건으로부터 떨어져 나왔다는 점에서 더 이상 낭만적일 수 없다. 현대의 사랑은 불안감을 바탕으로 자존감을 얻기 위하여 협상을 벌이는 무대이자 전장이 되었다.

① 구체적인 예시를 다양하게 제시함으로서 자신의 의견을 뒷받침하고 있다.

② 시간에 따른 변화과정을 순차적으로 검토함으로서 대상의 역사적인 가치를 찾고 있다.

③ 대상에 대한 여러 견해를 제시하면서 논지를 전개시키고 있다.

④ 비유적인 표현을 통하여 대상에 대한 독자들의 이해를 돕고 있다.
⑤ 과거와 현대에서의 대상의 의미를 비교하며 글을 전개하고 있다.

19

다음 글은 금리 정책에 관한 것이다. 글의 내용과 부합하지 않는 것은?

미국 연방준비제도(이하 연준)가 고용 증대에 주안점을 둔 정책을 입안한다 해도 정책이 분배에 미치는 영향을 고려하지 않는다면, 그 정책은 거품과 불평등만 부풀릴 것이다. 기술 산업의 거품 붕괴로 인한 경기 침체에 대응하여 2000년대 초에 연준이 시행한 저금리 정책이 이를 잘 보여준다.

특정한 상황에서는 금리 변동이 투자와 소비의 변화를 통해 경기와 고용에 영향을 줄 수 있다. 하지만 다른 수단이 훨씬 더 효과적인 상황도 많다. 가령 부동산 거품에 대한 대응책으로는 금리 인상보다 주택 담보 대출에 대한 규제가 더 합리적이다. 생산적 투자를 위축시키지 않으면서 부동산 거품을 가라앉힐 수 있기 때문이다.

경기 침체기라 하더라도, 금리 인하는 은행의 비용을 줄여주는 것 말고는 경기 회복에 별다른 도움이 되지 않을 수 있다. 대부분의 부문에서 설비 가동률이 낮은 상황이라면, 대출 금리가 낮아져도 생산적인 투자가 별로 증대하지 않는다. 2000년대 초가 바로 그런 상황이었기 때문에, 당시의 저금리 정책은 생산적인 투자 증가 대신에 주택 시장의 거품만 초래한 것이다.

금리 인하는 국공채에 투자했던 퇴직자들의 소득을 감소시켰다. 노년층에서 정부로, 정부에서 금융업으로 부의 대규모 이동이 이루어져 불평등이 심화되었다. 이에 따라 금리 인하는 다양한 경로로 소비를 위축시켰다. 은퇴 후의 소득을 확보하기 위해, 혹은 자녀의 학자금을 확보하기 위해 사람들은 저축을 늘렸다. 연준은 금리 인하가 주가 상승으로 이어질 것이므로 소비가 늘어날 것이라고 주장했다. 하지만 2000년대 초 연준의 금리 인하 이후 주가 상승에 따라 발생한 이득은 대체로 부유층에 집중되었으므로 대대적인 소비 증가로 이어지지 않았다.

2000년대 초 고용 증대를 기대하고 시행한 연준의 저금리 정책은 노동을 자본으로 대체하는 투자를 증대시켰다. 인위적인 저금리로 자본 비용이 낮아지자 이런 기회를 이용하려는 유인이 생겨났다. 노동력이 풍부한 상황인데도 노동을 절약하는 방향의 혁신이 강화되었고, 미숙련 노동자들의 실업률이 높은 상황인데도 가게들은 계산원을 해고하고 자동화 기계를 들여놓았다. 경기가 회복되더라도 실업률이 떨어지지 않는 구조가 만들어진 것이다.

① 2000년대 초 연준의 금리 인하로 국공채에 투자한 퇴직자의 소득이 줄어들어 금융업으로부터 정부로 부가 이동하였다.
② 2000년대 초 연준은 고용 증대를 기대하고 금리를 인하했지만 결과적으로 고용 증대가 더 어려워지도록 만들었다.
③ 2000년대 초 기술 산업 거품의 붕괴로 인한 경기 침체기에 설비 가동률은 대부분의 부문에서 낮은 상태였다.
④ 2000년대 초 연준이 금리 인하 정책을 시행한 후 주택 가격과 주식 가격은 상승하였다.
⑤ 금리 인상은 부동산 거품 대응 정책 가운데 가장 효과적인 정책이 아닐 수 있다.

20

다음 글의 내용과 부합하지 않는 것은?

134년 전인 1884년 10월 13일 국제자오선 회의에서 영국의 그리니치 자오선을 본초 자오선으로 채택하면서 지구상의 모든 지역은 하나의 시간을 공유하게 됐다. 본초 자오선을 정하기 전, 인류 대부분은 태양의 위치로 시간을 파악했다. 그림자가 생기지 않는 정오를 시간의 기준점으로 삼았는데, 관측 지점마다 시간이 다를 수밖에 없었다.

지역 간 이동이 활발하지 않던 그 시절에는 지구상에 수많은 시간이 공존했던 것이다. 그러나 세계가 확장하고 지역과 지역을 넘나들면서 문제가 발생했다. 기차의 발명이 변화의 시초였다. 기차는 공간을 빠르고 편리하게 이동할 수 있어 산업혁명의 바탕이 됐지만, 지역마다 다른 시간의 충돌을 야기했다. 역마다 시계를 다시 맞춰야 했고, 시간이 엉킬 경우 충돌 등 대형 사고가 일어날 가능성도 높았다.

이런 문제점을 공식 제기하고 세계 표준시 도입을 주창한 인물이 세계 표준시의 아버지, 샌퍼드 플레밍이다. 그는 1876년 아일랜드의 시골 역에서 그 지역의 시각과 자기 손목시계의 시각이 달라 기차를 놓치고 다음 날 런던에서 출발하는 배까지 타지 못했다. 당시의 경험을 바탕으로 기준시의 필요성을 주장하고 경도를 기준으로 시간을 정하는 구체적 방안까지 제안했다. 그의 주장이 받아들여진 결과가 1884년 10월 미국 워싱턴에서 열린 국제 자오선 회의다. 시간을 하나로 통일하는 회의 과정에서는 영국이 주장하는 그리니치 표준시와 프랑스가 밀어붙인 파리 표준시가 충돌했다. 자존심을 건 시의 표준시간 전쟁이었다. 결과는 그리니치 표준시의 일방적인 승리로 끝났다. 이미 30년 이상 영국이 그리니치 표준시를 기준 삼아 기차 시간표를 사용해 왔고, 미국의 철도 회사도 이를 따르고 있다는 게 이유였다. 당시 결정한 그리니치 표준시(GMT)는 1972년 원자시계를 도입하면서 협정세계시(UTC)로 대체했지만, 여전히 GMT 표기를 사용하는 경우도 많다. 둘의 차이는 1초보다 작다.

표준시를 도입했다는 건 완전히 새로운 세상이 열렸음을 의미한다. 세계의 모든 인구가 하나의 표준시에 맞춰 일상을 살고, 국가마다 다른 철도와 선박, 항공 시간을 체계적으로 정리할 수 있게 됐다. 지구 곳곳에 파편처럼 흩어져 살아가던 인류가 하나의 세계로 통합된 것이다. 협정세계시에 따른 한국의 표준시는 UTC+09:00이다. 그리니치보다 9시간 빠르다는 의미다. 우리나라가 표준시를 처음 도입한 건 1908년 고종의 대한제국 시절, 동경 127.5도를 기준으로 UTC+08:30, 그러니까 지금보다 30분 빠른 표준시를 썼다. 현재는 일제강점기를 거치고 파란의 현대사를 지나며 박정희 군사정부가 채택한 동경 135도의 표준시를 따르고 있다.

① 현재 사용하는 협정세계시와 그리니치 표준시의 차이는 1초 이내이다.
② 시간 제정을 두고 벌어진 영국과 프랑스 사이의 갈등이 표준시 제정의 필요성을 촉진시켰다.
③ 오늘날 한국의 표준시는 대한제국 시기에 도입된 표준시보다 30분 느리다.
④ 표준시는 특정 자오선을 기준으로 하여 제정된 협정세계시이다.
⑤ 그리니치 표준시가 채택된 이유는 이것을 기준으로 열차가 운행된 사례들이 있었기 때문이다.

21

다음 글에서 알 수 있는 것으로 가장 적절한 것은?

비스마르크는 보수파로 19세기 후반 독일의 복지제도를 주도하였다. 비스마르크는 노령연금과 의료보험 정책을 통해 근대 유럽 복지제도의 기반을 조성하였는데 이 정책의 일차적 목표는 당시 노동자를 대변하는 사회주의자들을 견제하면서 독일 노동자들이 미국으로 이탈하는 것을 방지하는 데 있었다. 비스마르크의 복지 정책은 노동자뿐 아니라 노인과 약자 등 사회의 다양한 계층으로부터 광범위한 지지를 얻을 수 있었지만, 이러한 정책을 실행하는 과정에서 각 정파들 간에 논쟁과 갈등이 발생했다. 복지제도는 모든 국민에게 그들의 공과와는 관계 없이 일정 수준 이상의 삶을 영위할 수 있도록 사회적 최소치를 보장하는 것이고 이를 위해선 지속적인 재원이 필요했다. 그런데 그 재원을 확보하고자 국가가 세금과 같은 방법을 동원할 경우 그 비용을 강제로 부담하고 있다고 생각하는 국민들의 불만은 말할 것도 없고, 실제 제공되는 복지 수준이 기대치와 다를 경우 그 수혜자들로부터도 불만을 살 우려가 있었다.

공동체적 가치를 중요시해 온 독일의 사회주의자들이나 보수주의자들은 복지 정책을 입안하고 그 집행과 관련된 각종 조세 정책을 수립하는 데에 적극적이었다. 이들은 보편적 복지를 시행하기 위한 재원을 국가가 직접 나서서 마련하는 데 찬성했다. 반면 개인주의에 기초하여 외부로부터 간섭받지 않을 권리와 자유를 최상의 가치로 간주하는 독일 자유주의자들은 여기에 소극적이었다. 이 자유주의자들은 모두를 위한 기본적인 복지보다는 개인의 사유재산권이나 절차상의 공정성을 강조하였다. 이들은 장애인이나 가난한 이들에 대한 복지를 구휼 정책이라고 간주해 찬성하지 않았다. 이들에 따르면 누군가가 선천적인 장애나 사고로 인해 매우 어려운 상황에 처해 있다고 내가 그 사람을 도와야 할 의무는 없는 것이다. 따라서 자신이 원하지도 않는 상황에서 다른 사람을 돕는다는 명목으로 국가가 강제로 개인에게 세금을 거두고자 한다면 이는 자유의 침해이자 강요된 노동이 될 수 있었다. 물론 독일 자유주의자들은 개인이 자발적으로 사회적 약자들을 돕는 것에는 반대하지 않고 적극 권장하는 입장을 취했다. 19세기 후반 독일의 보수파를 통해 도입된 복지 정책들은 이후 유럽 각국의 복지 제도 확립에 영향을 미쳤다. 그렇지만 개인의 자율성을 강조하는 자유주의자들과의 갈등들은 현재까지도 지속되고 있다.

① 독일 자유주의자들은 구휼 정책에는 반대했지만 개인적 자선 활동에는 찬성하였다.
② 독일 보수주의자들은 복지 정책에 드는 재원을 마련하면서 그 부담을 특정 계층에게 전가하였다.
③ 독일 보수주의자들이 집권한 당시 독일 국민의 노동 강도는 높아졌고 개인의 자율성은 침해되었다.
④ 공동체적 가치를 강조하는 사회주의적 전통이 확립될수록 복지 정책에 대한 독일 국민들의 불만은 완화되었다.
⑤ 독일 사회주의자들이 제안한 노동자를 위한 사회 보장 정책은 독일 보수주의자들에 의해 전 국민에게로 확대되었다.

22

다음 글을 읽고 추론할 수 있는 것으로 적절한 것은?

그 자동차 질주 사고는 자동차 운전면허의 허점을 드러냈다. 운전면허 취득이 금지된 뇌전증 환자로 밝혀졌다. 운전면허는 자동차를 적법하게 운전할 수 있도록 하는 자격임에도 불구하고 국민의 안전은 무시된 것이다. 면허시험장 적성검사 때 간단한 신체검사만 했을 뿐 면허결격사유인 뇌전증에 대한 검증은 전혀 이뤄지지 않았기 때문이다. 그렇다면 현행 운전면허제도는 부적격자를 가려낼 수 있을까? 운전면허를 딸 때, 갱신할 때 그리고 운전에 영향을 줄 수 있는 질환이 발생했을 때 세 가지 상황을 통하여 살펴보자.

첫째, 운전면허를 딸 때 운전면허 응시자가 병력을 밝히지 않으면 면허취득을 제한할 방법이 없다. 운전면허 취득시 1장짜리 질병신고서를 작성하는 것이 전부이며 신체검사는 시력과 색맹, 청력, 팔과 다리 운동에 그치기 때문이다. 도로교통법 82조에 따르면 정신질환자, 간질환자, 마약, 대마, 향정신성 의약품 또는 알코올중독자와 같은 운전면허 부적격자는 질병에 관한 자진신고를 하게 돼 있다. 그러나 법이 무색하게도 운전면허를 딸 때 정신질환 같은 병력을 밝히지 않으면 면허취득을 제한할 방법이 없다. 응시자가 알코올 중독, 정신병력이 있어도 자기 체크리스트에 적지 않으면 걸러낼 방법이 없기 때문이다.

둘째, 운전면허를 갱신할 때 정기적성검사를 받지만 시력 등 간단한 신체능력을 테스트하는 수준이다. 2013년 적성검사를 간소화하면서 면허시험장에서 직접 실시하던 신체검사 중 대부분의 질병에 대해 수검자 자신이 작성하게 된다. 운전자 자신이 질병 유무를 밝

히지 않으면 정기적성검사에서는 확인이 불가능하다. 면허시험장에서는 시력만 검사하고 있다. 청력검사는 1종 대형, 특수면허 소지자에게 한정되고 신체, 정신적 장애를 확인하는 절차는 장애인 운전자만 대상으로 한다. 이렇게 간단한 적성검사마저 1종 면허소지자만 받는다. 2종 면허 적성검사는 2000년 폐지돼 2종 면허 운전자는 신체검사를 받지 않고 면허를 갱신하고 있다.

셋째, 면허를 받은 뒤 후천적으로 신체장애가 발생한 경우 도로교통공단은 운전자의 질병을 제대로 알 수 없다. 보건복지부나 지자체, 병무청 등의 기관은 운전면허 결격사유 해당자 정보를 도로교통공단에 보내 수시적성검사를 하지만 대상자는 극히 제한적이다. 뇌전증을 비롯한 정신질환자의 경우 6개월 이상 병원에 입원한 경우에만 수시적성검사 대상자로 분류된다. 하지만 위 사고 운전자처럼 입원하지 않은 채 통원치료를 하면서 약만 복용하는 경우는 해당되지 않기 때문에 운전면허 갱신, 신규 취득 역시 가능하다. 수시적성검사 대상자로 분류돼 운전적성판정위원회가 열려도 위험운전자를 모두 걸러낼 수 있는지는 의문이다.

허술한 운전면허 검증, 어떻게 해결해야 할까. 무엇보다 부적격자를 미연에 걸러내기 위한 정보가 관리되고 이를 검증, 반영하는 절차를 보강하는 일이 필요하다. 따라서 부는 모든 교통사고 정보가 경찰에 의무적으로 보고돼 운전면허 재발급 과정에서 참조되도록 교통사고 정보 공유 시스템이 마련해야 한다. 위 사고 운전자도 과거에 보행로로 차량을 운전하는 등 상식적으로 이해하기 힘든 사고를 냈다. 문제는 세 차례의 교통사고가 인명사고가 없었다는 이유로 경찰에 보고되지 않고 보험사에서만 처리됐다는 점이다.

① 1종 보통면허를 소지한 운전자는 면허 갱신 시 시력검사와 청력검사를 모두 받아야 한다.
② 2019년 현재 2종 면허소지자는 시력검사만 받으면 면허를 갱신할 수 있다.
③ 운전면허 취득 시 질병신고서만 작성하면 취득자격을 획득할 수 있다.
④ 뇌전증 때문에 8개월간 병원에 입원한 병력이 있으면 수시적성검사 대상자로 분류된다.
⑤ 보건복지부나 병무청 등은 정신질환자, 간질환자, 마약, 대마, 향정신성 의약품 또는 알코올중독자에 대한 모든 정보를 도로교통공단에 의무적으로 제공하고 있다.

23

다음 글은 연금 제도에 관한 내용이다. 글에서 알 수 없는 것은?

> 연금 제도의 금융 논리와 관련하여 결정적으로 중요한 원리인 신탁 원리는 중세에서 비롯되었다. 12세기 영국에서는 미성년 유족(遺族)에게 토지에 대한 권리를 합법적으로 이전할 수 없었다. 그럼에도 불구하고 영국인들은 유언을 통해 자식에게 토지 재산을 물려주고 싶어 했다. 이런 상황에서 귀족들이 자신의 재산을 미성년 유족이 아닌, 친구나 지인 등 제3자에게 맡기기 시작하면서 신탁 제도가 형성되기 시작했다. 여기서 재산을 맡긴 성인 귀족, 재산을 물려받은 미성년 유족, 그리고 미성년 유족을 대신해 그 재산을 관리·운용하는 제3자로 구성되는 관계, 즉 위탁자, 수익자, 그리고 수탁자로 구성되는 관계가 등장했다. 이 관계에서 주목해야 할 것은 미성년 유족은 성인이 될 때까지 재산권을 온전히 인정받지는 못 했다는 점이다. 즉 신탁 원리 하에서 수익자는 재산에 대한 운용 권리를 모두 수탁자인 제3자에게 맡기도록 되어 있었기 때문에 수익자의 지위는 불안정했다.
>
> 연금 제도가 이 신탁 원리에 기초해 있는 이상, 연금 가입자는 연기금 재산의 운용에 대해 영향력을 행사하기 어렵게 된다. 왜냐하면 신탁의 본질상 공·사 연금을 막론하고 신탁 원리에 기반을 둔 연금 제도에서는 수익자인 연금 가입자의 적극적인 권리 행사가 허용되지 않기 때문이다. 결국 신탁 원리는 수익자의 연금 운용 권리를 현저히 약화시키는 것을 기본으로 한다. 그 대신 연금 운용을 수탁자에게 맡기면서 '수탁자 책임'이라는, 논란이 분분하고 불분명한 책임이 부과된다. 수탁자 책임 이행의 적절성을 어떻게 판단할 수 있는가에 대해 많은 논의가 있었지만, 수탁자 책임의 내용에 대해서 실질적인 합의가 이루어지지는 못했다.
>
> 중세에서 기원한 신탁 원리가 연금 제도와 연금 산업에 미치는 효과는 현재까지도 여전히 유효하고 강력하다. 신탁 원리의 영향으로 인해 연금 가입자의 자율적이고 적극적인 권리 행사가 철저하게 제한되어 왔다. 그 결과 연금 가입자는 자본 시장의 최고 원리인 유동성을 마음껏 누릴 수 없었으며, 결국 연기금 운용자인 수탁자의 재량에 종속되는 존재가 되고 말았다.

① 사적 연금 제도의 가입자는 자본 시장의 유동성을 충분히 누릴 수 없었다.

② 위탁자 또는 수익자와 직접적인 혈연 관계에 있지 않아도 수탁자로 지정될 수 있었다.

③ 연금 수익자의 지위가 불안정하기 때문에 연기금 재산에 대한 적극적인 권리 행사가 제한되었다.

④ 신탁 제도는 미성년 유족에게 토지 재산권이 합법적으로 이전될 수 없었던 중세 영국의 상황 속에서 생겨났다.

⑤ 연금 제도가 신탁 원리에 기반을 두었기 때문에 수탁자가 수익자보다 재산 운용에 대해 더 많은 재량권을 갖게 되었다.

24

다음 글을 읽고 글에서 알 수 없는 것은?

> 열차는 한 번에 많은 승객을 수송하지만 사고가 날 경우에는 큰 피해가 발생할 수도 있다. 따라서 사고를 예방하기 위한 여러 기술적 노력이 이루어졌고 그 결과 열차는 지상 교통수단 중 가장 높은 안전도를 확보하게 되었다. 열차는 사고 방지 면에서 자동차와 어떤 점이 다르고 얼마나 안전한 것일까?
>
> 첫째, 열차의 모든 시스템은 고장과 사고를 대비한 안전유지 체계를 가지고 있다. 'Fail—Safe(고장 시 안전확보)'라고 하는 개념으로 고장이 발생해도 다른 차량에 미치는 영향을 최소화하고 재해로까지 이어지지 않도록 하는 것이다. 자동차와 열차의 제동장치를 비교해보면 'Fail—Safe'를 쉽게 이해할 수 있다. 운행 중 제동장치가 고장난 자동차는 크고 작은 사고를 유발할 수밖에 없다. 하지만 KTX는 46개의 제동장치를 가지고 있어 몇 개의 제동장치가 고장나도 제동성능에 큰 영향을 주지 않는다.
>
> 둘째, 열차는 어떠한 경우에도 안전거리를 유지한다. 열차는 동일한 선로 위를 주행하므로 안전거리 확보가 필수적이다. 만약 열차 운행 중 고장이 발생하거나 앞차와의 간격유지를 위해 서행 운전하는 경우 후속열차에 의한 충돌이 발생할 수도 있기 때문이다. 운전자가 안전거리를 조절하는 자동차와는 달리 열차는 24시간 운영되는 종합 관제실에서 열차 위치를 실시간으로 파악하고 선로를 신호등처럼 이용해 후속열차의 속도를 제어한다. 이 과정은 자동화 시스템을 통해 이루어지며 설사 비상상황이 발생하여 기관사가 정지명령을 내리지 못했다 하더라도(Fail) 열차에 설치된 자동 열차제어장치가 강제로 제동장치를 작동시켜 열차 사이의 안전거리를 유지한다.
>
> 셋째, 우리나라의 열차 안전도는 다른 교통수단과 비교해도 높은 수준이다. 2006년부터 2010년까지 국내 여객수송 분담률과 사망자 누계를 토대로 도출된

상대적 사망률을 비교해보면 열차 사망률을 1이라 가정할 때 도로 사망률은 열차 사망률의 25.3배, 안전하다고 알려진 항공사고 사망률도 열차 사망률의 10.4배에 달한다. 국제적으로 비교해도 한국 열차는 매우 안전하여 2012년 ERA(유럽 철도국) 통계기준 1억km당 열차사고 발생건수가 프랑스 5.0건, 독일 3.4건인데 비해 우리나라는 2.7건에 불과하다.

열차는 대량수송 교통수단이라는 특성을 고려하여 고장과 사고는 물론 열차간 충돌에 대비한 안전확보 시스템을 2중, 3중으로 갖추고 있다. 간혹 예상하지 못한 정전, 자동차에 의한 선로침범사고, 갑작스러운 고장, 앞차와의 간격 유지를 위해 열차가 정지하게 되는 상황이 생기기도 하지만 승객의 안전에는 문제가 없다. 작은 문제가 발생하더라도 정차하여 안전을 확인한 후에 다시 출발하는 것이 열차운영시스템의 특성임을 이해하고 편안한 마음으로 열차를 이용해도 좋다는 점을 강조하고 싶다.

① 열차는 고장 시 안전확보라는 안전유지 체계를 가지고 있다.
② 열차 안전도는 다른 교통수단에 비하여 높은 수준을 유지하고 있다.
③ 다른 국가에 비하여 우리나라의 열차사고가 적은 편이다.
④ 열차간 충돌에 대비한 안전확보 시스템을 갖추고 있다.
⑤ 열차가 항공기보다 사고가 약간 많은 것이 단점이다.

25

다음 글에서 알 수 있는 것이 아닌 것은?

양관(洋館)은 개항 이후에 나타난 서양식 건축물이었다. 양관은 우리의 전통 건축 양식보다는 서양식 건축 양식에 따라 만들어진 건축물이었다. 정관헌(靜觀軒)은 대한제국 정부가 경운궁에 지은 대표적인 양관이다. 이 건축물은 고종의 연희와 휴식 장소로 쓰였는데, 한때 태조와 고종 및 순종의 영정을 이곳에 모셨다고 한다.

정관헌은 중앙의 큰 홀과 부속실로 구성되어 있으며 중앙 홀 밖에는 회랑이 설치되어 있다. 이 건물의 외형은 다음과 같은 점에서 상당히 이국적이다. 우선 처마가 밖으로 길게 드러나 있지 않다. 또한 바깥쪽의 서양식 기둥과 함께 붉은 벽돌이 사용되었고, 회랑과 바깥 공간을 구분하는 난간은 화려한 색채를 띠며 내부에는 인조석으로 만든 로마네스크풍의 기둥이 위치해 있다.

그럼에도 불구하고 이 건물에서 우리 건축의 맛이 느껴지는 것은 서양에서 사용하지 않는 팔작지붕의 건물이라는 점과 회랑의 난간에 소나무와 사슴, 그리고 박쥐 등의 형상이 보이기 때문이다. 소나무와 사슴은 장수를, 박쥐는 복을 상징하기에 전통적으로 즐겨 사용되는 문양이다. 비록 서양식 정자이지만 우리의 문화와 정서가 녹아들어 있는 것이다. 물론 이 건물에는 이국적인 요소가 많다. 회랑을 덮고 있는 처마를 지지하는 바깥 기둥은 전형적인 서양식 기둥의 모습이다. 이 기둥은 19세기 말 서양의 석조 기둥이 철제 기둥으로 바뀌는 과정에서 갖게 된 날렵한 비례감을 지니고 있다.

그런데 정관헌에는 서양과 달리 철이 아닌 목재가 바깥 기둥의 재료로 사용되었다. 이는 당시 정부가 철을 자유롭게 사용할 수 있을 정도의 재정적 여력을 갖지 못했기 때문이다. 정관헌의 바깥 기둥 윗부분에는 대한제국을 상징하는 오얏꽃 장식이 선명하게 자리 잡고 있다. 정관헌은 건축적 가치가 큰 궁궐 건물이었지만 규모도 크지 않고 가벼운 용도로 지어졌기 때문에 그동안 소홀히 취급되어 왔다.

① 정관헌의 바깥 기둥은 서양식 철 기둥 모양을 하고 있지만 우리 문화와 정서를 반영하기 위해 목재를 사용하였다.
② 정관헌의 난간에 보이는 동식물과 바깥 기둥에 보이는 꽃 장식은 상징성을 지니고 있다.
③ 정관헌은 그 규모와 용도 때문에 건축물로서 지닌 가치에 걸맞은 취급을 받지 못했다.
④ 정관헌에 사용된 서양식 기둥과 붉은 벽돌은 정관헌을 이국적으로 보이게 한다.
⑤ 정관헌은 동서양의 건축적 특징이 조합된 양관으로서 궁궐 건물이었다.

26

다음 글의 내용과 부합하지 않는 것은?

우리는 자동차나 기차를 이용하면서 적색, 녹색, 황색으로 이루어진 교통 신호등을 수없이 보게 된다. 그러나 그 신호등이 있어 안전하게 움직일 수 있다는 것은 알면서도 정작 신호등이 어떻게 동작하는지 원리를 궁금해 하는 사람은 별로 없다. 그것은 어쩌면 신호등이 공기나 물과 같이 당연하게 일상화되어 있기 때문이기도 할 것이다. 도로의 신호등이 단순 동작을 반복하는데 비해 철도의 신호등은 매우 복잡하게 동작한다.

이유는 100% 안전을 보장해야 하기 때문이다. 물론 도로의 신호등도 안전을 위해 존재하지만 철도는 정해진 길을 육중한 몸의 기차가 달리기에 더욱 더 한치의 오차도 허용되지 않는다. 이렇게 도로와는 차별화된 철도신호에 대하여 이제부터 알기 쉽게 소개해 드리고자 한다.

첫째, 도로신호는 정지, 직진, 좌회전, 우회전 등의 기능이 있고, 신호등과 신호등 사이를 여러 대의 자동차가 달릴 수 있지만, 철도신호는 좌회전과 우회전 신호등이 없을 뿐만 아니라 신호등과 신호등 사이에 단 하나의 열차만 운행할 수 있도록 되어 있다.

둘째, 도로신호는 교차로와 보행통로에서 도로 위를 달리는 자동차와 횡단보도를 건너는 사람의 안전을 위하여 최소한의 신호체계로만 구성되어 있다. 따라서 자동차와의 충돌이 예상될 경우 운전자나 보행자가 스스로 판단하여 멈추어야 한다. 그러나 철도신호의 경우 차량과 차량, 차량과 사람의 안전을 확보하기 위하여 신호설비(신호기, 선로전환기, 연동장치, 궤도회로, 건널목장치, 안전설비)들이 상호 시스템으로 연결되어 있고, 이 모든 신호설비가 정상적으로 동작했을 때만 열차가 앞으로 달릴 수 있도록 설계되어 있다. 만약, 여러 가지 신호설비 중에서 단 하나라도 고장이 나면 신호등은 정지신호를 현시하여 열차가 정지하도록 되어 있다.

셋째, 안전 측면에서도 도로신호와 철도신호는 크게 다르다. 자동차의 경우는 운전자가 마음대로 속도를 높이거나 낮출 수 있기에 앞차와의 거리를 운전자 스스로 유지해야 한다. 만약, 앞차와의 간격을 너무 좁게 하여 운행한다면 앞차가 급제동을 걸었을 경우 추돌을 피할 수 없게 된다. 그러나 철도신호 체계는 기관사가 마음대로 정해진 속도 이상을 달리지 못하도록 되어 있다. 철도신호는 앞에 가는 열차와의 간격에 따라서 제한적인 속도의 신호를 현시하는데 기관사가 이를 어겨서 과속한다면 자동으로 제동장치를 동작시켜 안전을 확보하는 시스템으로 구성되어 있다.

넷째, 도로의 경우 속도에 관계없이 일정한 패턴의 지상신호체계를 따르고 있지만 철도의 경우에는 열차의 속도가 안전과 밀접한 관계가 있기 때문에 저속에서는 지상신호방식을 채택하고 고속에서는 차내신호방식을 따른다. KTX와 같이 300km/h로 달리는 고속철도의 경우 신호등 색깔을 식별하기 어려울 뿐만 아니라 휴먼에러에 의한 사소한 실수가 사고로 발생할 수 있기에 디지털 방식의 차내신호방식을 채택하고 있다. 이는 앞차와의 간격에 따른 운행속도를 레일을 통하여 차상으로 전송하고 차상컴퓨터가 이를 운전실에 숫자로 표시하는 방식으로 고속운전에도 안전을 철저하게 확보하도록 설계되었다.

① 열차도 신호등에 따라 운전해야 한다.
② 신호등과 신호등 사이를 여러 대의 열차가 달릴 수 있다.
③ 고속철도의 경우 신호등 색깔을 식별하기 어려우므로 디지털 방식의 차내신호방식을 채택하고 있다.
④ 열차가 다른 교통수단에 비하여 안전하다.
⑤ 도로신호와 철도신호는 서로 다른 체계를 가지고 있다.

27

다음 글은 한국어에 관한 내용이다. 글의 내용과 부합하지 않는 것은?

한국어의 알타이어족설은 한국어 계통 연구 분야에서 널리 알려진 학설로 한국어가 알타이 어군인 튀르크어, 몽고어, 만주·퉁구스어와 함께 알타이어족에 속한다는 것이다. 이 학설은 알타이 어군과 한국어 간에는 모음조화, 어두 자음군의 제약, 관계 대명사와 접속사의 부재 등에서 공통점이 있다는 비교언어학 분석에 근거하고 있다. 하지만 기초 어휘와 음운 대응의 규칙성에서는 세 어군과 한국어 간에 차이가 있어 이 학설의 비교언어학적 근거는 한계를 가지고 있다. 이 때문에, 한국어의 알타이어족설은 알타이 어군과 한국어 사이의 친족 관계 및 공통 조상어로부터의 분화 과정을 설명하기 어렵다.

최근 한국어 계통 연구는 비교언어학 분석과 더불어, 한민족 형성 과정에 대한 유전학적 연구, 한반도에 공존했던 여러 유형의 건국 신화와 관련된 인류학적 연구를 이용하고 있다. 가령, 우리 민족의 유전 형질에는 북방계와 남방계의 특성이 모두 존재한다는 점과 북방계의 천손 신화와 남방계의 난생 신화가 한반도에서 모두 발견된다는 점은 한국어가 북방적 요소와 남방적 요소를 함께 지니고 있음을 시사해준다. 이런 연구들은 한국어 자료가 근본적으로 부족한 상황에서 비롯된 문제점을 극복하여 한국어의 조상어를 밝히는 데 일정한 실마리를 던져준다.

하지만 선사 시대의 한국어와 친족 관계를 맺고 있는 모든 어군들을 알 수는 없으며, 있다고 하더라도 그들과 한국어의 공통 조상어를 밝히기란 쉽지 않다. 지금까지의 연구에 따르면, 고대에는 고구려어, 백제어, 신라어로 나뉘어 있었다. 하지만 이들 세 언어가 서로 다른 언어인지, 아니면 방언적 차이만을 지닌 하나의 언어인지에 대해서는 이견이 있다. 고구려어가 원시 부여어에 소급되는 것과 달리 백제어와 신라어는 모두 원시 한어(韓語)로부터 왔다는 것은 이들 언어의 차이가 방언적 차이 이상이었음을 보여 준다. 이들 세 언어가 고려의 건국으로 하나의 한국어인 중세 국어로 수렴되었다는 것에 대해서는 남한과 북한의 학계가 대립된 입장을 보이지 않지만, 중세 국어가 신라어와 고구려어 중 어떤 언어로부터 분화된 것인지와 관련해서는 두 학계의 입장은 대립된다. 한편, 중세 국어가 조선 시대를 거쳐 근대 한국어로 변모하여 오늘날 우리가 사용하는 현대 한국어가 되는 과정에 대해서는 두 학계의 견해가 일치한다.

① 비교언어학적 근거의 한계로 인해 한국어의 알타이 어족설은 알타이 어군과 한국어 간의 친족 관계를 설명하기 어렵다.

② 한반도의 천손 신화에 대한 인류학적 연구는 한국어에 북방적 요소가 있음을 시사한다.

③ 최근 한국어 계통 연구는 부족한 한국어 자료를 보완하기 위해 한민족의 유전 형질에 대한 정보와 한반도에 공존한 건국 신화들을 이용한다.

④ 최근 한국어 계통 연구에서 백제어와 고구려어는 방언적 차이로 인해 서로 다른 계통으로 분류된다.

⑤ 중세 국어에서 현대 한국어에 이르는 한국어 형성 과정에 대한 남북한 학계의 견해는 일치한다.

28

다음 글을 통하여 알 수 없는 것은?

최근 들어 경제학자들 사이에서도 인공 지능이 중요한 화두로 등장하였다. 인공지능이 일자리에 미칠 영향에 대한 논의는 2013년 영국 옥스포드 대학의 경제학자 프레이(C. Frey) 교수와 인공 지능 전문가 오스본(M. Osborne) 교수의 연구 이후 본격화되었다(이하 프레이&오스본). 이들의 연구는 데이비드 오토 등(2003)이 선구적으로 연구한 정형화 업무와 비정형화 업무의 분석틀을 이용하되 여기에서 한걸음 더 나아갔다. 인공지능의 발전으로 대부분의 비정형화된 업무도 컴퓨터로 대체될 수 있다고 본 것이 핵심적인 관점의 변화다. 이들은 10~20년 후에도 인공지능이 대체하기 힘든 업무를 Creative Intelligence(창의적 지능), Social Intelligence(사회적 지능), Perception and Manipulation(감지 및 조작) 등 3가지 병목(bottleneck) 업무로 국한시키고, 이를 미국 직업정보시스템(O*Net)에서 조사하는 9개 직능 변수를 이용하여 정량화하였다. 직업별로 3가지 병목 업무의 비중에

따라서 인공지능에 의한 대체정도가 달라진다고 본 것이다. 프레이&오스본의 분석에 따르면, 미국 노동시장 일자리의 47%가 향후 10~20년 후에 인공지능에 의해서 자동화될 가능성이 높은 고위험군으로 나타났다.

프레이&오스본의 연구는 전세계 연구자들 사이에서 반론과 재반론을 불러일으키며 논쟁의 중심에 섰다. OECD(2016)는 프레이&오스본의 연구가 자동화 위험을 과대추정하고 있다고 비판하였다. 인공지능이 직업 자체를 대체하기 보다는 직업을 구성하는 과업(task)의 일부를 대체할 것이라는 주장이었다. OECD의 분석에 따르면 미국의 경우 9%의 일자리만이 고위험군에 해당한다고 밝혔다. 데이비드 오토(2015)는 각 직업에 포함된 개별적인 작업을 기술적으로 분리하여 자동화할 수 있더라도 대면 서비스를 더 선호하는 소비자로 인해서 완전히 자동화되는 일자리의 수는 제한적일 것이라고 주장하였다.

컨설팅회사 PwC(2017)는 OECD의 방법론이 오히려 자동화 위험을 과소평가하고 있다고 주장하고, OECD의 연구방법을 수정하여 다시 분석하였다. 그 결과 미국의 고위험 일자리 비중이 OECD에서 분석한 9% 수준에서 38%로 다시 높아졌다. 동일한 방법으로 영국, 독일, 일본의 고위험군 비중을 계산한 결과도 OECD의 연구에 비해서 최소 14%p 이상 높은 것으로 나타났다.

매킨지(2017)는 직업별로 필요한 업무활동에 투입되는 시간을 기준으로 자동화 위험을 분석하였다. 분석 결과 모든 업무활동이 완전히 자동화될 수 있는 일자리의 비중은 미국의 경우 5% 이하에 불과하지만, 근로자들이 업무에 쓰는 시간의 평균 46%가 자동화될 가능성이 있는 것으로 나타났다. 우리나라의 경우 52%의 업무 활동 시간이 자동화 위험에 노출될 것으로 나타났는데, 이는 독일(59%), 일본(56%)보다는 낮고, 미국(46%), 영국(43%)보다는 높은 수준이다.

① 매킨지가 근로자들이 업무에 투입하는 시간을 기준으로 분석하자 우리나라 근로자들의 업무 활동시간이 자동화 될 가능성은 독일, 일본보다 낮고 미국, 영국보다 높은 것으로 나타났다.

② 프레이와 오스본의 연구가 선행 연구들과 다른 점은 정형화된 업무뿐만 아니라 비정형화된 업무도 인공지능이 대체할 수 있다는 관점을 제시한 것이다.

③ PwC가 OECD의 연구방법을 재해석하여 다시 분석해보니 고위험군에 속하는 일자리 비율이 OECD 결과보다 크게 높아졌다.

④ 프레이와 오스본은 직능을 설명하는 변수를 활용하여 각 직업별로 인공지능에 의해 대체 정도를 정량화하였다.

⑤ OECD에서는 인공지능에 의하여 특정 직업군이 완전히 사라지기보다 업무의 일부만이 자동화될 것으로 보았으며 미국의 경우 전체 일자리의 9% 정도가 고위험군에 속한다고 분석하였다.

29

다음 글은 불화에 관한 내용이다. 글에서 알 수 있는 것은?

고려 시대에는 불경에 나오는 장면이나 부처 또는 보살의 형상을 그림으로 표현하는 일이 드물지 않았는데, 그러한 그림을 '불화'라고 부른다. 고려의 귀족들은 불화를 사들여 후손들에게 전해주면 대대로 복을 받는다고 믿었다. 이 때문에 귀족들 사이에서는 그림을 전문으로 그리는 승려로부터 불화를 구입해 자신의 개인 기도처인 원당에 걸어두는 행위가 유행처럼 번졌다.

고려의 귀족들이 승려들에게 주문한 불화는 다양했다. 극락의 모습을 표현한 불화도 있었고, 깨달음에 이르렀지만 중생의 고통을 덜어주기 위해 열반에 들어가기를 거부했다는 보살을 그린 것도 있었다. 부처를 소재로 한 불화도 많았다. 그런데 부처를 그리는 승려들은 대개 부처만 단독으로 그리지 않았다. 부처를 소재로 한 불화에는 거의 예외 없이 관음보살이나 지장보살 등과 같은 보살이 부처와 함께 등장했다. 잘 알려진 바와 같이 불교에서 신앙하는 부처는 한 분이 아니라 석가여래, 아미타불, 미륵불 등 다양하다. 이 부처들이 그려진 불화는 보통 위아래 2단으로 구성되어 있는데, 윗단에는 부처가 그려져 있고 아랫단에 보살이 그려져 있다. 어떤 미술사학자들은 이러한 배치 구도를 두고 신분을 구별하던 고려 사회의 분위기가 반영된 것이 아닌가 생각하기도 한다.

고려 불화의 크기는 다소 큰 편이다. 일례로 충선왕의 후궁인 숙창원비는 관음보살을 소재로 한 불화인 수월 관음도를 주문 제작한 적이 있는데, 그 화폭이 세로 420cm, 가로 255cm에 달할 정도로 컸다. 그런데 관음보살을 그린 이 그림에도 아랫단에 보살을 우러러 보는 중생이 작게 그려져 있다. 이렇게 윗단에는 보살을 배치하고 그 아래에 중생을 작게 그려 넣는 방식 역시, 신분을 구별하던 고려 사회의 분위기가 반영된 결과라고 보는 연구자가 적지 않다.

① 충선왕 때 숙창원비는 관음보살과 아미타불이 함께 등장하는 불화를 주문 제작해 왕궁에 보관했다.

② 고려 시대에는 승려들이 귀족의 주문을 받아 불화를 사찰에 걸어두고 그 후손들이 내세에 복을 받게 해달라고 기원했다.

③ 고려 시대에 그려진 불화에는 귀족으로 묘사된 석가여래가 그림의 윗단에 배치되어 있고, 아랫단에 평민 신분의 인물이 배치되어 있다.

④ 고려 시대에 그려진 불화의 크기가 큰 것은 당시 화가들 사이에 여러 명의 등장인물을 하나의 그림 안에 동시에 표현하는 관행이 자리 잡았기 때문이다.

⑤ 고려 시대의 불화 중 부처가 윗단에 배치되고 보살이 아랫단에 배치된 구도를 지닌 그림에는 신분을 구별하던 고려 사회의 분위기가 반영되어 있다고 보는 학자들이 있다.

30

다음 글을 통하여 알 수 없는 것은?

문화체육관광부는 한국문화관광연구원과 함께 우리 사회의 인문정신문화 인식 수준 등을 파악하는 인문정신문화 실태조사를 실시하고 그 결과를 발표했다. 이번 조사는 최근 인문학 열풍으로 불릴 정도로 사회 저변에서 인문에 대한 관심이 높아지고 있는 상황에서, 법상 인문의 두 가지 영역인 인문학과 인문정신문화에 대한 우리 사회의 전반적 환경을 파악·진단하고 수요자 측면에서 인문 정책의 지향점을 설정하기 위해 처음으로 실시됐다.

조사 결과 응답자의 27.7%가 인문학에 관심을 갖고 있었으며, '우리 사회에서 인문학이 필요하다'라는 의견이 68.4%로 인문학 관심 수준에 비해 2배 이상 높게 나타났다. 인문학 및 인문정신문화가 중요한 이유로는 '인간 본연의 문제를 다루며 삶의 가치와 의미를 성찰하므로'라는 응답이 64.8%(1+2순위 기준)로 가장 높게 나타났다. 이는 국민들 상당수가 고도 압축 성장의 부작용으로 나타나고 있는 다양한 사회문제 대한 반성으로 정신적 삶을 풍요롭게 하는 인문의 가치를 중요하게 인식하고 있음을 보여준다.

이 외의 이유에 대해 세대별 조사결과를 살펴보면, 20대와 30대 등 젊은 세대는 '지적 호기심이나 정보 습득에 도움이 될 수 있기에'(20대 27.7%, 50대 이상 13.1%)와 '생활에 필요한 기본소양을 함양시킬 수 있기에'(20대 52.9%, 50대 이상 43.7%)라는 항목에서 40

대, 50대 이상보다 높게 응답해 인문학의 실용성 측면에 기성세대보다 관심이 있는 것으로 나타났다.

반면에 40대, 50대 이상 기성세대는 '사회공동체 가치 구현에 기여할 수 있기에'(50대 이상 38.3%, 30대 32.7%)와 '현대기술문명 사회에 인간다운 삶과 인간성 회복을 위해'(50대 이상 33.2%, 30대 27.3%)라는 항목에서 20대, 30대보다 높은 비율로 응답해 젊은 세대보다 인문의 사회적 가치에 상대적으로 의미를 더 두는 것으로 나타났다.

인문학 및 인문정신문화가 중요한 이유로는 '인간 본연의 문제를 다루며 삶의 가치와 의미를 성찰하므로'가 전체 응답자의 64.8%(1+2순위 기준)로 세대별 공통으로 가장 높게 나타났다. 이 외의 이유에 대해 세대별 조사결과를 살펴보면, 20대와 30대 등 젊은 세대는 '지적 호기심이나 정보습득에 도움이 될 수 있기에'(20대 27.7%, 50대 이상 13.1%)와 '생활에 필요한 기본소양을 함양시킬 수 있기에'(20대 52.9%, 50대 이상 43.7%)라는 항목에서 40대, 50대 이상보다 높게 응답해 인문학의 실용성 측면에 기성세대보다 관심이 있는 것으로 나타났다.

인문프로그램의 발전 방향에 대한 의견은 '시민 의식 수준과 역량을 갖출 수 있도록 정치, 경제, 경영 등 사회전반에 대한 정보를 다루며 실용성을 확대해야 한다'는 의견이 54.2%로 가장 높았다. '문학·사학·철학 기초에 집중해 인문학문의 본질을 강화해야 한다'는 의견은 5.9%로 가장 낮게 나타났다. 이와 관련해 인문전공자를 대상으로 한 조사에서는 일반 국민의 응답결과와 유사하나, '현대사회의 시대적 흐름을 이해하고자 생활과학, 자연과학, 생명과학, 공학 등을 다루며 인문프로그램의 범위를 확장해야 한다'는 의견이 24.6%로 일반국민 16.6%보다 높게 나타났다.

문체부 정책 담당자는 "이번 조사 결과, 많은 국민들이 인문가치의 사회적 필요성에 공감하고 있으나, 기존 인문학을 어렵고 추상적이라고 느끼고 있는 점, 인문프로그램 참여 후에 사회활동과 봉사 참여 의사가 높아진 점은 시사하는 바가 크다. 앞으로 세부 조사결과에 나타난 세대별 관심 사항과 이용 시설, 참여 장애 요인 등을 고려해 누구나 쉽고 친숙하게 생활 속에서 다양한 인문 프로그램을 접하고, 이에 참여할 수 있도록 정책적 지원 방안을 강화할 계획이다."라고 밝혔다.

① 설문 응답자의 과반이 인문학은 취업 및 직장생활과 관련성이 낮다고 응답하였다.

② 인문학의 필요성에 대한 인식은 매우 높지만 인문학에 대한 관심은 이것의 절반 수준이다.

③ 인문전공자들은 일반인들에 비하여 인문학 프로그램에 과학을 포함해야 한다고 생각하는 비중이 더 높다.

④ 인문학에 대해 젊은 세대는 실용적 측면에, 기성세대는 사회적 가치에 관심을 두고 있다.

⑤ 우리 사회의 인문정신문화를 향상하기 위해서는 인문학에 대한 문턱을 낮추는 정책을 마련하여야 한다.

31

다음 글에서 알 수 있는 것으로 가장 적절한 것은?

지체 높은 관리의 행차 때 하인들이 그 앞에 서서 꾸짖는 소리를 크게 내어 행차에 방해되는 사람을 물리쳤는데 조선 시대에는 이런 행위를 '가도'라 한다. 국왕의 행차 때 하는 가도는 특별히 '봉도'라고 불렀다. 가도는 잡인들의 통행을 막는 것이기도 했기 때문에 '벽제'라고도 했으며, 이때 하는 행위를 '벽제를 잡는다.'라고 했다. 가도를 할 때는 대체로 '물렀거라', '에라, 게 들어 섰거라'고 외쳤고, 왕이 행차할 때는 '시위~'라고 소리치는 것이 정해진 법도였다. 『경도잡지』라는 문헌을 보면, 정1품관인 영의정, 좌의정, 우의정의 행차 때 내는 벽제 소리는 그리 크지 않았고, 그 행차 속도도 여유가 있었다고 한다. 행차를 느리게 하는 방식으로 그 벼슬아치의 위엄을 차렸다는 것이다. 그런데 삼정승 아래 벼슬인 병조판서의 행차 때 내는 벽제 소리는 날래고 강렬했다고 한다. 병조판서의 행차답게 소리를 크게 냈다는 것이다.

애초에 가도는 벼슬아치가 행차하는 길 앞에 있는 위험한 것을 미리 치우기 위한 행위였다. 그런데 나중에는 행차 앞에 방해되는 자가 없어도 위엄을 과시하는 관례로 굳어졌다. 가도 소리를 들으면 지나가는 사람은 멀리서도 냉큼 꿇어앉아야 했다. 그 소리를 듣고도 모른 척하면 엄벌을 면치 못했다. 벼슬아치를 경호하는 관원들은 행차가 지나갈 때까지 이런 자들을 눈에 띄지 않는 곳에 가둬 두었다가 행차가 지나간 뒤 몽둥이로 마구 때렸다. 그러니 서민들로서는 벼슬아치들의 행차를 피해 다른 길로 통행하는 것이 상책이었다.

서울 종로의 피맛골은 바로 조선 시대 서민들이 종로를 오가는 벼슬아치들의 행차를 피해 오가던 뒷골목이었다. 피맛골은 서울의 숱한 서민들이 종로 근방에 일이 있을 때마다 오가던 길이었고, 그 좌우에는 허름한 술집과 밥집도 많았다. 피마란 원래 벼슬아치들이 길을 가다가 자기보다 높은 관리를 만날 때, 말에서 내려 길옆으로 피해 경의를 표하는 행위를 뜻하는 말이다. 그런데 신분이 낮은 서민들은 벼슬아치들의 행차와 그 가도를 피하기 위해 뒷골목으로 다니는 행위를 '피마'라고 불렀다. 피맛골은 서민들의 입장에서 볼 때 자유롭게 통행할 수 있는 일종의 해방구였던 셈이다.

① 삼정승 행차보다 병조판서 행차 때의 벽제 소리가 더 컸다.
② 봉도란 국왕이 행차한다는 소리를 듣고 꿇어앉는 행위를 뜻한다.
③ 벼슬아치가 행차할 때 잡인들의 통행을 막으면서 서민들에 대한 감시가 증가했다.
④ 조선 시대에 신분이 낮은 서민들은 피마라는 용어를 말에서 내려 길을 피한다는 의미로 바꿔 썼다.
⑤ 가도는 주로 서울을 중심으로 행해졌기 때문에 벼슬아치들의 행차를 피하기 위해 형성된 장소도 서울에만 있다.

32

다음 글을 통하여 알 수 있는 것이 아닌 것은?

한국공항공사와 인천국제공항공사가 공동으로 개발한 '공항 일반구역 보안관리(Airport Landside Security)' 교육과정이 유엔 산하 국제민간항공기구(ICAO)로부터 전 세계 표준 교육과정으로 20일 최종 인증받았다. 이번 교육과정은 최근 해외에서 잦은 테러와 보안사고의 대상이 되었던 공항 일반구역(Landside : 일반인의 출입이 가능한 지역)에 대한 선제적 대응책 마련을 위해 양 공항공사가 ICAO 부속서 등 항공보안 국제규정을 기반으로 다양한 현장 우수 사례로 완성한 첫 번째 교육 협력 프로젝트로서, 공항보안 핵심 노하우를 집대성한 것으로 평가받고 있다.

특히 개발 초기 단계부터 ICAO 보안 전문가가 검증과 평가에 직접 참여하고 ICAO가 공식 인증함에 따라 향후 모든 체약국이 공통으로 활용하게 되므로, 양 공항공사는 개발 과정에 대한 지식재산권과 콘텐츠 수출에 따른 로열티 수익을 창출할 수 있을 것으로 전망하고 있다. 양 공항공사는 2020년부터 해당 과정을 본격적으로 운영할 예정이며, 세계 항공보안의 균형 발전을 위해 동남아, 아프리카, 남미지역 등 항공보안 종사자 교육을 지원하는 ICAO 국제협력 사업으로 적극 활용할 계획이다.

ICAO 전문가 월터 파크스(Walter Parks)는 "이번 교육과정 개발로 대한민국이 그동안 쌓아온 공항 보안 노하우와 우수 사례를 전 세계에 전파하고, 글로벌 표준을 정립해나가는 리더십을 발휘하는 계기가 될 것"이라고 밝혔다.

한국공항공사 항공기술훈련원과 인천국제공항공사 인재개발원은 ICAO 지역 우수교육센터(RTCE : Regional Training Centre of Excellence) 자격을 각각 취득하

여 연간 약 1,300명의 전 세계 항공종사자들에게 양질의 국제 교육과정을 제공하고 있고, 특히 한국공항공사 항공기술훈련원은 지난 2010년 국내 유일의 ICAO 인증 항공보안교육센터로 지정되어 국내외 항공보안 전문가를 양성하고 글로벌 항공보안교육을 선도하는 데 역량을 집중하고 있다.

① 공항 일반구역 보안관리(Airport Landside Security)는 국제민간항공기구(ICAO)로부터 전 세계 표준 교육과정으로 인증받았다.
② 공항 일반구역은 일반인의 출입이 가능한 지역이다.
③ 양 공항공사는 2020년부터 '공항 일반구역 보안관리(Airport Landside Security)' 과정을 본격적으로 운영할 예정이다.
④ 양 공항공사는 '공항 일반구역 보안관리(Airport Landside Security)' 개발 과정에 대한 지식재산권과 콘텐츠 수출에 따른 로열티 수익이 감소할 것으로 예상하고 있다.
⑤ 한국공항공사 항공기술훈련원은 국내 유일의 ICAO 인증 항공보안교육센터로 지정되어 있다.

33

다음 글은 미란다 원칙에 관한 내용이다. 글에서 알 수 있는 것은?

피의자를 체포할 때에 수사 기관은 피의자에게 묵비권을 행사할 수 있고 불리한 진술을 하지 않을 권리가 있으며 변호사를 선임할 권리가 있음을 알려야 한다. 이를 '미란다 원칙'이라고 하는데, 이는 피의자로 기소되어 법정에 선 미란다에 대한 재판을 통해 확립되었다. 미란다의 변호인은 "경찰관이 미란다에게 본인의 진술이 법정에서 불리하게 쓰인다는 사실과 변호인을 선임할 권리가 있다는 사실을 말해주지 않았으므로 미란다의 자백은 공정하지 않고, 따라서 미란다의 자백을 재판 증거로 삼을 수 없다."라고 주장했다. 미국 연방대법원은 이를 인정하여, 미란다가 자신에게 묵비권과 변호사 선임권을 갖고 있다는 사실을 안 상태에서 분별력 있게 자신의 권리를 포기하고 경찰관의 신문에 진술했어야 하므로, 경찰관이 이러한 사실을 고지하였다는 것이 입증되지 않는 한, 신문 결과만으로 얻어진 진술은 그에게 불리하게 사용될 수 없다고 판결하였다.

미란다 판결 전에는 전체적인 신문 상황에서 피의자가 임의적으로 진술했다는 점이 인정되면, 즉 임의성

의 원칙이 지켜졌다면 재판 증거로 사용되었다. 이때 수사 기관이 피의자에게 헌법상 권리를 알려주었는지 여부는 문제되지 않았다. 경찰관이 고문과 같은 가혹 행위로 받아낸 자백은 효력이 없지만, 회유나 압력을 행사했더라도 제때에 음식을 주고 밤에 잠을 자게 하면서 받아낸 자백은 전체적인 상황이 강압적이지 않았다면 증거로 인정되었다. 그런데 이러한 기준은 사건마다 다르게 적용되었으며 수사 기관으로 하여금 강압적인 분위기를 조성하도록 유도했으므로, 구금되어 조사받는 상황에서의 잠재적 위협으로부터 피의자를 보호해야 할 수단이 필요했다.

수사 절차는 본질적으로 강제성을 띠기 때문에, 수사 기관과 피의자 사이에 힘의 균형은 이루어지기 어렵다. 이런 상황에서 미란다 판결이 제시한 원칙은 수사 절차에서 수사 기관과 피의자가 대등한 지위에서 법적 다툼을 해야 한다는 원칙을 구현하는 첫출발이었다. 기존의 수사 관행을 전면적으로 부정하는 미란다 판결은 자백의 증거 능력에 대해 종전의 임의성의 원칙을 버리고 절차의 적법성을 채택하여, 수사 절차를 피의자의 권리를 보호하는 방향으로 전환하는 데에 크게 기여했다.

① 미란다 원칙을 확립한 재판에서 미란다는 무죄 판정을 받았다.
② 미란다 판결은 피해자의 권리에 있어 임의성의 원칙보다는 절차적 적법성이 중시되어야 한다는 점을 부각시켰다.
③ 미란다 판결은 법원이 수사 기관이 행하는 고문과 같은 가혹 행위에 대해 수사 기관의 법적 책임을 묻는 시초가 되었다.
④ 미란다 판결 전에는 수사 과정에 강압적인 요소가 있었더라도 피의자가 임의적으로 진술한 자백의 증거 능력이 인정될 수 있었다.
⑤ 미란다 판결에서 연방대법원은 피의자가 변호사 선임권이나 묵비권을 알고 있었다면 경찰관이 이를 고지하지 않아도 피의자의 자백은 효력이 있다고 판단하였다.

34

다음 글을 읽고 추론한 것으로 적절하지 않은 것은?

인플루엔자는 흔히 고열, 오한, 두통, 근육통 또는 피로감과 같은 전신증상과 함께 기침, 인후통과 같은 호흡기 증상의 갑작스런 시작을 특징으로 하는 급성 열성 호흡기질환이다. 특히 겨울철에 흔한 여러 가지 호흡기바이러스에 의한 일반적인 감기와 증상이 매우 유사하기 때문에 감별진단이 어렵다. 하지만 인플루엔자와 감기는 다른 질환이고, 감기와 달리 치명적인 합병증을 유발할 수 있으며, 항바이러스 치료제와 효과적인 백신 사용이 가능하기 때문에 감별진단이 필요하다.

임상적으로 감별에 중요한 점은 감기와 달리 인플루엔자는 갑작스럽게 시작되기 때문에 고열(38~41℃)이 시작된 시점을 정확하게 기억할 수 있다는 것이다. 이에 비해 감기는 미열이 서서히 시작되기 때문에 정확하게 증상이 시작된 시각을 잘 기억하지 못한다. 또한 인플루엔자는 두통, 피로감, 근육통 및 관절통 등 소위 심한 몸살이라고 표현하는 전신 증상이 뚜렷하여 일상생활이 불가능할 정도이다.

고열과 심한 근육통 등은 초기 2~3일 동안 심하며, 이후에 호전된다. 감기는 미열과 함께 콧물, 코막힘 및 인후통 등 상기도 증상이 상대적으로 두드러지며, 전신 증상은 미미하여 일상생활에 지장을 줄 정도는 아니다. 하지만 인플루엔자에서 기침, 인후통 등 호흡기 증상은 전신 증상이 호전될 때 나타나며, 일부 환자에서 기침이 1주 이상 지속되면서 흉통을 동반하기도 한다. 고열이 지속되고 기침, 누런 가래, 호흡곤란 등이 증상이 나타나면 폐렴과 같은 하부호흡기 합병증의 발생을 의심해 봐야 된다. 단순 인플루엔자에서 급성 증상 및 징후는 대개 2~5일에 걸쳐 호전되며 대부분 1주 내에 거의 회복되지만, 기침은 수개월 이상 지속될 수 있다. 노인 등 극히 소수는 쇠약감 또는 나른함(인플루엔자 후 무기력증)이 수주 동안 지속될 수 있다.

인플루엔자 환자의 진찰 소견은 대부분 경증 환자에서는 특이적이지 않다. 초기에 환자는 대개 홍조를 띠며, 피부는 뜨겁고 건조하며, 특히 노인 환자에서 발한과 축축한 사지가 다소 뚜렷하다. 인후 진찰에서 심한 인후통에도 불구하고 이상할 정도로 특이한 소견은 없으며, 일부 환자에서 점막의 발적과 후비 분비물이 뚜렷할 수 있다. 소아에서는 경증의 경부 림프절종대가 관찰될 수 있다. 흉부 진찰은 단순인플루엔자 환자에서 대부분 정상이지만, 하부호흡기합병증으로 기관지염, 세기관지염, 폐렴이 합병된 경우 나음, 천명(음) 및 산재한 수포음이 청진된다. 심한 호흡곤란, 과호흡, 청색증, 미만성수포음 등의 징후는 폐 합병증 발생의 증거이다.

① 인플루엔자는 급성 열성 호흡기질환이다.
② 폐 합병증 발생의 증거는 심한 호흡곤란, 과호흡, 청색증, 미만성수포음 등이다.
③ 인플루엔자는 대부분 1주 내에 거의 회복된다.
④ 인플루엔자와 감기는 같은 질환이다.
⑤ 인플루엔자에서 기침, 인후통 등은 전신 증상이 호전될 때 나타난다.

35

다음 글의 내용과 부합하는 것으로 가장 적절한 것은?

민주주의 원리는 국민주권에 바탕을 두고 모든 국가기관의 의사가 국민의 의사로 귀착될 수 있어야 한다는 것이다. 이러한 민주주의 원리로부터 국민의 생활에 중요한 영향을 미치는 국가기관일수록 국민의 대표성이 더 반영되어야 한다는 '민주적 정당성'의 원리가 도출된다. 헌법재판 역시 그 중대성을 감안할 때 국민의 대의기관이 직접 담당하는 것이 민주적 정당성의 원리에 부합할 것이다. 헌법재판은 과거 세대와 현재 및 미래 세대에게 아울러 적용되는 헌법과 인권의 가치를 수호하는 특수한 기능을 수행한다. 헌법재판소는 항구적인 인권 가치를 수호하기 위하여 의회입법이나 대통령의 행위를 위헌이라고 선언할 수 있다. 이는 현재 세대의 의사와 배치될 수도 있는 작업이다. 그렇다면 이는 의회와 같은 현 세대의 대표자가 직접 담당하기에는 부적합하다. 헌법재판관들은 현재 다수 국민들의 실제 의사를 반영하기 위하여 임명되는 것이 아니다. 그들의 임무는 현재 국민들이 헌법을 개정하지 않는 한 헌법에 선언된 과거 국민들의 미래에 대한 약정을 최대한 실현하는 것이다. 그렇다면 헌법재판은 의회로부터 어느 정도 독립되고, 전문성을 갖춘 재판관들이 담당해야 한다.

한편 헌법재판은 사법적으로 이루어질 때 보다 공정하고 독립적으로 이루어질 수 있다. 이는 독립된 재판관에 의하여 이루어지는 법해석을 중심으로 판단이 이루어져야 한다는 것을 말한다. 그런데 독립된 헌법재판소를 두더라도 헌법 재판관의 구성방법이 문제된다. 헌법 제1조 제2항에 따라 모든 국가권력은 국민에게 귀착되어야 하는 정당성의 사슬로 연결되어 있기에 헌법재판관 선출은 국민의 직접 위임에 의한 것이 이상적이다. 그러나 현실적으로 국민의 직접선거로 재판관을 선출하는 것은 용이하지 않다. 따라서 대의기관이 관여하여 헌법재판관을 임명함으로써 최소한의 민주적 정당성을 갖추어야 할 것이다. 그러므로 헌법재판

관들이 선출되지 않은 소수 혹은 국민에 대하여 책임지지 않는 소수라는 이유만으로 민주적 정당성이 없다고 하는 것은, 헌법재판관 선출에 의회와 대통령이 관여한다는 점에서 무리한 비판이라고 볼 것이다.

① 헌법재판관들은 현행 헌법 개정에 구속되지 않고 미래 세대에 대한 약정을 최대한 실현해야 한다.
② 헌법재판소가 다수의 이익을 대표하는 대의기관의 행위를 위헌이라고 판단하는 것은 민주적 정당성의 원리에 배치된다.
③ 현재 헌법재판관 선출방법은 모든 국가권력이 국민에게 귀착되어야 한다는 민주적 정당성의 원리를 이상적으로 실현하고 있다.
④ 헌법재판은 현재와 미래 세대에게 아울러 적용되는 헌법과 항구적인 인권의 가치를 수호해야 하지만, 이는 현재 세대의 의사와 배치되어서는 안 된다.
⑤ 헌법재판은 사법기관이 담당하는 것이 바람직하며, 그 기관은 현재 세대를 대표하는 대의기관으로부터 어느 정도 독립되고 전문성을 갖출 필요가 있다.

36

다음 글은 좌파와 우파의 견해를 나타낸 것이다. 결론으로 가장 적절한 것은?

정치 갈등의 중심에는 불평등과 재분배의 문제가 자리하고 있다. 이 문제로 좌파와 우파는 오랫동안 대립해 왔다.

우파는 시장 원리, 개인 주도성, 효율성이 장기 관점에서 소득 수준과 생활환경을 실제로 개선할 수 있다고 주장한다. 반면 정부 개입을 통한 재분배는 그 규모가 크지 않아야 한다. 이 점에서 이들은 선순환 메커니즘을 되도록 방해하지 않는 원천징수나 근로장려세 같은 조세 제도만을 사용해야 한다고 주장한다.

반면 19세기 사회주의 이론과 노동조합 운동을 이어받은 좌파는 사회 및 정치 투쟁이 극빈자의 불행을 덜어주는 더 좋은 방법이라고 주장한다. 이들은 불평등을 누그러뜨리고 재분배를 이루려면 우파가 주장하는 조세 제도만으로는 부족하고, 생산수단을 공유화하거나 노동자의 급여 수준을 강제하는 등 보다 강력한 정부 개입이 있어야 한다고 주장한다. 정부의 개입이 생산 과정의 중심에까지 영향을 미쳐야 시장 원리의 실패와 이 때문에 생긴 불평등을 해소할 수 있다는 것이다.

좌파와 우파의 대립은 두 진영이 사회정의를 바라보

는 시각이 다른 데서 비롯된 것이 아니다. 오히려 불평등이 왜 생겨났으며 그것을 어떻게 해소할 것인가를 다루는 사회경제 이론이 다른 데서 비롯되었다. 사실 좌우 진영은 사회정의의 몇 가지 기본 원칙에 합의했다.

행운으로 얻었거나 가족에게 물려받은 재산의 불평등은 개인이 통제할 수 없다. 개인이 통제할 수 없는 요인 때문에 생겨난 불평등을 그런 재산의 수혜자에게 책임지우는 것은 옳지 않다. 이 점에서 행운과 상속의 혜택을 받은 이들에게 이런 불평등 문제를 해결하라고 요구하는 것은 바람직하지 않다. 혜택받지 못한 이들, 곧 매우 불리한 형편에 부닥친 이들의 처지를 개선하려고 애써야 할 당사자는 당연히 국가다. 정의로운 국가라면 국가가 사회 구성원 모두 평등권을 되도록 폭넓게 누리도록 보장해야 한다는 정의의 원칙은 좌파와 우파 모두에게 널리 받아들여진 생각이다.

불리한 형편에 놓인 이들의 삶을 덜 나쁘게 하고 불평등을 누그러뜨려야 하는 국가의 목표를 이루는 데 두 진영이 협력하는 첫걸음이 무엇인지는 이제 거의 분명해졌다.

① 좌파와 우파는 자신들의 문제점을 개선하려고 애써야 한다.
② 좌파와 우파는 정치 갈등을 해결하려는 의지가 있어야 한다.
③ 좌파와 우파는 사회정의를 위한 기본 원칙에 먼저 합의해야 한다.
④ 좌파와 우파는 분배 문제 해결에 국가가 앞장서야 한다는 데 동의해야 한다.
⑤ 좌파와 우파는 불평등을 일으키고 이를 완화하는 사회경제 메커니즘을 보다 정확히 분석해야 한다.

37

다음 글은 건축물 화재안전 관리체제에 관한 것이다. 글의 내용과 부합하는 것은?

미국의 건축물 화재안전 관리체제에는 크게 시설계획기준을 제시하는 건축모범규준과 특정 시설의 화재안전평가 및 대안설계안을 결정하는 화재안전평가제 그리고 기존 건축물의 화재위험도를 평가하는 화재위험도평가제가 있다. 건축모범규준과 화재안전평가제는 건축물의 계획 및 시공단계에서 설계지침으로 적용되며, 화재위험도평가제는 기존 건축물의 유지 및 관리단계에서 화재위험도 관리를 위해 활용된다. 우리

나라는 정부가 화재안전 관리체제를 마련하고 시행하는 데 반해 미국은 공신력 있는 민간기관이 화재 관련 모범규준이나 평가제를 개발하고 주 정부가 주 상황에 따라 특정 제도를 선택하여 운영하고 있다.

건축모범규준은 미국화재예방협회에서 개발한 것이 가장 널리 활용되는데 3년마다 개정안이 마련된다. 특정 주요 기준은 대부분의 주가 최근 개정안을 적용하지만, 그 외의 기준은 개정되기 전 규준의 기준을 적용하는 경우도 있다. 역시 미국화재예방협회가 개발하여 미국에서 가장 널리 활용되는 화재안전평가제는 공공안전성이 강조되는 의료, 교정, 숙박, 요양 및 교육시설 등 5개 용도시설에 대해 화재안전성을 평가하고 대안설계안의 인정 여부를 결정함에 목적이 있다. 5개 용도시설을 제외한 건축물의 경우에는 건축모범규준의 적용이 권고된다. 화재위험도평가제는 기존 건축물에 대한 데이터를 수집하여 화재안전을 효율적으로 평가·관리함에 목적이 있다. 이 중에서 뉴욕주 소방청의 화재위험도평가제는 공공데이터 공유 플랫폼을 이용하여 수집된 주 내의 모든 정부 기관의 정보를 평가자료로 활용한다.

① 건축모범규준이나 화재안전평가제에 따르면 공공안전성이 강조되는 건물에는 특정 주요 기준이 강제적으로 적용되고 있다.
② 건축모범규준, 화재안전평가제, 화재위험도평가제 모두 건축물의 설계·시공단계에서 화재안전을 확보하는 수단이다.
③ 건축모범규준을 적용하여 건축물을 신축하는 경우 반드시 가장 최근에 개정된 기준에 따라야 한다.
④ 미국에서는 민간기관인 미국화재예방협회가 건축모범규준과 화재안전평가제를 개발·운영하고 있다.
⑤ 뉴욕주 소방청은 화재위험도 평가에 타 기관에서 수집한 정보를 활용한다.

38

다음 글의 내용과 부합하지 않는 것은?

한국공항공사는 국토교통부와 글로벌 항공정보종합관리망(SWIM, System Wide Information Management) 기반기술 확보로 전용시험장(테스트베드) 구축을 완료하고, 20××년부터 한·중·일 국제 테스트를 진행할 예정이다. SWIM이란 현재 항공기관이나 항공사에서 개별적으로 운영 중인 항공정보, 항공기상

정보, 비행계획 및 항적자료 등 다양한 정보를 통합 관리할 수 있는 종합관리망으로 관제사, 조종사 등 항공관련 종사자들이 SWIM을 활용하면 전 세계 각종 항공정보를 한번에 쉽고 빠르게 이용할 수 있다.

공사는 국제민간항공기구(ICAO, International Civil Aviation Organization)의 '미래항공시스템전환계획(ASBU, Aviation System Block Upgrades)'과 정부의 '차세대 항공교통시스템 구축계획(NARAE, National ATM Reformation Enhancement)'의 일환으로 2016년부터 SWIM 기술개발을 추진해왔고, 2017년 ICAO 아태지역 SWIM TF에 주도적으로 참여하여 가장 핵심부문인 기술기준 제정, 정보교환모델개발 및 어플리케이션 개발검증 등의 임무를 성공적으로 수행 중이다.

공사는 올해 안으로 SWIM 테스트베드를 김포공항에 구축하여 우리나라 全 공역의 항로관제레이더, 인천/김포/제주/김해공항 지상레이더, 전자항공정보, 기상자료 등을 통합·구현하고, 2019년부터는 한·중·일 3국간 국제접속 및 호환테스트를 진행하여 2021년까지 3국간 차세대 항공통신망을 통한 국제정보교환 시험운영을 마무리할 계획이다. 국토교통부와 공사 관계자는 "SWIM의 궁극적인 목표는 전 세계 모든 국가의 항공통신망을 IP 기반의 인터넷으로 연결하여 모든 항공정보를 공유하려는 것이며, 이를 통해 항공기 안전운항과 효율성이 크게 높아지는 것은 물론 핵심기술의 해외 항행시장 진출에도 기여할 것으로 기대한다"고 밝혔다.

※ ASBU : 공항, 공역, 정보, 운항 4개 개선영역에 21개 개선과제 51개 모듈을 제시하는 6년 단위 4단계 계획(2013년부터 6년 단위 Block 0~3)

① 공사는 국토교통부와 '글로벌 항공정보종합관리망(SWIM)' 기반기술 확보로 전용시험장 구축을 완료하였다.

② SWIM은 항공정보, 항공기상정보, 비행계획 및 항적자료 등 다양한 정보를 통합 관리할 수 있는 종합관리망이다.

③ SWIM의 목표는 전 세계 모든 국가의 항공통신망의 항공정보를 공유하려는 것이다.

④ SWIM으로 항공기 안전운항과 효율성이 크게 높아지리라 기대하고 있다.

⑤ 2019년에는 한·중·일 3국간 국제접속 및 호환테스트를 완료할 예정이다.

39

다음 글에서 추론할 수 있는 것으로 가장 적절한 것은?

조선 시대 국왕의 재위 기간에 있었던 중요 사건들을 정리한 기록물인 조선왕조실록은 역사적인 가치가 크다. 이에 유네스코는 태조부터 철종까지의 시기에 있었던 사건들이 담긴 조선왕조실록 총 1,893권, 888책을 세계 기록 유산으로 등재하였다.

실록의 간행 과정은 상당히 길고 복잡했다. 먼저, 사관이 국왕의 공식적 언행과 주요 사건을 매일 기록하여 사초를 만들었다. 그 국왕의 뒤를 이어 즉위한 새 왕은 전왕(前王)의 실록을 만들기 위해 실록청을 세웠다. 이 실록청은 사초에 담긴 내용을 취사선택해 실록을 만든 후 해산하였다. 이렇게 만들어진 실록은 전왕의 묘호(廟號)를 붙여 '○○실록'이라고 불렀다. 이런 식으로 일이 진행되다보니 철종실록이 고종 때에 간행되었던 것이다.

한편 정변으로 왕이 바뀌었을 때에는 그 뒤를 이은 국왕이 실록청 대신 일기청을 설치하여 물러난 왕의 재위 기간에 있었던 일을 '○○○일기(日記)'라는 명칭으로 정리해 간행했다. 인조 때 광해군실록이 아니라 광해군일기가 간행된 것은 바로 이 때문이다. '일기'는 명칭만 '실록'이라고 부르지 않을 뿐 간행 과정은 그와 동일했다. 그렇기 때문에 '일기'도 세계 기록 유산으로 등재된 조선왕조실록에 포함된 것이다. 단종실록은 특이한 사례에 해당된다. 단종은 계유정난으로 왕위에서 쫓겨난 후에 노산군으로 불렸고, 그런 이유로 세조 때 노산군일기가 간행되었다. 그런데 숙종 24년(1698)에 노산군이 단종으로 복위된 후로 노산군일기를 단종실록으로 고쳐 부르게 되었다.

조선 후기 붕당 간의 대립은 실록 내용에도 영향을 미쳤다. 선조 때 동인과 서인이라는 붕당이 등장한 이래, 선조의 뒤를 이은 광해군과 인조 때까지만 해도 붕당 간 대립이 심하지 않았다. 그러나 인조의 뒤를 이어 효종, 현종, 숙종이 연이어 왕위에 오르는 과정에서 붕당 간 대립이 심해졌다. 효종 때부터는 집권 붕당이 다른 붕당을 폄훼하기 위해 이미 만들어져 있는 실록을 수정해 간행하는 일이 벌어졌다. 수정된 실록에는 원래의 실록과 구분해 '○○수정실록'이라는 명칭을 따로 붙였다.

① 효종실록은 현종 때 설치된 실록청이 간행했을 것이다.

② 노산군일기는 숙종 때 설치된 일기청이 간행했을 것이다.

③ 선조수정실록은 광해군 때 설치된 실록청이 간행했을 것이다.

④ 고종실록은 세계 기록 유산으로 등재된 조선왕조실록에 포함되어 있을 것이다.

⑤ 광해군일기는 세계 기록 유산으로 등재된 조선왕조실록에 포함되어 있지 않을 것이다.

40

다음은 핵 확산 금지조약의 일부이다. 이 글을 잘못 이해한 것은?

제1조. 핵무기를 보유한 체결국은 핵무기나 여타 핵폭발 장치를 또는 그러한 무기나 장치의 관리권을 직접적으로나 간접적으로 누구에게든 양도하지 않는다. 또한 핵무기 비보유국이 그러한 무기 또는 장치를 제조, 획득, 관리하는 일을 어떤 방법으로도 원조, 장려 또는 권유하지 않는다.

제2조. 핵무기를 보유하지 않은 체결국은 핵무기나 여타 핵폭발 장치를 또는 그러한 무기나 장치의 관리권을 직접적으로나 간접적으로 누구로부터도 양도받지 않는다. 또한 스스로 그런 무기 또는 장치를 제조, 획득하지 않으며, 제조에 필요한 원조를 구하거나 받지 않는다.

제3조. 핵무기를 보유하지 않은 체결국은 원자력의 평화적 사용 여부를 확인받기 위하여 자국의 모든 핵 시설 및 핵 물질에 대하여 IAEA의 핵 사찰을 받는다. 이를 위해 18일 내로 IAEA와 협상을 시작하여 그로부터 18개월 내에 핵안전협정을 체결한다.

제4조. 본 조약의 어떠한 규정도 제1조와 제2조의 규정에 위배되지 않는 핵에너지의 생산과 활용의 권리를 침해할 수 없다.

제5조. 적절한 국제적 감시 및 적절한 국제적 절차에 따르는 이상 핵폭발의 평화적 활용으로부터 발생하는 이익은 허용된다.

① 핵무기를 보유한 체결국은 핵무기를 누구에게든 양도하지 않는다.

② 핵무기를 보유하지 않은 체결국은 핵무기 제조에 필요한 원조를 받지 않는다.

③ 핵무기를 보유한 체결국은 핵 물질에 대하여 IAEA의 핵 사찰을 받는다.

④ 본 조약에 위배되지 않는 핵에너지의 생산과 활용의 권리를 침해할 수 없다.

⑤ 핵폭발의 평화적 활용은 허용된다.

PUBLIC
SERVICE
APTITUDE
TEST

CHAPTER **02** 논리판단

- 주어진 내용이 함축적인 것인지 논리적 모순이 되는 것인지에 주의하여 풀이한다.
- 명제가 참인지 거짓인지를 파악하고 진술이 일반화된 것인지를 파악한다.

대표예제

'甲' 기업의 한 생산부서에서 불량이 지속적으로 발생하였다. 불량은 각각의 공정을 담당한 직원 4명 중 1명의 작업 실수가 원인이 되어 발생하였다. 다음의 〈진술〉 중 1명은 거짓을, 나머지 3명은 진실을 말하고 있다면, 이때 거짓을 말한 직원과 불량의 원인이 되는 작업을 담당한 직원을 순서대로 바르게 나열한 것은?

> 직원 A는 포장 작업을 담당하며, B는 제품 실행, C는 색칠 작업, D는 원료 분류를 각각 담당하고 있다.

― 진술 ―

- 직원 A의 진술 : 포장 작업은 불량의 원인이 아닙니다.
- 직원 B의 진술 : 원료를 잘못 분류했으니 불량이 나오는 것입니다.
- 직원 C의 진술 : 색칠 작업에서는 불량이 나올 수가 없습니다.
- 직원 D의 진술 : 제가 보기엔 포장 작업에서 불량이 나옵니다.

① A, A　　　　　　　　　② A, D
③ B, C　　　　　　　　　④ D, A
⑤ D, D

정답해설

4명 중 1명이 거짓을 말하고 있다고 했는데, 직원 A와 D의 진술이 상충되므로, 두 사람 중 한 명이 거짓을 말하는 것임을 알 수 있다. 따라서 다음의 경우로 나누어 살펴볼 수 있다.

- A가 거짓을 말하는 경우 : 포장 작업이 불량의 원인이 되며, 나머지 세 사람의 진술은 모두 진실이라 볼 수 있다. B의 진술도 진실이므로, 원료 분류의 잘못이 불량의 원인이 된다. 그러나 이 경우는 1명의 작업 실수가 불량의 원인이 된다는 문제의 조건과 부합하지 않는다. 따라서 A는 거짓을 말하지 않았다고 할 수 있다.
- D가 거짓을 말하는 경우 : 포장 작업이 불량의 원인이 아니며, 이는 직원 A~C의 진술과도 배치되지 않는다. 따라서 B의 진술에 따라 원료를 잘못 분류해 불량이 나오는 것으로 판단할 수 있다.

따라서 거짓을 말한 직원은 D이며, 불량의 원인이 되는 작업(원료 분류)을 담당한 직원도 D가 된다.

정답 ⑤

논리판단

01

다음 중 자신이 한 진술들이 동시에 참일 수 있는 사람만을 모두 고르면?

> 나나 : 역사 안에서 일어나는 모든 일에는 선과 악이 없어. 하지만 개인이 선할 가능성은 여전히 남아 있지. 자연의 힘으로 벌어지는 모든 일에는 선과 악이 없고, 역사란 자연의 힘만으로 전개되는 것이야. 개인이 노력한다고 해서 역사가 달라지지도 않아. 만일 개인이 노력한다고 해서 역사가 달라지지 않고 역사 안에서 일어나는 모든 일에 선과 악이 없다면, 개인은 역사 바깥에 나갈 때에만 선할 수 있어. 물론 개인은 역사 바깥에 나가지도 못하고, 자연의 힘을 벗어날 수도 없지.
>
> 모모 : 개인은 역사 바깥에 나가지도 못하고, 자연의 힘을 벗어날 수도 없어. 자연의 힘으로 벌어지는 모든 일에는 선과 악이 없다는 것도 참이야. 하지만 역사 안에서 일어나는 일 가운데는 선과 악이 있는 일도 있어. 왜냐하면 역사 안에서 일어나는 모든 일이 자연의 힘만으로 벌어지는 것은 아니니까. 역사 안에서 일어나는 일 중에는 지성과 사랑의 힘에 의해 일어나는 일도 있어. 지성과 사랑의 힘에 의해 일어나는 일에는 선과 악이 있지.
>
> 수수 : 역사 중에는 물론 지성의 역사와 사랑의 역사도 있지. 하지만 그것을 포함한 모든 역사는 오직 자연의 힘만으로 벌어지지. 지성과 사랑의 역사도 진화의 역사일 뿐이고, 진화의 역사는 오직 자연의 힘만으로 벌어지기 때문이야. 자연의 힘만으로 벌어지는 모든 일에는 선과 악이 없지만, 진화의 역사에서 오직 자연의 힘만으로 인간 지성과 사랑이 출현한 일에는 선이 있음이 분명해.

① 모모

② 수수

③ 나나, 모모

④ 나나, 수수

⑤ 나나, 모모, 수수

02

다음 글의 내용이 참일 때 밑줄 친 주장을 참으로 만들기 위해 추가되어야 하는 전제는?

> 우리는 흔히 몸의 움직임을 행동이라고 부른다. 그러나 행동이 모두 행위인 것은 아니다. 이제 다음 사례를 생각 해보자. 영수는 평소 뒷산에서 떠온 약수를 즐겨 마신다. 어느 날 야외에서 운동을 했던 영수는 갈증을 느꼈다. 그는 냉장고에 있는 약수를 마시려는 의도를 가지고 냉장고의 문을 열었다. 그러나 냉장고에는 약수통이 없었다. 실망한 영수는 수돗물을 마시려는 의도를 가지게 되었다. 그리고 부엌 싱크대 위에 있는 수돗물 통에서 물을 부어 마셨다. 하지만 그 수돗물 통에는 약수가 들어 있었다. 그는 수돗물과 약수의 맛을 구분하지 못한 채 약수를 마시는 행동을 하게 되었다. 그러나 이 행동을 야기한 유일한 의도는 수돗물을 마시려는 것이었다. 따라서 <u>이 약수를 마시는 행동은 행위가 아니다.</u>

① 어떤 의도가 우연히 실현된 행동도 행위라고 할 수 있다.

② 행위자는 자신의 욕구가 무엇인지 정확히 모르는 경우에도 행동을 할 수 있다.

③ 어떤 행동이 일어나는 시점에 행위자는 여러 의도를 동시에 가지고 있을 수 있다.

④ 어떤 행동을 하려는 의도가 그 행동을 야기한 것이 아니라면 그 행동은 행위가 아니다.

⑤ 행위자가 과거에 가졌던 의도들 중에서 무엇이 실현되었는지에 따라서 행위 여부가 결정된다.

03

다음 ㉠~㉢에 대한 분석으로 가장 적절한 것은?

> 우리의 사고는 구조를 가지고 있을까? 이를 알아보기 위해 한국어 문장 "철수는 영희를 사랑한다."에서 출발해 보자. ㉠ 이 문장에 포함되어 있는 고유명사 '철수'와 '영희'가 지시하는 대상이 존재한다면, 이 문장이 유의미하다는 점을 부정할 사람은 없을 것이다. 그런

데 ⓛ <u>이 문장이 유의미하다면, 두 고유명사의 위치를 서로 바꾼 문장 "영희는 철수를 사랑한다."도 유의미하다.</u> 언어의 이러한 속성을 체계성이라고 한다. ⓒ <u>언어의 체계성은 해당 언어의 문장이 구조를 가질 경우에만 보장된다.</u>

이번에는 언어의 생산성에 관해 생각해 보자. 한 언어가 생산적이라는 말의 의미는, 그 언어 내의 임의의 문장을 이용하여 유의미한 문장을 새롭게 구성할 수 있다는 것이다. 예를 들어, "철수는 귀엽다."와 "영희는 씩씩하다."는 문장들을 가지고 새로운 문장 "철수는 귀엽고 영희는 씩씩하다."를 얻을 수 있다. 또한 여기에다가 "영희는 철수를 사랑한다."를 덧붙여서 "철수는 귀엽고 영희는 씩씩하고 영희는 철수를 사랑한다."를 얻을 수 있다. 이러한 과정은 끝없이 확대될 수 있다. ⓔ <u>언어의 이러한 특성 역시 해당 언어의 문장이 구조를 가질 경우에만 보장된다.</u>

이제 우리는 ⓜ <u>언어의 체계성과 생산성은 언어가 구조를 가질 경우에만 보장된다</u>고 결론지을 수 있다. 이러한 결론은 우리의 사고에 대해서도 성립할 가능성이 있다. 왜냐하면 ⓗ <u>우리의 사고가 체계성과 생산성을 가지고 있다는 것은 부정할 수 없는 사실이기 때문이다.</u> ⓢ <u>우리는 A가 B를 사랑한다고 생각할 수 있다면, B가 A를 사랑한다고 생각할 수도 있다.</u> 뿐만 아니라 ⓞ <u>우리는 A가 귀엽다고 생각하고 B가 씩씩하다고 생각할 수 있다면, A는 귀엽고 B는 씩씩하다고 생각할 수 있다.</u> 언어의 경우와 유사하게 사고의 경우도 이처럼 체계성과 생산성을 가지고 있다. 결국 언어와 마찬가지로 ⓩ <u>우리의 사고도 구조를 가지고 있다는 유추</u>가 가능하다.

① ㉠은 ㉡을 지지한다.
② ㉧은 ㉤을 지지한다.
③ ㉢과 ㉣이 참이라고 할지라도 ㉤은 거짓일 수 있다.
④ ㉤과 ㉧이 참이라고 할지라도 ㉳은 거짓일 수 있다.
⑤ ㉧이 참이라고 할지라도 ㉨과 ㉩은 거짓일 수 있다.

04

다음 글의 '나'의 암묵적 전제로 볼 수 있는 것만을 〈보기〉에서 모두 고르면?

나는 최근에 수집한 암석을 분석하였다. 암석의 겉껍질은 광물이 녹아서 엉겨 붙어 있는 상태인데, 이것은 운석이 대기를 통과할 때 가열되면서 나타나는 대표적인 현상이다. 암석은 유리를 포함하고 있었고 이 유리에는 약간의 기체가 들어있었다. 이 기체는 현재의 지구나 원시 지구의 대기와 비슷하지 않지만 바이킹 화성탐사선이 측정한 화성의 대기와는 흡사하였다. 특히 암석에서 발견된 산소는 지구의 암석에 있는 것과 동위원소 조성이 달랐다. 그러나 화성에서 기원한 다른 운석에서 나타나는 동위원소 조성과는 일치하였다.

놀랍게도 이 암석에서는 박테리아처럼 보이는 작은 세포 구조가 발견되었다. 그 크기는 100나노미터였고 모양은 둥글거나 막대기 형태였다. 이 구조는 매우 정교하여 살아 있는 세포처럼 보였다. 추가 분석으로 이 암석에서 탄산염 광물을 발견하였고 이 탄산염 광물은 박테리아가 활동하는 곳에서 형성된 지구의 퇴적물과 닮았다는 것을 알게 되었다. 이 탄산염 광물에서는 특이한 자철석 결정이 발견되었다. 지구에서 발견되는 A 종류의 박테리아는 자체적으로 합성한, 특이한 형태와 높은 순도를 지닌 자철석 결정의 긴 사슬을 이용해 방향을 감지한다. 이 자철석은 지층에 퇴적될 수 있다. 자성을 띤 화석은 지구상에 박테리아가 나타나기 시작한 20억 년 전의 암석에서도 발견된다. 내가 수집한 암석에서 발견된 자철석은 A 종류의 박테리아에 의해 생성되는 것과 같은 결정형과 높은 순도를 지니고 있다. 따라서 나는 최근에 수집한 암석이 생명체가 화성에서 실재하였음을 나타내는 증거라고 확신한다.

◀ 보기 ▶

ㄱ. 크기가 100나노미터 이하의 구조는 생명체로 볼 수 없다.
ㄴ. 산소의 동위원소 조성은 행성마다 모두 다르게 나타난다.
ㄷ. A 종류의 박테리아가 없었다면 특이한 결정형의 자철석이 나타나지 않는다.

① ㄱ
② ㄴ
③ ㄱ, ㄷ
④ ㄴ, ㄷ
⑤ ㄱ, ㄴ, ㄷ

05

다음 글에 대한 분석으로 적절한 것만을 〈보기〉에서 모두 고르면?

"1 더하기 1은 2이다."와 "대한민국의 수도는 서울이다."는 둘 다 참인 명제이다. 이 중 앞의 명제는 수학 영역에 속하는 반면에 뒤의 명제는 사회적 규약 영역에 속한다. 그리고 위 두 명제 모두 진리 표현 '~는 참이다'를 부가하여, "1 더하기 1은 2라는 것은 참이다.", "대한민국의 수도는 서울이라는 것은 참이다."와 같이 바꿔 말할 수 있다. 이 '~는 참이다'라는 진리 표현에 대한 이론들 중에는 진리 다원주의와 진리 최소주의가 있다.

진리 다원주의에 의하면 ㉠ <u>수학과 사회적 규약이라는 서로 다른 영역에 속한 위 두 명제들의 진리 표현은 서로 다른 진리를 나타낸다.</u> 한편, ㉡ <u>진리 표현은 명제가 속한 영역에 따라서 다른 진리를 나타낸다는 주장은 진리가 진정한 속성일 때에만 성립한다.</u> 만약 진리가 진정한 속성이 아니라면 영역의 차이에 따라 진리를 구별하는 것은 무의미할 것이기 때문이다. 그러므로 진리 다원주의는 ㉢ <u>진리가 진정한 속성이라는 것을 받아들여야 한다.</u> 한편, ㉣ <u>언어 사용을 통해 어떤 속성에 대한 모든 것을 알 수 있다면, 그것은 진정한 속성이 아니다.</u> 진리가 진정한 속성이라면 언어 사용을 통해 진리에 관한 모든 것을 알 수 있는 것은 아니다. 진리 최소주의자들은 ㉤ <u>우리는 언어 사용을 통해 진리에 관한 모든 것을 알 수 있다고 주장한다.</u> 그러므로 만약 진리 최소주의가 옳다면 어떤 결론이 따라 나오는지는 명확하다.

◀ 보기 ▶

가. ㉠과 ㉡은 함께 ㉢을 지지한다.
나. ㉣과 ㉤은 함께 ㉢을 반박한다.
다. ㉠, ㉡, ㉣은 함께 ㉤을 반박한다.

① 가 　　　　② 다
③ 가, 나 　　　④ 나, 다
⑤ 가, 나, 다

06

다음 글에 대한 분석으로 적절한 것만을 〈보기〉에서 모두 고르면?

영혼이 불멸하냐는 질문에 어떤 철학자는 다음과 같이 대답한다. 정의로움, 아름다움, 선함과 같은 ㉠ <u>형상은 물질적 대상이 아니다.</u> 즉, 정의 그 자체나 선함 그 자체는 물질이 아니다. 그는 이런 사실로부터 ㉡ <u>이성은 물질적인 것이 아니다라는 것을 이끌어낸다.</u> ㉢ <u>형상이 물질적 대상이 아니라면, 그 어떤 물질적인 것도 결코 형상을 이해할 수 없다고 그는 생각했다.</u> 반면 이성과는 달리 육체는 물질적 대상임이 분명하다.

하지만 이성이 비물질적이라 하더라도, 그로부터 물질적 대상인 육체가 죽음으로 소멸해도 ㉣ <u>영혼은 불멸</u>

한다는 것이 보장되지는 않는다. 그래서 그 철학자는 ㉤ <u>이성과 영혼은 같다는 것</u>, 그리고 ㉥ <u>만약 이성이 형상을 이해할 수 있고 형상이 불멸한다면, 이성 역시 불멸한다는 것</u>으로부터 영혼의 불멸성을 이끌어낸다.

◀ 보기 ▶

가. 이성이 형상을 이해할 수 있다는 것이 전제되면 ㉠과 ㉢으로부터 ㉡이 도출된다.
나. 오직 불멸하는 이성만이 비물질적이라는 것이 전제되면 ㉡으로부터 ㉣이 도출된다.
다. 불멸하는 것만이 불멸하는 것을 이해할 수 있다는 것이 전제되면 ㉤과 ㉥으로부터 ㉣이 도출된다.

① 가 　　　　② 나
③ 가, 다 　　　④ 나, 다
⑤ 가, 나, 다

07

다음 밑줄 친 결론을 이끌어내기 위해 추가해야 할 전제는?

A원리에 따르면, 인간과 같은 지적 생명체가 현재 지구에 존재하고 있는 것은 우주가 생성되는 초기에 장차 인간이라는 지적 생명체가 존재할 수 있게 물리법칙과 자연의 상수가 형성되었기 때문이다. A원리를 옹호하는 사람들은 만약 물리법칙이 지금과 달랐다면 지적 생명체가 존재하지도 않았을 것이며 그 결과 물리법칙이 왜 지금과 같은 형태로 되어 있는지에 대한 질문도 던지지 않았을 것이라고 주장한다. 하지만 A원리가 옳을 경우, 물리학이 현재와 같은 설명력과 예측력을 유지한다면 물리법칙은 단순히 국소적인 것이 아니라 보편적일 것이다. 그런데 물리법칙이 보편적이어야 할 필요도 없고 보편적이지도 않다. 그러므로 <u>A원리는 옳지 않다.</u>

① 보편적인 물리법칙은 설명력과 예측력을 갖는다.
② 대부분의 물리학자들은 항상 합리적인 판단을 한다.
③ 물리학이 현재와 같은 설명력과 예측력을 유지한다.
④ 물리학이 현재 가지는 설명력과 예측력은 제한적이다.
⑤ 물리법칙과 자연의 상수가 지금과 같다면 우주에는 지적 생명체가 존재한다.

08

다음 글의 @~@에 대한 평가로 적절한 것만을 〈보기〉에서 모두 고르면?

영혼이 영원한 존재라는 것을 증명하기 위해서는 먼저 소멸 가능한 존재에 관해 생각해 볼 필요가 있다. 예를 들어, 종이나 연필은 소멸 가능한 존재이다. 그것들을 소멸시키는 방법은 아주 간단하다. 그것들을 구성요소들로 해체시키면 된다. 소멸 가능한 존재는 여러 구성요소들로 이루어져 있다. 이제 소멸 불가능한, 즉 영원한 존재에 대해 생각해 보자. 예를 들어, 칠판에 적힌 숫자 '3'과는 달리 수 3은 절대로 소멸되지 않는다. 그 이유는 무엇일까? 그것은 바로 수 3은 구성요소들로 이루어진 결합물이 아니기 때문이다. 따라서 @ 구성요소들로 이루어진 결합물일 경우에만 소멸 가능하다고 할 수 있다. 결합물에 대해서는 그 구성요소들을 해체한 상태를 상상할 수 있지만, 수 3과 같은 존재는 해체를 통한 소멸을 상상할 수 없다. 그것은 해체할 수 있는 구성요소들이 없는 단순한 존재이기 때문이다. 여기서 '단순한 존재'란 구성요소들로 이루어져 있지 않은 존재를 의미한다. 어떤 것이 결합물인지 단순한 존재인지를 가릴 수 있는 객관적 기준은 무엇일까? 그것은 바로 '변화'라고 할 수 있다. 예를 들어, 우리가 쇠막대기를 구부린다고 해보자. 쇠막대기를 파괴한 것은 아니고 단지 변화시켰을 뿐이다. 우리는 이렇게 어떤 존재를 구성하고 있는 요소들 사이의 관계를 새롭게 형성하는 방식으로 그 존재를 변화시킬 수 있다. 따라서 ⓑ 어떤 존재가 변화하지 않는다면, 그 존재는 구성요소들로 이루어진 결합물이 아니다.

변화하는 존재들에는 무엇이 있을까? 종이, 연필 등 우리가 일상적으로 볼 수 있는 모든 것들이다. 반면에 ⓒ 우리가 일상적으로 볼 수 없는 것들은 변화하지 않는다. 수 3을 다시 생각해 보자. 칠판에 적힌 숫자 '3'과는 달리 수 3은 절대로 변화하지 않는다. 어제도 홀수였고 내일도 모레도 홀수로 남아 있을 것이다. 수 3이 짝수가 될 가능성은 없다. 영원한 홀수이다. 우리는 영혼에 대해서도 똑같이 말할 수 있다. ⓓ 영혼은 일상적으로 볼 수 있는 것이 아니다. 우리가 일상적으로 볼 수 있는 것은 영혼을 가진 사람의 육체와 그것의 움직임일 뿐이다. 이제 우리는 다음과 같은 결론에 다다랐다. ⓔ 영혼은 소멸하지 않는 존재이다.

ㄱ. @, ⓑ, ⓒ를 모두 받아들인다고 해도, 일상적으로 볼 수 없는 것들은 소멸하지 않는다는 것은 도출되지 않는다.

ㄴ. ⓒ에 대한 정당화가 충분하지 않다. 비록 수 3과 같은 수학적 대상이 변화하지 않는다는 것을 받아들인다고 해도, 일상적으로 볼 수 없는 모든 것이 변화하지 않는다는 것을 반드시 받아들일 필요는 없다.

ㄷ. @, ⓑ, ⓒ, ⓓ를 모두 받아들인다고 해도, ⓔ는 도출되지 않는다.

① ㄱ
② ㄴ
③ ㄱ, ㄷ
④ ㄴ, ㄷ
⑤ ㄱ, ㄴ, ㄷ

09

다음 글에 대한 분석으로 적절한 것만을 〈보기〉에서 모두 고르면?

어떤 사람들은 강한 존재가 약한 존재를 먹고 산다는 것을 의미하는 '약육강식'에 근거하여 동물을 잡아먹는 것을 도덕적으로 정당화하고자 한다. 그들의 논증은 다음과 같다. @ 약육강식은 자연법칙이다. 그러므로 ⓑ 생태계 피라미드에서 상층의 존재들은 하층의 존재들을 마음대로 이용해도 된다. 그런데 ⓒ 인간은 생태계 피라미드에서 가장 높은 위치에 있는 존재이다. 결론적으로 ⓓ 인간은 다른 동물들을 얼마든지 잡아먹어도 된다. 그런데 이러한 논증에는 여러 문제점이 있고, 그것들에 대해서 다음과 같이 지적할 수 있다.

(가) 자연법칙이란 보편적으로 받아들여지는 것이다. 설령 약육강식을 자연법칙으로 받아들이던 시기가 있었다고 할지라도 오늘날에 그것을 자연법칙으로 받아들이는 사람은 거의 없다.

(나) 어떤 행동이 자연법칙에 따르는 것이라고 해서 그 행동이 도덕적으로 옳은 것이라는 결론으로 나아갈 수는 없다. 사실에 대한 판단에서 도덕적인 판단을 이끌어내는 것은 오류이기 때문이다.

(다) 물론 인간은 지금 자신의 지능을 활용하여 다른 동물들을 잡아먹거나 포획할 수 있다. 하지만 먼 옛날에는 오히려 인간이 육식동물들의 좋은 먹잇감이었다. 이런 점만 생각해 보아도 생태계 피라미드라는 것은 인간의 입장에서 만들어 놓은 일종의 형식이지 그러한 피라미드가 실제로 존재하는 것은 아니라는 것을 알 수 있다.

(라) 인간이 생태계에서 가장 높은 위치에 있다는 이유로 다른 존재를 잡아먹는 것이 도덕적으로 허용된다고 해보자. 그렇다면, 생태계에서 인간보다 높은 위치에 있는 존재가 나타날 경우 그들이 인간을 잡아먹는 것도 도덕적인 잘못이 아니라고 결론지어야 한다. 그러나 이러한 결론에 동의할 사람은 없다. 즉, 생태계에서 인간보다 높은 위치의 존재가 나타났다고 할지라도 그들이 인간을 잡아먹는 것을 도덕적으로 허용하는 사람은 없다는 것이다.

◀ 보기 ▶

ㄱ. (가)의 주장이 참이면, ⓐ는 거짓이다.
ㄴ. (나)의 주장은, ⓑ에서 ⓓ를 이끌어내는 것이 오류라는 것이다.
ㄷ. (다)의 주장이 참이면, ⓒ가 거짓이다.
ㄹ. (라)의 주장은, ⓑ와 ⓒ를 받아들일 경우 우리가 받아들이기 힘든 결론이 도출된다는 것이다.

① ㄱ, ㄴ   ② ㄱ, ㄷ
③ ㄷ, ㄹ   ④ ㄱ, ㄷ, ㄹ
⑤ ㄴ, ㄷ, ㄹ

10

다음 글의 (가)와 (나)에 들어갈 진술을 〈보기〉에서 골라 알맞게 짝지은 것은?

사실 진술로부터 당위 진술을 도출할 수 없다는 것을 명시적으로 주장한 최초의 인물은 영국의 철학자 데이비드 흄이었다. 그의 주장은 논리적으로 타당하다고 할 수 있다. 그 이유를 이해하기 위해 일단 명제 P와 Q가 있는데 Q는 P로부터 도출될 수 있는 것이라 가정해 보자. 즉, P가 Q를 논리적으로 함축하는 경우를 생각해 보자. 가령, "비가 오고 구름이 끼어 있다."는 "비가 온다."를 논리적으로 함축한다. 이제 이 두 문장이 다음과 같이 결합되는 경우를 생각해 보자.

"비가 오고 구름이 끼어 있지만, 비가 오지 않는다." 이 명제는 분명히 자기모순적인 명제이다. 왜냐하면 "비가 오고 비가 오지 않는다."라는 자기모순적인 명제를 포함하고 있기 때문이다. 이러한 결과를 바탕으로, 우리는 이제 다음과 같이 결론지을 수 있다.

(가)

우리는 이러한 결론을 이용하여, 사실 진술로부터 당위 진술을 도출할 수 없다고 하는 흄의 주장을 이해해 볼 수 있다. 예를 들어, 명제 A를 "타인을 돕는 행동은 행복을 최대화한다."라고 해보자. 이것은 사실 진술로 이루어진 명제이다. 명제 B를 "우리는 타인을 도와야 한다."라고 해보자. 이것은 당위 진술로 이루어진 명제이다. 물론 "B가 아니다."는 "우리는 타인을 돕지 않아도 된다."가 될 것이다. 이제 우리는 이러한 명제들에 대해 앞의 논리를 그대로 적용시켜 볼 수 있다. 즉, "A이지만 B가 아니다."는 자기 모순적인 명제가 아니라는 것이다. 따라서 B는 A로부터 도출되지 않는다. 이 점을 일반화시켜 말하자면 다음과 같다.

(나)

◀ 보기 ▶

ㄱ. Q가 P로부터 도출될 수 있다면, "P이지만 Q는 아니다."라는 명제는 자기모순적인 명제이다.
ㄴ. Q가 P로부터 도출될 수 없다면, "P이지만 Q는 아니다."라는 명제는 자기모순적인 명제가 아니다.
ㄷ. 어떤 행동이 행복을 최대화한다는 것으로부터 그 행동을 행하여야만 한다는 것을 도출할 수 없다.
ㄹ. 어떤 행동을 행하여야만 한다는 것으로부터 그 행동이 행복을 최대화한다는 것을 도출할 수 없다.
ㅁ. "어떤 행동이 행복을 최대화한다."라는 명제와 "그 행동을 행하여야만 한다."라는 명제는 둘 다 참일 수 있다.

	(가)	(나)
①	ㄱ	ㄷ
②	ㄱ	ㅁ
③	ㄴ	ㄷ
④	ㄴ	ㄹ
⑤	ㄴ	ㅁ

11

다음은 A~E 5명의 직원이 출퇴근하는 방법에 관한 설문조사 결과와 설문조사 후 직원들이 진술한 내용이다. 5명 중 2명이 거짓을 말하고 있을 때, 직원과 그 직원이 이용하는 교통수단을 바르게 연결한 것은?

◀ 설문조사 결과 ▶

• 5명의 직원은 각각 두 가지 교통수단을 이용한다고 답변하였다.
• 5명의 직원이 이용한다고 답한 교통수단은 자가용이 2명, 택시가 2명, 버스 3명, 지하철 3명이다.

◀ 진술 내용 ▶

㉠ A 직원 : 저는 자가용을 이용합니다. E는 거짓말을 하고 있습니다.

㉡ B 직원 : 저는 버스를 이용하지 않습니다. D는 진실을 말하고 있습니다.

㉢ C 직원 : 저는 버스를 이용하지 않습니다. E는 진실을 말하고 있습니다.

㉣ D 직원 : 저는 자가용과 지하철을 이용하고 있습니다.

㉤ E 직원 : 저는 택시를 이용합니다. B와 D는 거짓말을 하고 있습니다.

① A : 버스

② A : 택시

③ C : 자가용

④ C : 지하철

⑤ E : 택시

12

다음 〈조건〉과 〈진술〉을 토대로 할 때, B가 근무하는 곳과 부산에서 근무하는 직원을 순서대로 바르게 나열한 것은?

◀ 조건 ▶

• A, B, C, D는 각기 다른 네 도시에 근무하며, A의 근무지는 광주이다.

• 甲, 乙, 丙의 진술 중 하나는 참이고, 다른 하나는 거짓이다.

◀ 진술 ▶

• 甲 : "A의 근무지는 광주이다."와 "D의 근무지는 서울이다."라고 진술했다.

• 乙 : "B의 근무지는 서울이다."와 "C의 근무지는 부산이다."라고 진술했다.

• 丙 : "C의 근무지는 세종이다."와 "D의 근무지는 서울이다."라고 진술했다.

① 세종, C

② 세종, D

③ 서울, C

④ 서울, D

⑤ 부산, D

13

다음 〈조건〉을 근거로 판단할 때, 토요일에 청소하는 구역과 B구역 청소를 하는 요일을 순서대로 바르게 나열한 것은?

◀ 조건 ▶

甲 레스토랑은 매주 1회 휴업일(수요일)을 제외하고 매일 영업한다. 甲 레스토랑의 청소시간은 영업일 저녁 9시부터 10시까지이다. 이 시간에 A구역, B구역, C구역 중 하나를 청소한다. 각 구역은 매주 다음과 같이 청소한다.

㉠ A구역 청소는 일주일에 1회 한다.

㉡ B구역 청소는 일주일에 2회 하되, B구역 청소를 한 후 영업일과 휴업일을 가리지 않고 이틀 간은 B구역 청소를 하지 않는다.

㉢ C구역 청소는 일주일에 3회 하되, 그 중 1회는 일요일에 한다.

㉣ 청소의 효율성을 위하여 청소를 한 구역은 바로 다음 영업일에는 하지 않는다.

① A, 월요일과 목요일

② B, 월요일과 목요일

③ C, 월요일과 금요일

④ D, 화요일과 금요일

⑤ A, 화요일과 금요일

14

다음의 네 사람이 세단과 SUV, 전기차, 하이브리드차를 소유하고 있다고 할 때, 〈조건〉에 따라 추론 가능한 것을 〈보기〉에서 모두 바르게 고른 것은?

◀ 조건 ▶

㉠ 네 사람이 소유하고 있는 자동차는 모두 6대이다.

㉡ 차를 1대 이상을 소유한 사람은 최소 3명 이상이다.

㉢ 세단을 소유한 사람이 전기차를 소유한 사람보다 많다.

㉣ SUV는 하이브리드차보다 그 수가 적다.

㉤ 한 명이 한 종류의 차를 두 대 이상 소유하고 있지는 않다.

◀ 보기 ▶

A : SUV와 세단, 하이브리드차를 함께 소유할 수 없다.

B : 전기차와 SUV를 함께 소유한 사람이 있다면, 세단과 하이브리드차를 함께 소유한 사람은 없다.

C : 하이브리드차와 SUV를 함께 소유한 사람이 없다면, 전기차와 하이브리드차를 함께 소유한 사람이 있을 수 있다.

D : 세단과 SUV를 함께 소유한 사람이 있다면, 네 사람 중 한 명은 자동차를 한 대도 소유하지 않을 수 있다.

① A, B　　　　　　　② A, D

③ B, C　　　　　　　④ B, D

⑤ C, D

15

A회사의 사옥은 5층으로 구성되어 있다. 다음의 〈조건〉에 따를 때, 관리팀이 위치한 층으로 알맞은 것은?

◀ 조건 ▶

㉠ 건물의 한 층을 하나의 팀이 사용하고, 경영기획팀과 마케팅팀만 같은 층을 사용한다.

㉡ A 회사에는 자격시험전문 편집팀과 NCS전문 편집팀이 따로 있다.

㉢ NCS전문 편집팀에서 관리팀으로 가기 위해서는 위층으로 올라가야 한다.

㉣ 마케팅팀에서 편집과 관련된 팀으로 가기 위해서는 위층으로 올라가야 한다.

㉤ NCS전문 편집팀에서 자격시험전문 편집팀으로 가기 위해서는 한 층을 올라가야 한다.

㉥ 디자인팀에서 경영기획팀으로 가기 위해서는 4개 층을 이동해야 한다.

① 1층　　　　　　　② 2층

③ 3층　　　　　　　④ 4층

⑤ 5층

16

'甲'기업은 경쟁사가 생산기지를 증설 중임을 파악하고 이에 대응하기 위해 정보를 수집하였다. 다음의 〈정보〉는 그 진위 여부가 불확실하다고 할 때, 〈보기〉의 내용 중 타당한 의견을 제시한 사원을 모두 고른 것은?

◀ 정보 ▶

㉠ 경쟁사의 해외기지는 통틀어 최소 세 개 이상의 국가에서 건설 중이라고 한다.

㉡ 경쟁사는 유럽, 동아시아, 중동, 북미 중 적어도 두 지역에서 생산기지를 건설 중이라고 한다.

㉢ 경쟁사는 유럽지역에서 최소 두 국가, 중동지역에서 최소 두 국가에서 생산기지를 건설 중이라고 한다.

◀ 보기 ▶

• A 사원 : ㉠ 정보가 참이라면, ㉡ 정보도 참이다.

• B 사원 : ㉡ 정보가 참이라면, ㉠ 정보도 참이다.

• C 사원 : ㉢ 정보가 참이라면, ㉠ 정보도 참이다.

① 사원 A　　　　　　② 사원 B

③ 사원 C　　　　　　④ 사원 A, B

⑤ 사원 B, C

17

작년에 학교를 졸업한 신입사원 A는 이번에 졸업하는 후배 12명에게 다음 〈조건〉과 같이 장미꽃 한 송이씩을 전달하였다. 〈보기〉의 설명 중 옳은 것을 모두 고르면?

◀ 조건 ▶

• 장미꽃은 붉은색, 노란색, 하얀색, 분홍색 4종류가 각각 한 송이 이상 있으며, 모두 12송이다.

• 하얀 장미를 받은 사람은 노란 장미를 받은 사람보다 적다.

• 붉은 장미를 받은 사람은 하얀 장미를 받은 사람보다 적다.

• 분홍색 장미는 붉은 장미보다 많고, 하얀색 장미보다 적다.

◀ 보기 ▶

ㄱ. 노란 장미를 받은 사람은 5명 이상이다.

ㄴ. 붉은 장미를 받은 사람은 1명이면, 하얀 장미를 받은 사람은 4명이다.

ㄷ. 노란 장미를 받은 사람이 6명이라면, 분홍색 장미를 받은 사람은 2명이다.

① ㄱ　　　　　　　　② ㄴ

③ ㄷ　　　　　　　　④ ㄱ, ㄴ

⑤ ㄱ, ㄷ

18

다음 〈정보〉를 토대로 판단할 때, 〈보기〉의 괄호에 들어갈 숫자의 합으로 맞는 것은?

◀ 정보 ▶

A 부서와 B 부서에 소속된 직원의 수는 각각 100명이고, 모두 소속된 부서에 있었다. 그런데 A 부서는 회사의 행사를 담당하게 되어 B 부서에 9명의 인력지원을 요청하였다. B 부서는 소속 직원 100명 중 9명을 무작위로 선정해서 A 부서에 지원 인력으로 보냈다. 얼마 후 B 부서 역시 또 다른 외부 행사를 담당하게 되어 A 부서에 인력지원을 요청하였다. A 부서는 B 부서로부터 지원받았던 인력을 포함한 109명 중 9명을 무작위로 선정해서 B 부서에 인력으로 보냈다.

◀ 보기 ▶

㉠ A 부서와 B 부서 간 인력지원이 한 차례씩 이루어진 후, A 부서에 B 부서 소속 직원이 3명 남아 있다면, B 부서에는 A 부서 소속 직원이 (   )명 있다.

㉡ A 부서와 B 부서 간 인력지원이 한 차례씩 이루어진 후, B 부서에 A 부서 소속 직원이 2명 남아 있다면, A 부서에는 B 부서 소속 직원이 (   )명 있다.

---

① 5
② 8
③ 9
④ 13
⑤ 15

19

다음 〈진술〉이 모두 참이라고 할 때, 〈보기〉의 내용 중 반드시 참이라 볼 수 없는 것을 모두 고르면?

◀ 진술 ▶

㉠ A가 고객평가단 회의에 참석하면, B도 참석한다.
㉡ A가 참석하면 E도 참석한다.
㉢ C가 참석하면 E도 참석한다.
㉣ D가 참석하면, B도 참석한다.
㉤ C가 참석하지 않으면, B도 참석하지 않는다.

◀ 보기 ▶

가. A가 참석하면, D도 참석한다.
나. C가 참석하지 않으면, D도 참석하지 않는다.
다. E가 참석하지 않으면, B도 참석하지 않는다.

---

① 가
② 나
③ 다
④ 가, 나
⑤ 나, 다

20

다음 〈조건〉의 내용이 모두 참이라 할 때, 〈보기〉의 설명 중 반드시 참인 것을 모두 고르면?

◀ 조건 ▶

㉠ A 중학교에서 스마트폰을 가지고 등교하는 학생들 중에서 국어 성적이 60점 미만인 학생이 20명, 영어 성적이 60점 미만인 학생이 20명이었다.
㉡ A 중학교에서 스마트폰을 가지고 등교하지만 학교에 있는 동안은 사용하지 않는 학생들 중에 영어 성적이 60점 미만인 학생은 없다.
㉢ A 중학교에서 방과 후 보충 수업을 받아야 하는 학생 중 영어 성적이 60점 이상인 학생은 없다.

◀ 보기 ▶

가. A 중학교 학생인 B의 영어 성적이 60점 미만이라면, B는 방과 후 보충 수업을 받아야 한다.
나. A 중학교 학생인 C의 국어 성적이 60점 미만이라면, C는 학교에 있는 동안 스마트폰을 사용할 것이다.
다. 스마트폰을 가지고 등교하더라도 학교에 있는 동안 사용하지 않은 A 중학교 학생 중 방과 후 보충 수업을 받아야 하는 학생은 없다.

---

① 가
② 나
③ 다
④ 가, 다
⑤ 나, 다

21

정부는 전통문화 활성화 정책의 일환으로 일부 도시를 선정하여 문화관광특구로 지정할 예정이다. 특구 지정 신청을 받아본 결과, A, B, C, D 네 개의 도시가 신청하였다. 다음의 〈조건〉이 모두 참일 때, 반드시 참인 것만을 〈보기〉에서 모두 고르면?

◀ 조건 ▶

㉠ A가 선정되면 B도 선정된다.
㉡ B와 C 중 하나만 선정된다.
㉢ B와 D 중 적어도 한 도시는 선정된다.
㉣ C가 선정되지 않으면 B도 선정되지 않는다.

┌─ ◀ 보기 ▶ ─┐
가. A와 B 가운데 적어도 한 도시는 선정된다.
나. B도 선정되지 않고 C도 선정되지 않는다.
다. D는 선정된다.

① 가 ② 나
③ 다 ④ 가, 나
⑤ 나, 다

22

교수 'A~D' 중에서 적어도 한 명을 K 기업 입사면접시험의 면접위원으로 위촉하려고 한다. 위촉 조건은 아래와 같다. 〈조건〉이 모두 참일 때, 〈보기〉 중 반드시 참인 것을 모두 고르면?

┌─ ◀ 조건 ▶ ─┐
㉠ C가 위촉되지 않으면, A와 B 중 한 명만 위촉된다.
㉡ C가 위촉되면, D도 위촉된다.
㉢ D는 위촉되지 않는다.

┌─ ◀ 보기 ▶ ─┐
가. A와 C 모두 위촉된다.
나. B와 D 누구도 위촉되지 않는다.
다. A가 위촉되지 않으면, B가 위촉된다.

① 가 ② 나
③ 다 ④ 가, 다
⑤ 나, 다

23

다음 〈조건〉의 내용이 모두 참이라 할 때, 〈보기〉의 진술 중 반드시 참이 되는 것을 모두 고르면?

┌─ ◀ 조건 ▶ ─┐
㉠ 지혜로운 사람은 정열을 갖지 않는다.
㉡ 정열을 가진 사람은 고통을 피할 수 없다.
㉢ 사랑을 원하는 사람은 정열을 가진 사람이다.
㉣ 정열을 가진 사람은 행복하지 않다.
㉤ 지혜로운 사람만이 고통을 피할 수 있다.

┌─ ◀ 보기 ▶ ─┐
가. 사랑을 원하는 사람은 행복하지 않다.
나. 지혜로운 사람은 행복하다.
다. 지혜로운 사람은 사랑을 원하지 않는다.

① 가 ② 나
③ 다 ④ 가, 다
⑤ 나, 다

24

S은행은 지점별로 순환근무제를 실시하고 있다. 동기 행원인 A, B, C, D는 아래 〈조건〉과 같이 순환근무를 한다고 한다. 다음 〈보기〉에서 옳은 것을 모두 고르면?

┌─ ◀ 조건 ▶ ─┐
• 2019년 입행한 A, B, C, D는 각각 서부, 남부, 동부, 북부에 배치되었다.
• 순환 배치는 항상 '동부지점 → 남부지점 → 서부지점 → 북부지점' 순으로 진행된다.
• A는 연 1회, B는 2년에 1회, C는 3년에 1회, D는 4년에 1회 순환 배치된다.

┌─ ◀ 보기 ▶ ─┐
ㄱ. 2024년 A와 C는 같은 지점에 근무하게 된다.
ㄴ. A, B, C, D 중 2020년에 서부지점에서 근무하는 사람은 없다.
ㄷ. C와 D가 같은 지점에 근무하는 일은 2031년까지 일어나지 않는다.
ㄹ. 2023년에는 A, B, C, D 모두 동부지점에서 근무하지 않는다.
ㅁ. 2024년까지 A, B, C, D 중 세 사람이 같은 지점에서 근무하는 경우는 발생하지 않는다.

① ㄱ, ㄷ ② ㄹ, ㅁ
③ ㄱ, ㄴ, ㄷ ④ ㄱ, ㄹ, ㅁ
⑤ ㄴ, ㄷ, ㅁ

25

A기업 각 지역본부의 직원 14명은 본사의 기술본부에서 개최되는 회의에 참석하고자 한다. 기술본부로 이동하는 방법에 대해 다음의 〈조건〉을 따른다고 할 때, 아래 〈보기〉 중 항상 옳은 것을 모두 고른 것은?

◀ 조건 ▶

㉠ 각 지역본부의 직원들은 열차, 자가용, 버스 중 한 가지 방법을 이용해 이동한다.

㉡ 버스로 이동하는 직원은 2명 이상이다.

㉢ 자가용으로 이동하는 직원은 열차로 이동하는 직원보다 적다.

㉣ 버스로 이동하는 직원은 자가용으로 이동하는 직원보다 적다.

◀ 보기 ▶

가. 열차로 이동하는 직원이 8명이라면, 자가용으로 이동하는 직원은 최대 4명이다.

나. 자가용으로 이동하는 직원이 5명이라면, 열차로 이동하는 직원은 6명 또는 7명이다.

다. 열차로 이동하는 직원이 6명이라면, 버스로 이동하는 직원은 3명 또는 4명이다.

① 가   ② 나
③ 다   ④ 가, 나
⑤ 나, 다

26

다음의 〈조건〉이 모두 참일 때, 〈보기〉의 진술 중 반드시 참이라 볼 수 없는 것을 모두 고르면?

◀ 조건 ▶

㉠ A가 기획팀에 발령을 받으면, B는 영업팀에 발령을 받는다.

㉡ C가 기획팀에 발령을 받으면, D도 기획팀에 발령을 받는다.

㉢ E가 기획팀에 발령을 받지 않거나 F와 G가 영업팀에 발령을 받는다.

◀ 보기 ▶

가. B가 영업팀에 발령을 받지 않았다. 그러므로 A는 기획팀에 발령을 받지 않았다.

나. D가 영업팀이 아닌 기획팀에 발령을 받았다. 따라서 C도 기획팀에 발령을 받았다.

다. E가 기획팀에 발령을 받았다. 그러므로 F와 G 모두 영업팀에 발령을 받았다.

① 가   ② 나
③ 다   ④ 가, 나
⑤ 나, 다

27

甲기업의 직원 A~E는 기획팀, 홍보팀, 영업팀 중 한 팀에 소속되어 있다. 세 팀은 모두 같은 시간에 3층과 5층 회의실 중 한 층에서 각각 회의를 진행할 예정이다. 각 층의 회의실은 2개씩이라 세 팀이 모두 같은 층에서 회의를 할 수는 없다. 아래의 A~E의 〈진술〉 중에서 2명의 진술은 참이고, 3명의 진술은 거짓이라고 할 때, 〈보기〉의 설명 중 참인 진술을 모두 고른 것은?

◀ 진술 ▶

• A 직원 : 기획팀은 3층에 있는 회의실을 사용한다.

• B 직원 : 영업팀은 5층에 있는 회의실을 사용한다.

• C 직원 : 홍보팀은 5층에 있는 회의실을 사용한다.

• D 직원 : 우리 팀은 오늘 3층에서 회의를 한다.

• E 직원 : 우리 팀은 오늘 5층에서 회의를 한다.

◀ 보기 ▶

㉠ 영업팀과 홍보팀은 같은 층에서 회의할 때, E는 기획팀에 속한다.

㉡ 기획팀이 3층에 있는 회의실을 사용할 때, D와 E가 같은 팀에 속하는 경우가 있다.

㉢ 기획팀만 5층에서 회의를 하는 경우 D와 E가 같은 팀에 속하는 경우가 있다.

① ㉠   ② ㉡
③ ㉢   ④ ㉠, ㉢
⑤ ㉡, ㉢

28

甲기업의 시설기술단에 재직 중인 A, B, C가 파견 근무를 나갔던 국가에 대해 파악된 〈정보〉가 다음과 같다. 〈정보〉의 내용이 모두 참이라 할 때, 〈보기〉의 내용 중 항상 참이 되는 것을 모두 고르면?

◀ 정보 ▶

㉠ A, B, C가 파견 근무를 갔던 국가를 정리하면 미국, 독일, 중국, 일본이다.

㉡ 세 직원 중 적어도 두 명은 동일한 국가에 파견 근무를 나갔던 경험이 있다.

㉢ 일본에 파견되었던 직원의 수가 중국에 파견되었던 직원의 수보다 많다.

㉣ 세 직원 중 한 명은 미국에만 파견 근무를 나갔다.

㉤ 세 직원 중에서 미국에 파견 근무를 나갔던 사람은 단 한 명이다.

◀ 보기 ▶

가. 독일에 파견 근무를 나갔던 직원이 한 명이라면, 세 국가에 파견 근무를 나갔던 직원이 있다.

나. 일본에 파견 근무를 나갔던 직원이 두 명이라면 중국에 파견 근무를 나간 직원은 한 명이다.

다. 독일에 파견 근무를 나갔던 직원은 일본에도 파견 근무를 나간 경험이 있다.

① 가
② 나
③ 다
④ 가, 나
⑤ 나, 다

29

M기업은 올해 시행 예정인 사업의 입찰에 참여한 '甲', '乙' 두 회사를 두고 평가를 실시하였다. 평가 항목은 A~E의 다섯 가지이고, 두 회사가 동점인 항목은 없었다고 한다. 다음의 〈평가 결과〉 내용에 대한 진위는 알 수 없다고 할 때, 아래 〈보기〉의 추론 중 항상 참인 것을 모두 고르면?

◀ 평가 결과 ▶

㉠ A, C 항목에서 甲 회사의 평가 점수가 높았다.
㉡ B, D 항목에서는 乙 회사의 평가 점수가 높았다.
㉢ B 항목에서는 乙 회사의 평가 점수가 낮았다.
㉣ 甲 회사는 적어도 세 항목에서 평가 점수가 더 높았다.
㉤ 乙 회사는 두 항목에서만 평가 점수가 더 높았다.

◀ 보기 ▶

가. ㉠과 ㉢이 참이면 ㉣은 참이 된다.
나. ㉡과 ㉤이 참이면 ㉠은 참이 된다.
다. ㉡이 참이면 ㉤은 참이 된다.
라. ㉣이 참이면 ㉤은 참이 된다.

① 가, 나
② 가, 라
③ 나, 다
④ 나, 라
⑤ 다, 라

30

다음 〈보기〉 중 전제가 모두 참일 때, 결론이 반드시 참인 것을 모두 맞게 고른 것은?

◀ 보기 ▶

ㄱ. 전제 : 사장님께서 우리에게 이번 주 금요일에 휴가를 주겠다고 약속했다. 사장님이 약속을 지킨다면 우리는 휴가를 갈 것이다.
결론 : 우리는 금요일에 휴가를 갔다. 따라서 사장님께서 이 약속을 지킨 것이 확실하다.

ㄴ. 전제 : 내일 눈이 오면 우리는 열차를 타고 갈 것이다. 내일 날씨가 좋으면, 우리는 자가용을 타고 갈 것이다.
결론 : 내일 눈이 오거나 날씨가 좋을 것이다. 따라서 우리는 열차를 타거나 자가용을 타고 갈 것이다.

ㄷ. 전제 : 김 대리가 나를 싫어하지 않는다면, 나를 데리러 올 것이다.
결론 : 김 대리는 나를 싫어한다. 따라서 그는 나를 데리러 오지 않을 것이다.

ㄹ. 전제 : 이 과장은 지역 영업팀 소속이다. 그는 수원 영업팀 소속이거나 성남 영업팀 소속임에 틀림없다.
결론 : 이 과장은 성남 영업팀 소속이 아님이 밝혀졌다. 따라서 그는 수원 영업팀 소속이다.

① ㄱ, ㄴ
② ㄱ, ㄹ
③ ㄴ, ㄷ
④ ㄴ, ㄹ
⑤ ㄷ, ㄹ

PUBLIC
SERVICE
APTITUDE
TEST

CHAPTER **03** 추론 및 비판적 사고

■ 주어진 내용으로 추론할 수 있는 내용인지에 주의하여 풀이한다.
■ 주어진 내용으로 확인할 수 없는 것과 확인할 수 있는 것에 주의하여 풀이한다.

대표예제

다음 글에서 알 수 있는 것을 〈보기〉에서 모두 고른 것은?

손익이 동일해도 상황에 따라 그 손익에 대한 효용은 달라질 수 있다. 손익이 양수이면 수익을 얻고 손익이 음수이면 손실을 입는다. 효용이 양수이면 만족감을 느끼고 효용이 음수이면 상실감을 느낀다. 효용의 차이는 다음과 같은 특징을 통해 설명할 수 있다.

첫 번째 특징은 민감성 반응이다. 재산의 상황에 따라 민감성 반응도 달라진다. 재산이 양수이면 자산을 갖고 재산이 음수이면 부채를 갖는다. 사람들은 자산이 많을수록 동일한 수익에 대해 둔감하게 반응한다. 마찬가지로 부채가 많을수록 동일한 손실에 대해 둔감하게 반응한다. 두 번째 특징은 손실 회피성이다. 이는 심리적으로 수익보다 손실에 더 큰 가중치를 두는 것을 말한다. 기대 손익과 재산이 고정되어 있는 경우, 한 사람이 100만 원의 수익을 얻었을 때 느끼는 만족감보다 100만 원의 손실을 입었을 때 느끼는 상실감이 더 크다. 연구에 따르면, 이 경우 상실감은 만족감의 2배로 나타났다.

— 보기 —

ㄱ. 손실을 입은 사람은 상실감을 느낀다.
ㄴ. 동일한 수익을 얻은 경우라도 자산이 x였을 때 자산이 y였을 때보다 더 큰 만족감을 느꼈다면, x는 y보다 작다.
ㄷ. 甲이 x의 손실을 입고 乙이 x의 수익을 얻은 경우, 甲이 느끼는 상실감은 乙이 느끼는 만족감의 2배이다.

① ㄱ   ② ㄴ
③ ㄱ, ㄷ   ④ ㄴ, ㄷ
⑤ ㄱ, ㄴ, ㄷ

정답해설

ㄴ. 첫 번째 특징에서 사람들은 자산이 많을수록 동일한 수익에 대해 둔감하게 반응하므로 동일한 수익을 얻은 경우라도 자산이 작을 때(x<y) 더 큰 만족감을 느낀다.

오답해설

ㄱ. 첫 번째 문단에서 효용이 음수이면 상실감을 느낀다고 하였다. 손익이 음수이면 손실을 입는다고 하고 있으나 손실을 입는 것이 상실감을 느낀다는 내용은 없다.
ㄷ. 두 번째 특징에서 기대 손익과 재산이 고정되어 있는 경우에 겪는 상실감과 만족감의 관계는 한 사람의 수익과 손실에 따른다.

정답 ②

추론 및 비판적 사고

01

다음 ㉠과 ㉡에 차례로 들어갈 말을 가장 바르게 나열한 것은?

우주는 우주론자들에 따르면 빅뱅으로부터 시작되었다고 한다. 빅뱅이란 엄청난 에너지를 가진 아주 작은 우주가 폭발하듯 갑자기 생겨난 사건을 말한다. 그게 사실이라면 빅뱅 이전에는 무엇이 있었느냐는 질문이 나오는 게 당연하다. 아마 아무것도 없었을 것이다. 하지만 빅뱅 이전에 아무것도 없었다는 말은 무슨 뜻일까? 영겁의 시간 동안 단지 진공이었다는 뜻이다. 움직이는 것도, 변화하는 것도 없었다는 것이다.

그런데 이런 식으로 사고하려면, 아무 일도 일어나지 않고 시간만 존재하는 것을 상상할 수 있어야 한다. 그것은 곧 시간을 일종의 그릇처럼 상상하고 그 그릇 안에 담긴 것과 무관하게 여긴다는 뜻이다. 시간을 이렇게 본다면 변화는 일어날 수 없다. 여기서 변화는 시간의 경과가 아니라 사물의 변화를 가리킨다. 이런 전제 하에서 우리가 마주하는 문제는 이것이다. 어떤 변화가 생겨나기도 전에 영겁의 시간이 있었다면, (㉠) 설명할 수 없다. 단지 지금 설명할 수 없다는 뜻이 아니라 설명 자체가 있을 수 없다는 뜻이다. 어떻게 설명이 가능하겠는가? 수도관이 터진 이유는 그 전에 닥쳐온 추위로 설명할 수 있다. 공룡이 멸종한 이유는 그 전에 지구와 운석이 충돌했을 가능성으로 설명하면 된다. 바꿔 말해서, 우리는 한 사건을 설명하기 위해 그 사건 이전에 일어났던 사건에서 원인을 찾는다. 그러나 빅뱅의 경우에는 그 이전에 아무것도 없었으므로 어떠한 설명도 찾을 수 없는 것이다.

'빅뱅 이전에 아무 일도 없었다'는 말을 달리 해석하는 방법도 있다. 그것은 바로 (㉡)고 해석하는 것이다. 그 경우 '빅뱅 이전'이라는 개념 자체가 성립하지 않으므로 그 이전에 아무 일도 없었던 것은 당연하다. 그렇게 해석한다면 빅뱅이 일어난 이유도 설명할 수 있게 된다. 즉 빅뱅은 '0년'을 나타내는 것이다. 시간의 시작은 빅뱅의 시작으로 정의되기 때문에 우주가 그 이전이든 이후이든 왜 탄생했느냐고 묻는 것은 이치에 닿지 않는다.

① ㉠ : 왜 우주가 탄생하게 되었는지를
   ㉡ : 시간은 변화와 무관하다
② ㉠ : 왜 우주가 탄생하게 되었는지를
   ㉡ : 빅뱅 이전에는 시간도 없었다
③ ㉠ : 사물의 변화가 어떻게 시간의 경과를 가져왔는지를
   ㉡ : 시간은 변화와 무관하다
④ ㉠ : 사물의 변화가 어떻게 시간의 경과를 가져왔는지를
   ㉡ : 빅뱅 이전에는 시간도 없었다
⑤ ㉠ : 왜 그토록 긴 시간이 지난 후에야 빅뱅이 생겨났는지를
   ㉡ : 시간은 변화와 무관하다

02

다음 글의 ㉠에 대한 주장을 약화하는 진술만을 〈보기〉에서 모두 고른 것은?

물질대사율은 동물이 단위 시간당 소모하는 에너지의 양을 말한다. 동물들은 세포 유지, 호흡, 심장박동 같은 기본적인 기능들을 위한 최소한의 물질대사율, 즉 최소 대사율을 유지해야 한다. ㉠ 동물의 물질대사율은 다음과 같은 특성을 지닌다.

먼저, 최소대사율은 동물의 종에 따라 달라지고, 특히 내온동물과 외온동물은 뚜렷한 차이를 나타낸다. 신체 내 물질대사로 생성된 열에 의해 체온을 유지하는 내온동물에는 포유류 등이, 체온 유지에 필요한 열을 외부에서 얻는 외온동물에는 양서류와 파충류 등이 포함된다. 최소 수준 이상으로 열의 생성이나 방출이 요구되지 않는 환경에서 스트레스 없이 가만히 쉬고 있는 상태의 내온동물의 최소 대사율을 기초대사율이라고 한다. 외온동물의 최소대사율은 내온동물과 달리 주변 온도에 따라 달라지는데, 이는 주변 온도가 물질대사와 체온을 변화시키기 때문이다. 어떤 온도에서 스트레스 없이 쉬고 있는 상태의 외온동물의 최소대사율을 그 온도에서의 표준대사율이라고 한다.

내온동물의 물질대사율은 다양한 요인에 의해 영향

을 받는데, 몸의 크기가 그 중 하나다. 몸집이 큰 포유동물은 몸집이 작은 포유동물보다 물질대사율이 크다. 몸집이 클수록 일반적으로 더 무겁다는 사실을 고려하면, 물질 대사율은 몸무게가 클수록 크다고 볼 수 있다. 한편 포유동물에서 단위 몸무게당 기초대사율은 몸무게에 반비례하는 경향을 나타낸다. 이는 내온동물의 몸이 작을수록 안정적인 체온을 유지하는 에너지 비용이 커진다는 가설을 통해 설명될 수 있다. 이 가설은 동물의 몸집이 작을수록 부피 대비 표면적이 커져서 주변으로 열을 더 쉽게 빼앗기기 때문에 체온 유지를 위해 더 많은 에너지를 생산해야 할 필요가 있다는 생각에 근거를 두고 있다.

◀ 보기 ▶

ㄱ. 툰드라 지역에 서식하는 포유류 중, 순록의 몸무게 1kg당 기초대사율은 같은 지역의 토끼의 그것보다 크다.

ㄴ. 양서류에 속하는 어떤 동물의 최소대사율이 주변 온도에 따라 뚜렷이 달라졌다.

ㄷ. 몸 크기가 서로 비슷한 악어와 성인 남성을 비교하였을 때, 전자의 표준대사율의 최댓값이 후자의 기초대사율의 1/20 미만이었다.

① ㄱ
② ㄷ
③ ㄱ, ㄴ
④ ㄴ, ㄷ
⑤ ㄱ, ㄴ, ㄷ

03

다음 甲~丙의 견해에 대한 설명으로 적절한 것을 〈보기〉에서 모두 고른 것은?

甲 : 동물에게는 인간과 달리 여타의 어떤 형태의 의식도 없다. 소나 개가 상처를 입었을 때 몸을 움츠리고 신음을 내는 통증 행동을 보이기는 하지만 실제로 통증을 느끼는 것은 아니다. 동물에게는 통증을 느끼는 의식이 없으므로 동물의 행동은 통증에 대한 아무런 느낌 없이 이루어지는 것이다. 우리는 늑대를 피해 도망치는 양을 보고 양이 늑대를 두려워한다고 말한다. 그러나 두려움을 느낀다는 것은 의식적인 활동이므로 양이 두려움을 느끼는 일은 일어날 수 없다. 양의 행동은 단지 늑대의 몸에서 반사된 빛이 양의 눈을 자극한 데 따른 반사작용일 뿐이다.

乙 : 동물이 통증 행동을 보일 때는 실제로 통증을 의식한다고 보아야 한다. 동물은 통증을 느낄 수 있으나 다만 자의식이 없을 뿐이다. 우리는 통증을 느낄 수 있는 의식과 그 통증을 나의 통증이라고 느낄 수 있는 자의식을 구별해야 한다. 의식이 있어야만 자의식이 있지만, 의식이 있다고 해서 반드시 자의식을 갖는 것은 아니다. 세 번의 전기충격을 받은 쥐는 그때마다 통증을 느끼지만, 내가 전기충격을 세 번 받았다고 느끼지는 못한다. 나의 통증을 느끼려면 자의식이 필요하며, 통증이 세 번 있었다고 느끼기 위해서도 자의식이 필요하다. 자의식이 없으면 과거의 경험을 기억하는 일은 불가능하기 때문이다.

丙 : 동물이 아무것도 기억할 수 없다는 주장을 인정하고 나면, 동물이 무언가를 학습할 수 있다는 주장은 아예 성립할 수 없을 것이다. 그렇게 되면 동물의 학습에 관한 연구는 무의미해질 것이다. 하지만 어느 이웃에게 한 번 발로 차인 개는 그를 만날 때마다 그 사실을 기억하고 두려움을 느끼며 몸을 피한다. 그렇다면 무언가를 기억하기 위해 자의식이 꼭 필요한 것일까. 그렇지는 않아 보인다. 실은 인간조차도 아무런 자의식 없이 무언가를 기억하여 행동할 때가 있다. 하물며 동물은 말할 것도 없을 것이다. 또한, 과거에 경험한 괴로운 사건은 나의 것이라고 받아들이지 않고도 기억될 수 있다.

◀ 보기 ▶

ㄱ. 甲과 丙은 동물에게 자의식이 없다고 여긴다.

ㄴ. 甲과 乙은 동물이 의식 없이 행동할 수 있다고 여긴다.

ㄷ. 乙에게 기억은 의식의 충분조건이지만, 丙에게 기억은 학습의 필요조건이다.

① ㄱ
② ㄷ
③ ㄱ, ㄴ
④ ㄴ, ㄷ
⑤ ㄱ, ㄴ, ㄷ

04

다음 글의 A~D에 대한 분석으로 적절한 것을 〈보기〉에서 모두 고른 것은?

> A : 음악을 연주할 때 그것이 작곡된 시대에 연주된 느낌을 정확하게 구현하는 것을 목표로 하는 연주가 정격연주이다. 그럼 어떻게 정격연주가 가능할까? 그 방법은 옛 음악을 작곡 당시에 공연된 것과 똑같이 재연하는 것이다. 이런 연주는 가능하며, 그렇다면 우리는 음악이 작곡되었던 때와 똑같은 느낌을 구현할 수 있을 것이다.
>
> B : 옛 음악을 작곡 당시에 연주된 것과 똑같이 재연하는 것은 이상일 뿐이지 현실화할 수 없다. 18세기 오페라 공연에서 거세된 사람만 할 수 있었던 카스트라토 역을 오늘날에는 도덕적인 이유에서 여성 소프라노가 맡아서 노래한다. 따라서 과거와 현재의 연주 관습상 차이 때문에, 옛 음악을 작곡 당시와 똑같이 재연하는 것은 불가능하다.
>
> C : 똑같이 재연하지 못한다고 해서 정격연주가 불가능한 것은 아니다. 작곡자는 명확히 하나의 의도를 갖고 작품을 창작한다. 작곡자가 자신의 작품이 어떻게 들리기를 의도했는지 파악해 연주하면, 작곡된 시대에 연주된 느낌을 정확하게 구현할 수 있다. 따라서 작곡자의 의도를 파악할 수 있다면 정격연주를 할 수 있다.
>
> D : 작곡자의 의도대로 한 연주가 작곡된 시대에 연주된 느낌을 정확하게 구현하지 못할 수 있다. 작곡된 시대에 연주된 느낌을 정확하게 구현하려면 작곡자의 의도뿐만 아니라 당시의 연주 관습도 고려해야 한다. 전근대 시대에 악기 구성이나 프레이징 등은 작곡자의 의도만이 아니라 연주자와 연주 상황에 따라 관습적으로 결정되었다. 따라서 작곡자의 의도와 연주 관습을 모두 고려하지 않는다면 정격연주를 실현할 수 없다.

◀ 보기 ▶

> ㄱ. A와 C는 옛 음악을 과거와 똑같이 재연한다면 과거의 연주 느낌이 구현될 수 있다는 것을 부정하지 않는다.
> ㄴ. B는 어떤 과거 연주 관습은 현대에 똑같이 재연될 수 없다는 것을 인정하지만 C는 그렇지 않다.
> ㄷ. C와 D는 작곡자의 의도를 파악한다면 정격연주가 가능하다는 것에 동의한다.

① ㄱ   ② ㄴ
③ ㄱ, ㄷ   ④ ㄴ, ㄷ
⑤ ㄱ, ㄴ, ㄷ

05

다음 ㉠에 대한 판단으로 적절한 것을 〈보기〉에서 모두 고른 것은?

> 혈구와 혈장으로 구성되어 있는 것은 사람의 혈액인데, 혈구에는 적혈구와 백혈구 그리고 혈소판이 포함되고 혈액의 나머지 액성 물질은 혈장에 포함된다. 혈장의 90%는 물로 구성되어 있다. 혈구를 구성하는 물질 중 99% 이상이 적혈구이며 백혈구와 혈소판은 1% 미만을 차지한다. ㉠ 전체 혈액 중 적혈구가 차지하는 비율은 여성보다 남성이 약간 높다. 적혈구는 말초 조직에 있는 세포로 산소를 전달하고, 말초 조직에 있는 세포가 만든 이산화탄소를 폐로 전달하는 역할을 한다. 이러한 역할을 수행하는 적혈구의 수를 혈액 내에서 일정하게 유지하는 것은 정상 상태의 인체를 유지하는 데 매우 중요하다.
>
> 하지만 혈액을 구성하는 물질의 조성은 질병이나 주변 환경 그리고 인체의 상태에 따라 달라질 수 있다. 예를 들면 빈혈은 말초 조직에 있는 세포에서 필요로 하는 산소를 공급하는 적혈구의 수가 충분하지 않을 때 나타난다. 골수계 종양의 하나인 진성적혈구증가증에 걸리면 다른 혈액 성분에 비해 적혈구가 많이 생산된다. 적혈구 총량에는 변동 없이 혈장이 감소하는 가성적혈구증가증도 혈액의 조성에 영향을 준다. 또한 과도한 운동이나 심각한 설사로 체내 혈장의 물이 체내로 유입되는 물보다 더 많이 외부로 유출되면 심한 탈수 현상이 일어난다.

◀ 보기 ▶

> ㄱ. 심한 운동으로 땀을 많이 흘리면 ㉠이 정상 상태보다 높아진다.
> ㄴ. 폐로 유입되는 산소의 농도가 높아지면 ㉠이 정상 상태보다 높아진다.
> ㄷ. 진성적혈구증가증에 걸리면 ㉠이 정상 상태보다 높아지는 반면, 가성적혈구증가증에 걸리면 ㉠이 정상 상태보다 낮아진다.

① ㄱ   ② ㄷ
③ ㄱ, ㄴ   ④ ㄴ, ㄷ
⑤ ㄱ, ㄴ, ㄷ

06

다음 ㉠을 평가한 것으로 가장 적절한 것을 고른 것은?

우리는 일어나기 매우 어려운 사건이 일어났다고 매우 믿을 만한 사람이 증언했을 때, 그 사건이 일어났다고 추론할 수 있는가? 증언하는 사람이 거짓말을 자주 해서 믿을 만하지 않은 사람이거나 증언이 진기한 사건에 관한 것이라면, 증언의 믿음직함은 떨어질 수밖에 없다. 흄은 증언이 단순히 진기한 사건 정도가 아니라 기적 사건에 관한 것인 경우를 다룬다. 기적이 일어났다고 누군가 증언했다고 생각해 보자. 흄의 이론에 따르면, 그 증언이 거짓일 확률과 그 기적이 실제로 일어날 확률을 비교해서, 후자가 더 낮다면 우리는 기적 사건이 일어나지 않았다고 생각하고, 전자가 더 낮다면 우리는 그 증언이 거짓이 아니라고 생각해야 한다. 한편 프라이스의 이론에 따르면, 그 증언이 참일 확률이 기적이 일어날 확률보다 훨씬 높으면, 우리는 그 증언으로부터 기적이 실제로 일어났으리라고 추론할 수 있다.

예컨대 가람은 ㉠ <u>거의 죽어가는 사람이 살아나는 기적</u>이 일어났다고 증언했다. 그런 기적이 일어날 확률은 0.01%지만, 가람은 매우 믿을 만한 사람이어서 그의 증언이 거짓일 확률은 0.1%다. 의심 많은 나래는 가람보다 더 믿을 만한 증인이다. 나래도 그런 기적을 증언했는데 그의 증언이 거짓일 확률은 0.001%다.

① 흄의 이론에 따르면, 나래가 ㉠에 대해 거짓말했다고 생각해야 한다.

② 흄의 이론에 따르면, ㉠에 대한 가람의 증언이 받아들일 만하다고 생각해야 한다.

③ 프라이스의 이론에 따르면, 가람이 ㉠에 대해 거짓말했다고 생각해야 한다.

④ 흄의 이론에 따르든 프라이스의 이론에 따르든, 가람의 증언으로부터 ㉠이 실제로 일어났으리라고 추론할 수 있다.

⑤ 흄의 이론에 따르든 프라이스의 이론에 따르든, 나래의 증언으로부터 ㉠이 실제로 일어났으리라고 추론할 수 있다.

07

다음 글에서 추론할 수 있는 것으로 적절한 것은?

1950년부터 1969년까지 국회의원 선거법 개정은 투표용지상의 기호가 후보자들의 추첨으로 배정되는 A방식이 사용되었다. 이때에는 투표용지에 오늘날과 같은 1, 2, 3 등의 아라비아 숫자 대신 Ⅰ, Ⅱ, Ⅲ 등의 로마자 숫자를 사용하였다. 다만 1963년 제3공화국의 출범 후에는 선거구별 추첨제가 전국 통일 추첨제로 변경되었다. 즉, 선거구별로 후보자 기호를 추첨하던 것을 정당별로 추첨하는 제도로 바꾸어, 동일 정당의 후보자들이 전국 모든 선거구에서 동일한 기호를 배정받도록 하였다.

1969년 관련법이 개정되면서 국회에서 다수 의석을 가진 정당순으로 1, 2, 3 등의 아라비아 숫자로 기호를 배정하는 B방식으로 변화하였다. 현재와 같이 거대 정당에게 유리한 투표용지 관련 제도가 처음 선을 보인 것이다. 다만, 당시 '원내 의석을 가진 정당의 의석 순위'라는 기준은 2개의 정당에게만 적용되었다. 원내 의석이 3순위 이하인 기타 정당의 후보자에게는 정당 명칭의 가나다순에 의해 순서가 부여되었다. 이러한 순서 부여는 의석수 상위 2개 정당 소속 후보자와 나머지 후보자를 차별한다는 점에서 문제를 안고 있었다.

1981년 개정된 선거법에서는 다시 추첨을 통해 후보자의 게재 순위를 결정하는 C방식이 도입되었다. 이때 순위 결정은 전국 통일 추첨제가 아닌 선거구별 추첨제를 따랐다. 하지만 정당의 공천을 받은 후보자들은 무소속 후보자들에 비해 우선적으로 앞 번호를 배정받았다. 이 방식에는 정당 소속 후보자와 무소속 후보자를 차별하는 구조적 문제가 있었다.

현행 공직선거법은 현재 국회에서 의석을 가진 정당의 추천을 받은 후보자, 국회에서 의석이 없는 정당의 추천을 받은 후보자, 무소속 후보자의 순으로 후보자의 게재 순위를 결정하는 D방식을 채택하고 있다. 국회에서 의석을 가진 정당의 게재 순위는 국회에서의 다수 의석순(다만, 같은 의석을 가진 정당이 둘 이상인 때에는 최근에 실시된 비례대표 국회의원선거에서의 득표수순)으로 정하고, 현재 국회에 의석이 없는 정당의 추천을 받은 후보자 사이의 게재 순위는 그 정당 명칭의 가나다순으로 정한다. 그리고 무소속 후보자 사이의 게재 순위는 관할 선거구선거관리위원회에서 추첨하여 결정한다.

① A방식에서 '가'씨 성을 가진 후보자는 'Ⅰ'로 표기된 기호를 배정받는다.

② B방식에서 원내 의석수가 2순위인 정당의 후보자라 하더라도 정당 명칭에 따라 기호 '1'을 배정받을 수 있다.

③ C방식에서 원내 의석수가 3순위인 정당의 후보자들은 동일한 기호를 배정받는다.

④ B방식과 D방식에서 원내 의석수가 4순위인 정당의 후보자가 배정받는 기호는 동일하다.

⑤ C방식과 D방식에서 원내 의석이 없는 정당의 후보자는 무소속 후보자에 비해 앞 번호 기호를 배정받는다.

08

다음 글에서 추론할 수 있는 것으로 가장 적절한 것은?

코커스는 미국 대통령 후보 선거제도 중 정당 조직의 가장 하위 단위인 기초선거구의 당원들이 모여 상위의 전당대회에 참석할 대의원을 선출하는 당원회의이다. 대의원 후보들은 자신이 대통령 후보로 누구를 지지하는지 먼저 밝힌다. 상위 전당대회에 참석할 대의원들은 각 대통령 후보에 대한 당원들의 지지율에 비례해서 선출된다. 코커스에서 선출된 대의원들은 카운티 전당대회에서 투표권을 행사하여 다시 다음 수준인 의회선거구 전당대회에 보낼 대의원들을 선출한다. 여기서도 비슷한 과정을 거쳐 주(州) 전당대회 대의원들을 선출해내고, 거기서 다시 마지막 단계인 전국 전당대회 대의원들을 선출한다. 주에 따라 의회선거구 전당대회는 건너뛰기도 한다.

1971년까지는 선거법에 따라 민주당과 공화당 모두 5월 둘째 월요일까지 코커스를 개최해야 했다. 그런데 민주당 전국위원회가 1972년부터는 대선후보 선출을 위한 전국 전당대회를 7월 말에 개최하도록 결정하면서 1972년 아이오와주 민주당의 코커스는 그 해 1월에 열렸다. 아이오와주 민주당 규칙에 코커스, 카운티 전당대회, 의회 선거구 전당대회, 주 전당대회, 전국 전당대회 순서로 진행되는 각급 선거 간에 최소 30일의 시간적 간격을 두어야 한다는 규정이 있었기 때문이다. 이후 아이오와주에서 공화당이 1976년부터 코커스 개최시기를 1월로 옮기면서, 아이오와주는 미국의 대선후보 선출 과정에서 민주당과 공화당 모두 가장 먼저 코커스를 실시하는 주가 되었다.

아이오와주의 선거 운영 방식은 민주당과 공화당 간에 차이가 있었다. 공화당의 경우 코커스를 포함한 하위 전당대회에서 특정 대선후보를 지지하여 당선된 대

의원이 상위 전당대회에서 반드시 같은 후보를 지지해야 하는 것은 아니었다. 반면 민주당의 경우 그러한 구속력을 부여하였다. 그러나 2016년부터 공화당 역시 상위 전당대회에 참여하는 대의원에게 같은 구속력을 부여함으로써 기층 당원의 대통령 후보에 대한 지지도가 전국 전당대회에 참여할 주(州) 대의원 선출에 반영되도록 했다.

① 주 전당대회에 참석할 대의원은 모두 의회선거구 전당대회에서 선출되었다.

② 1971년까지 아이오와주보다 이른 시기에 코커스를 실시하는 주는 없었다.

③ 1972년 아이오와주 민주당의 주 전당대회 선거는 같은 해 2월 중에 실시되었다.

④ 1972년 아이오와주에서 민주당 코커스와 공화당 코커스는 같은 달에 실시되었다.

⑤ 1976년 아이오와주 공화당 코커스에서 특정 후보를 지지한 대의원은 카운티 전당대회에서 다른 후보를 지지할 수 있었다.

09

다음 글의 ㉠에 해당하는 사례만을 〈보기〉에서 모두 고른 것은?

사건의 부재가 다른 사건의 원인이라는 주장은, '부재 인과' 즉 일상 속에서도 쉽게 찾아볼 수 있다. 인과 관계가 원인과 결과 간에 성립하는 일종의 의존 관계로 분석될 수 있다면 부재 인과는 인과 관계의 한 유형을 표현한다. 예를 들어, 경수가 물을 주었더라면 화초가 말라죽지 않았을 것이므로 '경수가 물을 줌'이라는 사건이 부재하는 것과 '화초가 말라죽음'이라는 사건이 발생하는 것 사이에는 의존 관계가 성립한다. 인과 관계를 이런 의존 관계로 이해할 경우 화초가 말라죽은 것의 원인은 경수가 물을 주지 않은 것이며 이는 상식적 판단과 일치한다. 하지만 화초가 말라죽은 것은 단지 경수가 물을 주지 않은 것에만 의존하지 않는다. 의존 관계로 인과 관계를 이해하려는 견해에 따르면, 경수의 화초와 아무 상관없는 영희가 그 화초에 물을 주었더라도 경수의 화초는 말라죽지 않았을 것이므로 영희가 물을 주지 않은 것 역시 그 화초가 말라죽은 사건의 원인이라고 해야 할 것이다. 그러나 상식적으로 경수가 물을 주지 않은 것은 그가 키우던 화초가 말라죽은 사건의 원인이지만, 영희가 물을 주지 않은 것은 그

화초가 말라죽은 사건의 원인이 아니다. 인과 관계를 의존 관계로 파악해 부재 인과를 인과의 한 유형으로 받아들이면, 원인이 아닌 수많은 부재마저도 원인으로 받아들여야 하는 ㉠ 문제가 생겨난다.

◀ 보기 ▶

ㄱ. 어제 영지는 늘 타고 다니던 기차가 고장이 나는 바람에 지각을 했다. 그 기차가 고장이 나지 않았다면 영지는 지각하지 않았을 것이다. 하지만 영지가 새벽 3시에 일어나 직장에 걸어갔더라면 지각하지 않았을 것이다. 그러므로 어제 영지가 새벽 3시에 일어나 직장에 걸어가지 않은 것이 그가 지각한 원인이라고 보아야 한다.

ㄴ. 영수가 야구공을 던져서 유리창이 깨졌다. 영수가 야구공을 던지지 않았더라면 그 유리창이 깨지지 않았을 것이다. 하지만 그 유리창을 향해 야구공을 던지지 않은 사람들은 많다. 그러므로 그 많은 사람 각각이 야구공을 던지지 않은 것을 유리창이 깨어진 사건의 원인이라고 보아야 한다.

ㄷ. 햇빛을 차단하자 화분의 식물이 시들어 죽었다. 하지만 햇빛을 과다하게 쪼이거나 지속적으로 쪼였다면 화분의 식물은 역시 시들어 죽었을 것이다. 그러므로 햇빛을 쪼이는 것은 식물의 성장 원인이 아니라고 보아야 한다.

① ㄱ　　　　　　　② ㄴ
③ ㄱ, ㄷ　　　　　④ ㄴ, ㄷ
⑤ ㄱ, ㄴ, ㄷ

10

다음 글의 ㉠과 ㉡에 들어갈 문장을 〈보기〉에서 골라 바르게 짝지은 것을 고른 것은?

한편에서는 "C시에 건설될 도시철도는 무인운전 방식으로 운행된다."라고 주장하고, 다른 한편에서는 "C시에 건설될 도시철도는 무인운전 방식으로 운행되지 않는다."라고 주장한다고 하자. 이 두 주장은 서로 모순되는 것처럼 보인다. 하지만 양편이 팽팽히 대립한 회의가 "C시에 도시철도는 적합하지 않다고 판단되므로, 없던 일로 합시다."라는 결론으로 끝날 가능성도 있다는 사실을 우리는 고려해야 한다. C시에 도시철도가 건설되지 않을 경우에도 양편의 주장에 참이나 거짓이라는 값을 매겨야 한다면 어떻게 매겨야 옳을까?

한 가지 분석 방안에 따르면, "C시에 건설될 도시철도는 무인운전 방식으로 운행된다."라는 문장은 (㉠)라는 것을 의미하는 것으로 해석한다. 이렇게 해석할 경우, C시에 도시철도를 건설하지 않기로 했으므로 원래의 문장은 거짓이 된다. 이런 분석은 "C시에 건설될 도시철도는 무인운전 방식으로 운행되지 않는다."에 대해서도 똑같이 적용되어 그것에도 거짓이라는 값을 부여한다.

원래 문장, "C시에 건설될 도시철도는 무인운전 방식으로 운행된다."를 분석하는 둘째 방안도 있다. 이 방안에서는 우선 원래 문장은 (㉡)라는 것을 의미하는 것으로 해석한다. 그런 다음 이렇게 분석된 이 문장은 C시에 도시철도를 건설해 그것을 무인운전이 아닌 방식으로 운행하는 일은 없다는 주장과 같은 의미를 나타낸다고 이해한다. 이렇게 해석할 경우 원래의 문장은 참이 된다. 왜냐하면 C시에 도시철도를 건설하지 않기로 했으므로 C시에 도시철도를 건설해 그것을 무인운전이 아닌 방식으로 운행하는 일도 당연히 없을 것이기 때문이다. 이런 분석은 "C시에 건설될 도시철도는 무인운전 방식으로 운행되지 않는다."에 대해서도 똑같이 적용되어 그것에도 참이라는 값을 부여한다.

◀ 보기 ▶

가. C시에 도시철도가 건설되고, 그 도시철도는 무인운전 방식으로 운행된다.

나. C시에 무인운전 방식으로 운행되는 도시철도가 건설되거나, 아니면 아무 도시철도도 건설되지 않는다.

다. C시에 도시철도가 건설되면, 그 도시철도는 무인운전 방식으로 운행된다.

라. C시에 도시철도가 건설되는 경우에만, 그 도시철도는 무인운전 방식으로 운행된다.

	㉠	㉡
①	가	다
②	가	라
③	나	다
④	나	라
⑤	라	다

11

다음 글의 논증을 약화하는 것을 〈보기〉에서 모두 고른 것은?

나는 계통수 가설을 지지하고, 모든 유기체들이 같은 기원을 갖는다고 말한다. 지구상의 식물과 동물이 공통의 조상을 갖는다고 생각하는 이유는 무엇인가?

이 물음에 답하는 데 사용되는 표준 증거는 유전 암호가 보편적이라는 점이다. DNA 암호를 전사받은 메신저 RNA는 뉴클레오타이드 3개가 코돈을 이루고 하나의 코돈이 하나의 아미노산의 유전 정보를 지정한다. 예를 들어 코돈 UUU는 페닐알라닌의 정보를, 코돈 AUA는 아이소류신의 정보를, 코돈 GCU는 알라닌의 정보를 지정한다. 각각의 아미노산의 정보를 지정하기 위해 사용되는 암호는 모든 생명체에서 동일하다. 이것은 모든 지상의 생명체가 연결되어 있다는 증거다.

생물학자들은 유전 암호가 임의적이어서 어떤 코돈이 특정한 아미노산의 정보를 지정해야 할 기능적인 이유가 없다고 한다. 우리가 관찰하는 유전 암호가 가장 기능적으로 우수한 물리적 가능성을 갖는다면 모든 생물 종들이 각각 별도의 기원들은 갖고 있다고 하더라도 그 암호를 사용했으리라고 기대할 것이다. 그러나 유전 암호가 임의적인데도 그것이 보편적이라는 사실은 모든 생명이 공통의 기원을 갖는다는 가설을 옹호한다.

왜 언어학자들은 상이한 인간 언어들이 서로 이어져 있다고 믿는지 생각해 보자. 모든 언어가 수에 해당하는 단어를 포함한다는 사실은 그 언어들이 공통의 기원을 갖는다는 증거가 될 수 없다. 숫자는 명백한 기능적 효용성을 갖기 때문이다. 반면에 몇 종류의 언어들이 수에 비슷한 이름을 부여하고 있다는 사실은 놀라운 증거가 된다. 가령, 2를 의미하는 프랑스어 단어는 'deux', 이탈리아어 단어는 'due', 스페인어 단어는 'dos'로 유사하다. 수에 대한 이름들은 임의적으로 선택되기 때문에 이런 단어들의 유사성은 이 언어들이 공통의 기원을 갖는다는 강력한 증거가 된다. 이렇게 적응으로 생겨난 유사성과 달리 임의적 유사성은 생명체가 공통의 조상을 가지고 있다는 강력한 증거가 된다.

◀ 보기 ▶

ㄱ. UUU가 페닐알라닌이 아닌 다른 아미노산의 정보를 지정하는 것이 기능적으로 불가능한 이유가 있다.

ㄴ. 사람은 유아기에 엄마가 꼭 필요하기 때문에 엄마를 의미하는 유아어가 모든 언어에서 발견된다.

ㄷ. 코돈을 이루는 뉴클레오타이드가 4개인 것이 3개인 것보다 기능이 우수하다.

① ㄱ 　　　　　　② ㄴ
③ ㄱ, ㄷ 　　　　④ ㄴ, ㄷ
⑤ ㄱ, ㄴ, ㄷ

12

다음 글의 ㉠에 근거한 추론으로 옳은 것을 〈보기〉에서 모두 고른 것은?

믿음과 관련하여 여러 종류의 태도를 우리는 가질 수 있다. 예를 들어, 우리는 내일 비가 온다는 명제가 참이라고 믿을 수도 있고, 거짓이라고 믿을 수도 있다. 또한 그 명제가 참이라고 믿지도 않고 거짓이라고 믿지도 않을 수 있다. 이렇게 거칠게 세 가지 종류로만 구분된 믿음 태도는 거친 믿음 태도라고 불린다.

한편, 우리의 믿음 태도는 아주 섬세하게 구분될 수도 있다. 우리는 내일 비가 온다는 명제가 참이라는 것을 0.2의 확률로 믿을 수도 있고 0.5의 확률로 믿을 수도 있고 0.8의 확률로 믿을 수도 있다. 말하자면, 그 명제가 참일 확률에 따라 우리의 믿음 태도는 섬세하게 구분될 수도 있다는 것이다. 이렇게 확률에 따라 구분된 믿음 태도는 섬세한 믿음 태도라고 불린다.

이 두 종류의 믿음 태도는 ㉠<u>믿음의 문턱이라는 개념을 이용한 규정</u>을 통해 서로 연결될 수 있다. 그 규정은 이렇다. '어떤 명제를 참이라고 믿기 위한 필요충분조건은 그 명제가 참이라는 것을 특정 확률 값 k보다 크게 믿는 것이다. 그리고 어떤 명제를 거짓이라고 믿기 위한 필요충분조건은 그 명제가 거짓이라는 것을 그 확률 값 k보다 크게 믿는 것이다. 단, k의 값은 0.5보다 작지 않다.' 이때 확률 값 k를 믿음의 문턱이라고 부른다.

이제 이러한 규정을 적용해 보기 위해 일단 당신의 믿음의 문턱이 0.8이라고 해보자. 그리고 당신은 내일 비가 온다는 명제가 참이라는 것을 0.9의 확률로 믿고 있다고 하자. 이 경우 우리는 '당신은 내일 비가 온다는 명제를 참이라고 믿고 있다.'고 말할 수 있다. 이번에는 당신이 내일 비가 온다는 명제가 거짓이라는 것을 0.9의 확률로 믿고 있다고 해 보자. 그럼 우리는 당신의 믿음의 문턱이 0.8이라는 점을 고려하여 '당신은 내일 비가 온다는 명제가 거짓이라고 믿고 있다.'고 말할 수 있다.

그럼, 당신이 내일 비가 온다는 명제가 참이라는 것도 0.5의 확률로 믿고 있고, 그 명제가 거짓이라는 것도 0.5의 확률로 믿고 있는 경우는 어떨까? 이 경우 우리는 당신의 믿음의 문턱이 0.8이라는 점을 고려하여 '당신은 내일 비가 온다는 명제를 참이라고 믿지도 않고 거짓이라고 믿지도 않는다.'고 말할 수 있다.

─◀ 보기 ▶─

ㄱ. 철수의 믿음의 문턱이 0.5인 경우, 철수는 모든 명제를 참이라고 믿지도 않고 거짓이라고 믿지도 않는다.

ㄴ. 영희의 믿음의 문턱이 고정되어 있을 경우, 내일 비가 온다는 명제에 대한 영희의 섬세한 믿음 태도가 변한다고 하더라도 그 명제에 대한 영희의 거친 믿음 태도는 변하지 않는 경우도 있다.

ㄷ. 철수와 영희가 동일한 수치의 믿음의 문턱을 가지고 있을 경우, 두 사람 모두 내일 비가 온다는 명제를 참이라고 믿고 있지 않다면 두 사람 모두 내일 비가 온다는 명제를 거짓이라고 믿고 있다.

① ㄱ
② ㄴ
③ ㄱ, ㄷ
④ ㄴ, ㄷ
⑤ ㄱ, ㄴ, ㄷ

13

다음 글에서 추론할 수 있는 것을 〈보기〉에서 모두 고른 것은?

이 게임의 규칙은 동전을 던져서 제일 높은 점수를 얻는 사람이 이기는 것이다. 게임 참여자는 A, B 두 그룹으로 구분된다. 두 그룹의 인원수는 100명으로 같지만, 각 참여자에게 같은 수의 동전을 주지 않는다. A그룹에는 한 사람당 동전을 10개씩 주고, B그룹에는 한 사람당 100개씩 준다. 모든 동전은 1개당 한 번씩 던지는 것으로 한다.

〈게임 1〉에서는 앞면이 나온 동전 1개당 1점씩 점수를 준다고 하자. 이때 게임의 승자는 B그룹에서 나올 가능성이 매우 높다. B그룹 사람들 중 상당수는 50점쯤 얻을 텐데, 그것은 A그룹 사람들 중에서 누구도 이길 수 없는 점수이다. A그룹 인원을 아무리 늘리더라도 최고 점수는 10점일 것이기 때문이다.

〈게임 2〉에서는 〈게임 1〉과 달리 앞면이 나오는 동전의 개수가 아니라 앞면이 나온 비율로 점수를 매겨 가장 높은 점수를 받은 사람이 이긴다고 하자. A그룹 중에서 한 명쯤은 동전 10개 중 앞면이 8개 나올 것이다. 이 경우 그는 80점을 얻는다. B그룹은 어떨까? B그룹 사람 100명 중에서 누구도 80점을 받기는 어려울 것이다. 물론 그런 일이 물리적으로 불가능하지는 않겠지만, 현실에서는 거의 벌어지지 않을 것이다. 동전을 더 많이 던질수록 앞면과 뒷면의 비율은 50대 50에 더 가깝게 수렴되기 때문이다. B그룹에서 80점을 받는

사람이 한 명쯤 나오려면, B그룹 인원수는 100명이 아니라 그보다 훨씬 더 커야 한다. 이처럼 동전 개수가 증가했을 때 80점을 받는 사람이 한 명쯤 나오려면 그 동전 개수의 증가에 맞춰 그룹 인원수도 크게 증가해야 한다.

─◀ 보기 ▶─

ㄱ. 〈게임 1〉에서 A그룹 참가자와 B그룹 참가자의 동전 개수를 각각 절반으로 줄일 경우, 게임의 승자가 나올 그룹은 바뀔 것이다.

ㄴ. 〈게임 2〉에서 B그룹만 인원을 늘릴 경우, 그 수를 아무리 늘리더라도 90점을 받는 사람은 A그룹에서만 나올 것이다.

ㄷ. 〈게임 2〉에서 A그룹만 참가자 각각의 동전 개수를 1,000개로 늘릴 경우, A그룹에서 80점을 받는 사람이 한 명쯤 나오기 위해 필요한 A그룹 인원수는 80점을 받는 사람이 한 명쯤 나오기 위해 필요한 B그룹 인원수보다 훨씬 더 커야 할 것이다.

① ㄱ
② ㄷ
③ ㄱ, ㄴ
④ ㄴ, ㄷ
⑤ ㄱ, ㄴ, ㄷ

14

다음 글의 빈칸에 들어갈 진술로 가장 적절한 것은?

사람들의 기분과 선택 행동의 관계에 대해 설명하기 위한 이론이 기분관리 이론이다. 이 이론의 핵심은 사람들이 현재의 기분을 최적 상태로 유지하려고 한다는 것이다. 따라서 기분관리 이론은 흥분 수준이 최적 상태보다 높을 때는 사람들이 이를 낮출 수 있는 수단을 선택한다고 예측한다. 반면에 흥분 수준이 낮을 때는 이를 회복시킬 수 있는 수단을 선택한다고 예측한다. 예를 들어, 음악 선택의 상황에서 전자의 경우에는 차분한 음악을 선택하고 후자의 경우에는 흥겨운 음악을 선택한다는 것이다. 기분조정 이론은 기분관리 이론이 현재 시점에만 초점을 맞추고 있다는 점을 지적하고 이를 보완하고자 한다. 기분조정 이론을 음악 선택의 상황에 적용하면, (   )고 예측할 수 있다.

연구자 A는 음악 선택 상황을 통해 기분조정 이론을 검증하기 위한 실험을 했다. 그는 실험 참가자들을 두 집단으로 나누고 집단1에게는 한 시간 후 재미있는 놀이를 하게 된다고 말했고, 집단2에게는 한 시간 후 심

각한 과제를 하게 된다고 말했다. 집단1은 최적 상태 수준에서 즐거워했고, 집단2는 최적 상태 수준을 벗어날 정도로 기분이 가라앉았다. 이 때 연구자 A는 참가자들에게 기다리는 동안 음악을 선택하게 했다. 그랬더니 집단1은 다소 즐거운 음악을 선택한 반면, 집단2는 과도하게 흥겨운 음악을 선택했다. 그런데 30분이 지나고 각 집단이 기대하는 일을 하게 될 시간이 다가오자 두 집단 사이에는 뚜렷한 차이가 나타났다. 집단1의 선택에는 큰 변화가 없었으나, 집단2는 기분을 가라앉히는 차분한 음악을 선택하는 쪽으로 변하는 경향을 보인 것이다. 이러한 선택의 변화는 기분조정 이론을 뒷받침하는 것으로 간주되었다.

① 사람들은 현재의 기분을 지속하는 데 도움이 되는 음악을 선택한다
② 사람들은 다음에 올 상황을 고려해 흥분을 유발할 수 있는 음악을 선택한다
③ 사람들은 다음에 올 상황에 맞추어 현재의 기분을 조정하는 음악을 선택한다
④ 사람들은 현재의 기분과는 상관없이 자신이 평소 선호하는 음악을 선택한다
⑤ 사람들은 현재의 기분이 즐거운 경우에는 그것을 조정하기 위해 그와 반대되는 기분을 자아내는 음악을 선택한다

15

다음 ㉠~㉣에 들어갈 말을 가장 적절하게 나열한 것을 고른 것은?

> 여전히 뇌의 어느 부위가 어떤 운동 기능을 담당하는지는 정확하게 이해되고 있지 않지만 신체의 운동이 뇌에 의해 통제되고 조절된다는 것은 당연하게 여겨진다. 이는 뇌의 여러 부분이 동시에 신체 운동에 관여하기 때문이다. 신체 운동에 관여하는 중요한 뇌의 부위에는 운동 피질, 소뇌, 기저핵이 있다. 대뇌에 있는 운동 피질은 의지에 따른 운동을 주로 조절한다. 소뇌와 기저핵은 숙달되어 생각하지 않아도 일어나는 운동들을 조절한다. 평균대 위에서 재주를 넘는 체조선수의 섬세한 몸동작은 반복된 훈련을 통하여 생각 없이 자동으로 이루어지는데 이러한 일은 주로 소뇌가 관여하여 일어난다. 기저핵의 두 부위인 선조체와 흑색질은 서로 대립적으로 신체 운동을 조절한다. 선조체는 신체운동을 (㉠)하고, 흑색질은 신체 운동을

(㉡)하는 역할을 한다. 뇌의 이상으로 발생하는 운동 장애로 헌팅턴 무도병과 파킨슨병이 있다. 이 두 질병은 그 증세가 서로 대조적이다. 전자는 신체의 근육들이 제멋대로 움직여서 거칠고 통제할 수 없는 운동을 유발한다. 반면에 파킨슨병은 근육의 경직과 떨림으로 움직이려 하여도 근육이 제대로 움직여 주지 않는다. 이러한 대조적인 증세는 대립적으로 작용하는 기저핵의 두 부위에서 일어난 손상으로 인하여 발생한다. 선조체가 손상을 입으면 헌팅턴 무도병에 걸리고 흑색질에 손상을 입으면 파킨슨병에 걸린다. 따라서 (㉢)의 기능을 향상시키는 약을 쓰면 파킨슨병의 증세가 완화되고 (㉣)의 기능을 억제하는 약을 쓰면 헌팅턴 무도병의 증세가 완화된다.

	㉠	㉡	㉢	㉣
①	억제	유발	흑색질	흑색질
②	억제	유발	흑색질	선조체
③	억제	유발	선조체	선조체
④	유발	억제	선조체	흑색질
⑤	유발	억제	흑색질	선조체

16

다음 글의 ㉠과 ㉡에 들어갈 말을 가장 적절하게 나열한 것은?

> 축산업은 지난 50여 년 동안 완전히 바뀌었는데, 1967년 미국에는 약 100만 곳의 돼지 농장이 있었지만 2005년에 들어서면서 전체 돼지 농장의 수는 10만을 조금 넘게 되었다. 이러는 가운데 전체 돼지 사육 두수는 크게 증가하여 (㉠) 밀집된 형태에서 대규모로 돼지를 사육하는 농장이 출현하기 시작하였다. 이러한 농장은 경제적 효율성을 지녔지만, 사육 가축들의 병원균 전염 가능성을 높인다. 이러한 농장에서 가축들이 사육되면, 소규모 가축 사육 농장에 비해 벌레, 쥐, 박쥐 등과의 접촉으로 병원균들의 침입 가능성은 높아진다. 또한 이러한 농장의 가축 밀집 상태는 가축 간 접촉을 늘려 병원균의 전이 가능성을 높임으로써 전염병을 쉽게 확산시킨다.
>
> 축산업과 관련된 가축의 가공 과정과 소비 형태 역시 변화하였다. 과거에는 적은 수의 가축을 도축하여 고기 그 자체를 그대로 소비할 수밖에 없었다. 그러나 현대에는 소수의 대규모 육류가공기업이 많은 지역으로부터 수집한 수많은 가축의 고기를 재료로 햄이나 소시지 등의 육류 가공제품을 대량으로 생산하여 소비

자에 공급한다. 이렇게 되면 오늘날의 개별 소비자들은 적은 양의 육류가공제품을 소비하더라도, 엄청나게 많은 수의 가축과 접촉한 결과를 낳는다. 이는 소비자들이 감염된 가축의 병원균에 노출될 가능성을 높인다. 정리하자면 (㉡) 결과를 야기하기 때문에, 오늘날의 변화된 축산업은 소비자들이 가축을 통해 전염병에 노출될 가능성을 높인다.

① ㉠ : 농장당 돼지 사육 두수는 줄고 사육 면적당 돼지의 수도 줄어든
   ㉡ : 가축 사육량과 육류가공제품 소비량이 증가하는

② ㉠ : 농장당 돼지 사육 두수는 줄고 사육 면적당 돼지의 수도 줄어든
   ㉡ : 가축 간 접촉이 늘고 소비자도 많은 수의 가축과 접촉한

③ ㉠ : 농장당 돼지 사육 두수는 늘고 사육 면적당 돼지의 수도 늘어난
   ㉡ : 가축 사육량과 육류가공제품 소비량이 증가하는

④ ㉠ : 농장당 돼지 사육 두수는 늘고 사육 면적당 돼지의 수도 늘어난
   ㉡ : 가축 간 접촉이 늘고 소비자도 많은 수의 가축과 접촉한

⑤ ㉠ : 농장당 돼지 사육 두수는 늘고 사육 면적당 돼지의 수도 늘어난
   ㉡ : 가축 간 접촉이 늘고 소비자는 적은 수의 가축과 접촉한

17

다음 글에서 추론할 수 있는 것을 〈보기〉에서 모두 고른 것은?

한 국가의 상대방 국가에 대한 군사력 우월의 정도를, 전쟁의 승패가 갈린 전쟁 종료 시점에서 자국의 손실비의 역수로 란체스터는 정의했다. 예를들면 전쟁이 끝났을 때 자국의 손실비가 1/2이라면 자국의 군사력은 적국보다 2배로 우월하다는 것이다. 손실비는 아래와 같이 정의된다.

$$자국의\ 손실비 = \frac{자국의\ 최초병력대비\ 잃은병력비율}{적국의\ 최초병력대비\ 잃은병력비율}$$

A국과 B국이 전쟁을 벌인다고 하자. 전쟁에는 양국의 궁수들만 참가한다. A국의 궁수는 2,000명이고, B국은 1,000명이다. 양국 궁수들의 숙련도와 명중률 등 개인의 전투 능력, 그리고 지형, 바람 등 주어진 조건

은 양국이 동일하다고 가정한다. 양측이 동시에 서로를 향해 1인당 1발씩 화살을 발사한다고 하자. 모든 화살이 적군을 맞힌다면 B국의 궁수들은 1인 평균 2개의 화살을, A국 궁수는 평균 0.5개의 화살을 맞을 것이다. 하지만 화살이 제대로 맞지 않거나 아예 안 맞을 수도 있으니, 발사된 전체 화살 중에서 적 병력의 손실을 발생시키는 화살의 비율은 매번 두 나라가 똑같이 1/10이라고 하자. 그렇다면 첫 발사에서 B국은 200명, A국은 100명의 병력을 잃을 것이다. 따라서 ㉠ <u>첫 발사에서의 B국의 손실비</u>는 $\frac{200/1,000}{100/2,000}$ 이다.

마찬가지 방식으로, 남은 A국 궁수 1,900명은 두 번째 발사에서 B국에 190명의 병력 손실을 발생시킨다. 이제 B국은 병력의 39%를 잃었다. 이런 손실을 당하고도 버틸 수 있는 군대는 많지 않아서 전쟁은 B국의 패배로 끝난다. B국은 A국에 첫 번째 발사에서 100명, 그 다음엔 80명의 병력 손실을 발생시켰다. 전쟁이 끝날 때까지 A국이 잃은 궁수는 최초 병력의 9%에 지나지 않는다. 이로써 ㉡ <u>B국에 대한 A국의 군사력이 명확히 드러난다.</u>

◀ 보기 ▶

ㄱ. 다른 조건이 모두 같으면서 A국 궁수의 수가 4,000명으로 증가하면 ㉠은 16이 될 것이다.

ㄴ. ㉡의 내용은 A국의 군사력이 B국보다 4배 이상으로 우월하다는 것이다.

ㄷ. 전쟁 종료 시점까지 자국과 적국의 병력 손실이 발생했고 그 수가 동일한 경우, 최초 병력의 수가 적은 쪽의 손실비가 더 크다.

① ㄱ   ② ㄷ
③ ㄱ, ㄴ   ④ ㄴ, ㄷ
⑤ ㄱ, ㄴ, ㄷ

18

다음 논쟁에 대한 평가로 적절한 것을 〈보기〉에서 모두 고른 것은?

甲 : '거문고'라는 이름은 어디에서 유래했다고 생각하니?

乙 : 흥미로운 쟁점이야. 그에 관해서는 여러 가지 설이 있지만, 그 가운데 어느 것이 옳은가에 대해선 지금도 논란이 분분하지.

甲 : 내 주장은 '거문고'에서 '거문'은 색깔을 가리키는 말에서 유래했다는 것이야. '거문'은 '검다'로 해석

되고, 한자로는 '玄'이라 쓰지. 김부식의 삼국사기에 따르면, 고구려의 왕산악이 진나라의 칠현금을 개량해 새 악기를 만들고, 겸해서 백여 곡을 지어 연주했다고 해. 그러자 현학(玄鶴) 즉 검은 학이 날아와 춤을 추었고, 이로부터 악기의 이름을 '현학금'이라고 지었대. '현학금'이 훗날 '현금'으로 변했고, 다시 우리말 '검은고(거문고)'로 바뀐 것이지.

乙 : 내 주장은 '거문고'에서 '거문'은 나라 이름을 가리키는 말에서 유래했다는 것이야. 원래 '거문'은 '거무' 혹은 'ㄱᄆ'로 발음되기도 하는데, 옛날에는 '고구려'를 '거무'나 'ㄱᄆ'라고 불렀고, 이 말들은 '개마'라는 용어와도 쓰임이 같거든. '개마'는 고대 한민족이 부족사회를 세웠던 장소의 명칭이잖아. 일본인들은 고구려를 '고마'라고 발음하기도 해. 따라서 '거문고'는 '고구려 현악기' 혹은 '고구려 악기'라고 정의될 수 있어.

◀ 보기 ▶

ㄱ. '단군왕검'에서 '검'이 '신(神)'을 뜻하는 옛말로 '금', '감' 등과 통용되었다는 사실은 甲과 乙의 주장을 모두 강화한다.

ㄴ. 현악기를 지칭할 때 '고'와 '금(琴)'을 혼용하였다는 사실은 B의 주장을 약화한다.

ㄷ. '가얏고(가야+고)'의 사례에서 보듯이 악기의 이름 맨 앞에 국명을 붙이는 관습이 있었다는 사실은 乙의 주장을 강화하지 않는다.

① ㄴ   ② ㄷ
③ ㄱ, ㄴ   ④ ㄱ, ㄷ
⑤ ㄱ, ㄴ, ㄷ

19

다음 글에서 추론할 수 있는 것을 〈보기〉에서 모두 고른 것은?

'공립학교 인종차별 금지 판결의 준수를 종용하면서, 어떤 법률에 대해서는 의도적으로 그 준수를 거부하니 이는 기괴하다.'라고 할 수 있습니다. '어떤 법률은 준수해야 한다고 하면서도 어떤 법률에 대해서는 그를 거부하라 할 수 있습니까?'라고 물을 수도 있습니다. 하지만 이에는 '불의한 법률은 결코 법률이 아니다.'라는 아우구스티누스의 말을 살펴 답할 수 있습니다. 곧, 법률에는 정의로운 법률과 불의한 법률, 두 가지가 있습니다.

이 두 가지 법률 간 차이는 무엇입니까? 법률이 정의로운 때가 언제이며, 불의한 때는 언제인지 무엇을 보고 결정해야 합니까? 우리 사회에서 통용되는 법률들을 놓고 생각해봅시다. 우리 사회에서 지켜야 할 법률이라는 점에서 정의로운 법률과 불의한 법률 모두 사람에게 적용되는 규약이기는 합니다. 하지만 정의로운 법률은 신의 법, 곧 도덕법에 해당한다는 데에 동의할 것으로 믿습니다. 그렇다면 불의한 법률은 그 도덕법에 배치되는 규약이라 할 것입니다. 도덕법을 자연법이라 표현한 아퀴나스의 말을 빌리면, 불의한 법률은 결국 사람끼리의 규약에 불과합니다. 사람끼리의 규약이 불의한 이유는 그것이 자연법에 기원한 것이 아니기 때문입니다.

인간의 성품을 고양하는 법률은 정의롭습니다. 인간의 품성을 타락시키는 법률은 물론 불의한 것입니다. 인종차별을 허용하는 법률은 모두 불의한 것인데 그 까닭은 인종차별이 영혼을 왜곡하고 인격을 해치기 때문입니다. 가령 인종을 차별하는 자는 거짓된 우월감을, 차별당하는 이는 거짓된 열등감을 느끼게 되는데 여기서 느끼는 우월감과 열등감은 영혼의 본래 모습이 아니라서 올바른 인격을 갖추지 못하도록 합니다.

따라서 인종차별은 정치·사회·경제적으로 불건전할 뿐 아니라 죄악이며 도덕적으로 그른 것입니다. 분리는 곧 죄악이라 할 것인데, 인간의 비극적인 분리를 실존적으로 드러내고, 두려운 소외와 끔찍한 죄악을 표출하는 상징이 인종차별 아니겠습니까? 공립학교 인종차별 금지 판결이 올바르기에 그 준수를 종용할 수 있는 한편, 인종차별을 허용하는 법률은 결단코 그르기에 이에 대한 거부에 동참해달라고 호소하는 바입니다.

◀ 보기 ▶

ㄱ. 인간의 성품을 고양하는 법률은 도덕법에 해당한다.
ㄴ. 사람끼리의 규약에 해당하는 법률은 자연법이 아니다.
ㄷ. 인종차별적 내용을 포함하지 않는 모든 법률은 신의 법에 해당한다.

① ㄱ   ② ㄷ
③ ㄱ, ㄴ   ④ ㄴ, ㄷ
⑤ ㄱ, ㄴ, ㄷ

20

다음 글의 ㉠에 대한 평가로 적절한 것만을 〈보기〉에서 모두 고른 것은?

지금까지 알려진 적이 없는 어느 부족의 언어를 최초로 번역해야 하는 번역자 A를 가정하면, A가 사용할 수 있는 자료는 부족민들의 언어 행동에 관한 관찰 증거뿐이다. A는 부족민들의 말을 듣던 중에 여러 번 '가바가이'라는 말소리를 알아들었는데, 그때마다 항상 눈앞에 토끼가 있다는 사실을 관찰했다. 이에 A는 '가바가이'를 하나의 단어로 추정하면서 그에 대한 몇 가지 가능한 번역어를 생각했다. 그것은 '한 마리의 토끼'라거나 '살아있는 토끼' 등 여러 상이한 의미로 번역될 수 있었다. 관찰 가능한 증거들은 이런 번역 모두와 어울렸기 때문에 A는 어느 번역이 옳은지 결정할 수 없었다.

이 문제를 해결하는 방안으로 제시된 ㉠ 이론 甲은 전체의 의미로부터 그 구성요소의 의미를 결정하고자 한다. 즉, 문제의 단어를 포함하는 문장들을 충분히 모아 각 문장의 의미를 확정한 후에 이것을 기반으로 각 문장의 구성요소에 해당하는 단어의 의미를 결정하려는 것이다. 이런 점은 과학에서 단어의 의미를 확정하는 사례를 통해서 분명하게 드러난다. 예를 들어, '분자'의 의미는 "기체의 온도는 기체를 구성하는 분자들의 충돌에 의한 것이다."와 같은 문장들의 의미를 확정함으로써 결정할 수 있다. 그리고 이 문장들의 의미는 수많은 문장들로 구성된 과학 이론 속에서 결정될 것이다. 결국 과학의 단어가 지니는 의미는 과학 이론에 의존하게 되는 것이다.

◀ 보기 ▶

ㄱ. "고래는 포유류이다."의 의미를 확정하기 위해서는 먼저 '포유류'의 의미를 결정해야 한다는 점은 ㉠을 강화한다.

ㄴ. 뉴턴역학에서 사용되는 '힘'이라는 단어의 의미가 뉴턴 역학에 의거하여 결정될 수 있다는 점은 ㉠을 강화한다.

ㄷ. 토끼와 같은 일상적인 단어는 언어 행위에 대한 직접적인 관찰 증거만으로 그 의미를 결정할 수 있다는 점은 ㉠을 약화한다.

---

① ㄱ

② ㄴ

③ ㄱ, ㄷ

④ ㄴ, ㄷ

⑤ ㄱ, ㄴ, ㄷ

21

다음 논증에 대한 평가로 적절한 것을 〈보기〉에서 모두 고른 것은?

평범한 사람들이 어떤 행위가 의도적이었는지의 여부를 어떻게 판단하는지를 다음 사례를 생각해보자.

사례 1 : "새로운 사업을 시작하면 수익을 창출할 것이지만, 환경에 해를 끼치게 될 것입니다"라는 보고를 받은 어느 회사의 사장은 다음과 같이 대답했다. "환경에 해로운지 따위는 전혀 신경 쓰지 않습니다. 가능한 한 많은 수익을 내기를 원할 뿐입니다. 그 사업을 시작 합시다." 회사는 새로운 사업을 시작했고, 환경에 해를 입혔다.

사례 2 : "새로운 사업을 시작하면 수익을 창출할 것이고, 환경에 도움이 될 것입니다"라는 보고를 받은 어느 회사의 사장은 다음과 같이 대답했다. "환경에 도움이 되는지 따위는 전혀 신경 쓰지 않습니다. 가능한 한 많은 수익을 내기를 원할 뿐입니다. 그 사업을 시작합시다." 회사는 새로운 사업을 시작했고, 환경에 도움이 되었다.

위 사례들에서 사장이 가능한 한 많은 수익을 내는 것을 의도했다는 것은 분명하다. 그렇다면 사례 1의 사장은 의도적으로 환경에 해를 입혔는가? 사례 2의 사장은 의도적으로 환경에 도움을 주었는가? 일반인을 대상으로 한 설문 조사 결과, 사례 1의 경우 '의도적으로 환경에 해를 입혔다'고 답한 사람은 82%에 이르렀지만, 사례 2의 경우 '의도적으로 환경에 도움을 주었다'고 답한 사람은 23%에 불과했다. 따라서 특정 행위 결과를 행위자가 의도했는가에 대한 사람들의 판단은 그 행위 결과의 도덕성 여부에 대한 판단에 의존한다고 결론 내릴 수 있다.

◀ 보기 ▶

ㄱ. 위 설문조사에 응한 사람들의 대부분이 환경에 대한 영향과 도덕성은 무관하다고 생각한다는 사실은 위 논증을 약화한다.

ㄴ. 위 설문조사 결과는, 부도덕한 의도를 가지고 부도덕한 결과를 낳는 행위를 한 행위자가 그런 의도 없이 같은 결과를 낳는 행위를 한 행위자보다 그 행위 결과에 대해 더 큰 도덕적 책임을 갖는다는 것을 지지한다.

ㄷ. 두 행위자가 동일한 부도덕한 결과를 의도했음이 분명한 경우, 그러한 결과를 달성하지 못한 행위자는 도덕적 책임을 갖지 않지만 그러한 결과를 달성한 행위자는 도덕적 책임을 갖는다고 판단하는 사람이 많다는 사실은 위 논증을 강화한다.

① ㄱ
② ㄴ
③ ㄱ, ㄷ
④ ㄴ, ㄷ
⑤ ㄱ, ㄴ, ㄷ

22

다음 글의 빈칸에 들어갈 진술로 가장 적절한 것은?

성인(聖人)은 하늘이 내린 생물을 해치고 없애는 것을 하지 않는 바이다. 하물며 하늘의 도가 어찌 사람들에게 살아있는 것을 죽여서 자기의 생명을 기르게 하였겠는가? 서경에서는 "천지는 만물의 부모이며, 인간은 만물의 영장이다. 진실로 총명한 자는 천자가 되고, 천자는 백성의 부모가 된다"라고 하였다. 천지가 이미 만물의 부모라면 천지 사이에 태어난 것은 모두 천지의 자식이다. 천지와 사물의 관계는 부모와 자식의 관계와 같으며, 자식 가운데 어리석고 지혜로움의 차이가 있는 것은 사람과 만물 사이에 밝고 어두움의 차이가 있는 것과 같다. 부모는 자식이 어리석고 불초하면 사랑하고 가엽게 여기며 오히려 걱정 하거늘, 하물며 해치겠는가? 살아있는 것을 죽여서 자기의 생명을 기르는 것은 같은 식구를 죽여서 자기를 기르는 것이다. 같은 식구를 죽여서 자기를 기르면 부모의 마음이 어떠하겠는가? 자식들끼리 서로 죽이는 것은 부모의 마음이 아니다. 사람과 만물이 서로 죽이는 것이 어찌 천지의 뜻이겠는가? 인간과 만물은 이미 천지의 기운을 함께 얻었으며, 또한 천지의 이치도 함께 얻었고 천지 사이에서 함께 살아가고 있다. 이미 하나의 같은 기운과 이치를 함께 부여받았는데, 어찌 살아있는 것들을 죽여서 자신의 생명을 양육할 수 있겠는가? 그래서 불교에서는 "천지는 나와 뿌리가 같고, 만물은 나와 한 몸이다"라고 하였고, 유교에서는 "천지만물을 자기와 하나로 여긴다"고 하면서 이것을 '인(仁)'이라고 부른다.

그렇지마는 실천하여 행하는 것이 그 이상과 같아야 비로소 인의 도를 온전히 다했다고 할 수 있다. 유교 경전인 논어는 "공자는 그물질은 하지 않으셔도 낚시질은 하셨으며, 화살로 잠든 새는 쏘지 않으셨지만 나는 새는 맞추셨다"라고 하였고, 맹자도 "군자가 푸줏간을 멀리하는 것은 가축이 죽으면서 울부짖는 소리를 들으면 차마 그 고기를 먹지 못하기 때문이다"라고 말하고 있다. 이것으로 보면, (　　　　　　　　　　)

① 유교는 서경 이래 천지만물을 하나의 가족처럼 여기는 인의 도를 철두철미하게 잘 실천하고 있다.

② 유교에서는 공자와 맹자에서부터 살생하지 말라는 불교의 계율을 이미 잘 실천하고 있다.

③ 유교의 공자와 맹자는 동물마저 측은히 여기는 대상에 포함하여 인간처럼 대하였다.

④ 유교는 인의 도가 지향하는 이상을 실천하는 데 철저하지 못한 측면이 있다.

⑤ 유교에서 인의 도는 인간과 동물을 부모와 자식의 관계로 보고 있다.

23

다음 글의 내용에 대한 평가로 가장 적절한 것을 고른 것은?

(가) 우울증을 잘 초래하는 성향은 창조성과 결부되어 있어 생존에 유리한 측면이 있었다. 우울증과 관련이 있는 유전자는 오랜 역사를 거쳐 오면서도 사멸하지 않고 살아남아 오늘날 현대인에게도 그 유전자가 상당수 존재할 가능성이 있다. 예를들어 베토벤, 뉴턴, 헤밍웨이 등 위대한 음악가, 과학자, 작가들의 상당수가 우울한 성향을 갖고 있었다. 천재와 우울증은 어찌 보면 동전의 양면으로, 인류 문명의 진보를 이끈 하나의 동력이자 그 부산물이라 할 수 있을지도 모른다.

(나) 자기 파괴적인 질환으로 인식되어 온 우울증은 실은 자신을 보호하고 미래를 준비하기 위한 보호 기제일 수도 있다. 달성할 수 없거나 달성하기 매우 어려운 목표에 도달하기 위해 엄청난 에너지를 소모하는 것은 에너지와 자원을 낭비할 뿐만 아니라, 정신과 신체를 소진시킴으로써 사회적 기능을 수행할 수 없게 하고 주위의 도움이 없으면 생명을 유지하기 어려운 상태에 이르게도 할 수 있다. 이를 막기 위한 기제가 스스로의 자존감을 낮추고 그 목표를 포기하게 만드는 것이다. 이를 통해 고갈된 에너지를 보충하고 다시 도전할 수 있는 기회를 모색할 수 있다.

(다) 현대에 들어와서 우울증은 왜 이렇게 급격하게 늘어나는 것일까? 창조성이란 그 사회에 존재하고 있는 기술이나 생각에 대한 도전이자 대안 제시이며, 기존의 기술이나 생각을 엮어서 새로운 조합을 만들어 내는 것이다. 과거에 비해 현대 사회는 경쟁이 심화되고 혁신들이 더 가치를 인정 받기 때문에 창조성이 있는 사람은 상당히 큰 선택적 이익을 갖게 된다. 그렇지만 현대 사회처럼 기존에 존재하는 기술이나 생각이 엄청나게 많아 우

리의 뇌가 그것을 담기에도 벅찬 경우에는 새로운 조합을 만들어 내는 일은 무척이나 많은 에너지를 요한다. 또한 지금과 같은 경쟁 사회는 새로운 기술이나 생각에 대한 사회적 요구가 커지기 때문에 정신적 소진 상태를 초래하기 쉬운 환경이 되고 있다. 결국 경쟁은 창조성을 발휘하게 하지만 지나친 경쟁은 정신적 소진을 초래하기 때문에 우울증이 많이 발생할 수 있다.

① 창조적인 사람들은 정서적으로 불안정하고 우울증에 걸릴 수 있는 유전자를 가질 확률이 높다는 사실은 (가)를 강화한다.
② 우울증에 걸린 사람 중에 어려운 목표를 포기하지 못하는 사람들이 많다는 사실은 (나)를 강화한다.
③ 정신적 소진은 우울증을 초래할 가능성이 높다는 사실은 (다)를 약화한다.
④ 유전적 요인이 환경에 적응하는 과정에서 정신질환이 생겨난다는 사실은 (가)와 (나) 모두를 약화한다.
⑤ 과거에 비해 현대 사회에서 창조적인 아이디어를 만들어내기 어렵다는 사실은 (가)를 강화하고 (다)를 약화한다.

24

다음 A, B학파에 대한 판단으로 가장 적절하지 않은 것은?

파트타임, 기간제, 파견, 용역, 호출 등의 근로형태는 비정규 노동을 의미한다. IMF 외환위기 이후 정규직과 비정규직 사이의 차별이 사회문제로 대두되었는데 그 중 가장 심각한 문제가 임금차별이다. 정규직과 비정규직 사이의 임금수준 격차는 점차 커져 비정규직 임금이 2001년에는 정규직의 63% 수준이었다가 2016년에는 53.5% 수준으로 떨어졌다. 이 문제를 어떻게 해결할 것인가를 놓고 크게 두 가지 시각이 대립한다.

A학파는 차별적 관행을 고수하는 기업들은 비차별적 기업들과의 경쟁에서 자연적으로 도태되기 때문에 기업 간 경쟁이 임금차별 완화의 핵심이라고 이야기한다. 기업이 노동자 개인의 능력 이외에 다른 잣대를 바탕으로 차별하는 행위는 비합리적이기 때문에, 기업들 사이의 경쟁이 강화될수록 임금차별은 자연스럽게 줄어들 수밖에 없다는 것이다. 예를 들어 정규직과 비정규직 가릴 것 없이 오직 능력에 비례하여 임금을 결정하는 회사는 정규직 또는 비정규직이라는 이유만으로

무능한 직원들을 임금 면에서 우대하고 유능한 직원들을 홀대하는 회사보다 경쟁에서 앞서나갈 것이다.

B학파는 실제로는 고용주들이 비정규직을 차별한다고 해서 기업 간 경쟁에서 불리해지지는 않는 현실을 근거로 A학파를 비판한다. B학파에 따르면 고용주들은 오직 사회적 비용이라는 추가적 장애물의 위협에 직면했을 때에만 정규직과 비정규직 사이의 임금차별 관행을 근본적으로 재고한다. 여기서 말하는 사회적 비용이란, 국가가 제정한 법과 제도를 수용하지 않음으로써 조직의 정당성이 낮아짐을 뜻한다. 기업의 경우엔 조직의 정당성이 낮아지게 되면 조직의 생존 가능성 역시 낮아지게 된다. 그래서 기업은 임금차별을 줄이는 강제적 제도를 수용함으로써 사회적 비용을 낮추는 선택을 하게 된다는 것이다. 따라서 B 학파는 법과 제도에 의한 규제를 통해 임금차별이 줄어들 것이라고 본다.

① A학파에 따르면 경쟁이 치열한 산업군일수록 근로형태에 따른 임금 격차는 더 적어진다.
② A학파는 시장에서 기업 간 경쟁이 약화되는 것을 방지하기 위한 보완 정책이 수립되어야 한다고 본다.
③ A학파는 정규직과 비정규직 사이의 임금차별이 어떻게 줄어드는가에 대해 B 학파와 견해를 달리한다.
④ B학파는 기업이 자기 조직의 생존 가능성을 낮춰가면서까지 임금차별 관행을 고수하지는 않을 것이라고 전제한다.
⑤ B학파에 따르면 다른 조건이 동일할 때 기업의 비정규직에 대한 임금차별은 주로 강제적 규제에 의해 시정될 수 있다.

25

다음 글의 논지를 강화하는 것을 〈보기〉에서 모두 고른 것은?

인간이 이성적이고 도덕적 존재로서 자신의 잘못을 스스로 시정할 수 있는 능력 덕분에 인간이 지금과 같이 놀라울 정도로 이성적인 방향으로 발전해올 수 있었던 것이다. 인간은 토론과 경험에 힘입을 때에만 자신의 과오를 고칠 수 있다. 다만 경험만으로는 부족하다. 경험을 해석하기 위해서는 토론이 반드시 있어야 한다. 인간이 토론을 통해 내리는 판단의 힘과 가치는, 판단이 잘못되었을 때 그것을 고칠 수 있다는 사실로부터 비롯되며, 잘못된 생각과 관행은 사실과 논쟁 앞에서 점차 그 힘을 잃게 된다. 따라서 민주주의 국가에

서는 자유로운 토론이 보장되어야 한다. 자유로운 토론이 없다면 잘못된 생각의 근거뿐 아니라 그러한 생각 자체의 의미에 대해서도 모르게 되기 때문이다.

다른 사람들의 의사 표현을 통제할 권리는 어느 누구에게도 없다. 다른 사람의 생각을 표현하지 못하게 억누르려는 권력은 정당성을 갖지 못한다. 가장 좋다고 여겨지는 정부일지라도 그럴 자격을 갖고 있지 않다. 흔히 민주주의 국가에서는 여론을 중시한다고 한다. 하지만 그 어떤 정부라 하더라도 여론의 힘을 빌려 특정 사안에 대한 토론의 자유를 제한하려 하는 행위를 해서는 안 된다. 그런 행위는 여론에 반(反)해 사회 구성원 대다수가 원하는 토론의 자유를 제한하려는 것만큼이나 나쁘다. 인류 전체를 통틀어 단 한 사람만이 다른 생각을 가지고 있다고 해도, 그 사람에게 침묵을 강요하는 것은 옳지 못하다. 이는 어떤 한 사람이 자신과 의견이 다른 나머지 사람 모두에게 침묵을 강요하는 것만큼이나 용납될 수 없는 일이다. 권력을 동원해서 억누르려는 의견은 옳은 것일 수도, 옳지 않은 것일 수도 있다. 그런데 정부가 자신이 옳다고 가정함으로써 다른 사람들이 그 의견을 들어볼 기회까지 봉쇄한다면 그것은 사람들이 토론을 통해 잘못을 드러내고 진리를 찾을 기회를 박탈하는 것이다. 설령 그 의견이 잘못된 것이라 하더라도 그 의견을 억압하는 것은 토론을 통해 틀린 의견과 옳은 의견을 대비시킴으로써 진리를 생생하고 명확하게 드러낼 수 있는 대단히 소중한 기회를 놓치는 결과를 낳게 된다.

◀ 보기 ▶

ㄱ. 축적된 화재 사고 기록들에 대해 어떠한 토론도 이루어지지 않았음에도 불구하고 화재 사고를 잘 예방하였다.

ㄴ. 정부가 사람들의 의견 표출을 억누르지 않는 사회에서 오히려 사람들이 가짜 뉴스를 더 많이 믿었다.

ㄷ. 갈릴레오의 저서가 금서가 되어 천문학의 과오를 드러내고 진리를 찾을 기회가 한동안 박탈되었다.

① ㄱ
② ㄷ
③ ㄱ, ㄴ
④ ㄴ, ㄷ
⑤ ㄱ, ㄴ, ㄷ

26

다음 글의 (가)~(다)에 대한 분석으로 적절한 것만을 〈보기〉에서 모두 고른 것은?

다음은 질병의 원인으로 추정되는 요인과 결과로 추정되는 질병 사이의 상관관계를 알아본 연구 결과이다.

(가) 아스피린의 복용이 심장병 예방에 효과가 있을 수 있다는 것이 밝혀졌다. 심장병 환자와 심장병이 발병한 적이 없는 기타 환자 총 4,107명에 대한 조사 결과에 따르면, 심장병 환자 중 발병 전에 정기적으로 아스피린을 복용해 온 사람의 비율은 0.9%였지만, 기타 환자 중 정기적으로 아스피린을 복용해 온 사람의 비율은 4.9%였다. 환자 1만 542명을 대상으로 한 후속 연구에서도 유사한 결과가 나타났다. 즉 심장병 환자 중에서 3.5%만이 정기적으로 아스피린을 복용해 왔다고 말한 반면, 기타 환자 중에서 그렇게 말한 사람은 7%였다.

(나) 임신 중 고지방식 섭취가 태어날 자식의 생식기에서 종양의 발생 가능성을 높일 수 있다는 것이 밝혀졌다. 이 결과는 임신한 암쥐 261마리 중 130마리의 암쥐에게는 고지방식을, 131마리의 암쥐에게는 저지방식을 제공한 연구를 통해 얻었다. 실험 결과, 고지방식을 섭취한 암쥐에게서 태어난 새끼 가운데 54%가 생식기에 종양이 생겼지만 저지방식을 섭취한 암쥐가 낳은 새끼 중에서 그러한 종양이 생긴 것은 21%였다.

(다) 사지 중 하나 이상의 절단 수술이 심장병으로 사망할 가능성을 증가시킬 수 있다는 것이 밝혀졌다. 이것은 제2차 세계대전 중에 부상을 당한 9,000명의 군인에 대한 진료 기록을 조사한 결과이다. 이들 중 4,000명은 사지 중 하나 이상의 절단 수술을 받은 사람이었고, 5,000명은 사지 절단 수술을 받지 않았지만 중상을 입은 사람이었다. 이들에 대한 기록을 추적 조사한 결과, 사지 중 하나 이상의 절단 수술을 받은 사람이 심장병으로 사망한 비율은 그렇지 않은 사람의 1.5배였다. 즉 사지 중 하나 이상의 절단 수술을 받은 사람 중 600명은 심장병으로 사망하였고, 그렇지 않은 사람 중 500명이 심장병으로 사망하였다.

◀ 보기 ▶

ㄱ. (가)와 (나)는 원인으로 추정되는 요인이 적용된 집단과 그렇지 않은 집단을 나눈 후 그에 따라 결과로 추정되는 질병의 발생 비율을 비교하는 실험을 했다.

ㄴ. (가)와 (다)에서는 원인으로 추정되는 요인이 적용된 개체들 중 결과로 추정되는 질병의 발생 비율을 알 수 있다.

ㄷ. (나)에서는 연구에 사용된 개체에게 원인으로 추정되는 요인을 적용할 것인지의 여부는 연구자에 의해서 결정되지만, (다)에서는 그렇지 않다.

① ㄱ
② ㄷ
③ ㄱ, ㄴ
④ ㄴ, ㄷ
⑤ ㄱ, ㄴ, ㄷ

27

다음 글의 ㉠~㉣에 대한 분석으로 가장 적절한 것은?

문화재는 도자기와 같은 인간의 창작물만을 떠올리지만, 어떤 나라는 천연기념물이나 화석과 같은 자연물도 문화재로 분류한다.

A국의 문화재보호법은 그와 같은 자연물을 문화재가 아닌 보호대상으로 지정한다. 이에 대해 "A국에서 보호대상으로 분류된 자연물은 단순한 자연물이 아니다. 그 사물들은 학술상의 가치뿐 아니라 인류가 보존하고 공유해야 할 무형의 가치도 지녔기 때문에 보호대상으로 지정된 것이다. 그러므로 A국에서 보호대상으로 지정된 자연물을 문화재로 분류해야 마땅하다."는 ㉠ 견해가 있다. 반면에 "인간의 창작물이 아닌 어떤 사물을 우리가 가치가 크다고 여기기 때문에 문화재로 보는 것은, 우리가 문화재로 여기기 때문에 문화재로 본다는 동어반복과 다르지 않으므로, 자연물을 문화재로 보아야 하는 근거를 설득력 있게 제시했다고 볼 수 없다."는 ㉡ 견해도 있다. 이러한 견해들에 대해 A국 정부 관계자는 "문화재란 인간의 창작물만을 지칭한다. 그리고 오로지 보호대상만이 문화재가 될 수 있다. 인간이 문화적인 생활을 영위하기 위해서는 자연도 그 중요한 요소로서 소중히 보존해야 하기 때문에 A국은 특정한 자연물을 보호대상으로 지정하고 있다."라고 ㉢ 설명한다.

B국의 문화재보호법은 자연물을 문화재에 포함하고 있다. 이에 대해 B국 정부 관계자는 "인간의 여러 활동은 인간이 처해 있는 역사적·사회적·문화적 환경이

라는 다양한 환경의 영향을 받으며 행해진다. 인간의 활동 가운데 특히 예술의 발전 과정에서 자연이 미치는 영향은 크다. 또한 자연적 조건에 따라 풍속 관습의 양상도 변화한다. 따라서 예술과 풍속의 기반으로서의 자연물을 파악하고 보존해야 함은 당연하다. 그러한 사물들은 모두 보호대상이 되며, 모든 보호대상은 문화재에 포함된다."라고 ㉣ 설명한다.

① ㉠에 따르면 학술상의 가치를 지니지 않은 A국의 인공물은 모두 문화재에서 제외되어야 마땅하다.
② ㉡에 따르면 화석은 인류가 보존하고 공유해야 할 무형의 가치를 지니지 않는다.
③ ㉢에 따르면 보호대상이면서 문화재인 것은 모두 인간의 창작물이어야 한다.
④ ㉣에 따르면 B국에서 문화재로 분류된 사물은 모두 자연 환경의 영향을 받았다.
⑤ ㉠~㉣ 중에 자연물을 문화재에서 명시적으로 제외하는 것은 둘이다.

28

다음 글의 ㉠에 대한 평가로 적절한 것을 〈보기〉에서 모두 고른 것은?

"붉다"라는 표현은 붉음이라는 속성을 나타낸다. 따라서 표현은 속성을 나타낸다. "붉다"라는 표현을 우리가 잘 이해하고 사용한다면 우리는 붉음이라는 속성을 아는 것이다. 그런데 사람들은 통상적으로, 비교 가능한 속성 P와 그것의 비교급에 해당하는 관계 R에 대해서, P를 아는 것이 R을 아는 것에 선행해야 한다고 여긴다. 그들은 좋음을 알 수 있어야 a가 b보다 더 좋음을 알 수 있으며, 훌륭함을 알아야 c가 d보다 더 훌륭함을 알 수 있다고 생각한다. 예를 들어 붉음이라는 비교 가능한 속성에 대해서, 저 사과가 이 사과보다 더 붉음을 알 수 있는 이유는, 이 사과보다 저 사과가 붉음이라는 속성을 더 많이 갖고 있음을 알기 때문이다. 이러한 견해에 따르면, 표현 "더 좋다"가 어휘의 진화 과정에서 "좋다" 다음에 등장했고 "훌륭하다"가 "더 훌륭하다"에 앞서 사용되었다.

하지만 비교 가능한 속성을 아는 것이 비교급 관계를 아는 것보다 선행하며, 표현의 등장에서도 그와 같은 선행이 있다는 이러한 견해에 대해서는 ㉠ 다음의 두 가지 반박이 있다. 첫째, 비교급 관계를 아는 것이 속성을 아는 것보다 선행하는 명백한 사례들이 있다.

빠름이라는 속성과 더 빠름이라는 관계를 생각해보자. 한 대상이 다른 대상보다 더 빠르다는 것을 알기 위해서 빠름 그 자체가 무엇인지를 알아야 할 필요는 없다. 거꾸로 우리는 더 빠름이라는 관계를 대상들에 적용함으로써 "빠름"의 의미를 이해한다. 둘째, 속성을 나타내는 표현이 언제나 그 속성의 비교급 관계를 나타내는 표현보다 먼저 나타나는 것도 아니다. 어떤 언어에는 비교 가능한 속성 Q의 비교 관계를 나타내는 표현만 있고 정작 Q를 나타내는 표현은 존재한 적이 없다. 이 경우, Q를 나타내는 표현의 등장은 Q의 비교급 표현의 등장에 앞설 수 없다.

◀ 보기 ▶

ㄱ. a가 b보다 c에 더 유사함과 같은 관계를 이해하지 않고서는 "유사하다"라는 표현을 사용할 수 없다는 것은 ㉠을 강화한다.

ㄴ. 우리가 두 사람 중 어느 사람이 더 훌륭한지 판단할 수 없더라도 "훌륭하다"라는 표현을 안다는 것은 ㉠을 강화한다.

ㄷ. 인간임이라는 속성을 정의하기란 불가능하지만 "인간이다"와 같은 표현은 모든 언어에 존재한다는 것은 ㉠을 강화한다.

① ㄱ
② ㄷ
③ ㄱ, ㄴ
④ ㄴ, ㄷ
⑤ ㄱ, ㄴ, ㄷ

29

다음 글의 ㉠과 ㉡에 대한 분석으로 가장 적절한 것은?

심리적 외상의 실재가 인정된 것은 제1차 세계대전 이후이다. 참호 안에서 공포에 시달린 남성들은 무력감에 사로잡히고, 전멸될지 모른다는 위협에 억눌렸으며 동료들이 죽고 다치는 것을 지켜보며 히스테리 증상을 보였다. 그들은 울며 비명을 질러대고 얼어붙어 말이 없어졌으며, 자극에 반응을 보이지 않고 기억을 잃으며 감정을 느끼지 못했다. 이러한 정신적 증후군의 발병은 신체적 외상이 아니라 심리적 외상을 계기로 발생한다는 것을 알게 되었다. 심리적 외상은 폭력적인 죽음에 지속적으로 노출되어 히스테리에 이르게 하는 신경증적 증후군을 유발하기에 충분했다.

전쟁에서 폭력적인 죽음에 지속적으로 노출되어 받는 심리적 외상을 계기로 발생하는 '전투 신경증'이 정신적 증후군의 하나로 실재한다는 사실을 부정할 수

없게 되었을 때, 의학계의 전통주의자들과 진보주의자들 간의 의학적 논쟁은 이제 환자의 의지력을 중심으로 이루어졌다. ㉠ 전통주의자들은 전쟁에서 영광을 누려야 할 군인이 정서적인 증세를 드러내서는 안 된다고 보았다. 이들에 따르면, 전투 신경증을 보이는 군인은 체질적으로 열등한 존재에 해당한다. 전통주의자들은 이 환자들을 의지박약자라고 기술하면서 모욕과 위협, 처벌을 중심으로 하는 치료를 옹호하였다. 반면 ㉡ 진보주의자들은 전투 신경증이 의지력 높은 군인에게도 나타날 수 있다고 주장하였다. 이들은 정신분석 원칙에 입각하여 대화를 통한 인도적 치료를 옹호하였다. 그들은 전투 신경증을 히스테리의 한 유형으로 보았지만 히스테리라는 용어가 담고 있는 경멸적인 의미가 환자들에게 낙인을 찍는다는 사실을 깨닫고 이를 대체할 수 있는 명명법에 대한 고민을 거듭했다. 인도적 치료를 추구했던 진보주의자들은 두 가지 원칙을 확립하였다. 첫째, 용맹한 남성이라도 압도적인 두려움에는 굴복하게 된다. 둘째, 두려움을 극복할 수 있는 동기는 애국심이나 적에 대한 증오보다 강한 전우애다.

① ㉠과 ㉡의 히스테리 치료 방식은 같다.
② ㉠과 ㉡은 모두 전투 신경증의 증세가 실재한다고 본다.
③ ㉠과 ㉡은 전투 신경증이 어떤 계기로 발생하는가에 대해 서로 다른 견해를 보인다.
④ ㉠과 ㉡은 모두 환자들에게 히스테리라는 용어를 사용하는 것이 부정적인 낙인을 찍는다고 본다.
⑤ ㉡은 ㉠보다 전투 신경증에 의한 히스테리 증상이 더 다양한 형태로 나타난다고 본다.

30

다음 甲과 乙의 논쟁에 대한 분석으로 가장 적절한 것을 고른 것은?

甲 : 진실을 말하지 않아도 다른 사람을 설득할 수는 있지만, 그런 설득은 엉망인 결과로 이어지므로 그렇게 해서는 안 됩니다.

乙 : 사람들을 설득하고자 하는 사람들에게 더 중요한 것은 정의나 훌륭함에 대한 진실을 말하는 것이 아닙니다. 그보다 자신이 말하는 바를 사람들이 정의롭고 훌륭한 것이라고 받아들일 수 있게끔 설득하는 이야기 기술입니다. 설득은 진실을 말한다고 해서 반드시 성취될 수 있는 것이 아닙니다.

甲 : 그럼 이렇게 생각해봅시다. 제가 '말을 구해 적들을 막아야 한다.'고 당신을 설득하려는 상황을 생각해봅시다. 단, 당신이 말에 대해서 가지고 있는 정보는 가축 중 말의 귀가 가장 크다는 것뿐이고, 제가 이 사실을 알고 있다고 합시다. 이럴 때, 제가 당나귀를 말이라고 부르면서, 당나귀에 대한 칭찬을 늘어놓아 당나귀가 적들을 막는데 무척 효과적이라고 당신을 꼬드긴다면 어떻게 될까요? 아마도 당신은 설득이 되겠지요. 하지만 당신은 당나귀로 적들을 막아내지는 못할 것입니다. 이렇게 이야기 기술만으로 대중을 설득한다면, 그 설득으로부터 야기된 결과는 엉망이 될 것입니다.

乙 : 제 말을 너무 심하게 비난하는군요. 제가 말한 것은 다른 사람을 설득하기 위해서는 이야기 기술을 습득해야 한다는 것입니다. 진실을 말하는 사람이라도 그런 기술이 없다면 설득을 해낼 수 없다는 것을 말하고자 한 것뿐입니다.

甲 : 물론, 진실을 말한다고 해서 설득할 수 있는 것은 아니지요. 그렇지만 진실을 말하지 않으면서 대중을 설득하는 이야기 기술만 습득하는 것은 어리석은 짓을 하겠다는 것입니다.

① 甲과 乙은 진실을 이야기한다고 하더라도 설득에 실패할 수 있다는 것에 동의한다.

② 甲과 乙은 이야기 기술만으로 사람들을 설득하는 경우가 가능하다는 것에 동의하지 않는다.

③ 甲과 乙은 진실하지 않은 것을 말하는 이야기 기술을 습득하지 말아야 한다는 것에 동의한다.

④ 甲은 이야기 기술을 가지고 있다고 하더라도 설득에 실패할 수 있다는 것을 긍정하지만, 乙은 부정한다.

⑤ 甲은 진실하지 않은 것을 믿게끔 설득하는 것으로부터 야기된 결과가 나쁠 수 있다는 것을 긍정하지만, 乙은 부정한다.

PUBLIC SERVICE APTITUDE TEST

PART 02 자료해석

PUBLIC SERVICE APTITUDE TEST

CHAPTER 01 기초연산

- 주어진 지문을 먼저 읽고 지문에 따라 계산한다.
- 비율과 대비 비율의 관점에 유의하면서 풀이하여야 한다.

대표예제

다음 〈표〉는 20X1년 경기도 10개 시의 문화유산 보유건수 현황에 대한 자료이다. 이에 대한 설명으로 옳은 것은?

〈표〉 경기도 10개 시의 유형별 문화유산 보유건수 현황

(단위 : 건)

시 \ 유형	국가 지정 문화재	지방 지정 문화재	문화재 자료	등록 문화재	합
용인시	64	36	16	4	120
여주시	24	32	11	3	70
고양시	16	35	11	7	69
안성시	13	42	13	0	68
남양주시	18	34	11	4	67
파주시	14	28	9	12	63
성남시	36	17	3	3	59
화성시	14	26	9	0	49
수원시	14	24	8	2	48
양주시	11	19	9	0	39
전체	224	293	100	35	( )

※ 문화유산은 국가 지정 문화재, 지방 지정 문화재, 문화재 자료, 등록 문화재로만 구성됨.

① 등록 문화재를 보유한 시는 6개이다.
② 유형별 전체 보유건수가 가장 많은 문화유산은 국가 지정 문화재이다.
③ 파주시 문화유산 보유건수 합은 전체 문화유산 보유건수 합의 10% 이하이다.
④ 문화재 자료 보유건수가 가장 많은 시는 안성시이다.
⑤ 국가 지정 문화재의 시별 보유건수 순위는 문화재 자료와 동일하다.

정답해설

파주시 문화유산 보유건수 합은 63건이고 전체 문화유산 보유건수 합은 652건이다. $\frac{63}{652} \times 100(\%) = 9.70$이므로 10% 이하이다.

오답해설

① 등록 문화재를 보유한 시는 용인시, 여주시, 고양시, 남양주시, 파주시, 성남시, 수원시로 모두 7개이다.
② 유형별 전체 보유건수가 가장 많은 문화유산은 지방 지정 문화재로 293건이다.
④ 문화재 자료 보유건수가 가장 많은 시는 용인시로 16건이다.
⑤ 국가 지정 문화재의 시별 보유건수 순위는 용인시>성남시>여주시>고양시> 등의 순이고, 문화재 자료의 시별 보유건수 순위는 용인시>안성시> 등의 순이다.

정답 ③

기초연산

정답 및 해설 203p

01

다음은 최근 5년(2014~2018년) 간의 임금 동향에 대한 자료이다. 이에 대한 설명으로 옳은 것은?

〈최근 5년간 임금 동향〉

(단위 : 원, 시간)

구분	2014년	2015년	2016년	2017년	2018년
월 평균 소득(원)	642,000	671,000	668,000	726,000	723,000
평균 시급 (원)	6,210	6,950	7,100	6,900	9,100
주간 평균 근로시간	24.5	24	22	21	19.5

① 5년 동안 월 평균 소득은 지속적으로 증가하였다.

② 2018년 평균 시급은 2014년의 1.5배 이상이다.

③ 2016년 월 평균 근로시간은 100시간 이상이다.

④ 5년 동안 월 평균 소득이 증가하면 평균 시급도 증가하는 양상을 보이고 있다.

⑤ 5년 동안 월 평균 소득 및 평균 시급의 변동과 관계 없이 주간 평균 근로시간은 꾸준히 감소하였다.

02

다음은 甲보험사 보험설계사들의 실적에 관한 자료이다. 보험설계사들의 실적점수는 보험의 비율을 곱하는 방식으로 결정된다. 제시된 자료를 참고하여 지난달 보험설계사 3명의 실적 점수 총합이 높은 순으로 바르게 나열한 것은?

〈순위 선정방식〉

보험 종류에 따라 비율을 다음과 같이 적용한다.

- 보험 A : 0.7
- 보험 B : 1
- 보험 C : 1.5
- 보험 D : 0.9

〈보험 종류별 신규 가입 인원〉

구분	보험 A	보험 B	보험 C	보험 D
김씨	6명	1명	4명	1명
이씨	4명	4명	1명	3명
박씨	3명	4명	3명	2명

① 김씨 – 이씨 – 박씨

② 이씨 – 김씨 – 박씨

③ 이씨 – 박씨 – 김씨

④ 박씨 – 김씨 – 이씨

⑤ 박씨 – 이씨 – 김씨

03

다음은 청년층의 주거형태를 나타낸 자료이다. 자료에 관한 설명으로 옳지 않은 것은?

〈청년층(20~39세)의 연령별 주택 점유형태 비율〉

(단위 : %)

구분	자가	임차			무상
		전세	보증부 월세	순수 월세	
20~24세	5.1	11.9	62.7	15.4	4.9
25~29세	13.6	24.7	47.7	6.5	7.5
30~34세	31.9	30.5	28.4	3.2	6.0
35~39세	45.0	24.6	22.5	2.7	5.2

① 20~24세 청년층의 78% 이상이 월세 형태로 거주하고 있으며, 자가 비율은 5.1%에 그치고 있다.

② 연령계층별 무상 거주 비율은 20~24세 청년층을 제외하고는 모두 순수월세 비율보다 높다.

③ 25~29세 청년층의 경우 자가 거주 비율이 20~24세보다 높고, 전체의 78.9%가 임차로, 전체의 54.2%가 월세로 거주한다.

④ 20~39세 전체 청년의 자가 거주 비율은 23.9%이며, 이 중 20대의 자가 거주 비중이 30대의 자가 거주 비중보다 낮은 수준이다.

⑤ 연령계층이 높아질수록 자가 비율이 높아지고 월세 비중은 작아지는 것으로 나타났다.

04

다음은 2020년 3월 1~15일 甲의 몸무게, 섭취 및 소비 열량, 만보기 측정값, 교통수단에 관한 자료이다. 이에 대한 〈보기〉의 설명 중 옳은 것을 모두 고른 것은?

〈표〉 몸무게, 섭취 및 소비 열량, 만보기 측정값, 교통수단

(단위 : kg, kcal, 보)

구분	몸무게	섭취 열량	소비 열량	만보기 측정값	교통수단
1일	80.0	2,700	2,800	9,500	택시
2일	79.5	2,600	2,900	11,500	버스
3일	79.0	2,400	2,700	14,000	버스
4일	78.0	2,350	2,700	12,000	버스
5일	77.5	2,700	2,800	11,500	버스
6일	77.3	2,800	2,800	12,000	버스
7일	77.3	2,700	2,700	12,000	버스
8일	79.0	3,200	2,700	11,000	버스
9일	78.5	2,300	2,400	8,500	택시
10일	79.6	3,000	2,700	11,000	버스
11일	78.6	2,200	2,400	7,700	택시
12일	77.9	2,200	2,400	8,200	택시
13일	77.6	2,800	2,900	11,000	버스
14일	77.0	2,100	2,400	8,500	택시
15일	77.0	2,500	2,500	8,500	택시

◀ 보기 ▶

ㄱ. 택시를 이용한 날은 만보기 측정값이 9,500보 이하이다.
ㄴ. 섭취 열량이 소비 열량보다 큰 날은 몸무게가 바로 전날보다 1kg 이상 증가하였다.
ㄷ. 버스를 이용한 날은 몸무게가 바로 전날보다 감소하였다.
ㄹ. 만보기 측정값이 10,000보 이상인 날은 섭취 열량이 2,500kcal 이상이다.

① ㄱ, ㄴ
② ㄱ, ㄷ
③ ㄴ, ㄹ
④ ㄱ, ㄷ, ㄹ
⑤ ㄴ, ㄷ, ㄹ

05

다음은 A 전자회사의 20X1년 전체 매출에서 주요 제품이 차지하는 비중을 나타낸 자료이다. 이 자료에 대한 설명으로 옳은 것은?

〈A 전자회사의 20X1년 전체 매출〉

(단위 : %)

구분	휴대폰	가전	반도체
1분기	34.2	16.4	24.9
2분기	32.8	16.3	23.5
3분기	30.3	16.1	26.1
4분기	30.7	15.9	27.4

① 20X1년 휴대폰과 가전의 매출이 전체 매출에서 차지하는 비중은 모두 매분기 꾸준히 감소하였다.
② 가전과 반도체가 차지하는 비중은 매분기 전체 매출의 40% 이상을 기록하였다.
③ 휴대폰과 반도체의 비중은 매분기 전체 매출의 60%에 미치지 못하지만, 주력제품이라 할 수 있다.
④ 2분기보다 3분기의 반도체 매출 총액은 2.6% 증가하였다.
⑤ 가장 높은 비중을 차지하는 휴대폰은 국내 시장에서도 동종 업계의 1위를 차지하고 있다.

06

다음의 자료를 이용하여 아파트 분양계획을 세우려고 한다. 아래 〈보기〉의 내용 중 자료에 대한 해석으로 옳지 않은 것을 모두 고른 것은?

〈지역별 아파트 평균 초기분양률〉

(기준시기 : 20X1년 4/4분기)

지역		평균 분양률		
		현분기	전분기	전년동기
전국		85.6%	84.1%	81.2%
수도권	서울	100.0%	99.6%	99.2%
	인천	100.0%	95.3%	100.0%
	경기	95.3%	94.7%	91.9%
평균		96.4%	95.3%	95.1%

5대 광역시 및 세종특별 자치시	부산	95.5%	59.7%	79.8%
	대구	97.2%	94.5%	100.0%
	광주	99.1%	–	99.4%
	대전	–	100.0%	100.0%
	울산	–	–	100.0%
	세종	–	100.0%	100.0%
평균		97.0%	87.7%	87.9%

◀ 보기 ▶

ㄱ. 20X1년의 경우 서울과 인천의 새 아파트 수요가 많아 분양률은 100%였다.

ㄴ. 20X1년 4분기의 수도권과 5대 광역시 및 세종시의 평균분양률은 모두 전국 평균 분양률보다 10%p 이상 높았다.

ㄷ. 수도권 지역의 20X1년 4분기 평균 분양률은 전분기보다 모두 높았다.

ㄹ. 5대 광역시 및 세종시 중 20X0년 4분기 평균 분양률보다 20X1년 4분기 평균 분양률이 떨어진 곳은 한 곳뿐이다.

① ㄱ, ㄴ
② ㄱ, ㄹ
③ ㄴ, ㄷ
④ ㄴ, ㄹ
⑤ ㄷ, ㄹ

07

다음은 2012~2018년 甲국의 지가변동률에 대한 자료이다. 이에 대한 설명 중 옳은 것은?

〈연도별 지가변동률〉

(단위 : %)

구분	수도권	비수도권
2012	0.37	1.47
2013	1.20	1.30
2014	2.68	2.06
2015	1.90	2.77
2016	2.99	2.97
2017	4.31	3.97
2018	6.11	3.64

① 2013년 이후 비수도권의 지가변동률은 매년 상승하였다.

② 수도권의 지가변동률은 매년 상승하였다.

③ 비수도권의 지가변동률이 수도권의 지가변동률보다 높은 연도는 3개이다.

④ 수도권과 비수도권의 지가변동률의 차이가 가장 작은 연도는 2013년이다.

⑤ 전년대비 지가변동률 차이가 가장 큰 연도는 수도권과 비수도권이 동일하다.

08

다음 〈표〉는 甲패스트푸드점의 스낵, 음료 메뉴의 영양성분에 관한 자료이다. 이에 대한 설명으로 옳은 것은?

〈표 1〉 스낵 메뉴 단위당 영양성분표

구분	중량(g)	열량(kcal)	성분함량		
			당(g)	단백질(g)	나트륨(mg)
감자튀김	114	352	0	4	181
조각치킨	68	165	0	10	313
치즈스틱	47	172	0	6	267

〈표 2〉 음료 메뉴 단위당 영양성분표

구분	중량(g)	열량(kcal)	성분함량		
			당(g)	단백질(g)	나트륨(mg)
콜라	425	143	34	0	19
커피	400	10	0	0	0
우유	230	130	9	6	100
주스	175	84	18	0	5

① 중량 대비 열량의 비율이 가장 낮은 스낵 메뉴는 치즈스틱이다.

② 모든 스낵 메뉴는 나트륨 함량이 단백질 함량의 40배 이상이다.

③ 스낵과 음료를 각각 한 단위씩 주문하는 조합 중에서 감자튀김과 콜라를 먹을 때 열량이 가장 크다.

④ 음료 메뉴 각각의 단위당 중량은 모든 스낵 메뉴의 단위당 중량 합보다 크다.

⑤ 단백질 성분함량이 0인 음료 메뉴는 커피가 유일하다.

09

다음은 20X1년 공항철도 여객 수송실적을 나타낸 자료이다. 자료에 대한 해석으로 옳지 않은 것은?

〈20X1년 공항철도 월별 여객 수송실적〉

(단위 : 천 명)

구분	승차인원	유입인원	수송인원
1월	2,848	2,984	5,832
2월	2,708	2,822	5,530
3월	3,034	3,307	6,341
4월	3,014	3,233	6,247
5월	3,155	3,388	6,543
6월	3,107	3,264	6,371
7월	3,169	3,272	6,441
8월	3,108	( )	6,730
9월	2,858	3,485	6,343
10월	3,053	3,832	6,885
11월	2,928	3,799	6,727
12월	3,015	3,905	( )

※ 수송인원 : 승차인원＋유입인원

① 9월의 공항철도 유입인원은 8월에 비해 10만 명 이하로 감소하였다.
② 2분기 공항철도 총 유입인원은 1천만 명보다 적다.
③ 20X1년 짝수 달만을 보면 공항철도 수송인원은 지속적으로 증가하고 있다.
④ 유입인원이 가장 많았던 달과 수송인원이 가장 많았던 달은 일치한다.
⑤ 승차인원이 가장 많았던 달의 승차인원은 가장 적었던 달보다 40만 명 이상 더 많았다.

10

다음은 주택청약에서의 가점 적용기준에 관한 자료이다. 甲이 주택청약을 신청하려고 할 때 〈조건〉에 따라 총 가점을 계산하면?

가점항목	가점상한	가점구분	점수
무주택기간	32	4년 이상~5년 미만	10
		5년 이상~6년 미만	12
		6년 이상~7년 미만	14
		7년 이상~8년 미만	16
		8년 이상~9년 미만	18
부양가족수	35	0명	5
		1명	10
		2명	15
		3명	20
		4명	25
입주자저축 가입기간	17	1년 이상~2년 미만	3
		2년 이상~3년 미만	4
		3년 이상~4년 미만	5
		4년 이상~5년 미만	6
		5년 이상~6년 미만	7
		6년 이상~7년 미만	8

◀ 조건 ▶

- 무주택 기간 : 8년 1개월
- 부양가족 : 배우자, 아들 1명, 딸 1명
- 입주자저축 가입기간 : 3년 10개월

① 42점 ② 43점
③ 44점 ④ 45점
⑤ 47점

11

다음은 OECD 주요 국가의 지적재산권 사용료에 관한 자료이다. 이에 대한 설명으로 옳지 않은 것은?

〈OECD 주요 국가의 지적재산권 사용료〉

(단위 : 100만 달러)

구분	사용료 수입			사용료 지급		
	2016년	2017년	2018년	2016년	2017년	2018년
한국	5,167	6,199	6,622	10,546	10,056	9,292
일본	37,336	36,427	39,013	20,942	17,034	19,672
영국	19,826	19,370	16,318	10,420	12,940	11,740
프랑스	14,273	14,974	15,625	12,333	13,982	13,319
독일	15,507	15,235	17,596	10,687	9,761	10,489

① 2016년 영국과 독일의 지적재산권 사용료 수입은 한국의 3배 이상이다.
② 조사기간 중 사용료 지급이 사용료 수입보다 더 많은 국가는 한국뿐이다.
③ 프랑스의 사용료 수입과 사용료 지급의 차이가 가장 큰 연도는 2018년이다.
④ 조사기간 중 영국은 사용료 수입에 있어 일본에 이어 2위를 기록하고 있다.

⑤ 2018년 영국의 사용료 지급액은 전년 대비 10억 달러 이상 감소하였다.

12

다음은 甲국의 전기자동차 충전요금 산정기준과 계절별 부하 시간대에 대한 〈표〉이다. 이에 대한 설명으로 옳은 것은?

〈표 1〉 전기자동차 충전요금 산정기준

월 기본요금 (원)	전력량 요율(원/kWh)			
	계절 시간대	여름	봄, 가을	겨울
2,390	경부하	57.6	58.7	80.7
	중간부하	145.3	70.5	128.2
	최대부하	232.5	75.4	190.8

※ 월 충전요금(원)=월 기본요금+(경부하 시간대 전력량 요율×경부하 시간대 충전 전력량)+(중간부하 시간대 전력량 요율×중간부하 시간대 충전 전력량)+(최대부하 시간대 전력량 요율×최대부하 시간대 충전 전력량)

※ 월 충전요금은 해당 월 1일에서 말일까지의 충전 전력량을 사용하여 산정함.

〈표 2〉 계절별 부하 시간대

계절 시간대	여름	봄, 가을	겨울
경부하	00:00~09:00 23:00~24:00	00:00~09:00 23:00~24:00	00:00~09:00 23:00~24:00
중간부하	09:00~10:00 12:00~13:00 17:00~23:00	09:00~10:00 12:00~13:00 17:00~23:00	09:00~10:00 12:00~17:00 20:00~22:00
최대부하	10:00~12:00 13:00~17:00	10:00~12:00 13:00~17:00	10:00~12:00 17:00~20:00 22:00~23:00

※ 여름(6~8월), 겨울(1~2월, 11~12월)

① 모든 시간대에서 봄, 가을의 전력량 요율이 가장 낮다.

② 월 100kWh를 충전했을 때 월 충전요금의 최댓값과 최솟값 차이는 16,000원 이하이다.

③ 중간부하 시간대의 총 시간은 6월 1일과 12월 1일이 동일하다.

④ 22시 30분의 전력량 요율이 가장 높은 계절은 여름이다.

⑤ 12월 중간부하 시간대에만 100kWh를 충전한 월 충전요금은 6월 경부하 시간대에만 100kWh를 충전한 월 충전요금의 2배 이상이다.

13

다음은 국가별 기대수명에 대한 자료이다. 이에 대한 내용으로 옳지 않은 것은?

〈국가별 기대수명〉

(단위 : 세)

구분	1980년	2000년	2015년
한국	66.2	76.0	82.1
중국	65.5	70.9	75.7
일본	75.4	80.5	83.3
미국	73.3	76.5	78.9
영국	73.0	77.2	81.0
호주	73.6	78.8	82.3

① 1980년 대비 2015년 기대 수명이 가장 큰 비율로 증가한 국가는 한국이다.

② 1980년 대비 2015년 기대 수명의 변화율이 가장 작은 국가는 미국이다.

③ 2015년 기준 기대수명이 가장 높은 국가와 낮은 국가의 차이는 7.5세 이상이다.

④ 호주의 경우 2000년 대비 2015년 기대수명 증가율은 4.5% 이상이다.

⑤ 제시된 국가의 기대수명은 해가 갈수록 지속적으로 증가하였다.

14

다음은 2018년 甲~丙 지역의 0~11세 인구 자료 〈표〉이다. 이에 대한 〈보기〉의 설명 중 옳은 것만을 모두 고른 것은?

〈표 1〉 甲~丙 지역의 0~5세 인구(2018년)

(단위 : 명)

나이 \ 지역	甲	乙	丙	계
0	104,099	70,798	3,219	178,116
1	119,264	76,955	3,448	199,667
2	119,772	74,874	3,258	197,904
3	120,371	73,373	3,397	197,141
4	134,576	80,575	3,722	218,873
5	131,257	76,864	3,627	211,748
합	729,339	453,439	20,671	1,203,449

〈표 2〉 甲~丙 지역의 6~11세 인구(2018년)

(단위 : 명)

나이 \ 지역	甲	乙	丙	계
6	130,885	77,045	3,682	211,612
7	124,285	72,626	3,530	200,441
8	130,186	76,968	3,551	210,705
9	136,415	81,236	3,477	221,128
10	124,326	75,032	3,155	202,513
11	118,363	72,584	2,905	193,852
합	764,460	455,491	20,300	1,240,251

※ 인구 이동 및 사망자는 없음.
※ 나이＝당해연도－출생연도

◀ 보기 ▶

ㄱ. 2016년에 출생한 甲, 乙 지역 인구의 합은 2015년에 출생한 甲, 乙 지역 인구의 합보다 크다.

ㄴ. 丙 지역의 0~11세 인구 대비 6~11세 인구 비율은 2018년이 2017년보다 높다.

ㄷ. 2018년 甲~丙 지역 중, 5세 인구가 가장 많은 지역과 5세 인구 대비 0세 인구의 비율이 가장 높은 지역은 동일하다.

ㄹ. 2019년에 丙 지역의 6~11세 인구의 합은 전년대비 증가한다.

① ㄱ, ㄴ
② ㄱ, ㄷ
③ ㄱ, ㄹ
④ ㄴ, ㄷ
⑤ ㄴ, ㄹ

15

다음은 최근 5년간의 주요 도시 환경 소음도를 나타낸 자료이다. 이 자료에 대한 설명으로 옳은 것은?

〈주요 도시 주거지역(도로) 소음도〉

구분	2014년		2015년		2016년		2017년		2018년	
	낮	밤	낮	밤	낮	밤	낮	밤	낮	밤
서울	68	65	68	66	69	66	68	66	68	66
부산	67	62	67	62	67	62	67	62	68	62
대구	68	63	67	63	67	62	65	61	67	61
인천	66	62	66	62	66	62	66	62	66	61
광주	64	59	63	58	63	57	63	57	62	57
대전	60	54	60	55	60	56	60	54	61	55

※ 주거지역(도로) 소음환경기준 : 낮(06 : 00~22 : 00) 65dB 이하, 밤(22 : 00~06 : 00) 55dB 이하

※ 수치해석 : 소음도가 낮을수록 정온하고 쾌적한 환경을 나타냄

① 조사기간 중 낮 시간대 소음환경기준을 만족한 도시는 대전뿐이다.

② 2016~2018년 동안 모든 주요 도시의 밤 시간대 소음도 증감 폭은 1dB 이하이다.

③ 밤 시간대 평균 소음도가 가장 높았던 연도는 2016년이며, 그때의 평균 소음도는 61dB이다.

④ 낮 시간대 평균 주거지역 소음의 평균이 가장 높은 도시의 소음도는 가장 낮은 도시의 소음도보다 9dB 이상이 높았다.

⑤ 2018년에 밤과 낮 모두 주거지역 소음환경기준을 초과하지 않은 도시는 한 곳뿐이다.

16

다음은 20X1년 스노보드 월드컵 결승전에 출전한 선수 甲~丁의 심사위원별 점수에 관한 자료이다. 이에 대한 〈보기〉의 설명 중 옳은 것만을 모두 고른 것은?

〈표〉 선수 甲~丁의 심사위원별 점수

(단위 : 점)

선수	시기	심사위원				평균 점수	최종 점수
		A	B	C	D		
甲	1차	88	90	89	92	89.5	183.5
	2차	48	55	60	45	51.5	
	3차	95	96	92	( )	( )	
乙	1차	84	87	87	88	( )	( )
	2차	28	40	41	39	39.5	
	3차	81	77	79	79	( )	
丙	1차	74	73	85	89	79.5	167.5
	2차	89	88	88	87	88.0	
	3차	68	69	73	74	( )	
丁	1차	79	82	80	85	81.0	( )
	2차	94	95	93	96	94.5	
	3차	37	45	39	41	40.0	

※ 각 시기의 평균점수는 심사위원 A~D의 점수 중 최고점과 최저점을 제외한 2개 점수의 평균임.

※ 각 선수의 최종점수는 각 선수의 1~3차 시기 평균점수 중 최저점을 제외한 2개 점수의 합임.

◀ 보기 ▶

ㄱ. 최종점수는 '丁'이 '乙'보다 낮다.

ㄴ. 3차 시기의 평균점수는 '甲'이 '丙'보다 낮다.

ㄷ. '丁'이 1차 시기에서 심사위원 A~D에게 10점씩 더 높은 점수를 받는다면, 최종점수가 가장 높다.

ㄹ. 1차 시기에서 심사위원 C는 4명의 선수 모두에게 심사 위원 A보다 높은 점수를 부여했다.

① ㄱ   ② ㄷ

③ ㄹ   ④ ㄱ, ㄴ

⑤ ㄷ, ㄹ

17

다음은 수도권 5대 대형병원의 수익에 관한 자료이다. 이에 대한 설명으로 옳지 않은 것은?

〈수도권 5대 대형병원 의료 통계자료〉

(단위 : 억 원, %, 명)

순위	병원명	의료 수익	의료 이익	의료 이익률	의사 수	의사 1인당 의료수익
1	A 병원	13,423	825	6.1	1,625	8.3
2	B 병원	10,612	−463	−4.4	1,230	8.6
3	C 병원	10,244	1,640	16.0	1,240	8.3
4	D 병원	8,715	−41	−0.5	1,208	7.2
5	E 병원	6,296	399	6.3	830	7.6
5대 대형병원 평균		9,858	472	4.7	1,227	8.0

① 의료수익이 가장 많은 병원은 의사 수도 가장 많다.

② 의사 1인당 의료수익이 가장 큰 병원은 B 병원이며, 가장 낮은 병원은 D 병원이다.

③ 의료수익이 5대 대형병원 평균에 미달하는 병원은 2 곳이다.

④ A 병원의 의사 1인당 의료이익은 E 병원의 의사 1인당 의료이익보다 크다.

⑤ 의료수익이 가장 큰 2개 병원의 의료수익 합은 나머지 3개 병원의 의료수익 합보다 크다.

18

다음은 20X1~20X5년 甲국의 범죄 피의자 처리 현황에 대한 〈표〉이다. 이에 대한 설명으로 옳은 것은?

〈표〉 범죄 피의자 처리 현황

(단위 : 명)

구분 \ 연도	처리	처리 결과		기소 유형	
		기소	불기소	정식재판 기소	약식재판 기소
20X1	33,654	14,205	( )	( )	12,239
20X2	26,397	10,962	15,435	1,972	( )
20X3	28,593	12,287	( )	( )	10,050
20X4	31,096	12,057	19,039	2,619	( )
20X5	38,152	( )	( )	3,513	10,750

※ 모든 범죄 피의자는 당해년도에 처리됨.

※ 범죄 피의자에 대한 처리 결과는 기소와 불기소로만 구분되며, 기소 유형은 정식재판기소와 약식재판기소로만 구분됨.

※ 기소율(%) $= \dfrac{\text{기소인원}}{\text{처리인원}} \times 100$

① 20X2년 이후 처리 인원이 전년대비 증가한 연도에는 기소 인원도 전년대비 증가한다.

② 20X5년 기소 인원과 기소율은 20X1년보다 모두 증가하였다.

③ 20X4년 불기소 인원은 20X5년보다 많다.

④ 20X1년 불기소 인원은 정식재판기소 인원의 10배 이상이다.

⑤ 처리 인원 중 정식재판기소 인원과 약식재판기소 인원의 합이 차지하는 비율은 매년 50% 미만이다.

19

다음은 보훈 보상금 지급 현황에 관한 자료이다. 이에 대한 설명으로 옳지 않은 것은? (단, 소수점 아래 둘째 자리에서 반올림한다.)

〈표 1〉 보훈 보상금 지급 현황(인원)

(단위 : 천 명)

구분	2013년	2014년	2015년	2016년	2017년
계	522	524	527	526	502
독립유공자	6	6	6	6	6
국가유공자	227	228	237	246	237
고엽제 후유의증환자	37	37	37	37	37
참전유공자	252	253	247	237	222

〈표 2〉 보훈 보상금 지급 현황(금액)

(단위 : 억 원)

구분	2013년	2014년	2015년	2016년	2017년
계	32,747	34,370	35,610	36,672	37,306
독립유공자	776	799	863	896	910
국가유공자	25,212	26,085	26,967	27,570	27,948
고엽제후유의 증환자	2,209	2,309	2,430	2,512	2,590
참전유공자	4,550	5,177	5,350	5,694	5,858

① 2013년 대비 2017년 전체 지급 대상자 인원이 감소한 것은 참전유공자 인원의 감소에 기인한다.

② 2014년 고엽제후유의증 환자의 1인당 보상금액은 참전유공자 1인당 보상금액의 3배 이상이다.

③ 2015년 보훈 대상자는 전년 대비 약 3천명 증가하였고, 보상금액은 약 1,240억 원 증가하였다.

④ 2016년 국가유공자 1인당 보상금액은 전년 대비 20만 원 이상 감소하였다.

⑤ 2017년 독립유공자의 보상금액은 전년 대비 약 14억 원 증가하였다.

20

다음은 서울시 하수도에서 수집한 샘플의 수중 질소 성분 농도를 측정한 〈표〉이다. 이에 대한 〈보기〉의 설명 중 옳은 것만을 모두 고른 것은?

〈표〉 수집한 샘플의 수중 질소 성분 농도

(단위 : mg/L)

항목 \ 샘플	총질소	암모니아성 질소	질산성 질소	유기성 질소	TKN
A	46.24	14.25	2.88	29.11	43.36
B	37.38	6.46	( )	25.01	( )
C	40.63	15.29	5.01	20.33	35.62
D	54.38	( )	( )	36.91	49.39
E	41.42	13.92	4.04	23.46	37.38
F	( )	( )	5.82	( )	34.51
G	30.73	5.27	3.29	22.17	27.44
H	25.29	12.84	( )	7.88	20.72
I	( )	5.27	1.12	35.19	40.46
J	38.82	7.01	5.76	26.05	33.06
평균	39.68	( )	4.34	( )	35.34

※ 총질소 농도＝암모니아성 질소 농도＋질산성 질소 농도＋유기성 질소 농도

※ TKN 농도＝암모니아성 질소 농도＋유기성 질소 농도

◀ 보기 ▶

ㄱ. 샘플 A의 총질소 농도는 샘플 I의 총질소 농도보다 높다.

ㄴ. 샘플 B의 TKN 농도는 30mg/L 이상이다.

ㄷ. 샘플 B의 질산성 질소 농도는 샘플 D의 질산성 질소 농도보다 낮다.

ㄹ. 샘플 F는 암모니아성 질소 농도가 유기성 질소 농도보다 높다.

① ㄱ, ㄴ ② ㄱ, ㄷ
③ ㄴ, ㄷ ④ ㄱ, ㄷ, ㄹ
⑤ ㄴ, ㄷ, ㄹ

21

다음은 A공사의 주요사업에 대한 결산 자료이다. 이에 대한 설명으로 옳은 것은?

〈A공사 주요사업 결산 내역〉

(단위 : 백만 원)

구분	2014년	2015년	2016년	2017년	2018년
항로시설	488,990	362,057	380,358	247,437	283,874
R&D	15,090	8,056	9,070	8,706	7,023
전시 지원	148,664	176,445	152,142	135,396	176,162
공항시설	151,576	304,263	327,191	472,869	431,036
합계	804,320	850,821	868,761	864,408	898,095

① 항로시설 비용이 가장 많았던 해는 가장 적었던 해보다 2배 이상이다.

② R&D 투자비는 매년 전체 투자비의 2% 이하를 기록하고 있다.

③ 2018년 전시 지원비용은 전년대비 30% 이하로 증가하였다.

④ 공항시설비는 지속적으로 증가하였다.

⑤ 주요사업에 대한 투자비는 매년 증가하였다.

22

다음은 2014~2018년 A공사의 직군별 사원수 현황에 대한 〈표〉이다. 이에 대한 〈보기〉의 설명 중 옳은 것을 고른 것은?

〈표〉 2014~2018년 A공사의 직군별 사원수 현황

(단위 : 명)

연도＼직군	영업직	생산직	사무직
2018	169	105	66
2017	174	121	68
2016	137	107	77
2015	136	93	84
2014	134	107	85

※ 사원은 영업직, 생산직, 사무직으로만 구분됨.

◀ 보기 ▶

ㄱ. 전체 사원수는 매년 증가한다.
ㄴ. 영업직 사원수는 생산직과 사무직 사원수의 합보다 매년 적다.
ㄷ. 생산직 사원의 비중이 30% 미만인 해는 전체 사원수가 가장 적은 해와 같다.
ㄹ. 영업직 사원의 비중은 매년 증가한다.

① ㄱ, ㄴ
② ㄱ, ㄷ
③ ㄴ, ㄷ
④ ㄴ, ㄹ
⑤ ㄷ, ㄹ

23

다음은 A공사의 법인세 납부내역에 대한 〈표〉이다. 이에 대한 설명으로 옳지 않은 것은?

〈A공사 법인세 납부내역〉

(단위 : 천 원)

구분	과세표준	법인세 산출내역	세액공제	결정세액
2018년	172,934,474	37,625,584		36,487,822
2017년	249,507,897	54,471,737	662,720	53,809,017
2016년	254,143,778	55,491,631		55,356,081
2015년	257,474,567	56,224,405	319,678	
2014년	240,869,721		113,140	52,458,199

① 2014년 법인세 산출내역은 525억 원 이상이다.
② 2018년 세액공제액은 11억 원 이상이다.
③ 결정세액이 가장 큰 해는 2016년이다.
④ 법인세 산출내역이 가장 큰 해는 가장 작은 해보다 185억 원 이상 더 많다.
⑤ 세액공제액이 가장 큰 해는 가장 작은 해의 10배 이상이다.

24

다음은 甲국 A~J 지역의 대형종합소매업 현황에 대한 〈표〉이다. 이에 대한 〈보기〉의 설명 중 옳은 것을 모두 고른 것은?

〈표〉 지역별 대형종합소매업 현황

지역＼구분	사업체 수 (개)	종사자 수 (명)	매출액 (백만 원)	건물 연면적 (㎡)
A	47	6,731	4,878,427	1,683,092
B	33	4,173	2,808,881	1,070,431
C	35	4,430	3,141,552	1,772,698
D	18	2,247	1,380,511	677,288
E	22	3,152	1,804,262	765,096
F	19	2,414	1,473,698	633,497
G	147	18,287	11,625,278	5,032,741
H	17	1,519	861,094	364,296
I	19	2,086	1,305,468	535,880
J	16	1,565	879,172	326,373
전체	373	46,604	30,158,343	12,861,392

◀ 보기 ▶

ㄱ. 사업체당 종사자 수가 100명 미만인 지역은 모두 2개이다.
ㄴ. 사업체당 매출액은 G지역이 가장 크다.
ㄷ. I지역의 종사자당 매출액은 E지역의 종사자당 매출액보다 크다.
ㄹ. 건물 연면적이 가장 작은 지역이 매출액도 가장 작다.

① ㄱ, ㄷ
② ㄱ, ㄹ
③ ㄴ, ㄷ
④ ㄴ, ㄹ
⑤ ㄱ, ㄴ, ㄷ

25

다음은 A공사의 주요 실적에 대한 자료이다. 자료에 대한 설명으로 틀린 것은?

〈자료 1〉 주요 재무 실적

(단위 : 백만 원)

구분	2016년	2017년	2018년
매출	830,297	883,196	909,556
영업이익	235,880	227,328	152,398

〈자료 2〉 주요 운영 실적

구분	2016년	2017년	2018년
운항실적(편)	481,184	489,919	498,458
이용여객 실적 (만 명)	7,852	8,125	8,226

〈자료 3〉 연구개발 실적

(단위 : 건)

구분	2016년	2017년	2018년
특허출원 건수	206	219	229
국제특허 출원 건수	37	51	53

① 매출은 매년 지속적으로 증가하였으나, 영업이익은 매년 감소하였다.

② 2017년 특허출원 건수는 전년 대비 6% 이상 증가하였다.

③ 2018년 항공기 운항실적은 2016년보다 17,000편 이상 증가하였다.

④ 2018년 국제특허출원 건수는 2016년 대비 40% 이상 증가하였다.

⑤ 2018년 이용여객 실적은 전년 대비 2% 이상 증가하였다.

26

다음은 20X1년 국내 주요공항별 최대 실적일에 대한 자료이다. 이에 대한 설명으로 옳지 않은 것은?

〈국내 중요공항별 최대 실적일〉

구분	일자	운항(편)	여객(명)
김포	8.3	404	77,519
김해	8.4	335	56,469
제주	8.3	514	99,022
대구	8.3	97	15,948
청주	8.3	62	10,531

※ 김해는 역대 1위 실적임

※ 대구는 역대 2위 실적임(1위 : 16,474명, 2019.6.24.)

① 제시된 기간 중 역대 최대 실적을 기록한 공항은 한 곳이다.

② 김포공항 최대 실적일의 운항편수는 청주공항 최대 실적일 편수의 6.5배 이상이다.

③ 제시된 공항 중 최대 실적일의 여객수가 가장 많은 공항은 제주공항이다.

④ 대구공항의 최대 실적일 여객수는 김해공항 최대 실적일 여객수의 1/4 이하이다.

⑤ 제주공항의 최대 실적일에는 항공기당 190명 이상의 여객이 탑승하였다.

27

다음은 국내 주요 공항의 20X1년 요일별 통계에 대한 자료이다. 제시된 항공통계 자료에 대한 설명으로 옳지 않은 것은?

〈표 1〉 요일별 여객수

요일	여객수(명)		
	도착	출발	계
일요일	606,042	602,902	1,208,944
월요일	576,178	572,555	1,148,733
화요일	543,954	542,342	1,086,296
수요일	425,552	432,871	858,423
목요일	457,999	461,771	919,770
금요일	477,794	476,446	954,240
토요일	472,310	477,165	949,475
합계	3,559,829	3,566,052	7,125,881

〈표 2〉 요일별 화물수송량

요일	화물수송량(톤)		
	도착	출발	계
일요일	4,918	5,244.30	10,162.20
월요일	5,225.80	5,453.20	10,679.10
화요일	5,107.40	5,574.90	10,682.30
수요일	3,907.70	4,423.40	8,331.20
목요일	4,147	4,641.10	8,788.10
금요일	4,084.30	4,565.20	8,649.50
토요일	3,457.60	4,002.20	7,459.80
합계	30,847.90	33,904.20	64,752.20

① 항공기를 이용하는 여객수가 100만 명이 넘는 요일은 3개이다.

② 월요일의 화물수송량은 일주일 전체 수송량의 16% 이상이다.

③ 15개 공항에서 출발하는 여객수가 공항에 도착하는 여객수보다 많은 요일은 3개이다.

④ 목요일에 각 공항에서 출발하는 화물량은 도착하는 화물량보다 490톤 이상 많다.

⑤ 일요일에 공항을 이용하는 여객수는 토요일에 이용하는 수보다 26만 명 이상 많다.

28

다음 자료는 20X1년 항공사별 국내선 통계자료이다. 제시된 자료에 대한 다음 설명 중 옳은 것은?

〈표 1〉 항공사별 운항

구분	운항(편)		
항공사코드	도착	출발	계
AAR	824	825	1,649
ABL	147	177	324
ASV	110	111	221
ESR	498	497	995
JJA	613	614	1,227
JNA	323	323	646
KAL	731	730	1,461
TWB	415	415	830
계	3,661	3,692	7,353

〈표 2〉 항공사별 여객

구분	여객(명)		
항공사코드	도착	출발	계
AAR	190,147	191,008	381,155
ABL	27,836	33,856	61,692
ASV	21,581	22,324	43,905
ESR	94,756	94,527	189,283
JJA	109,856	112,242	222,098
JNA	60,571	60,376	120,947
KAL	129,376	129,014	258,390
TWB	72,931	74,999	147,930
계	707,054	718,346	1,425,400

① 항공기 운항편수가 가장 많은 항공사는 편당 이용 여객수가 230명이 넘는다.

② 이용 여객수가 두 번째로 많은 항공사는 도착 여객수가 출발 여객수보다 370명 이상 많다.

③ 운항편수가 세 번째로 많은 항공사는 출발 여객수가 도착 여객수보다 2,300명 이상 적다.

④ 운항편수가 가장 많은 두 항공사의 운항편수는 전체 운항편수의 45% 이상을 차지한다.

⑤ 이용 여객수가 가장 적은 항공사의 연간 운항편수는 전체 운항편수의 3% 이하이다.

29

다음은 주요 공항별 지연 원인과 관련된 통계자료이다. 제시된 통계 자료에 대한 설명으로 옳지 않은 것은?

〈20X1년 공항별 지연통계〉

(단위 : 건)

구분		A/C접속	A/C정비	복합원인	기타	계
김포	출발	768	22	3	43	836
	도착	365	4	0	5	374
	계	1,133	26	3	48	1,210
김해	출발	142	7	0	8	157
	도착	69	7	0	11	87
	계	211	14	0	19	244
제주	출발	1,764	13	0	19	1,796
	도착	518	13	0	15	546
	계	2,282	26	0	34	2,342

① 세 공항의 전체 지연 건수는 3,700건 이상이다.

② 각 공항별 지연 원인 중 가장 큰 비중을 차지하는 것은 A/C접속이다.

③ A/C정비에 따른 지연 건수는 김포공항과 제주공항이 서로 같다.

④ 김해공항의 A/C정비에 따른 지연 건수는 기타 원인에 따른 지연 건수보다 많다.

⑤ 복합원인으로 지연된 경우는 하나의 공항에서만 발생하였다.

30

甲건설은 신규로 참여할 주택분양사업에 대한 자금을 보증받기 위하여 다음의 자료를 검토하였다. 이 자료에 대한 해석으로 옳지 않은 것은?

〈주택 총 보증실적현황〉

(단위 : 억 원)

구분	2015	2016	2017	2018
분양	895,173	867,382	567,791	528,949
임대	68,380	97,447	128,091	143,878
하자보수	7,576	8,051	14,179	15,585
조합주택	25,051	48,703	45,791	44,356
주택사업	43,624	46,615	57,746	55,200
자금대출	44,860	60,671	88,511	119,720
주택구입	390,431	323,082	264,774	271,810

① 2015년 이래 보증금이 계속 증가하고 있는 것은 임대보증뿐이다.

② 분양에 대한 보증은 매년 주택보증 중 가장 큰 비중을 차지하고 있다.

③ 2017년에 보증실적이 두 번째로 적은 것은 조합주택이다.

④ 분양과 자금대출은 연도별 증감 추세가 상반된다.

⑤ 2018년 임대에 대한 보증실적은 2015년에 비해 2배 이상 증가하였다.

PUBLIC
SERVICE
APTITUDE
TEST

CHAPTER 02 심화연산

- ■ 〈보기〉와 지문의 관계에 유의하여야 하고 각주를 적절하게 이용하여야 한다.
- ■ 비율과 대비 비율의 관점에 유의하면서 풀이하여야 한다.

대표예제

다음은 인공지능(AI)의 동물식별 능력을 조사한 〈표〉이다. 이에 대한 〈보기〉의 설명으로 옳은 것만을 모두 고른 것은?

〈표〉 AI의 동물식별 능력 조사 결과

(단위 : 마리)

실제 \ AI 식별 결과	개	여우	돼지	염소	양	고양이	합계
개	457	10	32	1	0	2	502
여우	12	600	17	3	1	2	635
돼지	22	22	350	2	0	3	399
염소	4	3	3	35	1	2	48
양	0	0	1	1	76	0	78
고양이	3	6	5	2	1	87	104
전체	498	641	408	44	79	96	1,766

───── 보기 ─────

ㄱ. AI가 돼지로 식별한 동물 중 실제 돼지가 아닌 비율은 10% 이상이다.

ㄴ. 실제 여우 중 AI가 여우로 식별한 비율은 실제 돼지 중 AI가 돼지로 식별한 비율보다 낮다.

ㄷ. 전체 동물 중 AI가 실제와 동일하게 식별한 비율은 85% 이상이다.

ㄹ. 실제 염소를 AI가 고양이로 식별한 수보다 양으로 식별한 수가 많다.

① ㄱ, ㄴ

② ㄱ, ㄷ

③ ㄴ, ㄷ

④ ㄱ, ㄷ, ㄹ

⑤ ㄴ, ㄷ, ㄹ

정답해설

ㄱ. AI가 돼지로 식별한 동물 중 실제 돼지인 비율은 $\frac{350}{408} \times 100 ≒ 86\%$이므로 실제 돼지가 아닌 비율은 10% 이상이다.

ㄷ. 전체 동물 중 AI가 실제와 동일하게 식별한 비율은 $\frac{1,605}{1,766} \times 100 ≒ 90.9\%$이므로 85% 이상이다.

오답해설

ㄴ. 실제 여우 중 AI가 여우로 식별한 비율은 $\frac{600}{635} \times 100 ≒ 94.5\%$이고, 실제 돼지 중 AI가 돼지로 식별한 비율은 $\frac{350}{399} \times 100 ≒ 87.7\%$이다. 따라서 실제 여우 중 AI가 여우로 식별한 비율은 실제 돼지 중 AI가 돼지로 식별한 비율보다 높다.

ㄹ. 실제 염소를 AI가 고양이로 식별한 수는 2마리이고, 실제 염소를 AI가 양으로 식별한 수는 1마리이다. 따라서 실제 염소를 AI가 고양이로 식별한 수가 양으로 식별한 수보다 많다.

정답 ②

심화연산

정답 및 해설 208p

01

다음은 2015~2017년 A대학 재학생의 교육에 관한 영역별 만족도와 중요도 점수 관련 〈표〉이다. 이에 대한 〈보기〉의 설명 중 옳은 것을 모두 고른 것은?

〈표 1〉 2015~2017년 영역별 만족도 점수

(단위 : 점)

영역 \ 연도	2015	2016	2017
교과	3.60	3.41	3.45
비교과	3.73	3.50	3.56
교수활동	3.72	3.52	3.57
학생복지	3.39	3.27	3.31
교육환경 및 시설	3.66	3.48	3.56
교육지원	3.57	3.39	3.41

〈표 2〉 2015~2017년 영역별 중요도 점수

(단위 : 점)

영역 \ 연도	2015	2016	2017
교과	3.74	3.54	3.57
비교과	3.77	3.61	3.64
교수활동	3.89	3.82	3.81
학생복지	3.88	3.73	3.77
교육환경 및 시설	3.84	3.69	3.73
교육지원	3.78	3.63	3.66

※ 해당영역별 요구충족도(%) = $\dfrac{\text{해당영역 만족도 점수}}{\text{해당영역 중요도 점수}} \times 100$

◀ 보기 ▶

ㄱ. 중요도 점수가 높은 영역부터 차례대로 나열하면 그 순서는 매년 동일하다.

ㄴ. 2017년 만족도 점수는 각 영역에서 전년보다 높다.

ㄷ. 만족도 점수가 가장 높은 영역과 가장 낮은 영역의 만족도 점수 차이는 2016년이 2015년보다 크다.

ㄹ. 2017년 요구충족도가 가장 높은 영역은 교과 영역이다.

① ㄱ, ㄴ
② ㄱ, ㄷ
③ ㄷ, ㄹ
④ ㄱ, ㄴ, ㄹ
⑤ ㄴ, ㄷ, ㄹ

02

다음은 20X1년 2/4분기 I공항의 실내주차장 공기질 측정결과이다. 이에 대한 설명으로 옳은 것은?

〈실내주차장 공기질 측정결과〉

기준치		유지기준		권고기준	
		PM10	HCHO	CO	NO$_2$
지점		200 (μg/m^3)	100 (μg/m^3)	25 (ppm)	0.3 (ppm)
지하 3층	동측	54.0	11.5	2.2	0.071
	서측	56.0	13.5	2.0	0.068
지하 2층	동측	50.1	7.9	0.7	0.061
	서측	58.3	10.4	1.6	0.068
지하 1층	동측	50.7	7.9	1.2	0.049
	서측	43.6	5.4	0.5	0.027
제1센터 실내주차장		52.1	9.4	1.4	0.057
기준치 대비(%)		26.1%	9.4%		

① PM10 항목의 경우 지하 1층 주차장은 다른 주차장보다 측정값이 낮다.

② 제1센터 실내주차장의 NO$_2$ 기준은 기준치 대비 19.0%를 기록하고 있다.

③ 제1센터 실내주차장의 측정항목 중 기준치 대비 비율이 가장 낮은 것은 HCHO 항목이다.

④ CO 항목의 측정값이 가장 높은 지점은 가장 낮은 지점의 5배 이상이다.

⑤ NO$_2$ 측정값이 가장 낮은 지하 주차장은 지하 1층 동측이다.

03

다음은 甲시 자격시험 접수, 응시 및 합격자 현황을 나타낸 것이다. 이에 대한 설명으로 옳은 것은?

〈표〉 甲시 자격시험 현황

(단위 : 명)

구분	종목	접수	응시	합격
기사	치공구설계	28	22	14
	컴퓨터응용가공	48	42	14
	기계설계	86	76	31
	용접	24	11	2
	전체	186	151	61
기능사	기계가공조립	17	17	17
	컴퓨터응용선반	41	34	29
	웹디자인	9	8	6
	귀금속가공	22	22	16
	컴퓨터응용밀링	17	15	12
	전산응용기계제도	188	156	66
	전체	294	252	146

※ 응시율(%) = $\dfrac{응시자수}{접수자수} \times 100$

※ 합격률(%) = $\dfrac{접수자수}{응시자수} \times 100$

① 기사 전체 합격률은 기능사 전체 합격률보다 높다.
② 기사 종목을 합격률이 높은 것부터 순서대로 나열하면 치공구설계, 컴퓨터응용가공, 기계설계, 용접 순이다.
③ 기사 전체 응시율은 기능사 전체 응시율보다 낮다.
④ 기사 종목 중 응시율이 가장 낮은 것은 컴퓨터응용가공이다.
⑤ 기능사 종목 중 응시율이 높은 종목일수록 합격률도 높다.

04

다음은 국제공항의 귀빈실 사용실적에 관한 통계이다. 이에 대한 설명으로 옳지 않은 것은?

〈국제공항 20X1년 하반기 귀빈실 사용실적 통계〉

(단위 : 건)

구분	총리급 이상	외국 장관급	장관급	국회 의원	기타	합계
7월	22	79	8	61		199
8월	15		7		18	160
9월	29	97	15	26	28	195
10월	31	99		30	21	
11월		79	24	43	36	202
12월	11	51	26	12	21	121
합계		463	112		153	㉠

※ 기타 : 독립유공자, 광역자치단체장, IOC위원, 경제단체장 등의 20X1년 하반기 귀빈실 사용실적 통계

① 8월에는 국회의원의 귀빈실 사용실적이 가장 많았다.
② 장관급 인사의 10월 귀빈실 사용실적은 30건 이상이다.
③ 11월의 총리급 이상 인사의 귀빈실 사용실적은 21건이다.
④ 7월에 귀빈실을 이용한 경제단체장은 최대 29건이다.
⑤ ㉠에는 1,090(건)이 들어가야 한다.

05

A경제연구소에 근무하는 B연구원은 다음의 자료를 근거로 하여 우리나라 가구당 소득동향을 분석하려고 한다. 다음 자료에서 파악할 수 있는 내용으로 적절하지 않은 것은?

〈표1 가구당 월평균 소득 금액〉

(단위 : 천 원, %)

구분	금액			
	2017년 2/4	2018년 1/4	2018년 2/4	구성비
소득	4,346.5	4,763.0	4,530.5	100.0
경상소득	4,226.6	4,721.4	4,492.9	99.2
근로소득	2,877.8	3,204.7	3,031.4	66.9
사업소득	891.5	904.8	925.0	20.4
재산소득	17.3	22.3	23.3	0.5
이전소득	440.0	589.6	513.2	11.3
비경상소득	119.9	41.5	37.6	0.8
처분가능소득	3,537.5	3,767.4	3,588.4	–

〈표2 가구당 월평균 소득 증감률〉

(단위 : %, 전년동분기대비)

구분	증감률		
	2017년 2/4	2018년 1/4	2018년 2/4
소득	0.9	3.7	4.2
경상소득	1.1	7.5	6.3
근로소득	0.5	6.1	5.3
사업소득	4.1	5.7	3.8
재산소득	12.9	3.4	34.4
이전소득	−1.6	19.2	16.6
비경상소득	−4.0	−79.2	−68.6
처분가능소득	0.5	0.3	1.4

※ 소득 : 경상소득과 비경상소득의 합
※ 비경상소득 : 퇴직수당 및 실비보험 수령 금액 등의 소득

① 경상소득 중 가장 큰 비중을 차지하고 있는 것은 근로소득이다.

② 2018년 2분기 경상소득 중 2017년 2분기에 비하여 가장 큰 비율로 증가한 것은 재산소득이다.

③ 2018년 2분기의 가구당 월평균 처분가능소득은 월평균 경상소득의 80% 이상이 된다.

④ 2018년 1분기 대비 2분기 가구당 근로소득의 감소는 최근 경기 흐름을 반영하는 결과이다.

⑤ 2018년 2분기 가구당 월평균 소득은 1분기에 비하여 감소하였는데 가장 큰 원인은 근로소득의 감소이다.

06

다음은 ○○국제공항의 주차시설 현황에 대한 자료이다. 이에 대한 설명으로 옳은 것은?

〈○○국제공항(T1) 여객용 주차시설현황〉

구분			면수
단기주차장			4,722면
장기주차장	P1	옥외	2,745면
		타워	1,404면
	P2	옥외	2,576면
		타워	1,404면
	P3		1,617면
	P4		794면
	소계		11,046면

외곽주차장	하얏트 전면	1,277면
	외곽임시(3활주로 남단)	1,000면
	하늘정원	( )
	PC 제작장	1,011면
	주배수지1	1,300면
	주배수지2	1,420면
	주배수지 인근	2,729면
	ING골프장	2,000면
	소계	11,533면
합계		27,301면

※ 주말 및 성수기 시 청사 앞 임시주차장 활용 가능 : 약 2,000면(미포함)

① 장기와 단기주차장의 총면수보다 외곽주차장의 면수가 더 많다.

② P1, P2 주차장에 있는 옥외주차장은 타워주차장 면수의 2배 이상이다.

③ 하늘정원 주차장의 면수는 800면 이하이다.

④ 주배수지에 위치한 주차장 면수는 외곽주차장의 총면수의 25% 이상을 차지한다.

⑤ 단기주차장 면수는 인천국제공항(T1) 여객용 주차 총면수의 20% 이상을 차지한다.

07

다음은 甲지역 조사 대상지에 대한 A, B 두 기관의 토지피복 분류 결과를 상호비교한 것이다. 이에 대한 설명으로 옳은 것은?

〈표〉 토지피복 분류 결과

(단위 : 개소)

			B기관			
			농업		산림	
			논	밭	활엽수림	혼합림
A기관	농업	논	840	25	55	45
		밭	50	315	30	30
	산림	활엽수림	70	25	3,680	250
		혼합림	40	30	420	4,160

① A기관이 밭으로 분류한 대상지 중 B기관이 혼합림으로 분류한 대상지의 비율은 5%가 넘는다.

② B기관이 밭으로 분류한 대상지 중 10% 이하를 A기관은 다른 세부분류로 분류하였다.

③ B기관이 논으로 분류한 대상지 중 A기관도 논으로 분

류한 대상지의 비율은, A기관이 논으로 분류한 대상지 중 B기관도 논으로 분류한 대상지의 비율과 같다.

④ 두 기관 모두 활엽수림으로 분류한 대상지는 4,160개소이다.

⑤ 두 기관 모두에서 혼합림보다는 활엽수림이 더 많은 개소를 차지한다고 분류하였다.

08

다음은 ○○기업에서 최근 시행·완료한 공사 개요이다. 이에 대한 설명으로 옳지 않은 것은?

〈공사 개요〉

구분	자원분류처리장 증축공사 개요		3단계 수하물처리시설 증설공사 개요
계약명	자원분류처리장 증축공사		3단계 수하물처리시설 공사
계약자	○○개발(주)		P&S콘소시엄 (□□□아이씨티, S◇◇◇◇)
계약 금액	2,510백만 원(VAT 포함)		81,830백만 원 (VAT 포함)
공사 기간	20X0.12.5. ~ 20X1.7.15.		20X0.9.26 ~ 20X1.11.30
공사 내용	건물 동수	재활용 보관시설, 건설폐기물 창고, 일반폐기물 창고, 계근대, 계근대 관리소	T2 BHS 증설을 통한 수하물처리량 증대 • 조기수하물저장소 증설 • 최종분류라인 및 재분류라인 추가 • 터미널 간 연결라인 추가
	건물 면적	2,935.24㎡	

① 공사기간은 자원분류처리장 증축공사가 8개월, 3단계 수하물처리시설 증설공사가 26개월 이상이었다.

② 자원분류처리장 증축공사는 부가가치세 포함 25억 원 이상이 소요되었다.

③ 3단계 수하물처리시설 증설공사는 자원분류처리장 증축공사보다 계약금액 규모가 30배 이상이었다.

④ 자원분류처리장 증축공사의 건물 동수는 5개 이상이었고 건물 면적은 2,900㎡ 이상이었다.

⑤ 3단계 수하물처리시설공사는 2개 회사가 콘소시엄을 구성하여 수하물저장소 증설 및 터미널 연결라인 공사 등을 진행하였다.

09

다음은 8개 도시의 기간별 명목임금 비교지수에 관한 자료이다. 이에 대한 〈보기〉의 설명 중 옳은 것을 모두 고른 것은?

〈8개 도시의 기간별 명목임금 비교지수〉

기간 \ 도시	1910~1914년	1915~1919년	1920~1924년	1925~1929년	1930~1934년
경성	0.92	0.97	1.13	1.05	1.06
대구	0.83	0.88	0.93	0.83	0.86
목포	0.89	0.99	0.97	0.91	0.84
부산	0.96	0.98	1.05	0.98	0.96
신의주	1.01	0.92	0.79	0.95	0.96
원산	1.13	1.01	0.96	1.05	1.01
청진	1.20	1.32	1.32	1.36	1.30
평양	1.06	0.93	0.85	0.87	1.01

※ 기간별 각 도시의 명목임금 비교지수는 해당 기간 8개 도시 평균 명목임금 대비 각 도시 명목임금의 비율임

◀ 보기 ▶

ㄱ. 경성보다 명목임금이 낮은 도시는 1910~1914년 기간에는 2곳이고 1930~1934년 기간에는 6곳이다.

ㄴ. 명목임금이 기간별 8개 도시 평균보다 매 기간에 걸쳐 높은 도시는 한 곳뿐이다.

ㄷ. 1910~1914년 기간보다 1935~1939년 기간의 명목임금이 경성은 증가하였으나 부산은 감소하였다.

ㄹ. 1920~1924년 기간의 명목임금은 목포가 신의주의 1.2배 이상이다.

① ㄱ, ㄷ   ② ㄱ, ㄹ
③ ㄴ, ㄷ   ④ ㄱ, ㄴ, ㄹ
⑤ ㄴ, ㄷ, ㄹ

10

다음은 A기업의 에너지 사용량에 대한 자료이다. 제시된 자료에 대한 설명으로 옳지 않은 것은?

〈A기업 에너지 사용량〉

(단위 : 백kW)

구분	20X0년	20X1년	증감량	증감율
1월	474,526	449,790	−24,736	−5.2%
2월	420,164	386,686		
3월	384,423	380,902		

4월	334,456	331,897		
5월	352,424	356,361		
6월	374,355	371,475		
7월	506,578	478,269		
8월	539,918	512,952		
9월	388,626	394,495		
10월	354,909			
11월	370,236			
12월	450,923			
합계	4,951,539	3,662,827		
연간 온실가스 배출량	260,179	192,708		

① 20X1년 1월부터 9월까지의 월간 에너지 사용량은 2개월을 빼고는 전년보다 감소하였다.

② 20X0년 월간 에너지 사용량이 가장 많은 달은 가장 적은 달의 에너지 사용량의 1.5배 이상이다.

③ 20X1년 1월부터 9월까지, 월간 에너지 사용량의 전년 동월 대비 감소량이 20,000(백kW) 이상인 달은 모두 4개이다.

④ 20X1년 9월의 에너지 사용량은 전년 동월 대비 1.5% 이상 증가하였다.

⑤ 20X1년 1월부터 9월까지 월간 에너지 사용량 중 전년 동월 대비 감소율이 가장 큰 것은 7월이다.

11

甲은 자신이 운행할 자동차를 직접 구매하려고 한다. 다음 〈조건〉에 따라 차량가격과 예상되는 연료비 합이 가장 적은 차량을 선택하려고 할 때 A~E 중 甲이 구매할 차량은?(단, 운행기간 유가 변동이 없는 것으로 하며, 조건 외의 다른 비용은 없는 것으로 한다.)

◀ 조건 ▶

- 10년 간 운행할 계획이며 연간 예상 운행거리는 20,000km임.
- 휘발유는 리터당 1,600원이고, 경유는 리터당 1,400원임.

〈차종별 정보〉

차종	차량가격	연료	연비
A	4,000만 원	경유	14km/L
B	2,000만 원	휘발유	10km/L
C	3,000만 원	경유	11km/L
D	2,500만 원	경유	10km/L
E	3,000만 원	휘발유	16km/L

① A자동차 ② B자동차
③ C자동차 ④ D자동차
⑤ E자동차

12

다음은 A공사의 시설규모 확장과 관련된 사업 계획 자료이다. 시설규모 확장사업 계획에 대한 설명으로 옳은 것은?

〈A공사 시설규모 확장사업 계획〉

구분	1단계	2단계	3단계	4단계	최종 (누계)
사업기간	1992~2001년	2002~2008년	2009~2017년	2017~2023년	–
비용(원)	5.6조	3.0조	4.9조	4.2조	–
여객 계류장	60개소	49개소	54개소	73개소	236개소
화물 터미널	129천m²	129천m²	–	별도시행	259천m²
화물 계류장	24개소	12개소	13개소	13개소	62개소
체크인 카운터		146개	238개	164개	782개
보안 검색대	17대	23대		24대	92대
수하물 수취대	13대	10대	10대	10대	43대
게이트		30개	37개	34개	145개

① 각 단계별 사업비용은 1단계가 가장 많고, 1·2단계에 소요된 비용이 3·4단계의 비용보다 많다.

② 4단계 기간에 설치될 수하물수취대 시설은 전체 기간의 25% 이상을 계획하고 있다.

③ 1·2단계에서 설치된 여객계류장과 화물계류장 개소는 각각 전체 계획의 50% 이상을 차지하고 있다.

④ 2008년까지 설치된 게이트 수는 2009년 이후 설치 예정인 게이트 수보다 3개 이상 많다.

⑤ 체크인카운터 개소가 많이 설치되는 단계일수록 보안 검색대 대수도 많이 설치될 것이다.

13

다음 〈그림〉과 〈표〉는 2010~2014년 甲국 상업용 무인기의 국내 시장 판매량 및 수출입량과 甲국 A사의 상업용 무인기 매출액에 대한 자료이다. 이에 대한 〈보기〉의 설명 중 옳은 것을 모두 고른 것은?

〈그림〉 甲국 상업용 무인기의 국내 시장 판매량

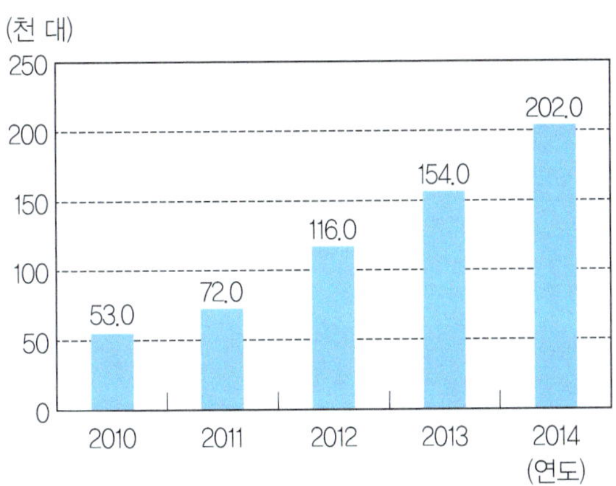

〈표 1〉 甲국 상업용 무인기 수출입량

(단위 : 천 대)

구분 \ 연도	2010	2011	2012	2013	2014
수출량	1.2	2.5	18.0	67.0	240.0
수입량	1.1	2.0	3.5	4.2	5.0

※ 수출량은 국내 시장 판매량에 포함되지 않음.
※ 수입량은 당해 연도 국내 시장에서 모두 판매됨.

〈표 2〉 甲국 A사의 상업용 무인기 매출액

(단위 : 백만 달러)

연도	2010	2011	2012	2013	2014
매출액	4.3	43.0	304.4	1,203.1	4,348.4

◀ 보기 ▶

ㄱ. 2014년 상업용 무인기의 국내 시장 판매량 대비 수입량의 비율은 3.0% 이하이다.
ㄴ. 2011~2014년 동안 상업용 무인기 국내 시장 판매량의 전년대비 증가율이 가장 큰 해는 2012년이다.
ㄷ. 2011~2014년 동안 상업용 무인기 수입량의 전년대비 증가율이 가장 작은 해에는 상업용 무인기 수출량의 전년대비 증가율이 가장 크다.
ㄹ. 2012년 甲국 상업용 무인기 수출량의 전년대비 증가율과 2012년 甲국 A사의 상업용 무인기 매출액의 전년대비 증가율의 차이는 30%p 이하이다.

① ㄱ, ㄴ
② ㄷ, ㄹ
③ ㄱ, ㄴ, ㄷ
④ ㄱ, ㄴ, ㄹ
⑤ ㄴ, ㄷ, ㄹ

14

다음은 공항 주변지역의 항공기소음 측정결과에 관한 자료이다. 제시된 자료에 대한 다음 설명 중 옳지 않은 것은?

〈자료 1〉 20X1년 2월 공항 주변지역 항공기소음 측정결과

(단위 : WECPNL)

구분	강화 (화도)	강화 (석모)	장봉 (서)	장봉 (동)	모도 (북)	모도 (남)
2/1	54	56	59	70	73	78
2/2	54	55	58	68	72	74
2/3	52	53	59	68	72	76
2/4	54	55	60	69	71	76
2/5	50	52	52	65	69	75
2/6	49	53	52	66	70	78
2/7	52	55	57	69	73	81
2/8	3	56	59	69	72	79
2/9	53	54	58	69	72	78
2/10	49	54	56	66	70	75

※ WECPNL(Weight Equivalent Continuous Perceived Noise Level) : 가중등가지속 소음량. 항공기의 1일 총소음량을 평가하는 국제단위

〈자료 2〉 항공기소음의 시끄러운 정도

소음도(WECPNL)	시끄러운 정도
90 이상	대단히 시끄럽다
80~89	시끄럽다
76~79	약간 시끄럽다
71~75	별로 시끄럽지 않다
70 이하	시끄럽지 않다

① 2월 2일을 기준으로 전체 지역 중 항공기소음이 별로 시끄럽지 않은 지역에 해당하는 비율은 25%이다.
② 2월 4일 기준으로 전체 지역 중 소음 정도가 약간 시끄러운 지역은 한 곳이다.
③ 제시된 기간 중 '강화(화도)'의 소음도가 가장 높은 날의 소음량은 '장봉(동)' 지역의 가장 낮은 소음량의 85% 이하가 된다.
④ 2월 10일 측정한 소음량이 가장 높은 지역은 가장 낮은 지역보다 25(WECPNL) 이상 높다.
⑤ 항공기의 1일 총소음량이 90(WECPNL) 이상으로 측정되는 곳은 대단히 시끄러운 지역에 해당한다.

15

다음은 2014~2018년 예산 및 세수 실적과 2018년 세수 항목별 세수 실적에 관한 자료이다. 이에 대한 설명으로 옳지 않은 것은?

〈표 1〉 2014~2018년 예산 및 세수 실적

(단위 : 십억 원)

연도 \ 구분	예산액	징수결정액	수납액	불납결손액
2014	175,088	198,902	180,153	7,270
2015	192,620	211,095	192,092	8,200
2016	199,045	208,745	190,245	8
2017	204,926	221,054	195,754	2,970
2018	205,964	237,000	208,113	2,321

〈표 2〉 2018년 세수항목별 세수 실적

(단위 : 십억 원)

세수항목 \ 구분	예산액	징수결정액	수납액	불납결손액
총 세수	205,964	237,000	208,113	2,321
내국세	183,093	213,585	185,240	2,301
환경세	13,920	14,110	14,054	10
교육세	5,184	4,922	4,819	3
농어촌 특별세	2,486	2,674	2,600	1
종합 부동산세	1,281	1,709	1,400	6

※ 미수납액＝징수결정액－수납액－불납결손액

※ 수납비율(%)＝$\frac{수납액}{예산액}×100$

① 미수납액이 가장 큰 연도는 2018년이다.

② 수납비율이 가장 높은 연도는 2014년이다.

③ 2018년 내국세 미수납액은 총 세수 미수납액의 95% 이상을 차지한다.

④ 2018년 세수항목 중 수납비율이 가장 높은 항목은 종합부동산세이다.

⑤ 2018년 환경세 미수납액은 교육세 미수납액보다 크다.

16

다음은 A공사의 재무성과에 대한 자료이다. 제시된 자료에 대한 설명으로 옳지 않은 것은?

〈영업성과〉

(단위 : 억 원)

구분	20X0년	20X1년	증감률(%)
매출액	24,306	26,511	9.1
매출원가	8,115	11,987	47.7
영업이익	14,532	12,886	
당기순이익	11,164	11,181	0.2

〈재무현황〉

(단위 : 억 원)

구분	20X0년	20X1년	증감률(%)
유동자산	8,556	8,767	
비유동자산	114,197	113,995	
자산총계	122,753	122,762	0
유동부채	11,656	12,148	
비유동부채	30,690	22,663	
부채총계	42,346	34,811	
자본총계 (자산총계 －부채총계)	80,407	87,951	9.4

〈수익구조〉

(단위 : 억 원)

구분	20X0년	20X1년
항공 수익		8,922
비항공 수익 (상업시설 수익)	16,142 (13,274)	17,589 (14,912)

※ 매출액＝항공 수익＋비항공 수익

① 20X1년 매출액은 전년보다 2,200억 원 이상 증가하였다.

② 20X1년 자본총계가 전년보다 증가한 것은 부채총계의 감소에 따른 영향이 크다.

③ 20X0년 항공수익은 8,000억 원 이상이다.

④ 20X1년 영업이익은 전년보다 10% 이상 증가하였다.

⑤ 20X1년 유동부채는 전체 부채의 30% 이상이었다.

17

다음은 국가기술자격 등급별 시험 시행 결과이다. 이에 대한 〈보기〉의 설명 중 옳은 것을 고른 것은?

〈표 1〉 필기 결과

(단위 : 명, %)

구분 \ 등급	필기		
	응시자	합격자	합격률
기술사	19,327	2,056	10.6
기능장	21,651	9,903	( )
기사	345,833	135,170	39.1
산업기사	210,814	78,209	37.1
기능사	916,224	423,269	46.2
전체	1,513,849	648,607	42.8

〈표 2〉 실기 결과

(단위 : 명, %)

구분 \ 등급	실기		
	응시자	합격자	합격률
기술사	3,173	1,919	60.5
기능장	16,390	4,862	29.7
기사	210,000	89,380	42.6
산업기사	101,949	49,993	( )
기능사	752,202	380,198	50.5
전체	1,083,714	526,352	48.6

※ 합격률(%) $= \dfrac{합격자}{응시자} \times 100$

◀ 보기 ▶

ㄱ. 기능장과 기사 필기 합격률은 각각의 실기 합격률보다 낮다.
ㄴ. 필기 응시자가 가장 많은 등급은 필기 합격률도 가장 높다.
ㄷ. 실기 합격률이 필기 합격률보다 높은 등급은 3개이다.
ㄹ. 필기 응시자가 많은 등급일수록 실기 응시자도 많다.

① ㄱ, ㄴ
② ㄱ, ㄹ
③ ㄴ, ㄷ
④ ㄴ, ㄹ
⑤ ㄷ, ㄹ

18

다음은 ○○공항의 운항통계에 대한 자료이다. 제시된 자료에 대한 다음 설명 중 옳지 않은 것은?

〈20X0년 1월 ○○공항 운항통계〉

요일	운항(편)	여객(명)	화물(톤)
월요일	4,493	821,519	20,496
화요일	4,498	791,135	24,751
수요일	5,797	1,012,587	36,632
목요일	5,727	992,431	34,682
금요일	5,883	1,018,235	33,471
토요일	4,645	821,593	30,135
일요일	4,675	851,869	27,899
합계	35,718	6,309,369	208,064

① ○○공항을 이용하는 여객수가 가장 많은 요일은 운항편수가 5,800편 이상이다.
② ○○공항의 운항편수가 가장 적은 요일은 운항 화물톤수가 24,000톤 이상이다.
③ ○○공항을 이용하는 화물톤수가 30,000톤 이상인 요일은 모두 4개이다.
④ 1월에 월요일부터 금요일까지 ○○공항을 이용한 여객수는 450만 명 이상이다.
⑤ ○○공항을 이용하는 화물톤수가 가장 많은 요일은 수요일이다.

19

다음은 순둥이의 10월 모바일 쇼핑 구매내역이다. 이에 대한 설명으로 옳은 것은?

〈표〉 10월 모바일 쇼핑 구매내역

(단위 : 원, 포인트)

상품	주문 금액	할인금액	결제금액
요가용품	45,400	• 즉시할인 4,540 • 쿠폰할인 4,860	신용카드 32,700+포인트 3,300=36,000
스웨터	57,200	• 즉시할인 600 • 쿠폰할인 7,970	신용카드 48,370+포인트 260=48,630
샴푸	38,800	• 즉시할인 0 • 쿠폰할인 ( )	신용카드 34,300+포인트 1,500=35,800
보온병	9,200	• 즉시할인 1,840 • 쿠폰할인 0	신용카드 7,290+포인트 70=7,360
전체	150,600	22,810	127,790

※ 결제금액(원)=주문금액-할인금액

※ 할인율(%) $= \dfrac{\text{할인금액}}{\text{주문금액}} \times 100$

※ 1포인트는 결제금액 1원에 해당함.

① 전체 할인율은 15% 미만이다.

② 할인율이 가장 높은 상품은 보온병이다.

③ 주문금액 대비 신용카드 결제금액 비율이 가장 낮은 상품은 요가용품이다.

④ 10월 전체 주문금액의 3%가 11월 포인트로 적립된다면, 10월 구매로 적립된 11월 포인트는 10월 동안 사용한 포인트보다 크다.

⑤ 결제금액 중 포인트로 결제한 금액이 차지하는 비율이 두 번째로 낮은 상품은 스웨터이다.

20

다음은 ○○국제공항의 항공기 결항 및 지연통계에 관한 자료이다. 제시된 통계자료에 대한 설명으로 옳지 않은 것은?

〈연도별 ○○국제공항 항공기 결항통계〉

(단위 : 편)

구분	기상	A/C접속	A/C정비	승무원	합계
2019년	147	22	62	1	( )
2018년	33	29	69	( )	131
2017년	14	65	55	7	158
2016년	40	31	( )	5	132
2015년	15	52	54	2	( )
2014년	7	38	47	4	96
2013년	( )	54	36	0	133

① 2018년에는 승무원 원인으로 발생한 결항이 없었다.

② 기상원인으로 발생한 결항이 40편 이상인 연도는 모두 3개이다.

③ 2014년 A/C접속으로 인한 결항편수는 2019년의 동일 사유로 인한 결항편수의 1.5배 이상이다.

④ 제시된 연도 중 A/C정비로 인한 결항이 가장 많이 발생한 연도는 2018년이다.

⑤ 제시된 연도 중 결항의 합계가 가장 많은 연도는 2017년이다.

21

다음은 20X1년 12월 호텔A~D의 운영실적에 대한 자료이다. 이에 대한 〈보기〉의 설명 중 옳은 것을 고른 것은?

〈표〉 20X1년 12월 호텔A~D의 운영실적

(단위 : 개, 만 원)

호텔	판매가능 객실 수	판매 객실 수	평균 객실 요금
A	3,500	1,600	40
B	3,000	2,100	30
C	1,250	1,000	20
D	1,100	990	10

※ 객실 수입 = 판매 객실 수 × 평균 객실 요금

※ 객실 판매율(%) $= \dfrac{\text{판매 객실 수}}{\text{판매가능 객실 수}} \times 100$

◀ 보기 ▶

ㄱ. 객실 수입이 가장 많은 호텔은 B이다.

ㄴ. 객실 판매율은 호텔C가 호텔D보다 낮다.

ㄷ. 판매가능 객실당 객실 수입이 가장 적은 호텔은 A이다.

ㄹ. 판매가능 객실 수가 많은 호텔일수록 객실 판매율이 낮다.

① ㄱ, ㄴ   ② ㄱ, ㄷ

③ ㄱ, ㄹ   ④ ㄴ, ㄷ

⑤ ㄴ, ㄹ

22

다음은 부패신고자 보호제도에 관한 내용이다. A공사의 부패신고자 보호제도에 관한 설명으로 옳지 않은 것은?

〈부패신고자 보호제도〉

■ 신고자 보호 및 보상제도

신고자는 A공사의 『부패행위 신고 접수처리 및 신고자 보호 등에 관한 운영지침』에 의거 공항공사의 수입 회복이나 증대 또는 비용의 절감이 있는 경우 포상금 또는 보상금을 지급 받을 수 있습니다. 또한 A공사 부패행위 신고자 보호지침에 의거 신분분장, 신변보호 및 책임의 감면 등을 받을 수 있습니다.

■ 보상금 지급기준

수입증대(비용절감) 금액	지급기준
1억 원 이하	보상대상가액의 30%
1억 원 초과~5억 원 이하	3천만 원 + 1억 원 초과금액의 20%

5억 원 초과~20억 원 이하	1억 1천만 원+5억 원 초과금액의 14%
40억 원 초과	4억 8천만 원+40억 원 초과금액의 4%

※ 구체적인 금액은 국민권익위원회 예규 『부패행위 신고자 포상 및 보상 사무운영지침』을 준용하며, 공사의 보상심의위원회에서 결정한다.

■ 포상금 지급기준

부패행위자 징계정도	지급기준
파면, 해임	300만 원
정직, 감봉, 견책	150만 원
경고, 주의	50만 원

※ 비위 및 부패 대상자가 수인인 경우 각각의 징계처분에 따른 포상금을 합산 지급한다.

① 신고자 보호 및 보상제도에는 신고자 책임의 면제도 포함된다.
② 공사에 5,000만 원의 비용절감을 가져온 경우 보상 대상가액의 30%의 보상금을 받을 수 있다.
③ 신고로 부패행위자가 해임된 경우 300만 원의 포상금을 지급받을 수 있다.
④ 부패행위자 신고로 공사에 6억 원의 수입증대를 가져온 경우 1억 2천만 원 이상의 보상금을 받을 수 있다.
⑤ 부패행위 신고로 공사에 50억 원 이상의 비용절감을 가져온 경우 5억 원 3천만 원 이상의 보상금을 받을 수 있다.

23

다음 〈그림〉과 〈표〉는 재생에너지 생산 현황에 관한 자료이다. 이에 대한 〈보기〉의 설명 중 옳은 것을 모두 고른 것은?

〈그림〉 2011~2018년 재생에너지 생산량

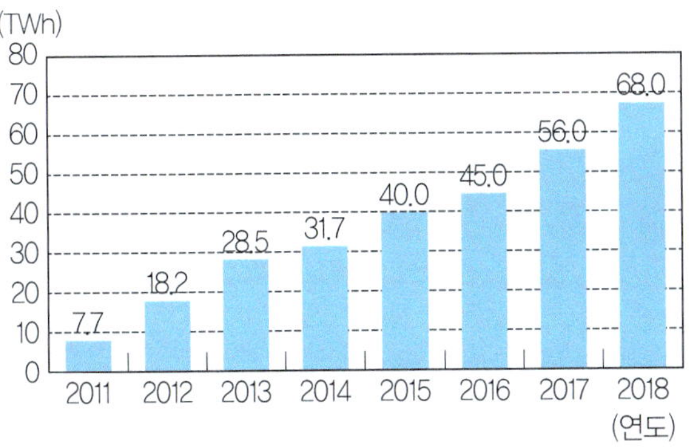

〈표〉 2016~2018년 에너지원별 재생에너지 생산량 비율

(단위 : %)

에너지원 \ 연도	2016	2017	2018
폐기물	61.1	60.4	55.0
바이오	16.6	17.3	17.5
수력	10.3	11.3	15.1
태양광	10.9	9.8	8.8
풍력	1.1	1.2	3.6
계	100.0	100.0	100.0

◀ 보기 ▶

ㄱ. 2012~2018년 재생에너지 생산량은 매년 전년대비 10% 이상 증가하였다.
ㄴ. 2016~2018년 에너지원별 재생에너지 생산량 비율의 순위는 매년 동일하다.
ㄷ. 2016~2018년 태양광을 에너지원으로 하는 재생에너지 생산량은 매년 증가하였다.
ㄹ. 수력을 에너지원으로 하는 재생에너지 생산량은 2018년이 2016년의 3배 이상이다.

① ㄱ, ㄴ
② ㄱ, ㄷ
③ ㄱ, ㄹ
④ ㄴ, ㄷ
⑤ ㄴ, ㄹ

24

다음은 A국의 체류외국인수와 체류외국인 범죄건수에 대한 자료이다. 〈보기〉의 설명 중 옳은 것을 모두 고른 것은?

〈표 1〉 체류외국인수

(단위 : 명)

구분	체류외국인수	합법체류외국인수	불법체류외국인수
2015	1,168,477	990,522	177,955
2016	1,261,415	1,092,900	168,515
2017	1,395,077	1,227,297	167,780
2018	1,445,103	1,267,249	177,854
2019	1,576,034	1,392,928	183,106

〈표 2〉 체류외국인 범죄건수

(단위 : 건)

구분	체류외국인 범죄건수	합법체류외국인 범죄건수	불법체류외국인 범죄건수
2015	21,235	18,645	2,590
2016	19,445	17,538	1,907
2017	25,507	23,970	1,537
2018	22,914	21,323	1,591
2019	24,984	22,951	2,033

◀ 보기 ▶

ㄱ. 제시된 기간 중 매년 불법체류외국인수는 체류외국인수의 10% 이상이다.

ㄴ. 불법체류외국인 범죄건수의 전년대비 증가율이 가장 높은 해는 합법체류외국인 범죄건수의 전년대비 증가율도 가장 높다.

ㄷ. 체류외국인 범죄건수가 전년에 비해 감소한 해에는 합법체류외국인 범죄건수와 불법체류외국인 범죄건수도 각각 전년에 비해 감소하였다.

① ㄱ
② ㄴ
③ ㄷ
④ ㄱ, ㄴ
⑤ ㄴ, ㄷ

25

甲기업은 다음 〈규칙〉에 따라 A~G 7개의 지점에 제품 세트를 발송하려고 한다. B지점이 30회차에 받을 수 있는 제품 세트 수와 E지점이 50회차에 받을 수 있는 세트 수를 바르게 연결한 것은?

◀ 규칙 ▶

- 1회차 : A지점에서는 1세트, B지점에서는 2세트, …, G지점에는 7세트를 발송함
- 2회차 : A지점에서는 8세트, B지점에서는 9세트, …, G지점에는 14세트를 발송함

(단위 : 세트)

지점 회차	A	B	C	D	E	F	G
1	1	2	3	4	5	6	7
2	8	9	10	11	12	13	14
3	15	16	17	18	19	20	21
…	…	…	…	…	…	…	…

	B지점이 30회차에 받는 제품 세트 수	E지점이 50회차에 받는 제품 세트 수
①	198세트	355세트
②	198세트	348세트
③	205세트	341세트
④	212세트	341세트
⑤	205세트	348세트

26

다음은 조선시대 甲지역의 인구 및 사노비 비율에 대한 자료이다. 〈보기〉의 설명 중 옳은 것을 모두 고른 것은?

〈조신시대 甲시역 인구 및 사노비 비율〉

구분	인구(명)	인구 중 사노비 비율(%)			
		솔거노비	외거노비	도망노비	전체
1720년	2,228	18.5	10.0	11.5	40.0
1735년	3,143	13.8	6.8	12.8	33.4
1762년	3,380	11.5	8.5	11.7	31.7
1774년	3,189	14.0	8.8	12.0	34.8
1783년	3,056	14.9	6.7	9.3	30.9
1795년	2,359	18.2	4.3	6.5	29.0

※ 사노비는 솔거노비, 외거노비, 도망노비로 구분됨.
※ 비율은 소수점 아래 둘째 자리에서 반올림한 값임.

◀ 보기 ▶

ㄱ. 甲지역의 사노비 수는 1774년이 1720년보다 많다.

ㄴ. 甲지역의 사노비 중 외거노비가 차지하는 비율은 1720년이 1762년보다 높다.

ㄷ. 甲지역의 인구 중 솔거노비가 차지하는 비율은 매 조사연도마다 낮아진다.

① ㄱ
② ㄴ
③ ㄷ
④ ㄱ, ㄴ
⑤ ㄴ, ㄷ

27

다음은 산림경영인의 산림경영지원제도 인지도에 대한 설문조사 결과이다. 이에 대한 설명으로 옳지 않은 것은?

〈표 1〉 거주지 권역별 인지도

(단위 : 명, %, 점)

구분		거주지 권역			
항목		경기	강원	충청	전라
응답자 수		57	112	193	232
인지도 점수별 응답자 비율	1점	12.3	6.3	7.8	6.9
	2점	40.4	20.5	35.2	44.0
	3점	3.5	11.6	20.2	20.7
	4점	36.8	43.8	25.9	20.3
	5점	7.0	17.9	10.9	8.2
평균		2.86	3.46	2.97	2.79

〈표 2〉 경영주체별 인지도

(단위 : 명, %, 점)

구분		경영주체		
항목		독림가	임업후계자	일반산주
응답자 수		173	292	353
인지도 점수별 응답자 비율	1점	2.9	4.5	11.0
	2점	17.3	27.1	60.9
	3점	22.0	20.9	10.5
	4점	39.3	33.9	16.4
	5점	18.5	13.7	1.1
평균		3.53	3.25	2.36

※ 인지도 점수별 응답자 비율(인지도 평균점수)은 소수점 아래 둘째 (셋째)자리에서 반올림한 값임

① 경영주체별 평균점수는 독림가가 일반산주의 1.4배 이상이다.

② 거주지 권역별 인지도 평균점수는 강원이 경기보다 높다.

③ 거주지 권역별 인지도 점수를 2점 이하로 부여한 응답자 대비 4점 이상으로 부여한 응답자의 비율이 가장 높은 거주지 권역은 충청이다.

④ 인지도 점수를 1점으로 부여한 충청 응답자 수는 1점으로 부여한 경기 응답자 수의 2배 이상이다.

⑤ 인지도 점수를 3점 이상으로 부여한 응답자가 가장 많은 경영주체는 임업후계자이다.

28

다음의 자료를 분석한 것 중 틀린 것은?

〈A기업의 2015년 주요 재무제표〉

(단위 : 억 원)

구분	2015	2014	증감률
영업실적			
매출액	18,785	16,798	
매출총이익	11,628	9,920	17.2%
영업이익	10,449	8,873	
당기순이익	7,716	6,184	24.8%
재무현황			
유동자산	3,294	2,170	51.8%
비유동자산	90,269	79,076	14.2%
자산총계	93,563	81,246	15.2%
유동부채	5,855	12,533	
비유동부채	21,960	8,676	31.1%
부채총계	27,815	21,209	
자본총계	65,749	60,037	

① 자본은 전년대비 5천억 원 이상 증가했다.

② 재무제표에서 감소한 항목은 비유동부채이다.

③ 비유동자산은 전년대비 1조원 이상 증가했다.

④ 유동자산은 전년대비 1천억 원 이상 증가했다.

⑤ 영업실적 중 가장 증감률이 높은 것은 당기순이익이다.

29

다음은 직업을 갖는 이유에 대한 설문조사의 결과를 점수화한 자료이다. 이에 대한 설명으로 옳지 않은 것은?(단, 평균점수의 순위는 평균점수가 높은 순서대로 순위를 매긴다고 가정한다.)

〈직업을 갖는 이유〉

(단위 : 점)

항목	평균점수		평균차
	2001년	2021년	
경제적 자립을 위해	3.09	3.25	0.06
일 자체를 좋아해	2.66	2.59	−0.7
자아실현을 위해	2.83	2.92	0.09
인정받기 위해	2.53	2.79	0.26
사회적 지위확보	2.55	2.97	0.42

삶의 의미를 느끼려고	2.98	3.08	0.10
가족을 위해	3.27	3.40	0.13
사회 구성원으로서 의무	2.77	2.87	0.10
사람들과의 교제	2.66	2.66	0
노후대책을 위해	3.06	3.31	0.25

※ 전혀 그렇지 않다(1점), 그렇지 않다(2점), 그렇다(3점), 매우 그렇다(4점)

① 두 해의 순위가 가장 높은 항목은 동일하다.

② 2001년보다 2021년에 순위가 하락한 항목은 모두 6개이다.

③ 평균점수는 2개 항목을 제외하고 2001년보다 2021년에 모두 상승하였다.

④ 2001년 순위가 가장 낮았던 항목은 2021년 평균점수가 2001년 평균점수보다 0.2점 이상 승가하였다.

⑤ 두 해의 평균점수가 동일한 항목은 1개뿐이다.

30

다음은 ○○국제공항의 노선별 운항 실적이다. 자료를 분석한 것으로 틀린 것은?

〈○○국제공항의 노선별 운항 실적〉

구분	운항(회)			점유율
	2014년	2015년	전년대비	점유율
중국	77,111	83,179	7.9%	27.7%
동남아	63,298	67,415	6.5%	
일본	42,905	46,405	8.2%	
미주	31,584	31,911		10.6%
동북아	27,678	27,654	−0.1%	9.2%
유럽	24,086	25,261	4.9%	8.4%
대양주	11,789	12,887	9.3%	
중동	3,826	4,035	5.5%	
기타	2,298	1,887	−17.9%	
합계	284,575	300,634	5.6%	100.0%

① 가장 높은 점유율을 가지는 노선은 중국 노선이다.

② 전년대비 기타 노선이 가장 많이 감소하였다.

③ 전년대비 감소한 노선은 2개이다.

④ 미주 노선은 전년대비 3% 이상 증가하였다.

⑤ 전년대비 운항횟수는 16,059회 증가하였다.

31

다음은 18세기 조선의 직업별 연봉 및 품목별 가격에 관한 자료이다. 이에 대한 설명으로 옳지 않은 것은?

〈표 1〉 18세기 조선의 직업별 연봉

구분		곡물(섬)		면포(필)	현재 원화 가치(원)
		쌀	콩		
관료	정1품	25	3	–	5,854,400
	정5품	17	1	–	3,684,800
	종9품	7	1	–	1,684,800
궁녀	상궁	11	1	–	( )
	나인	5	1	–	1,284,800
군인	기병	7	2	9	( )
	보병	3	–	9	1,500,000

〈표 2〉 18세기 조선의 품목별 가격

품목	곡물(1섬)		면포(1필)	소고기(1근)	집(1칸)	
	쌀	콩			기와집	초가집
가격	5냥	7냥 1전 2푼	2냥 5전	7전	21냥 6전 5푼	9냥 5전 5푼

※ 1냥=10전=100푼

① 18세기 조선의 1푼의 가치는 현재 원화가치로 환산할 경우 400원과 같다.

② 기병 연봉은 종9품 연봉보다 많고 정5품 연봉보다 적다.

③ 정1품 관료의 12년치 연봉은 100칸의 기와집 가격보다 적다.

④ 상궁 연봉은 보병 연봉의 2배 이상이다.

⑤ 나인의 1년치 연봉으로 살 수 있는 소고기는 40근 이상이다.

32

다음은 ○○국제공항 4단계 건설에 관한 내용이다. 자료를 분석한 것으로 적절하지 않은 것은?

〈○○국제공항 4단계 건설〉

구분		현재	4단계 (2024년)	합계
터미널 면적	제1여객터미널	507천㎡	–	507천㎡
	제2여객터미널	387천㎡	316천㎡	703천㎡
	탑승동	166천㎡	–	166천㎡

수용 능력	여객	7,200만명	2,800만명	10,000만명
	화물	500만톤	130만톤	630만톤
	운항	50만톤	6만톤	56만톤
활주로		2본 1본	1본	4본
계류장	여객	163개소	73개소	236개소
	화물	49개소	13개소	62개소

① 4단계 건설로 제2여객터미널이 316천㎡ 늘어난다.
② 여객의 수용능력이 종전보다 40% 이상 늘어난다.
③ 운항의 수용능력이 종전보다 12% 늘어난다.
④ 여객 계류장이 종전보다 약 44.8% 늘어난다.
⑤ 활주로가 종전보다 3본에서 4본으로 늘어난다.

33

다음은 3D기술 분야 특허등록건수 상위 8개국의 국가별 영향력지수와 기술력지수를 나타낸 자료이다. 이에 대한 〈보기〉의 설명 중 옳은 것을 모두 고른 것은?

〈3D기술 분야 특허등록건수〉

구분 국가	특허등록 건수(건)	영향력지수	기술력지수
미국	500	( )	600.0
한국	59	0.3	17.7
네덜란드	( )	0.8	24.0
캐나다	22	( )	30.8
이스라엘	( )	0.6	10.2
태국	14	0.1	1.4
프랑스	( )	0.3	3.9
핀란드	9	0.7	6.3

※ 해당국가의 기술력지수＝해당국가의 특허등록건수×해당국가의 영향력지수

※ 해당국가의 영향력지수＝$\dfrac{\text{해당국가의 피인용비}}{\text{전세계 피인용비}}$

※ 해당국가의 피인용비＝$\dfrac{\text{해당국가의 특허피인용건수}}{\text{해당국가의 특허등록건수}}$

※ 3D기술 분야의 전세계 피인용비는 10임

◀ 보기 ▶

ㄱ. 캐나다의 영향력지수는 미국의 영향력지수보다 크다.
ㄴ. 프랑스와 태국의 특허피인용건수의 차이는 프랑스와 핀란드의 특허피인용건수의 차이보다 크다.
ㄷ. 특허등록건수 상위 8개국 중 한국의 특허피인용건수는 세 번째로 많다.

ㄹ. 네덜란드의 특허등록건수는 한국의 특허등록건수의 50% 미만이다.

① ㄱ, ㄴ 　　　② ㄱ, ㄷ
③ ㄴ, ㄹ 　　　④ ㄱ, ㄷ, ㄹ
⑤ ㄴ, ㄷ, ㄹ

34

다음은 ○○공항의 주차요금에 대한 자료이다. ○○기업 A는 제주도 출장을 가기 위해 인천공항을 이용하고자 한다. A가 10:00 비행기를 이용하여 출장을 마치고 18:30분에 ○○공항으로 돌아올 예정이다. A의 승용차에 부과될 주차요금은?(단, 주차장으로 오고 가는 시간은 계산하지 않는다.)

〈○○공항의 주차요금표〉

구분	주차요금
단기주차장	• 기본 30분 1,200원 • 추가 15분 600원 • 일 24,000원
장기주차장	• 시간당 1,000원 • 일 9,000원

※ 1일 이상 장기주차 차량은 장기주차장을 이용하여 주시기 바랍니다.
※ 단기주차장은 승용차전용 구역입니다.

① 18,400원 　　　② 20,400원
③ 21,700원 　　　④ 22,600원
⑤ 24,000원

35

다음은 甲국 도시 A~F의 폭염주의보 발령일수, 온열질환자 수, 무더위 쉼터 수 및 인구수에 관한 자료이다. 이에 대한 〈보기〉의 설명 중 옳은 것을 모두 고른 것은?

〈甲국 도시별 자료〉

구분 도시	폭염주의보 발령일수(일)	온열 질환자 수(명)	무더위 쉼터 수(개)	인구수 (만 명)
A	90	55	92	100
B	30	18	90	53
C	50	34	120	89
D	49	25	100	70
E	75	52	110	80
F	24	10	85	25

전체	( )	194	597	417

◀ 보기 ▶

ㄱ. 무더위 쉼터가 100개 이상인 도시 중 인구수가 가장 많은 도시는 C이다.

ㄴ. 인구수가 많은 도시일수록 온열질환자 수가 많다.

ㄷ. 온열질환자 수가 가장 적은 도시와 인구수 대비 무더위 쉼터 수가 가장 많은 도시는 동일하다.

ㄹ. 폭염주의보 발령일수가 전체 도시의 폭염주의보 발령일수 평균보다 많은 도시는 2개이다.

① ㄱ, ㄴ   ② ㄱ, ㄷ

③ ㄴ, ㄹ   ④ ㄱ, ㄷ, ㄹ

⑤ ㄴ, ㄷ, ㄹ

36

다음은 서울교통공사 1호선 개집표기시설물 현황이다. 자료의 내용에 관한 서술로 적절하지 않은 것은?

〈1호선 개집표기시설물 현황〉

역명	턴스타일게이트				스피드게이트
	소계	EN	REV	FL	설치
서울역(1)	46	10	30	6	5
시청(1)	0	0	0	0	4
종각	37	6	27	4	5
종로3가	34	5	24	5	4
종로5가	31	4	23	4	3
동대문	32	( )	22	5	5
신설동(1)	25	4	17	4	5
제기동	20	4	13	3	2
청량리	36	8	23	5	3
동묘앞	12	2	8	2	2
합계	273	48	187	38	38

① 동대문에는 EN이 5개 설치되어 있다.

② 1호선에는 스피드게이트가 설치되지 않은 역은 없다.

③ 시청(1)에는 턴스타일게이트만 설치되어 있다.

④ 턴스타일게이트가 스피드게이트보다 7배 이상 설치되었다.

⑤ REV가 가장 많이 설치된 역은 서울역(1)이다.

37

다음은 1~8호선 레일누적통과톤수 현황이다. 바르지 않은 것은?

〈1~8호선 레일누적통과톤수 현황〉

(단위 : 백만톤)

호선	레일누적통과톤수		
	평균	최대	최소
1호선	549.8	1,243.10	45.7
2호선	496.3	1,310.70	48.1
3호선	609.2	1,026.10	36.2
4호선	651.2	1,341.10	40.8
5호선	530.8	640.1	267.8
6호선	347.3	363.4	327.1
7호선	394.3	545.5	70.3
8호선	296	326.6	252.4

※ 2호선은 순환선 기준이다.

① 평균 레일누적통과톤수가 가장 많은 노선은 4호선이다.

② 최대 레일누적통과톤수가 가장 많은 노선과 최소 레일누적통과톤수가 가장 적은 노선의 차이는 30배 이상이다.

③ 레일누적통과톤수가 최대일 때와 최소일 때의 차이가 가장 큰 노선은 4호선이다.

④ 최소 레일누적통과톤수가 세 번째로 적은 노선은 4호선이다.

⑤ 1~4호선과 5~8호선 최대 레일누적통과톤수는 뚜렷한 차이가 난다.

38

다음은 수면제 A~D를 사용한 불면증 환자 甲~戊의 숙면시간을 측정한 결과이다. 이에 대한 〈보기〉의 설명 중 옳은 것을 모두 고른 것은?

〈수면제별 숙면시간〉

(단위 : 시간)

수면제 \ 환자	甲	乙	丙	丁	戊	평균
A	5.0	4.0	6.0	5.0	5.0	5.0
B	4.0	4.0	5.0	5.0	6.0	4.8
C	6.0	5.0	4.0	7.0	( )	5.6
D	6.0	4.0	5.0	5.0	6.0	( )

◀ 보기 ▶

ㄱ. 평균 숙면시간이 긴 수면제부터 순서대로 나열하면 C, D, A, B 순이다.

ㄴ. 환자 乙과 환자 戊의 숙면시간 차이는 수면제 C가 수면제 B보다 크다.

ㄷ. 수면제 B와 수면제 D의 숙면시간 차이가 가장 큰 환자는 甲이다.

ㄹ. 수면제 C의 평균 숙면시간보다 수면제 C의 숙면시간이 긴 환자는 2명이다.

① ㄱ, ㄴ ② ㄱ, ㄷ
③ ㄴ, ㄹ ④ ㄱ, ㄴ, ㄷ
⑤ ㄴ, ㄷ, ㄹ

39

다음은 A기업 지원자의 인턴 및 해외연수 경험과 합격 여부에 관한 자료이다. 이에 대한 〈보기〉의 설명 중 옳은 것을 모두 고른 것은?

〈A기업 지원자 자료〉

(단위 : 명, %)

인턴 경험	해외연수 경험	합격여부		합격률
		합격	불합격	
있음	있음	53	414	11.3
	없음	11	37	22.9
없음	있음	0	16	0.0
	없음	4	139	2.8

※ 합격률(%) = $\dfrac{\text{합격자수}}{\text{합격자수} + \text{불합격자수}} \times 100$

※ 합격률은 소수점 아래 둘째 자리에서 반올림한 값임

◀ 보기 ▶

ㄱ. 해외연수 경험이 있는 지원자가 해외연수 경험이 없는 지원자보다 합격률이 높다.

ㄴ. 인턴 경험이 있는 지원자가 인턴 경험이 없는 지원자보다 합격률이 높다.

ㄷ. 인턴 경험과 해외연수 경험이 모두 있는 지원자 합격률은 인턴 경험만 있는 지원자 합격률의 2배 이상이다.

ㄹ. 인턴 경험과 해외연수 경험이 모두 없는 지원자와 인턴 경험만 있는 지원자 간 합격률 차이는 30%p보다 크다.

① ㄱ, ㄴ ② ㄱ, ㄷ
③ ㄴ, ㄷ ④ ㄱ, ㄴ, ㄹ
⑤ ㄴ, ㄷ, ㄹ

40

다음은 1호선 지하역사 공기질 측정결과이다. 자료를 잘못 이해한 것은?

〈1호선 공기질 측정결과〉

역사명	유지기준			
	PM-10	CO_2	HCHO	CO
	$\mu g/m^3$	ppm	$\mu g/m^3$	ppm
기준치	140	1,000	100	9
1호선 평균	89.0	561	8.6	1.0
서울역	82.6	522	6.5	0.9
시청	96.3	691	5.5	0.9
종각	93.0	515	6.9	1.0
종로3가	83.9	496	7.6	1.1
종로5가	92.6	646	11.2	0.9
동대문	89.2	565	9.3	1.1
동묘앞	77.5	560	10.1	1.2
신설동	92.0	574	7.9	1.0
제기동	98.0	528	9.7	0.9
청량리	84.9	518	11.4	1.4

① 1호선은 기준치보다 낮은 측정되었다.

② CO_2 농도가 가장 낮은 역은 청량리역이다.

③ PM-10이 가장 많이 검출된 역과 가장 적게 검출된 역의 차이는 $20.5\mu g/m^3$이다.

④ 서울역은 1호선 평균보다 낮게 검출되었다.

⑤ CO가 가장 많이 검출된 역은 가장 적게 검출된 역보다 0.5ppm 많게 검출되었다.

PUBLIC
SERVICE
APTITUDE
TEST

CHAPTER **03** 문제해결

정답 ①

■ 두 개의 자료를 구분해서 참고해야 한다.
■ 비율을 구하는 방법에 유의하면서 풀이하여야 한다.

대표예제

다음 자료에 대한 설명으로 가장 적절한 것은?

〈자료 1〉 국가별 대기업 대비 중소기업 임금비율

(단위 : %)

A국가	B국가	C국가	D국가	E국가	F국가	G국가	H국가	I국가	J국가
38.2	41.3	45.7	50.0	59.3	67.2	69.4	70.9	80.0	83.0

※ 10~19인 기업 노동자 임금을 250인 이상 기업 노동자 임금으로 나눈 비율

〈자료 2〉 국가별 기업 규모에 따른 고용비율

(단위 : %)

구분	A국가	B국가	C국가	D국가	E국가	F국가	G국가	H국가	I국가	J국가
1~9인 기업	31.0	43.4	59.4	13.1	10.2	23.5	17.9	45.9	21.0	2.0
250인 이상 기업	36.7	12.8	11.6	47.3	58.7	33.0	46.9	20.9	28.6	67.0

※ 국가별 전체 기업의 고용에서 해당 규모의 기업이 차지하는 비율

① 제시된 국가 중 10인 이상 250인 미만의 고용 비율이 과반인 국가는 I국가뿐이다.
② 대기업 대비 중소기업 임금비율이 높을수록 250인 이상 기업의 고용비율이 높다.
③ D국가의 10~19인 기업 노동자 임금은 250인 이상 기업 노동자 임금과 같다.
④ 250인 이상 기업 노동자 임금이 10~19인 기업 노동자 임금의 1.2배 미만인 국가는 1개뿐이다.
⑤ C국가의 10인 이상 250인 미만 기업의 고용비율은 39.0%이다.

정답해설

〈자료 2〉에서 I국가만 10인 이상 250인 미만의 고용 비율이 100−21.0−28.6=50.4%로 비율이 과반이다.

오답해설

② 〈자료 1〉에서 대기업 대비 중소기업 임금비율은 A국가보다 B국가가 높다는 것을 알 수 있다. 그러나 〈자료 2〉에서 250인 이상 기업의 고용비율은 A국가보다 B국가가 낮다는 것을 알 수 있다.

③ D국가의 경우 $\dfrac{10\sim19인\ 기업\ 노동자\ 임금}{250인\ 이상\ 기업\ 노동자\ 임금}\times100=50.00$이므로 D국가의 10~19인 기업 노동자 임금은 250인 이상 기업 노동자 임금의 절반 수준이다.

④ 250인 이상 기업 노동자 임금이 10~19인 기업 노동자 임금의 1.2배 미만인 국가는 자료에는 없다. 가장 근접한 J국가의 경우 $\dfrac{100}{83}\fallingdotseq1.205$배이므로 1.2배가 넘는다.

⑤ 〈자료 2〉에서 C국가의 10인 이상 250인 미만 기업의 고용비율은 100−59.4−11.6=29.0%이다.

정답 ①

01

다음은 甲국 5개 국립대학의 세계대학평가에 관한 자료이다. 〈표〉를 이용하여 세계대학평가 결과에 대한 〈보고서〉를 작성하였다. 제시된 〈표〉 이외에 〈보고서〉 작성을 위하여 추가로 필요한 자료를 〈보기〉에서 고른 것은?

〈표 1〉 2018년 甲국 국립대학의 세계대학평가 결과

대학		A	B	C	D	E
국내순위		14	21	23	24	25
세계순위		182	240	253	287	300
총점		28.2	24.9	24.4	21.8	17.1
부문별 점수	교육	27.8	23.9	21.2	21.0	21.7
	연구	28.2	25.6	19.9	20.1	19.9
	논문인용도	28.4	25.1	30.2	23.6	11.6

※ 총점은 5개 부문별 (부문별 점수×부문별 가중치)/100 값의 합임

〈표 2〉 2017~2018년 甲국 ○○대학의 세계대학평가 세부지표별 점수

부문(가중치)	세부지표(가중치)
교육(30)	평판도 조사(15)
	교원당 학생 수(10)
	교원당 박사 비율(2.5)
	재정 규모(2.5)
연구(30)	평판도 조사(18)
	교원당 연구비(6)
	교원당 학술논문 수(6)
논문인용도(40)	논문인용도(40)

※ ○○대학은 A~E대학 중 한 대학임

　최근 글로벌 대학평가기관이 2018년 세계대학평가 결과를 발표했다. 이 평가는 전 세계 1,250개 이상의 대학을 대상으로 교육, 연구, 산학협력, 국제화, 논문인용도 등 총 5개 부문, 13개 세부지표를 활용하여 수행된다.

　2018년 세계대학평가 결과, 1~3위는 각각 F대학(乙국), G대학(乙국), H대학(丙국)으로 전년과 동일하였으나, 4위는 I대학('丙국)으로 전년도 5위에서 한 단계 상승했고 5위는 2017년 공동 3위였던 J대학(丙국)으로 나타났다. 아시아 대학 중 최고 순위는 K대학(丁국)으로 전년보다 8단계 상승한 세계 22위였으며, 같은 아시아 국가인 甲국에서는 L대학이 세계 63위로 甲국 대학 중 가장 높은 순위를 차지하였다.

　2018년 甲국의 5개 국립대학 중에서는 A대학이 세계 182위, 국내 14위로 가장 순위가 높았는데, 논문인용도를 제외한 나머지 4개 부문별 점수에서 5개 국립대학 중 가장 높은 점수를 받았다. 한편, C대학은 연구와 산학협력 부문에서 2017년 대비 점수가 대폭 하락하여 순위 또한 낮아졌다.

ㄱ. 2017~2018년 세계대학평가 순위
ㄴ. 2017~2018년 세계대학평가 C대학 세부지표별 점수
ㄷ. 2017~2018년 세계대학평가 세부지표 목록
ㄹ. 2017~2018년 세계대학평가 A대학 총점

① ㄱ, ㄴ
② ㄱ, ㄷ
③ ㄴ, ㄷ
④ ㄴ, ㄹ
⑤ ㄷ, ㄹ

02

甲이 업체와 원단 및 티셔츠에 프린팅할 도안을 결정하고자 한다. 다음의 자료를 참고하여 75만 원 이하의 금액으로 단체복 95장을 제작하고자 할 때, 직원들이 회의에서 언급할 수 있는 내용으로 적절하지 않은 것은?

〈단체복 관련 투표 현황〉

구분		투표 결과(명)
원단	면 20수	31
	기능성	37
	T/C	27
프린팅	도안1(소, 2색상)	24
	도안2(소, 3색상)	28
	도안3(중, 2색상)	30
	도안4(대, 1색상)	13

※ 총 95명을 대상으로 진행하였음

〈단체복 제작 업체별 장당 가격 비교〉

(단위 : 원)

구분		A업체	B업체	C업체
원단	면 20수	4,800	5,100	4,500
	기능성	7,400	7,500	7,000
	T/C	7,000	7,100	6,500
도안 프린팅 (색상당)	소	250	150	300
	중	350	250	400
	대	450	300	500
배송비		20,000	없음	50,000 (100장 이상시 무료)

※ 프린팅 색상 추가 시 색상 수를 기준으로 n배 부과함(예 A업체의 도안 프린팅 대, 2색상일 경우＝450원×2색)

※ 100장 미만으로 프린팅 하더라도 최소 프린팅 100장에 대한 금액을 부과함

※ 기능성 티셔츠는 땀을 잘 흡수하여 건조가 빨리 이루어짐

※ T/C는 폴리에스테르 60%, 면 40%의 합성섬유이며, 착용감이 좋고 땀 흡수력이 좋음

① 가장 많은 투표를 얻은 기능성 원단과 도안3의 조합으로 진행할 경우, 예산이 부족합니다.

② 기능성 원단 대신 면 20수 원단과 도안3의 조합은 어떨까요? 투표 결과가 6표 차이로 큰 차이가 없으며, 비용은 20만 원 이상 절감할 수 있습니다.

③ 단체복의 수량을 100장으로 변경하고 기능성 원단과 도안1의 조합으로 진행할 경우, C업체에서는 정해진 예산 내에서 제작 가능합니다.

④ 기능성 원단과 도안2의 조합으로 진행할 경우 예산이 부족하지만, 기능성 원단과 도안1의 조합으로 변경한다면 B업체에서는 예산 내 제작이 가능합니다.

⑤ 투표 결과를 고려하지 않는다면, T/C소재 원단과 도안4 조합으로 제작하는 경우 예산 내에서 제작 가능합니다.

03

다음은 20X1년 3월 사회인 축구리그 경기일별 누적승점에 대한 자료이다. 〈표〉와 〈조건〉에 근거한 설명으로 옳지 않은 것은?

〈표〉 경기일별 경기 후 누적승점

(단위 : 점)

경기일 \ 팀	A	B	C	D	E	F
9일(토)	3	0	0	3	1	1
12일(화)	6	1	0	3	2	4
14일(목)	7	2	3	4	2	5
16일(토)	8	2	3	7	3	8
19일(화)	8	5	3	8	4	11
21일(목)	8	8	4	9	7	11
23일(토)	9	9	5	10	8	12
26일(화)	9	12	5	13	11	12
28일(목)	10	12	8	16	12	12
30일(토)	11	12	11	16	15	13

◀ 조건 ▶

• 팀별로 다른 팀과 2번씩 경기한다.
• 경기일별로 세 경기가 진행된다.
• 경기일별로 팀당 한 경기만 진행한다.
• 승리팀은 승점 3점을 얻고, 패배팀은 승점 0점을 얻는다.
• 무승부일 경우 두 팀 모두 각각 승점 1점을 얻는다.
• 3월 30일 경기후 누적승점이 가장 높은 팀이 우승팀이 된다.

① A팀과 C팀은 승리한 횟수가 같다.

② B팀은 화요일에는 패배한 적이 없다.

③ 모든 팀이 같은 경기일에 무승부를 기록한 적이 있다.

④ C팀은 3월 14일에 E팀과 경기하여 승리하였다.

⑤ 3월 30일 경기결과가 달라져도 우승팀은 바뀌지 않는다.

04

다음 중 고객명과 해당 고객에게 지불될 손해배상액이 잘못 연결된 것은? (단, 한 달은 30일, 1년은 360일로 계산한다.)

〈주요 품목별 내용연수등급〉

품목 예시	내용연수등급
셔츠류	2
스카프	3
정장	4
모자	1
소파	5

〈내용연수등급에 따른 물품사용일수별 손해배상비율표〉

등급	70%	50%	35%
1	45~134	135~224	225~314
2	89~268	269~488	449~628
3	134~403	404~673	674~943
4	178~537	538~897	898~1,257
5	223~672	673~1,122	1,123~1,572

※ 내용연수등급과 물품사용일수에 따라 배상비율을 결정함. 물품사용일수는 물품구입일로부터 사용여부에 상관없이 세탁의뢰일까지 계산한 일수를 의미함

※ 손해배상액＝물품구입가격×배상비율(배상비율표 참조)

〈손해배상 청구 고객목록(2019.09.25. 기준)〉

고객명	대상 품목	물품구입가격	물품구입일	세탁의뢰일
B	와이셔츠	45,000원	2019.03.25.	2019.09.20.
C	캡모자	10,200원	2018.12.02.	2019.09.15.
D	소파	486,900원	2019.01.05.	2019.09.11.
E	스카프	109,000원	2017.02.27.	2019.09.07.
F	신사 정장	590,000원	2017.10.30.	2019.09.23.

	고객명	손해배상액
①	B	27,000원
②	C	3,570원
③	D	340,830원
④	E	38,150원
⑤	F	295,000원

05

다음은 2020년 10월에 발표된 甲국의 청년(15~29세)의 고용지표에 관한 자료이다. 다음 중 제시된 자료에 대한 설명으로 옳은 것은?

〈자료 1〉 3월 기준 청년 고용지표

(단위 : %, 천 명)

구분	2016년	2017년	2018년	2019년	2020년
고용률	39.8	40.5	41.4	42.0	42.5
실업률	10.7	11.8	11.3	11.6	10.0
실업자 수	445	510	489	507	480

※ 고용률은 15~29세 인구 중 취업자가 차지하는 비율이며, 실업률은 경제활동인구 중 실업자가 차지하는 비율을 의미함

※ 경제활동인구＝취업자＋실업자

〈자료 2〉 12월 기준 청년 고용지표

(단위 : %, 천 명)

구분	2016년	2017년	2018년	2019년	2020년
고용률	41.2	41.7	42.1	42.7	－
실업률	9.1	9.8	10.0	9.5	－
실업자 수	389	426	430	408	－

① 2019년 12월 실업률은 전년 동월 대비 5% 증가하였다.

② 2017년 12월 경제활동인구는 426만 명 이상이다.

③ 2017년 3월 실업자 중 3천 명은 2019년 3월까지 취업을 하였다.

④ 2016년~2019년 동안 3월 실업률이 낮은 연도일수록 12월 실업률도 낮다.

⑤ 2016년~2019년 동안 12월 고용률이 높은 연도일수록 12월 실업률도 낮다.

06

A는 상사의 4월 첫째 주 B국 출장을 위해 C국의 E공항을 경유하는 여정으로 항공권을 예약하려 한다. 각 국가의 해외 입국자에게 대한 조치사항이 다음과 같을 때, A 사원이 상사에게 보고한 내용으로 적절하지 않은 것은? (단, B국 입국은 D공항을 통한 여정이다.)

〈국가별 해외 입국자에 대한 조치 현황〉

국가	조치사항
B국	1. 모든 외국인에게 발급된 기존비자 효력 중단(단, 외교관, 관용, 국제기구, 승무원, 고용비자는 기존 비자로 입국 가능) 2. 2월 15일 이후 한국, G국, H국, I국, J국, K국, L국을 방문한 여행객에 대해 최소 14일간 별도 시설 또는 자가 격리 조치 (1) 고용비자로 입국하는 경우, 개별적으로 건강상태를 점검하여 증상정도에 따라 자가 또는 시설 격리 가능 (2) D공항으로 입국할 경우, 한국, G국, H국, I국, J국, K국, L국을 방문 후 입국한 내·외국인 중 유증상자는 격리치료 시설로 이동함. 무증상자 중 60세 이상, 당뇨, 고혈압 또는 천식환자는 병원이나 호텔에 격리하고 그 외 무증상자는 자가 격리 조치 3. 3월 10일 이후 한국, G국을 방문한 여행객의 경우, 입국 시 전염병 음성 확인서 제출 필요
C국	1. 한국, G국, H국, I국, J국발 모든 승객 대상 아래 서류 제출 후 탑승권 발권 가능 (1) 전염병 음성결과 확인서(출국 48시간 이내 발행) (2) 건강 확인서(출국 48시간 이내 발행) (3) 여행자보험(질병 시 총 10만 불 이상 보장 보험) 　• 단순 인천공항 환승 승객 및 E공항 환승 승객의 경우 상기 조치 미적용 　• 단, E항공은 항공사 정책상 한국발 비행기의 경우 환승 승객도 상기와 동일한 조건의 음성 확인서 및 건강 확인서를 요구함 2. 입국 시 발열검사 등 건강체크 및 보건부 질의서 작성. 유증상(발열, 콧물 등)시 병원으로 이송되고, 무증상시 14일간 의무 자가 격리 (1) 12시간 이내에 한국에서 환승하여 C국으로 입국하는 경우 의무적 자가 격리 대상에 해당하지 않음

※ 특정 지역의 전염병 발병으로 인하여 B국과 C국은 해외 입국자에 대해 다음과 같은 조치를 취하고 있음

① 당뇨, 고혈압, 천식이 있다면 전염병 증상이 없어도 D공항 입국 후 시설 상태를 확인하기 어려운 병원이나 호텔이 격리될 수 있습니다. 당뇨, 고혈압, 천식이 있다면 격리시설로 지정된 병원이나 호텔의 상황을 알아보겠습니다.

② D공항 입국 시, 기저 질환 없는 무증상자도 최소 14일간 자가 격리를 해야 하는 점을 고려해서 출장 기간을 넉넉하게 잡는 것이 좋을 것 같습니다.

③ 지난 출장 시 받은 B국 비자는 효력이 중단되어 새로운 비자를 발급받으셔야 합니다.

④ B국 입국을 위해 C국의 E공항을 경유하는 여정이라면, 비행기 출발 48시간 전에 전염병 음성 확인서와 건강 확인서를 수령해야하므로 수령 시간을 고려하여 검사 일정을 잡겠습니다.

⑤ 의무 사항은 아니지만 만일의 상황에 대비하여 질병 시 10만 불 이상 보장되는 여행자 보험을 준비하겠습니다.

07

다음 자료는 甲사업에 지원한 A~E 유치원 현황과 사업 선정절차에 대한 자료이다. 이에 대한 〈보기〉의 설명 중 옳은 것을 모두 고른 것은?

〈표〉 A~E 유치원 현황

유치원	원아수(명)	교사(명)	교사평균 경력(년)	교실 수(개)	통학 차량 수(대)
A	132	12	2.1	5	3
B	160	6	4.5	7	2
C	120	7	3.1	5	1
D	170	12	4.0	7	2
E	135	9	2.9	6	2

◀ 선정절차 ▶

• 1단계 : 아래 4개 조건을 모두 충족하는 유치원을 예비 선정한다.
 – 교실조건 : 교실 1개당 원아수가 25명 이하여야 한다.
 – 교사조건 : 교사 1인당 원아수가 15명 이하여야 한다.
 – 차량조건 : 통학 차량 1대당 원아수가 100명 이하여야 한다.
• 2단계 : 예비 선정된 유치원 중 교사평균경력이 가장 긴 유치원을 최종 선정한다.

◀ 보기 ▶

ㄱ. A 유치원은 교사조건, 차량조건을 충족한다.
ㄴ. 甲사업에 최종 선정되는 유치원은 D이다.
ㄷ. C 유치원은 원아수를 15% 줄이면 차량조건을 충족하게 된다.
ㄹ. B 유치원이 교사경력 4.0년 이상인 교사 6명을 증원한다면 B 유치원이 甲사업에 최종 선정된다.

① ㄱ, ㄴ   ② ㄱ, ㄷ
③ ㄷ, ㄹ   ④ ㄱ, ㄴ, ㄹ
⑤ ㄴ, ㄷ, ㄹ

08

A의학연구소는 다음의 〈채용 공고〉를 바탕으로 경력직 연구원을 채용하였다. 우대자격요건을 고려하여 채용한 연구원 5인의 프로필이 아래와 같을 때, 각 연구원과 모집분야의 연결로 가장 적절한 것은?

〈채용 공고〉

모집분야		내용
고령화 대응기술	직무내용	노화세포 적중기술을 이용한 노화세포 제거 약물 개발
	우대자격 요건	• 분자생물학/세포생물학 등 석·박사 학위 소지자 • 노화세포 제거기술 및 활용기술 개발 유경험자
슈퍼 박테리아	직무내용	세균 감염성 동물모델 기술 개발
	우대자격 요건	• 미생물학/수의학/의학 등 석·박사 학위 소지자 • 수의사면허증 소지자
유전자 발현	직무내용	유전체맞춤 의료 연구
	우대자격 요건	• 생물학/생명공학 등 석·박사 학위 소지자 • 관련프로젝트 수행 경력 우대
유전자 치료제	직무내용	면역조절 유전자치료제 개발
	우대자격 요건	• 생물학/생명공학 등 석·박사 학위 소지자 • 줄기세포 관련 연구 경력

〈신규 채용연구원 프로필〉

구분	최종 학위	최종학위 논문	참여 프로젝트 및 자격증
A	수의학 석사	세균감염의 역할에 관한 연구	수의사 면허증
B	분자생물학 박사	세포노화 형질의 감소 효과 실험	항노화 물질 발굴 국책과제 참여
C	생명공학 석사	지방조직에서 유전체 분석	뇌질환 분석기술 보유
D	생명공학 박사	면역세포 치료 시 필수 유전자 규명	신경줄기세포 프로젝트 참여
E	생물학 박사	유전체 데이터를 이용한 예후 예측연구	유전자발현 분석 국책과제 참여

연구원	모집분야
① A	고령화대응기술 분야
② B	유전자치료제 분야
③ C	유전자치료제 분야
④ D	슈퍼박테리아 분야
⑤ E	유전자발현 분야

09

다음 자료에 관한 설명으로 옳은 것은?

〈국가별 X바이러스 발생현황〉

국가	확진자수 (명)	확진자수 비율	확진자 증감 (전일대비)	사망자수 (명)
A	6,830	0.52%	▲387	401
B	5,921	0.44%	▲109	36
C	5,640	0.43%	▲130	58
D	5,389	0.41%	▲658	46
E	5,111	0.39%	▲507	158

※ 사망률 = $\dfrac{\text{사망자수}}{\text{확진자수}} \times 100$

① 전일 대비 확진자 증감이 가장 큰 국가와 확진자수 비율이 가장 큰 국가는 모두 D국이다.
② B국가의 X바이러스감염증 사망률은 0.7% 이상이다.
③ C국가의 인구수는 130만 명 이하이다.
④ 모든 국가의 X바이러스감염증 사망률은 6% 미만이다.
⑤ A국의 사망자수는 다른 국가 사망자수의 합보다 적다.

10

H연구원은 금년도 온라인 콘텐츠의 불법 유통 실태 보고서를 작성 중이다. 제시된 자료를 토대로 H연구원이 보고서에 언급할 내용으로 가장 알맞은 것은?

〈불법 디지털콘텐츠 관련 기사〉

지난 11월 18일 G사 스트리밍 사이트에 올라온 '음원차트 20××년 11월 2주차 TOP1~20 듣기' 동영상이 화제다. 해당 영상에는 음원유통서비스를 전문으로 하는 M사가 집계한 인기 순위 노래들이 그대로 담겨 있다. M사에서는 돈을 내고 들어야 하지만 G사 스트리밍 사이트를 통한다면 무료로 이용할 수 있다. 일부 네티즌들은 해당 콘텐츠를 두고 G사 자체에서 스트리밍 서비스를 차단해야 하는 것이 아니냐며 댓글을 남기기도 했다.

〈자료 1〉 20××년 온라인 콘텐츠별 불법 유통량

(단위 : 천 건)

구분	1분기	2분기	3분기	4분기
음악	20,048	21,247	26,569	31,056
영화	2,249	2,640	2,724	2,620
방송	4,979	5,406	4,990	5,208
출판 (웹툰 포함)	1,699	1,890	2,168	1,300
게임	269	301	329	290
전체	29,224	31,484	36,780	40,474

〈자료 2〉 20××년 사용자별 온라인 콘텐츠 불법 유통 경로

(단위 : 만 건)

구분		웹하드	P2P	모바일 앱	스트리밍 사이트
성별	남성	250	230	203	317
	여성	200	190	294	316
연령	10대	93	98	82	154
	20대	88	116	134	176
	30대	81	126	118	103
	40대	97	41	85	109
	50대 이상	91	39	78	91

① 3분기의 전체 온라인 콘텐츠 불법 유통량은 2분기에 비해 약 18% 증가했다.

② 방송을 제외한 모든 온라인 콘텐츠의 불법 유통량은 분기마다 증가했다.

③ 각 연령층에서 가장 큰 비중을 차지하는 온라인 콘텐츠 불법 유통 경로는 스트리밍 사이트이다.

④ 전체 온라인 콘텐츠 불법 유통 경로 중에서 웹하드를 이용하는 여성의 수는 모바일 앱을 이용하는 10대와 30대를 합친 값과 비슷하다.

⑤ 관련 기사의 내용을 참고할 때, 3분기 음악 콘텐츠의 불법 유통량 증가는 스트리밍 사이트의 음악 동영상 게시와 관련이 있다고 볼 수 있다.

11

다음은 1996~2015년 생명공학기술의 기술분야별 특허건수와 점유율에 관한 자료이다. 〈표〉와 〈조건〉에 근거하여 A~C에 해당하는 기술분야를 바르게 나열한 것은?

〈표〉 생명공학기술의 특허건수와 점유율

(단위 : %)

구분	미국 점유율	한국 점유율
생물공정기술	36.8	6.2
자원탐색기술	26.1	16.0
A	45.6	20.6
생물농약기술	42.8	6.9
B	8.1	20.6
단백질체기술	35.1	5.3
C	16.8	26.9

◀ 조건 ▶

- 발효식품기술과 환경공학기술은 미국보다 한국의 점유율이 높다.
- 환경공학기술에 대한 한국의 점유율은 25% 이상이다.

	A	B	C
①	유전체기술	발효식품기술	환경공학기술
②	유전체기술	환경공학기술	발효식품기술
③	발효식품기술	유전체기술	환경공학기술
④	환경공학기술	발효식품기술	유전체기술
⑤	환경공학기술	유전체기술	발효식품기술

12

A회사 제품개발팀은 신제품 개발을 위해 관련 부서 담당자들과 1시간 30분 동안 회의를 진행하고자 한다. 마케팅기획팀 O사원은 다음 자료를 참고하여 전원 참석 가능한 때로 회의실을 예약하려고 할 때, 예약 날짜와 시간으로 적절한 것은?(단, 업무시간은 월~금 평일 9시부터 18시까지이며, 공휴일은 제외한다.)

〈신제품 개발 관련 회의 참석자 업무 스케줄〉

유관부서	담당자	1월 업무 스케줄
마케팅기획팀	H과장	3일 : 출장
	O사원	11일 : 13시~16시 외근
제품개발팀	K주임	16일 : 13시~19시 외근
	P사원	18일 : 출장

경영지원팀	L과장	18일, 21~22일 : 휴가
	C주임	29일 : 휴가
예산팀	J과장	9일 : 출장
	P대리	14일 : 휴가

〈회의실 사용 현황표 – 1월〉

월	화	수	목	금
	1 신정	2	3	4 마케팅기획팀 (13~15시)
7	8 예산팀 (11~12시)	9	10	11 제품개발팀 (10~12시)
14	15 부서장회의 (09~12시)	16	17 경영지원팀 (14~16시)	18
21	22	23 공휴일	24 설날	25 공휴일
28	29	30 월말보고회 (13~15시)	31 워크숍 준비 (09~18시)	

※ 점심시간(12:00~13:00)에는 회의실을 사용할 수 없다.
※ 매주 월요일 임원진 주례회의 진행으로 회의실을 사용할 수 없다.

	예약 날짜	예약 시간
①	4일	14:00
②	8일	10:00
③	11일	15:30
④	15일	13:30
⑤	16일	14:00

13

다음은 도시가스 요금표를 나타낸 것이다. 이를 토대로 할 때 〈보기〉에서 옳은 것을 모두 고른 것은?

〈도시가스 요금표〉

(단위 : 원/MJ, 부가세 별도)

	주택용				업무용
	기본요금	취사용	난방용		
			단독주택용	아파트용	
서울	1,000	15.93	15.93	15.93	16.20
경기	850	16.26	16.22	16.22	16.47
광주	750	15.83	15.83	17.03	16.97

※ 도시가스요금=(기본요금+사용량×단가)+부가세(10%)
※ 업무용은 기본요금을 면제하며, 모든 도시가스 요금의 100원 미만은 절사한다.
※ 회사는 모두 업무용 도시가스를 사용한다고 가정한다.

◀ 보기 ▶

ㄱ. 서울에 위치한 A사의 12월 도시가스 사용량이 1,500MJ일 때 12월 도시가스 요금은 26,500원이다.

ㄴ. 경기도의 한 아파트에 거주 중인 B씨의 경우 12월 난방용 도시가스 사용량이 2,400MJ일 때 12월 도시가스 요금은 43,700원이다. 단, B씨의 12월 취사용 도시가스 사용량은 0MJ이다.

ㄷ. 광주에 위치한 단독주택에 거주 중인 C씨의 12월 도시가스 요금은 71,100원이 나왔다. 취사용과 난방용의 사용량이 동일하다고 가정했을 때 취사용으로 2,000MJ 이상 사용하였을 것이다.

① ㄱ
② ㄴ, ㄷ
③ ㄱ, ㄴ
④ ㄷ
⑤ ㄱ, ㄷ

14

K사 전략기획팀은 상생협력을 이루기 위해 타사의 성공적인 비즈니스 모델에 대해 분석하고 있다. 아래에 제시된 내용을 바탕으로 비즈니스 모델을 분석한 것으로 적절하지 않은 것은?

〈농업인과 협력하는 BA커피〉

BA커피는 기업이 고객에게 가치를 제안하기 위해 온·오프라인 매장과 같은 채널을 이용하여 상품이나 서비스를 전달하고 소통, 유통, 영업 등을 이루고 있다. 가치제안을 만들고 비즈니스의 원활한 진행을 위해 필요한 활동을 핵심활동이라 하는데, BA커피의 핵심활동은 사회적 공헌이 가능한 제품을 생산하는 일이다. 핵심자원은 비즈니스가 원활히 진행되기 위해 필요한 자원을 말하는데, 생산 장비 등의 물적 자원뿐만 아니라 브랜드 이미지와 같은 무형적인 자원이나 인적 자원 등도 포함된다. 핵심파트너십은 자회사만으로는 부족한 일부 자원을 충족하기 위해 사업에 필요한 납품업체, 물류업체, 외부 연구소 등의 이해관계자들을 포함하며 농업인, 경기도 지자체, 영농조합법인 등은 모두 BA커피와 상생협력을 위한 핵심파트너십에 해당된다. 마지막으로 BA커피의 주요 고객층은 2030여성과 대학생, 직장인이기 때문에 식음료/푸드뿐만 아니라 텀블러 등의 MD판매 수익도 큰 수익원이 된다.

① 핵심파트너십 : 지자체, 역량을 갖춘 농업인, 영농조합법인
② 핵심활동 : 사회적 공헌이 가능한 제품을 생산
③ 핵심자원 : 고객 충성도가 높은 BA커피 브랜드 파워
④ 채널 : 빅데이터 기반의 마이BA리워드 시스템
⑤ 고객 : 2030여성, 대학생, 직장인

15

다음은 20X1년 화학제품 매출액 상위 9개 기업의 매출액에 대한 자료이다. 〈표〉와 〈조건〉에 근거하여 A~D에 해당하는 기업을 바르게 나열한 것은?

〈표〉 20X1년 상위 9개 기업의 매출액

(단위 : 십억 달러, %)

구분	화학제품 매출액	전년 대비 증가율	총매출액	화학제품 매출액 비율
비스프	72.9	17.8	90.0	81.0
A	62.4	29.7	( )	100.0
B	54.2	28.7	( )	63.2
자빅	37.6	5.3	39.9	94.2
C	34.6	26.7	( )	67.0
포르오사	32.1	14.2	55.9	57.4
D	29.7	10.0	( )	54.9
리오넬바셀	28.3	15.0	34.5	82.0
이비오스	23.2	24.7	48.2	48.1

※ 화학제품 매출액 비율(%) = $\dfrac{\text{화학제품 매출액}}{\text{총매출액}} \times 100$

◀ 조건 ▶

- 드폰과 KR화학의 20X0년 화학제품 매출액은 각각 해당 기업의 20X1년 화학제품 매출액의 80% 미만이다.
- 벡슨모빌과 시노텍의 20X1년 화학제품 매출액은 각각 총매출액에서 화학제품을 제외한 매출액의 2배 미만이다.
- 20X1년 총매출액은 포르오사가 KR화학보다 작다.
- 20X0년 화학제품 매출액은 자빅이 시노텍보다 크다.

	A	B	C	D
①	드폰	벡슨모빌	KR화학	시노텍
②	드폰	시노텍	KR화학	벡슨모빌
③	벡슨모빌	KR화학	시노텍	드폰
④	KR화학	시노텍	드폰	벡슨모빌
⑤	KR화학	벡슨모빌	드폰	시노텍

[16~17] 다음 자료를 보고 물음에 답하시오.

〈전기차 특허기술 세미나 일정〉

일시	2/3	2/4	2/5	2/6
09:00~12:00	개회식	환경마크 인증 심사	기술개발 실전사례	전기차 시장예측
12:00~14:00	점심식사			
14:00~18:00	특허의 이해와 활용	안전 기술	전기차와 사회문제	특허전략 A-Z

〈K사 정문 출발 – P홀행 버스 시간표〉

버스 번호	일자	출발시간	도착시간	가격(원)
A	2/3	07:00	08:00	50,000
B		18:00	20:00	39,000
C	2/4	07:00	08:30	55,000
D	2/5	08:30	13:00	20,000

〈출장 비용 기준〉

숙박 장소	1회 아침식사비(원)	1일 숙박비(원)
가(도보 20분)	3,000	32,000
나(도보 10분)	2,500	29,500
다(도보 15분)	4,000	31,500
라(도보 5분)	4,500	35,000

※ 보안을 위하여 한 사람이 동일한 숙박 장소에 2박 이상 체류하는 것을 금지함. 아침식사 비용은 숙박 후 체크아웃 시에만 지원되며, 점심 및 저녁식사 비용, K사로 돌아오는 교통편은 세미나 측에서 매일 제공하므로 출장 비용에 포함되지 않음

16

L대리는 P홀에서 열리는 전기차 특허기술 세미나에 출장을 가게 되었다. L대리는 세미나 일정 중에서 다음 주제의 세미나에 반드시 참석해야 한다는 지시를 받고 숙박을 고려하여 출장 일정을 계획하고 있다. L대리가 세미나에 참석하기 위해 필요한 최소 출장비용을 산출한 값으로 적절한 것은? (단, 아침식사는 숙박 시 반드시 먹는다고 가정한다.)

〈필수 참여 세미나 목록〉

- 환경마크 인증 심사
- 전기차와 사회 문제
- 특허전략 A-Z or 특허의 이해와 활용 중 택 1

① 85,000원   ② 114,000원

③ 114,500원　　　　④ 117,000원

⑤ 122,000원

17

기술개발팀 M사원은 다음과 같은 S팀장의 업무 요청 메일을 받았다. S팀장의 메일에 대한 M사원의 답변 내용으로 다음 중 적절하지 않은 것은?

〈S팀장의 메일 내용〉

제목 : 출장관련 업무 요청

　이번 전기차 특허기술 세미나의 강의를 위해 출장 교통편과 숙박 예약을 요청하고자 메일을 발송합니다. 먼저 교통편의 경우 아침 8시 이전에 자사 정문에서 출발하는 버스를 탑승할 수 있도록 예약 부탁합니다. 단, 장시간 버스를 타지 않는 것이면 좋겠습니다. 또한 숙박의 경우, 내가 맡은 강의 일정에 맞추어 P홀과 가장 가까운 숙소로 예약하면 됩니다. 교통편과 숙박의 비용은 고려하지 않아도 됩니다.

　그리고 M사원의 업무 일정을 확인하여 보조강사로 참여가 가능한 날짜로 알려주기 바랍니다. M사원이 보조강사로 참여할 강의는 제가 맡은 안전 기술, 기술개발 실전사례, 전기차 시장예측 강의입니다. 보조강사로 참여하게 된다면, 당일 오전 8시 전에 J연구원을 만나 관련 자료를 받아와야 합니다.

　M사원이 보조강사로 참석하는 경우, 도착시간과 출장 일정을 확인해야 하니 첨부하는 버스 시간표를 참고하여 탑승할 버스를 알려주고 세미나 일정을 확인하여 숙박 일정을 알려주기 바랍니다.

〈M사원의 답변 내용〉

　보내주신 메일에 대해 답변드립니다.

　㉠ 우선 팀장님의 세미나 참석을 위해 교통편은 2월 4일 C번 버스로 예약해두었습니다. 숙박의 경우 세미나 보안정책을 고려하여, 첫날에는 ㉡ 세미나 장소에서 도보로 가장 가까운 '라' 숙소를 이용하시고, 둘째 날에는 ㉢ 세미나 장소에서 두 번째로 가까운 '나' 숙소를 이용하시기 바랍니다.

　또한 문의주신 보조강사건과 관련하여 업무 일정을 검토한 결과 '안전 기술', '전기차 시장예측' 강의에 참석이 가능합니다. 이를 위해 ㉣ 저는 4일과 5일에 P홀 인근 숙박시설을 이용할 예정입니다. 또한 ㉤ 출발 당일인 4일에는 팀장님과 동일한 버스를 탑승한 후, 기술 자료를 위해 J연구원을 만날 예정입니다.

---

① ㉠　　　　　　　　　② ㉡

③ ㉢　　　　　　　　　④ ㉣

⑤ ㉤

18

다음은 철강제품(A~D)의 탄소함유량에 대한 자료이다. 〈표〉와 〈정보〉를 바탕으로 할 때 제품의 등급이 우수 이상(우수~최우수)인 제품의 수는?

〈표〉 철강제품 탄소함유량 정보 현황

제품	제품무게(g)	제품 1g당 탄소함유량(mg)	제품의 탄소함유량(mg)
A	1,000	6.0	（　）
B	1,200	14.0	（　）
C	800	8.5	（　）
D	1,500	20.0	（　）

〈정보〉 제품의 탄소함유량별 등급

등급	최우수	우수	보통	미달
탄소함유량(g)	4미만	4이상 8미만	8이상 16미만	16이상

※ 제품의 탄소함유량＝계수×제품무게×제품 1g당 탄소함유량(단, 계수는 0.625이다.)

① 1개　　　　　　　　② 2개

③ 3개　　　　　　　　④ 4개

⑤ 0개

19

다음은 甲과 乙의 항목별 연봉 자료이다. 이를 토대로 甲과 乙의 연봉 차이를 구하면?(단, 연봉은 자료에 주어진 항목의 총합이 된다.)

〈항목별 연봉〉

항목	甲	乙
기본급	5,000만 원	4,500만 원
상여금	기본급의 36%	기본급의 50%
추석선물비	150만 원	220만 원
휴가비	기본급의 5%	300만 원
연차수당	기본급의 6%	기본급의 8%
특근수당	기본급의 8%	기본급의 12%
교통비	기본급의 5%	기본급의 4%

① 100만 원 ② 150만 원

③ 200만 원 ④ 250만 원

⑤ 300만 원

20

K기업 H대리는 사내 연수 프로그램을 계획하고 있다. 다음 자료를 참고하여 사내 연수 프로그램 개최를 위해 H대리가 선정해야 할 교육대상자와 예약해야 할 교육장소로 적절하게 짝지어진 것은?

〈P회계 프로그램 활용 연수 안내〉

■ 대상자 : 동일한 내용을 이전에 교육받지 않은 모든 직원(출장, 회의 등 일정으로 부득이하게 참여할 수 없는 경우, 다음 연수에 참여 요망)

■ 기간 : 2020.3.16.(월)~2020.3.18.(수), 14:00~17:00(단, 연수는 3일 모두 참여해야 함)

■ 유의사항

• 2018년도부터 신입사원 연수(3월, 9월)에 'P회계 프로그램 활용 방안'이 포함되었으며, 올해 1월에 진행된 과장급 이상의 임원 연수에서도 동일 프로그램이 진행됨

• 관련 내용 교육을 이미 수강한 직원이나 수강 예정인 직원은 본 연수 대상에서 제외함

〈연수 참여 대상자 목록〉

성명	직위(연차)	출장일정	입사연월
A	사원(2년)	–	2018.1.
B	사원(3년)	2020.2.16.~2.20.	2017.9.
C	대리(1년)	2020.2.18.~2.21.	2015.9.
D	대리(1년)	2020.3.15.~3.17.	2016.3.
E	과장(3년)	2020.2.20.~2.23.	2011.3.

〈회의실 사용일정〉

날짜	회의실 1	회의실 2	회의실 3
3/16	10:00~11:00 전체 회의		
3/17		10:00~16:00 신입직원 채용면접	
3/18	11:00~12:00 임원 회의	10:00~16:00 경력직원 채용면접	

※ 회의실 3은 2020년 3월 6일부터 10일간 보수공사로 사용이 불가함

	교육대상자	교육장소
①	A, B	회의실 1
②	A, B	회의실 2
③	B, C	회의실 2
④	B, C	회의실 3
⑤	D, E	회의실 3

21

B사 회계팀 L과장은 〈M과장의 메일〉을 받고 A사와의 계약변경 후 달라질 금액을 산출하고 있다. 계약 변경 전에는 500개, 변경 후에는 400개의 X부품을 구매한다고 가정할 때, L과장이 보상금 및 로열티 금액을 계산한 것으로 적절한 것은? (단, A사 이외의 타사 X부품은 구매하지 않았다고 가정한다.)

〈M과장의 메일〉

안녕하세요. 법률자문3팀 K과장입니다. P위원회의 시정명령에 따른 A사와의 라이선스 계약 수정건을 전달해 드립니다.

우리 회사 Y제품에 적용되는 A사의 X부품 구매 보상금과 C기술 관련 라이선스의 기존 계약 내용은, 'A사는 B사가 전체 X부품 수요량의 90% 이상을 구매할 시 연간 X부품 구매액의 5%에 해당하는 보상금을 B사에 지급하고, B사는 A사의 C기술을 사용하면서 A사의 X부품을 장착한 Y제품에 대해 제품 1대당 1만 원의 로열티를, 타사의 X부품을 장착한 Y제품에는 제품 1대당 2만 원의 로열티를 A사에 지급한다.'였습니다. 아시다시피 X부품은 Y제품에 각 1개씩 필수적으로 들어가는 부품이며, C기술은 현재 Y제품 제조 시 빠질 수 없는 기술입니다.

그런데 지난해 P위원회에서 '2만 원의 로열티는 A사의 X부품 가격의 2배에 해당하는 금액으로, 이는 독점적 지위 남용 행위'라는 지적이 있었고, A사가 과징금과 함께 시정명령을 받으면서 라이선스 계약의 일부 조항에도 변경 사항이 생기게 되었습니다. 수정된 라이선스 계약에서는 타사의 X부품을 장착한 Y제품에도 A사의 X부품을 장착한 Y제품과 같은 로열티를 지급하게 됩니다. 또한, 기존에 A사의 X부품을 수요량의 90% 이상으로 의무적 구매를 하여야 보상금을 지급받았던 것과는 달리 수정된 계약에서는 의무적 수요량을 만족하지 않더라도 A사로부터 동일한 비율의 보상금을 지급받게 되었습니다. 이에 따라 A사로부터는 400개만 구매할 예정입니다. 감사합니다.

	보상금 (변경 전)	보상금 (변경 후)	로열티 (변경 전)	로열티 (변경 후)
①	0	20만 원	0	400만 원
②	25만 원	20만 원	500만 원	400만 원
③	25만 원	40만 원	0	600만 원
④	30만 원	20만 원	600만 원	500만 원
⑤	40만 원	40만 원	600만 원	600만 원

22

T사의 전략기획팀은 대만과 홍콩에 자외선 차단제를 수출하고자 다음과 같이 마케팅 환경을 분석하였다. T사 전략기획팀 Y사원은 대만 및 홍콩시장 진출을 위한 분석 보고서에 시각자료를 추가하고자 한다. 다음 중 앞서 제시한 분석 내용의 추가 자료로 적절하지 않은 것은?

〈고객 및 시장〉

구분	분석내용
대만	• 대만의 자외선 차단제 시장규모는 전년대비 9.5% 성장하였음. 자외선 차단제 시장의 연평균 판매성장률은 2019년 이후 5년간 5%대로 예상되며, 2023년에는 약 1억 1,940만 미 달러 규모의 시장에 이를 것으로 전망됨 • 과거에는 SPF(자외선 차단 지수) 30 제품이 많이 판매되었으나, 자외선의 유해한 효과를 걱정하는 소비자가 늘어나면서 SPF 50과 같이 자외선 차단 효과가 큰 제품이 인기를 얻고 있음
홍콩	• 홍콩 자외선 차단제 시장규모는 전년대비 4.9% 성장하였으며, 2023년까지 자외선 차단제 시장의 연평균 판매성장률은 4%대를 기록할 것으로 전망됨. 2023년에는 약 7,564만 미 달러 규모의 시장에 이를 것으로 전망됨 • 주름개선, 미백 등의 기능성 효과를 가진 멀티 선크림을 선호하며, 최근 젊은 소비자들 사이에서는 친환경 인증을 받은 자외선 차단제가 각광받고 있음

〈경쟁사〉

구분	분석내용
대만	• 자외선 차단제의 주요 수입 대상기업은 일본, 프랑스, 미국, 한국, 영국 순으로 나타나고 있으며, 한국 제품의 수입은 전년대비 13.9% 증가함 • 판매량이 높은 브랜드들은 다양한 종류의 제품을 합리적인 가격으로 판매하며 다양한 고객층을 유지하고 있음
홍콩	• 자외선 차단제의 주요 수입 대상국은 일본, 프랑스, 독일, 브리질, 한국 순으로 나타나고 있으며, 한국 제품의 수입은 전년대비 5.1% 증가함 • 판매량이 높은 브랜드들의 제품 중에서 피부에 자극이 적은 제품을 출시하는 기업의 고객층이 두터움

① **대만 선케어 품목별 매출규모**(단위 : 대만달러)

② **대만의 선크림 제품별 특징**

③ **대만 선크림 제품 시장 점유율**

④ **홍콩 선크림 시장규모**(백만 홍콩달러)

⑤ **홍콩 선크림 시장점유율**

PART 02 자료해석

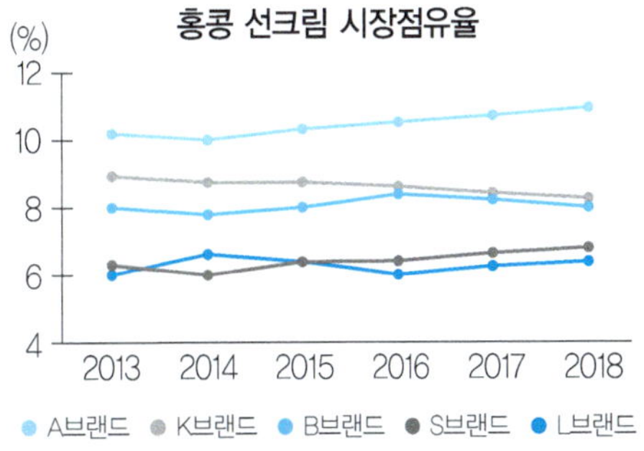

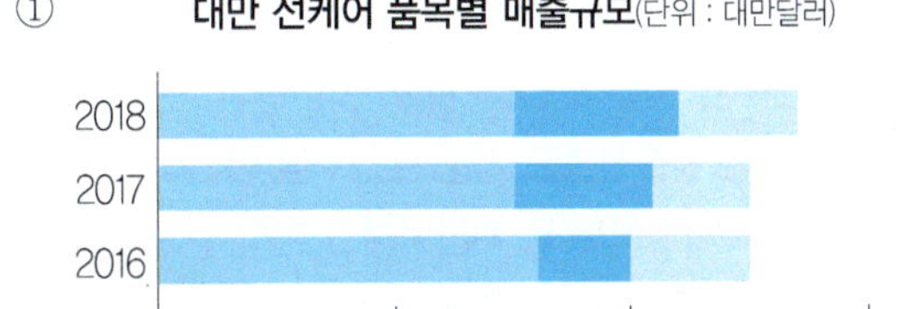

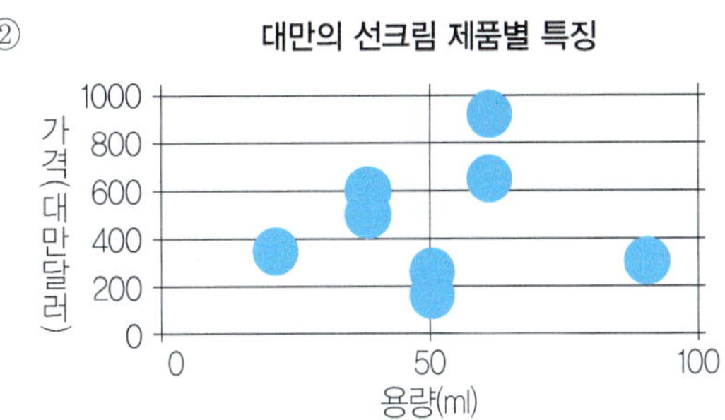

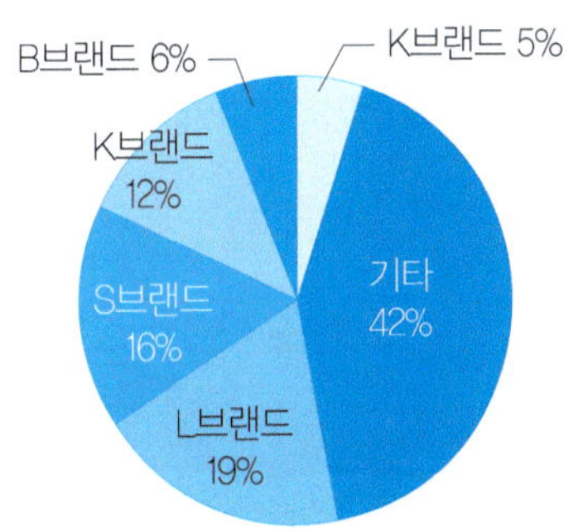

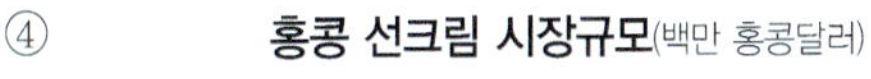

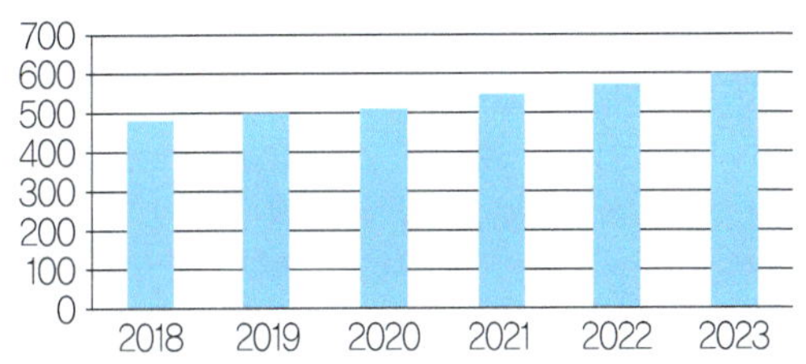

23

다음은 본인부담 병원비 산출 자료이다. P대리는 중증질환을 가진 직원에게 전년도 기준 본인부담 병원비의 평균금액을 당해 복지 포인트로 지급하려고 한다. P대리가 당뇨질환자인 A사원에게 지급할 당해 복지 포인트의 금액으로 적절한 것은? (단, 전년도 기준은 2019.1.1.~2019.12.31.이며, A사원은 2019년도 기준 고용보험에 가입되어 있는 상태이다.)

〈병ㆍ의원별 본인부담 병원비 산출방식〉

소재지	기관 종류	외국인 병원비 산출방식
시ㆍ군 지역	종합병원	(요양급여비용 총액−약제비 총액)×50/100+약제비 총액×30/100
시ㆍ군 지역	치과, 한방병원	(요양급여비용 총액−약제비 총액)×40/100+약제비 총액×30/100
읍ㆍ면 지역		(요양급여비용 총액−약제비 총액)×35/100+약제비 총액×30/100

※ 당뇨질환자의 경우에는 차등 본인부담율 30%를 추가 적용하여 산출함
※ 당뇨질환자의 본인부담 병원비 산출방식 : (병ㆍ의원별 본인부담 병원비)×(차등 본임부담률)

〈A사원의 본인부담 병원비 결제 내역〉

(2020년 5월 4일 기준)

병원	소재지	결제일	요양급여비용 총액	약제비 총액
B한방	G면	2019.2.29.	180,000원	100,000원
C치과	H시	2019.3.4.	150,000원	60,000원
D종합	I군	2019.7.9.	100,000원	50,000원
E치과	L시	2020.1.1.	160,000원	20,000원

① 11,820원
② 12,000원
③ 15,200원
④ 16,200원
⑤ 28,500원

24

A산림원은 향후 5년간 진행될 산림분야 사업계획을 위한 자료집을 제작하고 있다. 다음 사업계획 주제를 5가지로 분류하여 자료집을 제작한다고 할 때, 주제와 사업계획 목록이 모두 알맞게 연결된 것은?

〈2020~2024년 산림분야 사업계획〉

주제	설명
산림생태계 보전, 복원, 관리	산림생태ㆍ사회ㆍ경제적 측면 등 다양한 공간에서 산림생태계서비스를 제공할 수 있는 기술 개발
산림자원의 부가가치 제고	산림의 조성과 육성, 생산ㆍ유통ㆍ소비를 연계하는 기술 개발과 정책수단을 마련
숲을 활용한 삶의 질 향상	도시 숲의 기능과 산림치유의 고도화, 산촌의 산림자원 활용 연구로 산림복지서비스 정책 및 기술을 개발
산림 바이오경제 견인	산림생명자원 활용기반을 구축하고 산업화를 위한 약용/생활 소재화 원천기술 확보, 유망 자원의 육성ㆍ관리기술 개발
목재산업 육성	목재 이용기술 고도화, 프로세스 최적화 및 목재산업 진흥을 위한 전략 연구

〈2020~2024년 산림분야 사업계획 목표〉

연번	목록
1	도시 숲 기능의 유지ㆍ증진 기술 개발
2	산림생물다양성 평가ㆍ보전
3	산림생명자원 육성 및 관리기술 연구
4	산림생태계의 특성 구명 및 관리 기술 개발
5	자원ㆍ시장ㆍ지역경제 기반 산림경영 연구
6	산림생명자원 바이오정보 활용기반 연구
7	산림복지서비스 활성화 및 산촌연계 개발
8	훼손지 산림복원 기술 개발
9	산림생명자원 이용 약용소재 발굴
10	산림생명자원 이용 기능성 생활소재 발굴
11	용재수종 개량 및 우량종묘 생산기술 개발
12	도시 및 숲 자원의 산림치유 고도화 연구
13	첨단 기술을 활용한 목재의 가치 증진 연구
14	도시목조화를 통한 친환경 목재 확대 연구
15	산림자원 생산성 향상을 위한 작업기술 개발
16	목재 바이오연료, 신소재화 기술 개발

주제	사업계획 목록
① 산림생태계 보전, 복원, 관리	2, 4, 9
② 산림자원의 부가가치 제고	3, 5, 11
③ 숲을 활용한 삶의 질 향상	1, 7, 12
④ 산림 바이오경제 견인	6, 8, 10
⑤ 목재산업 육성	11, 13, 14, 16

25

휴직 인원을 대신할 아르바이트생을 일주일 동안 고용하려고 한다. 다음 자료를 참고하여 5명의 아르바이트생을 고용한다고 할 때, 선발할 최종 명단으로 적절한 것은?

〈아르바이트 채용안〉

근무 일시	3/2		3/3		3/4		3/5		3/6	
	오전	오후	오전	오후	오전	오후	오전	오후	오전	오후
모집 인원	3명	3명	2명	2명	2명	2명	3명	3명	3명	3명

※ 업무 관련 경력자의 근무 가능 시간을 고려하여 우선 선발하고 차선으로 종일 근무를 2일 이상 할 수 있는 자를 선발함
※ 업무 관련 경력자는 2일 이상 종일 근무자보다 더 많이 채용함
※ 단, 선발된 모든 인원은 자신의 근무 가능 시간에 반드시 근무해야 함

〈아르바이트생 지원 현황〉

성명	근무 가능 시간					경험 여부
	3/2	3/3	3/4	3/5	3/6	
A	종일	오전		오전	오전	○
B	종일		오전	종일		
C	종일	오후		오후	오후	○
D		종일		오후	종일	
E		오전	종일	종일	오전	
F		오후	오후	오후	종일	
G		오후		종일	오후	○
H	종일		오전	오전	종일	
I	종일	종일	오후		오전	○
J	종일		종일	오전	오후	

〈아르바이트생 최종 채용 명단 후보〉

㉠	㉡	㉢	㉣	㉤
A, B, D, F, J	A, C, E, F, J	A, C, E, G, H	B, F, G, H, I	C, E, G, H, I

① ㉠
② ㉡
③ ㉢
④ ㉣
⑤ ㉤

26

북콘서트를 준비 중인 甲은 신청자 증가로 다음과 같이 행사를 추가하였다. 북콘서트의 예산을 담당하고 있는 L대리가 기존 예산과 추가 신청 예산 금액을 적절하게 계산한 것은?

〈북콘서트 행사 일정〉

구분	일시	장소	참여 인원(명)	출연진
기존	3월 03일(화) 19:30~21:00	아트홀1	70	A작가, B작가
	3월 10일(화) 19:00~21:00	아트홀2	100	C시인, D교수
	3월 17일(화) 19:00~21:00	아트홀1	70	B작가, D교수
	3월 24일(화) 19:00~21:00	아트홀2	100	A작가, C시인
추가	3월 31일(화) 19:00~21:00	아트홀2	100	B작가, C시인

※ 참여 인원은 출연진을 포함한 총 인원이며, 1인당 간식(물, 음료, 쿠키)과 팸플릿을 제공함
※ 출연진은 90분 행사의 경우 2명이 함께 90분간 출연, 120분 행사의 경우 1인이 60분씩 출연

〈북콘서트 행사 예산안〉

구분		내용	비고
기존	대관료	• ○○ 아트홀1(200,000원/1시간) • ○○ 아트홀2(250,000원/1시간)	• 1시간 단위로만 지급 가능
	간식	• 물(개당 300원) • 음료(개당 700원) • 쿠키(개당 1,000원)	• 쿠키는 350개 이상 구매 시 10% 할인 제공
	출력물	• 팸플릿(디자인 비용 : 130,000원, 출력 비용 : 개당 1,500원) • 현수막(디자인 비용 : 70,000원, 출력 비용 : 개당 80,000원)	• 디자인 비용의 경우 초기 1회에만 적용 • 현수막은 동일한 디자인으로 장소별 1개씩 설치함
	강연료	• 자사 강연료 지급 기준 : 200,000원/1시간(출연진 전원)	• 30분 단위로 지급 가능
	총 예산	?	-
추가 신청		?	-

※ 단, 모든 행사 일자에 동일한 팸플릿을 배부함

	기존 예산	추가 신청 예산
①	5,150,000원	1,206,000원
②	5,150,000원	1,250,000원
③	5,378,000원	1,206,000원
④	5,750,000원	1,250,000원
⑤	6,150,000원	1,606,000원

27

H대리는 기획팀으로부터 사무용품 구매신청서를 받았다. 〈사무용품 신청 내역〉과 〈납품 가격표〉를 바탕으로 산출한 최소 예산으로 적절한 것은?

〈사무용품 신청 내역〉

신청자	A팀장	B차장	C과장	D대리	E사원
1순위	마우스	마우스	마우스	마우스	모니터
2순위	키보드	포스트잇	책꽂이	서류함	–

〈사무용품 납품 가격표〉

품목	가격	품목	가격
유선 마우스 (고급형)	30,000원	무선 마우스 (고급형)	80,000원
유선 키보드 (고급형)	40,000원	무선 키보드 (고급형)	90,000원
포스트잇	3,000원	책꽂이	9,500원
서류함	9,800원	고성능 모니터	390,000원
상품권(컴퓨터 관련 기기 및 용품을 제외한 모든 제품 구매가능)			만 원권

※ 동일 제품 2개 이상 구매 시 10% 할인됨
※ 상품권 2매 이상 구매 시 상품권 구매 금액의 10%가 할인됨. 단, 사용 시 잔액 환불은 불가함

■ 회의 결과
• 필요한 사무용품의 우선순위를 고려하여 구매하며, 1인당 구매 금액은 5만 원을 초과하지 않도록 함. 1순위 사무용품의 가격이 5만 원을 초과하는 경우에는 가격에 맞는 대체품을 구매함
• 단, B차장은 업무 특성상 외부 프레젠테이션이 잦으므로 무선 마우스에 한해서 구매를 허용하며, E사원은 디자인 업무를 위해 모니터의 구매를 허용함
• 납품 업체로부터 상품권을 구매 후 이를 활용하여 제품 구입이 가능하다는 답변을 받았으므로 사무용품 구입 시 상품권을 적극 활용하기로 함

① 521,370원		② 569,000원	
③ 572,000원		④ 578,000원	
⑤ 579,300원			

28

다음은 SNS플랫폼 업체 A사의 모바일앱 광고 관련 자료이다. A사의 광고운영팀 B대리는 자료를 참고하여 상반기 광고수입을 분석하고자 한다. 다음 중 B대리가 분석한 내용으로 옳지 않은 것은?

■ 광고수입 측정 방식
• 재생료＝초당요금×광고 종류별 재생시간
• 총 재생료＝재생료×재생건수
• 총 게재기본료＝게재기본료×게재건수
• A사 총 광고수입＝총 게재기본료＋총 재생료

〈재생시간에 따른 광고종류별 단가〉

구분	초당요금(원)	게재기본료(만 원)
1초	50	10
2초	45	10
3초	45	10
4초	42	20
5초	40	20
6초	35	20
7초	30	50
8초	30	50
9초	25	50

〈상반기 광고종류에 따른 게재건수와 재생건수〉

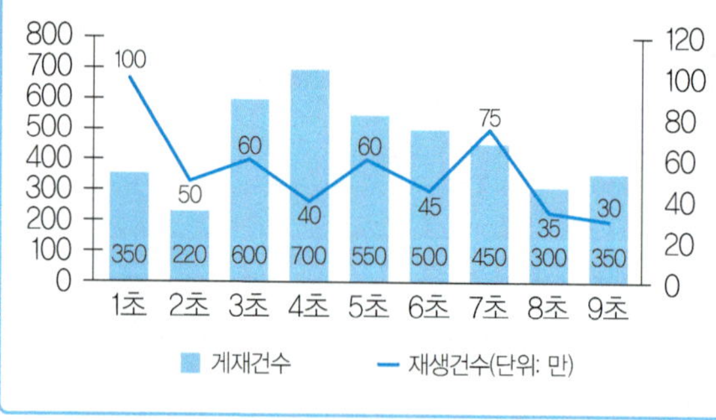

① 광고 한 건 당 재생료가 두 번째로 높은 광고종류의 상반기 총 게재기본료는 1억 7천 500만 원이다.
② 상반기 총 게재기본료가 가장 높은 광고종류의 총 재생료는 1억 5천만 원 이상이다.
③ 상반기 총 게재기본료가 가장 높은 광고종류와 가장 낮은 광고종류의 총 광고수입은 5배 이상 차이난다.

④ 상반기 광고재생건수가 가장 낮은 광고종류의 총 광고수입은 2억 5천만 원 이상이다.

⑤ 게재기본료가 가장 저렴한 광고종류들의 총 게재기본료의 합은 1억 원 이상이다.

29

A교육연수원은 최근 사이트 구조에 대한 요청사항을 반영하여 사이트 맵 변경을 준비하고 있다. 다음 중 전산팀의 사이트 맵 변경안에 대한 의견으로 적절하지 않은 것은?

〈기존 사이트 맵〉

연수원 소개	연수 안내 및 신청	알림 마당
• 원훈 및 연혁 • 연수원 시설 • 수영장 안내 • 셔틀버스 안내 • 찾아오시는 길	• 연수 운영 계획 • 연수 신청	• 공지사항 • 강사풀 • 홍보 자료실 • 특수 분야 연수 • 개인정보처리현황 • 분실물 안내
정보 마당	참여 마당	나의 학습방
• 연수 자료실 • 행정 자료실 • 과거 이수증 발급 ('16년 이전)	• 자주 묻는 질문 • 질의응답 • 강사 추천 • 정보공개	• 수강과정 • 연수 도움방 • 이수증 발급('16년 이후) • 영수증 출력

〈사이트 맵 변경안〉

연수원 소개 마당	연수 마당	알림 마당
• 원훈 및 연혁 • 조직도 • 연수원 시설 　– 수영장 안내 • 찾아오시는 길 　– 셔틀버스 안내	• 연수 운영 계획 • 연수 신청 　– 집합 연수 　– 원격 연수 　– 특수 분야 연수	• 공지사항 • 개인정보처리현황 • 분실물 안내
정보 마당	참여 마당	나의 학습방
• 연수 자료실 • 행정 자료실 • 홍보 자료실 • 강사 관련 자료실 　– 강사 추천 　– 우수 강사인력풀	• 자주 묻는 질문 • 질의응답 • 민원처리 절차 및 소요시간 • 정보공개	• 수강과정 • 연수 도움방 • 이수증 발급 　– '16년도 이전 　– '16년도 이후 • 영수증 출력

① 변경안은 고객들의 사이트 이용에 도움을 주기 위해 일부 용어와 카테고리 제목을 변경하여 통일감을 갖추었군.

② 변경안에 따르면, 고객들은 민원이 처리되는 과정을 자세히 알 수 있겠군.

③ 변경안은 기존에 비해 연수 신청 항목에 구체적인 강의 종류를 제시하여 각각을 어울리는 카테고리로 이동하였고, 강사와 관련된 자료도 세분화하여 적절하게 배치함으로써 고객들의 정보 접근 편이성을 높였군.

④ 변경안은 '16년 이전과 이후의 이수증 발급을 한 카테고리 안에서 찾을 수 있어서 이수증 발급과 관련한 사이트 이용이 편리해졌군.

⑤ 변경안에서는 기존의 수영장 안내나 셔틀버스 안내 등의 항목을 각각 상위 범주에 포함시킴으로써 연수원 소개와 관련된 카테고리가 체계를 갖추게 되었군.

30

A는 주식시장 매매에 사용하기 위해 서버자동주문 기능을 개발하였다. 서버자동주문 기능을 확인하기 위해 주식 시장에 적용하여 매매를 진행하고자 할 때, 다음의 안내문을 보고 자산운용부서 B가 해석한 내용으로 알맞은 것은?

〈서버자동주문 기능 안내〉

■ 서버자동주문은 장내시간(9~16시)과 장외시간(16시 1분~익일 7시)으로 구분하여 매수(주식을 삼)와 매도(주식을 팜)를 예약하는 기능

1. 조건감시주문 : 장내시간 동안, 거래자가 감시 가격과 현재 가격을 비교하여 매매를 진행함

　(1) 거래자가 장내시간에 설정한 감시 가격에 현재 시장 가격이 도달하였을 때 매매 주문이 자동으로 체결됨

　(2) 따라서 거래자가 주문시점에서 설정한 감시 가격이 현재 시장 가격보다 높으면, 해당 주문이 매수 주문에 해당하더라도 매수되지 않음. 또한 거래자가 주문시점에서 설정한 감시 가격이 현재 시장 가격보다 낮으면, 해당 주문이 매도주문에 해당하더라도 매도되지 않음

　(3) 단, 장내시간에 조건감시주문이 체결되지 않는 경우, 장외시간이나 익일로 매매 주문이 이전되지 않음

2. 예약주문 : 장외시간 동안 거래자가 장내시간 자동거래를 위해 사전 예약하는 주문 방식으로, 지정한 가격에 도달하면 매매가 체결됨

　(1) 일반적으로 장외시간의 자동 매매는 진행되지 않으나, 예약주문 시점에서 현재 시장 가격이 지정한 매수 가격보다 낮을 경우 장외 시간이어도 예

외적으로 즉시 매수가 체결되며, 시장 가격이 지정한 매도 가격보다 높을 경우 장외 시간이어도 예외적으로 즉시 매도가 체결됨
(2) 예약주문 시 기간을 설정하지 않은 경우, 예약 2일 후 예약주문이 만료됨

〈시장 가격〉

(단위 : 달러)

일자	9시	11시	13시	15시
3월 20일	1,000	1,200	400	600
3월 21일	600	400	800	1,000

① 3월 21일 9시에 조건감시주문을 활용하여 500달러에 매도 주문을 설정한 경우, 매도는 600달러에 체결된다.
② 3월 20일 7시에 예약주문을 활용하여 1,300달러에 매수 주문을 설정한 경우, 11시 이전까지 해당 주문은 체결되지 않는다.
③ 3월 20일 14시 59분에 조건감시주문을 활용하여 500달러에 매도 주문을 설정한 경우, 즉시 매도가 체결된다.
④ 3월 20일 17시에 별도의 기간 설정 없이 예약주문을 활용하여 800달러에 매도 주문을 설정한 경우, 3월 21일 13시에 해당 주문이 체결된다.
⑤ 3월 20일 15시에 별도의 기간 설정 없이 조건감시주문을 활용하여 700달러에 매수 주문을 설정한 경우, 3월 21일 9시에 해당 주문이 체결된다.

PUBLIC SERVICE APTITUDE TEST

PART 03 상황판단

PUBLIC
SERVICE
APTITUDE
TEST

CHAPTER 01 논리추론

정답 ②

■ 주어진 조건을 명확히 파악하면 풀기 쉽다.
■ 문제의 핵심적인 부분을 중심으로 풀이한다.

대표예제

다음 글을 근거로 판단할 때 옳은 것은?

네 사람(A~D)은 각각 주식, 채권, 선물, 옵션 중 서로 다른 하나의 금융상품에 투자하고 있으며, 투자액과 수익률도 각각 다르다.

- 네 사람 중 투자액이 가장 큰 50대 주부는 주식에 투자하였다.
- 30대 회사원 C는 네 사람 중 가장 높은 수익률을 올려 아내와 여행을 다녀왔다.
- A는 주식과 옵션에는 투자하지 않았다.
- 40대 회사원 B는 옵션에 투자하지 않았다.
- 60대 사업가는 채권에 투자하지 않았다.

① 채권 투자자는 A이다.
② 선물 투자자는 사업가이다.
③ 투자액이 가장 큰 사람은 B이다.
④ 회사원은 옵션에 투자하지 않았다.
⑤ 가장 높은 수익률을 올린 사람은 선물 투자자이다.

정답해설

주어진 조건을 정리하면 다음과 같다.

30대	40대	50대	60대
회사원	회사원	주부	사업가
C	B		
	옵션	주식	채권
가장 높은 수익률		가장 큰 투자액	

A는 주식과 옵션에 투자하지 않았으므로 주식에 투자한 50대 주부는 A가 아니고 60대 사업가가 A이다. 따라서 D가 50대 주부이다. 이를 정리하면

30대	40대	50대	60대
회사원	회사원	주부	사업가
C	B	D	A
	옵션	주식	채권, 주식, 옵션
가장 높은 수익률		가장 큰 투자액	

A는 채권, 주식, 옵션에 투자하지 않았으므로 선물에 투자했다. 40대 회사원인 B는 옵션에 투자하지 않았고 D가 투자한 주식과 A가 투자한 선물에도 투자하지 않았으므로 채권에 투자함을 알 수 있다. 따라서 C는 옵션에 투자했다.

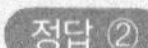
정답 ②

논리추론

정답 및 해설 223p

01

다음 글을 근거로 판단할 때, 사과 사탕 1개와 딸기 사탕 1개를 함께 먹은 사람과 E가 먹은 사탕을 옳게 짝지은 것은?

사과 사탕, 포도 사탕, 딸기 사탕이 각각 2개씩 있다. 다섯 명의 사람(A~E) 중 한 명이 사과 사탕 1개와 딸기 사탕 1개를 함께 먹고, 다른 네 명이 남은 사탕을 각각 1개씩 먹었다. 이 사실만을 알고 A~E는 차례대로 다음과 같이 말했으며, 모두 진실을 말하였다.
- A : 나는 포도 사탕을 먹지 않았어.
- B : 나는 사과 사탕만을 먹었어.
- C : 나는 사과 사탕을 먹지 않았어.
- D : 나는 사탕을 한 종류만 먹었어.
- E : 너희 말을 다 듣고 아무리 생각해봐도 나는 딸기 사탕을 먹은 사람 두 명 다 알 수는 없어.

① A, 포도 사탕 1개
② A, 딸기 사탕 1개
③ C, 포도 사탕 1개
④ C, 딸기 사탕 1개
⑤ E, 사과 사탕 1개와 딸기 사탕 1개

02

다음 글과 〈상황〉을 근거로 판단할 때, A청소년심리상담소에 채용될 2명의 후보자는?

A청소년심리상담소는 청소년업무 담당자 2명을 채용하고자 한다. 청소년업무 담당자들은 심리상담, 위기청소년지원, 진학지도, 지역안전망구축 등 4가지 업무를 수행해야 한다. 채용되는 2명은 서로 다른 업무를 맡아 4가지 업무를 빠짐없이 분담해야 한다. 4가지 업무에 관련된 직무역량으로는 의사소통역량, 대인관계역량, 문제해결역량, 정보수집역량, 자원관리역량 등 5가지가 있다. 각 업무를 수행하기 위해서는 반드시 해당 업무에 필요한 직무역량을 모두 갖춰야 한다. 아래는 이를 표로 정리한 것이다.

업무	필요 직무역량
심리상담	의사소통역량, 대인관계역량
위기청소년지원	의사소통역량, 문제해결역량
진학지도	문제해결역량, 정보수집역량
지역안전망구축	대인관계역량, 자원관리역량

- A청소년심리상담소의 채용후보자는 4명(甲, 乙, 丙, 丁)이며, 각 채용후보자는 5가지 직무역량 중 3가지씩을 갖추고 있다.
- 자원관리역량은 丙을 제외한 모든 채용후보자가 갖추고 있다.
- 丁이 진학지도업무를 제외한 모든 업무를 수행하려면, 의사소통역량만 추가로 갖추면 된다.
- 甲은 심리상담업무를 수행할 수 있고, 乙과 丙은 진학지도 업무를 수행할 수 있다.
- 대인관계역량을 갖춘 채용후보자는 2명이다.

① 甲, 乙
② 甲, 丙
③ 乙, 丙
④ 乙, 丁
⑤ 丙, 丁

03

다음 〈감독의 말〉과 〈상황〉을 근거로 판단할 때, A~E 중 드라마에 캐스팅되는 배우는?

안녕하세요 여러분. '열혈 군의관, 조선시대로 가다!' 드라마 오디션에 지원해 주셔서 감사합니다. 잠시 후 오디션을 시작할 텐데요. 이번 오디션에서 캐스팅하려는 역은 20대 후반의 군의관입니다. 오디션 실시 후 오디션 점수를 기본 점수로 하고, 다음 채점 기준의 해당 점수를 기본 점수에 가감하여 최종 점수를 산출하며, 이 최종 점수가 가장 높은 사람을 캐스팅합니다.

첫째, 28세를 기준으로 나이가 많거나 적은 사람은 1세 차이당 2점씩 감점하겠습니다. 둘째, 이전에 군의관 역할을 연기해 본 경험이 있는 사람은 5점을 감점하겠습니다. 시청자들이 식상해 할 수 있을 것 같아서요.

셋째, 저희 드라마가 퓨전 사극이기 때문에, 사극에 출연해 본 경험이 있는 사람에게는 10점의 가점을 드리겠습니다. 넷째, 최종 점수가 가장 높은 사람이 여럿인 경우, 그 중 기본 점수가 가장 높은 한 사람을 캐스팅하도록 하겠습니다.

◀ 상황 ▶

- 오디션 지원자는 총 5명이다.
- 오디션 점수는 A 76점, B 78점, C 80점, D 82점, E 85점이다.
- 각 배우의 오디션 점수에 각자의 나이를 더한 값은 모두 같다.
- 오디션 점수가 세 번째로 높은 사람만 군의관 역할을 연기해 본 경험이 있다.
- 나이가 가장 많은 배우만 사극에 출연한 경험이 있다.
- 나이가 가장 적은 배우는 23세이다.

① A
② B
③ C
④ D
⑤ E

04

다음 자료를 근거로 판단할 때 〈보기〉에서 철수가 구매한 과일 바구니를 확실히 맞힐 수 있는 사람만을 모두 고르면?

- 철수는 아래 과일바구니(A~E) 중 하나를 구매하였다.
- 甲, 乙, 丙, 丁은 각자 철수에게 두 가지 질문을 하여 대답을 듣고 철수가 구매한 과일바구니를 맞히려 한다.
- 모든 사람은 〈과일바구니 종류〉와 〈과일의 무게 및 색깔〉을 정확히 알고 있으며, 철수는 거짓말을 하지 않는다.

〈과일바구니 종류〉

종류	바구니 색깔	바구니 구성
A	빨강	사과 1개, 참외 2개, 멜론 1개
B	노랑	사과 1개, 참외 1개, 귤 2개, 오렌지 1개
C	초록	사과 2개, 참외 2개, 귤 1개
D	주황	참외 1개, 귤 2개
E	보라	사과 1개, 참외 1개, 귤 1개, 오렌지 1개

〈과일의 무게 및 색깔〉

구분	사과	참외	멜론	귤	오렌지
무게	200g	300g	1,000g	100g	150g
색깔	빨강	노랑	초록	주황	주황

◀ 보기 ▶

甲 : 바구니에 들어 있는 과일이 모두 몇 개니? 바구니에 들어 있는 과일의 무게를 모두 합치면 1kg 이상이니?

乙 : 바구니의 색깔과 같은 색깔의 과일이 포함되어 있니? 바구니에 들어 있는 과일이 모두 몇 개니?

丙 : 바구니에 들어 있는 과일이 모두 몇 개니? 바구니에 들어 있는 과일의 종류가 모두 다르니?

丁 : 바구니에 들어 있는 과일의 종류가 모두 다르니? 바구니에 들어 있는 과일의 무게를 모두 합치면 1kg 이상이니?

① 甲, 乙
② 甲, 丁
③ 乙, 丙
④ 甲, 乙, 丁
⑤ 乙, 丙, 丁

05

다음 〈상황〉과 〈자기소개〉를 근거로 판단할 때 옳지 않은 것은?

◀ 상황 ▶

5명의 직장인(A~E)이 커플 매칭 프로그램에 참여했다.
- 남성이 3명이고 여성이 2명이다.
- 5명의 나이는 34세, 32세, 30세, 28세, 26세이다.
- 5명의 직업은 의사, 간호사, TV드라마감독, 라디오작가, 요리사이다.
- 의사와 간호사는 성별이 같다.
- 라디오작가는 요리사와 매칭된다.
- 남성과 여성의 평균 나이는 같다.
- 한 사람당 한 명의 이성과 매칭이 가능하다.

◀ 자기소개 ▶

A : 안녕하세요. 저는 32세이고 의료 관련 일을 합니다.
B : 저는 방송업계에서 일하는 남성입니다.
C : 저는 20대 남성입니다.
D : 반갑습니다. 저는 방송업계에서 일하는 여성입니다.
E : 제가 이 중 막내네요. 저는 요리사입니다.

① TV드라마감독은 B보다 네 살이 많다.

② 의사와 간호사 나이의 평균은 30세이다.

③ 요리사와 라디오작가는 네 살 차이이다.

④ A의 나이는 방송업계에서 일하는 사람들 나이의 평균과 같다.

⑤ D는 의료계에서 일하는 두 사람 중 나이가 적은 사람보다 두 살 많다.

06

다음 〈상황〉과 〈대화〉를 근거로 판단할 때 6월생은?

◀ 상황 ▶

• 같은 해에 태어난 5명(지나, 정선, 혜명, 민경, 효인)은 각자 자신의 생일을 알고 있다.

• 5명은 자신을 제외한 나머지 4명의 생일이 언제인지는 모르지만, 3월생이 2명, 6월생이 1명, 9월생이 2명이라는 사실은 알고 있다.

• 아래 〈대화〉는 5명이 한 자리에 모여 나눈 대화를 순서대로 기록한 것이다.

• 5명은 〈대화〉의 진행에 따라 상황을 논리적으로 판단하고, 솔직하게 대답한다.

◀ 대화 ▶

민경 : 지나야, 네 생일이 5명 중에서 제일 빠르니?

지나 : 그럴 수도 있지만 확실히는 모르겠어.

정선 : 혜명아, 네가 지나보다 생일이 빠르니?

혜명 : 그럴 수도 있지만 확실히는 모르겠어.

지나 : 민경아, 넌 정선이가 몇 월생인지 알겠니?

민경 : 아니, 모르겠어.

혜명 : 효인아, 넌 민경이보다 생일이 빠르니?

효인 : 그럴 수도 있지만 확실히는 모르겠어.

① 지나   ② 정선

③ 혜명   ④ 민경

⑤ 효인

07

다음 글을 근거로 판단할 때, A가 출연할 요일과 프로그램을 옳게 짝지은 것은?

A는 ○○방송국으로부터 아래와 같이 프로그램 특별 출연을 요청받았다.

매체	프로그램	시간대	출연 가능 요일
TV	모여라 남극유치원	오전	월, 수, 금
	펭귄극장	오후	화, 목, 금
	남극의 법칙	오후	월, 수, 목
라디오	지금은 남극시대	오전	화, 수, 목
	펭귄파워	오전	월, 화, 금
	열시의 펭귄	오후	월, 수, 금
	굿모닝 남극대행진	오전	화, 수, 금

A는 다음주 5일(월요일~금요일) 동안 매일 하나의 프로그램에 출연하며, 한 번 출연한 프로그램에는 다시 출연하지 않는다. 또한 동일 매체에 2일 연속 출연하지 않으며, 동일 시간대에도 2일 연속 출연하지 않는다.

	요일	프로그램
①	월요일	펭귄파워
②	화요일	굿모닝 남극대행진
③	수요일	열시의 펭귄
④	목요일	펭귄극장
⑤	금요일	모여라 남극유치원

08

다음 글과 〈진술 내용〉을 근거로 판단할 때, 첫 번째 사건의 가해차량 번호와 두 번째 사건의 목격자를 옳게 짝지은 것은?

• 어제 두 건의 교통사고가 발생하였다.

• 첫 번째 사건의 가해차량 번호는 다음 셋 중 하나이다.

99★2703, 81★3325, 32★8624

• 어제 사건에 대해 진술한 목격자는 甲, 乙, 丙 세 명이다. 이 중 두 명의 진술은 첫 번째 사건의 가해차량 번호에 대한 것이고 나머지 한 명의 진술은 두 번째 사건의 가해차량 번호에 대한 것이다.

• 첫 번째 사건의 가해차량 번호는 두 번째 사건의 목격자 진술에 부합하지 않는다.

• 편의상 차량 번호에서 ★ 앞의 두 자리 수는 A, ★ 뒤의 네 자리 수는 B라고 한다.

◀ 진술내용 ▶

- 甲 : A를 구성하는 두 숫자의 곱은 B를 구성하는 네 숫자의 곱보다 작다.
- 乙 : B를 구성하는 네 숫자의 합은 A를 구성하는 두 숫자의 합보다 크다.
- 丙 : B는 A의 50배 이하이다.

	첫 번째 사건의 가해차량 번호	두 번째 사건의 목격자
①	99★2703	甲
②	99★2703	乙
③	81★3325	乙
④	81★3325	丙
⑤	32★8624	丙

09

다음 〈조건〉과 〈정보〉를 근거로 판단할 때, 곶감의 위치와 착한 호랑이, 나쁜 호랑이의 조합으로 가능한 것은?

◀ 조건 ▶

- 착한 호랑이는 2마리이고, 나쁜 호랑이는 3마리로 총 5마리의 호랑이(A~E)가 있다.
- 착한 호랑이는 참말만 하고, 나쁜 호랑이는 거짓말만 한다.
- 곶감은 꿀단지, 아궁이, 소쿠리 중 한 곳에만 있다.

◀ 정보 ▶

A : 곶감은 아궁이에 있지.
B : 여기서 나만 곶감의 위치를 알아.
C : A는 나쁜 호랑이야.
D : 나는 곶감이 어디 있는지 알지.
E : 곶감은 꿀단지에 있어.

	곶감의 위치	착한 호랑이	나쁜 호랑이
①	꿀단지	E	C
②	소쿠리	C	B
③	소쿠리	B	C
④	아궁이	C	E
⑤	아궁이	A	D

10

다음 글을 근거로 판단할 때, 도형의 모양으로 옳게 짝지은 것은?

5명의 학생은 5개 도형 A~E의 모양을 맞히는 게임을 하고 있다. 5개의 도형은 모두 서로 다른 모양을 가지며 각각 삼각형, 사각형, 오각형, 육각형, 원 중 하나의 모양으로 이루어진다. 학생들에게 아주 짧은 시간 동안 5개의 도형을 보여준 후 도형의 모양을 2개씩 진술하게 하였다. 학생들이 진술한 도형의 모양은 다음과 같고, 모두 하나씩만 정확하게 맞혔다.

- 지영 : C=삼각형, D=사각형
- 종형 : B=오각형, E=사각형
- 미석 : C=원, D=오각형
- 길원 : A=육각형, E=사각형
- 수연 : A=육각형, B=삼각형

① A=육각형, D=사각형
② B=오각형, C=삼각형
③ A=삼각형, E=사각형
④ C=오각형, D=원
⑤ D=오각형, E=육각형

11

다음 글을 근거로 판단할 때, A가 조립한 상자의 개수는?

A, B, C는 상자를 조립하는 봉사활동을 하였다. 이들은 상자 조립을 동시에 시작하여 각각 일정한 속도로 조립하였다. 그리고 '1분당 조립한 상자 개수', '조립한 상자 개수', '조립한 시간'에 대하여 아래와 같이 말하였다. 단, 2명은 모두 진실만을 말하였고 나머지 1명은 거짓만을 말하였다.

A : 나는 B보다 1분당 3개 더 조립했는데, B와 조립한 상자 개수는 같아. C보다 10분 적게 일했어.
B : 나는 A보다 40분 오래 일했어. C보다 10개 적게 조립했고 1분당 2개 적게 조립했어.
C : 나는 A보다 1분당 1개 더 조립했어. 조립한 시간은 B와 같은데 B보다 10개 적게 조립했어.

① 210
② 240
③ 250
④ 270
⑤ 300

12

다음 글을 근거로 판단할 때 참말을 한 사람은?

> A동아리 5명의 학생 각각은 B동아리 학생들과 30회씩 가위바위보 게임을 했다. 각 게임에서 이길 경우 5점, 비길 경우 1점, 질 경우 −1점을 받는다. 게임이 모두 끝나자 A 동아리 5명의 학생들은 자신이 얻은 합산 점수를 다음과 같이 말했다.
> - 태우 : 내 점수는 148점이야.
> - 시윤 : 내 점수는 145점이야.
> - 성헌 : 내 점수는 143점이야.
> - 빛나 : 내 점수는 140점이야.
> - 은지 : 내 점수는 139점이야.
> 이들 중 한 명만이 참말을 하고 있다.

① 태우
② 시윤
③ 성헌
④ 빛나
⑤ 은지

13

'甲' 기업의 한 생산부서에서 불량이 지속적으로 발생하였다. 불량은 각각의 공정을 담당한 직원 4명 중 1명의 작업 실수가 원인이 되어 발생하였다. 다음의 〈진술〉 중 1명은 거짓을, 나머지 3명은 진실을 말하고 있다면, 이때 거짓을 말한 직원과 불량의 원인이 되는 작업을 담당한 직원을 순서대로 바르게 나열한 것은?

> 직원 A는 포장 작업을 담당하며, B는 제품 실행, C는 색칠 작업, D는 원료 분류를 각각 담당하고 있다.

◀ 진술 ▶
- 직원 A의 진술 : 포장 작업은 불량의 원인이 아닙니다.
- 직원 B의 진술 : 원료를 잘못 분류했으니 불량이 나오는 것입니다.
- 직원 C의 진술 : 색칠 작업에서는 불량이 나올 수가 없습니다.
- 직원 D의 진술 : 제가 보기에는 포장 작업에서 불량이 나옵니다.

① A, A
② A, D
③ B, C
④ D, A
⑤ D, D

14

네 사람이 카페에서 주스와 스무디, 프라페, 아메리카노를 주문하려고 한다. 다음 〈조건〉을 근거로 판단할 때 옳은 진술을 고른 것은?

◀ 조건 ▶
- 네 사람이 주문하려는 음료는 모두 6잔이다.
- 적어도 3명은 음료를 1잔 이상 주문한다.
- 네 가지 음료는 적어도 1잔씩은 반드시 주문되어야 한다.
- 주스를 주문하려는 사람이 프라페를 주문하려는 사람보다 많다.
- 주문하려는 음료는 아메리카노가 스무디보다 많다.
- 같은 사람이 같은 음료를 두 잔 이상 주문하지 않는다.

① 한 사람이 주스와 스무디와 아메리카노를 주문할 수 없다.
② 프라페와 스무디를 함께 주문하는 사람이 있다면, 주스와 아메리카로는 함께 주문하는 사람은 없다.
③ 한 사람이 세 잔의 음료를 주문한다면 남은 사람은 모두 각각 다른 음료를 주문하게 된다.
④ 아메리카노와 스무디를 함께 주문한 사람이 없다면, 프라페와 아메리카노를 함께 주문한 사람 역시 없다.
⑤ 주스와 스무디를 함께 주문한 사람이 있다면 음료를 아무 것도 주문하지 않는 사람이 있을 수 있다.

15

甲 문화사는 창작극 '한(恨)'을 외국에서 개봉하기 위해 정보를 수집하였다. 다음의 〈정보〉는 그 진위 여부가 불확실하다고 할 때, 다음 중 타당한 의견을 제시한 것은?

◀ 정보 ▶

- 창작극 '한(恨)'은 최소 3개 이상의 국가에서 개봉하려 한다.
- 창작극 '한(恨)'은 유럽, 오세아니아, 남미, 북미 중 적어도 두 지역에서는 개봉하려 한다.
- 창작극 '한(恨)'은 유럽과 오세아니아에서 각각 최소 2개 국가에서는 개봉하려 한다.

① 최소한 3개 이상의 국가에서 개봉하려 한다면, 유럽, 오세아니아, 남미, 북미 중에서 적어도 두 지역에서는 개봉되는 것이다.

② 유럽, 오세아니아, 남미, 북미 중에서 적어도 두 지역에서 개봉하려 한다면, 최소 3개 이상의 국가에서 개봉되는 것이다.

③ 최소한 3개 이상의 국가에서 개봉하려 한다면, 유럽과 오세아니아에서 각각 최소 2개 국가에서 개봉되는 것이다.

④ 유럽과 오세아니아에서 각각 최소 2개 국가에서 개봉하려 한다면, 3개 이상의 국가에서 개봉되는 것이다.

⑤ 유럽, 오세아니아, 남미, 북미 중 적어도 두 지역에서 개봉하려 한다면, 유럽과 오세아니아에서 최소 2개 국가에서 개봉되는 것이다.

16

다음 〈정보〉를 토대로 판단할 때, 〈보기〉의 괄호에 들어갈 숫자의 곱으로 맞는 것은?

◀ 정보 ▶

甲 부서와 乙 부서에 소속된 직원의 수는 각각 50명이고, 모두 소속된 부서에 있었다. 그런데 甲 부서는 회사의 행사를 담당하게 되어 乙 부서에 10%의 인력지원을 요청하였다. 乙 부서는 소속 직원 50명 중 10%를 무작위로 선정해서 甲 부서에 지원 인력으로 보냈다. 얼마 후 乙 부서 역시 또 다른 외부 행사를 담당하게 되어 甲 부서에 인력지원을 요청하였다. 甲 부서는 乙 부서로부터 지원받았던 인력을 포함한 인원 중 6명을 무작위로 선정해서 乙 부서에 인력으로 보냈다.

◀ 보기 ▶

㉠ 甲 부서와 乙 부서 간 인력지원이 한 차례씩 이루어진 후, 甲 부서와 乙 부서의 인원 차이는 (   )명이다.

㉡ 부서와 乙 부서 간 인력지원이 한 차례씩 이루어진 후, 甲 부서에 乙 부서 소속 직원이 2명 남아 있다면, 乙 부서에는 甲 부서 소속 직원이 (   )명 있다.

㉢ 甲 부서와 乙 부서 간 인력지원이 한 차례씩 이루어진 후, 乙 부서에 甲 부서 소속 직원이 4명 남아 있다면, 甲 부서에는 乙 부서 소속 직원이 (   )명 있다.

① 0　　　　　　　　　② 8

③ 9　　　　　　　　　④ 12

⑤ 18

17

다음 〈조건〉이 모두 참이라고 할 때, 〈보기〉의 내용 중 반드시 참이라 볼 수 있는 것을 모두 고르면?

◀ 조건 ▶

- B가 지각이면 C도 지각이다.
- B가 지각하지 않으면, E도 지각하지 않는다.
- C가 지각이면 A도 지각이다.
- D가 지각이면, A는 지각하지 않는다.

◀ 보기 ▶

ㄱ. B가 지각이면 E도 지각이다.
ㄴ. C가 지각이면 D는 지각이 아니다.
ㄷ. A가 지각이면 C도 지각이다.

① ㄱ　　　　　　　　　② ㄴ

③ ㄷ　　　　　　　　　④ ㄱ, ㄴ

⑤ ㄴ, ㄷ

18

A, B, C, D 네 사람이 S 피트니스에 등록하려 한다. 아래 〈조건〉과 같이 수업을 듣는다고 할 때, 다음 〈보기〉에서 옳은 것을 모두 고르면?

◀ 조건 ▶

- 1월에 A는 요가를, B는 스피닝을, C는 필라테스를 등록하였다.
- 수업 순서는 항상 '요가 → 스피닝 → 필라테스' 순으로 진행된다.
- A는 1달마다, B는 3달마다, C는 4달마다 수업을 바꾸어 듣는다.

◀ 보기 ▶

ㄱ. A, B, C 중 6월에 스피닝 수업을 듣는 사람은 없다.
ㄴ. 5월에 A는 스피닝 수업을, B는 요가 수업을 듣고 있다.
ㄷ. A를 제외하고 B와 C가 같은 수업을 듣는 달은 모두 짝수 달이다.
ㄹ. 12월까지 A, B, C 세 사람이 동시에 필라테스 수업을 듣는 경우는 없다.
ㅁ. 12월까지 A, B, C 세 사람이 같은 수업을 듣는 경우는 3번 발생한다.

① ㄱ, ㄷ　　　　　　② ㄹ, ㅁ
③ ㄱ, ㄴ, ㄷ　　　　④ ㄱ, ㄷ, ㄹ
⑤ ㄴ, ㄷ, ㅁ

19

A 기업이 워크숍에서 직원 20명이 모두 참여하는 체육대회를 진행하려고 한다. 체육대회의 종목에 참여하는 방법에 대해 다음의 〈조건〉을 따른다고 할 때, 아래 〈보기〉 중 항상 옳은 것을 모두 고른 것은?

◀ 조건 ▶

㉠ 직원들은 이어달리기, 단체줄넘기, 줄다리기 중 한 가지 종목에는 반드시 참여한다.
㉡ 이어달리기에 참여하는 직원은 3명 이상이다.
㉢ 단체줄넘기에 참여하는 직원은 줄다리기에 참여하는 직원보다 적다.
㉣ 이어달리기에 참여하는 직원은 단체줄넘기에 참여하는 직원보다 적다.

◀ 보기 ▶

가. 줄다리기에 참여하는 직원이 10명이라면, 단체줄넘기에 참여하는 직원은 최대 7명이다.
나. 단체줄넘기에 참여하는 직원이 6명이라면, 줄다리기에 참여하는 직원은 최소 7명이다.
다. 줄다리기에 참여하는 직원이 9명이라면, 이어달리기에 참여하는 직원은 3명 또는 4명뿐이다.

① 가　　　　　　　　② 나
③ 가, 다　　　　　　④ 나, 다
⑤ 가, 나, 다

20

甲 기업의 직원 A~E는 영업부, 기획부, 인사부, 마케팅부, 관리부 중 한 부서에 한 명씩 소속되어 있고, 각 부서는 1층부터 5층까지 한 층에 한 부서씩 사무실이 위치하고 있다. 다음 〈조건〉을 참고하여 직원의 소속 부서와 부서의 사무실 위치가 바르게 짝지어진 것은?

◀ 조건 ▶

- 직원 A는 관리부에 소속되어 있으며 D가 속해있는 사무실은 A의 사무실보다 3층 위에 위치한다.
- 직원 B는 마케팅부에 소속되어 있지 않으며, A가 소속되어 있는 사무실과 2층 차이가 나는 사무실에 소속되어 있다.
- 직원 C의 사무실은 영업부 사무실 바로 위에 위치하고 있으며 C의 사무실보다 높은 층에 위치하는 사무실은 없다.
- 직원 E는 마케팅부나 기획부에 소속되어 있지 않으며 B보다 아래층에 위치한다.

	소속 부서	사무실 위치
①	A : 관리부	2층
②	B : 기획부	3층
③	C : 인사부	5층
④	D : 영업부	1층
⑤	E : 마케팅부	4층

21

다음 글과 표를 근거로 판단할 때, 평강공주의 친구 7명 (A~G) 중 왕자의 부하는 누구인가?

- A~G 중 2명은 왕자의 부하이다.
- B~F는 모두 20대이다.
- A~G 중 가장 나이가 많은 사람은 왕자의 부하가 아니다.
- A~G 중 여자보다 남자가 많다.
- 왕자의 두 부하는 성별이 서로 다르고, 국적은 동일하다.

친구	나이	성별	국적
A	37살	?	한국
B	28살	?	한국
C	22살	여자	중국
D	?	여자	일본
E	?	?	중국
F	?	?	한국
G	38살	여자	중국

① A, B
② B, F
③ C, E
④ D, F
⑤ E, G

22

다음 글과 〈상황〉을 근거로 판단할 때, 출장을 함께 갈 수 있는 직원들의 조합으로 가능한 것은?

A은행 B지점에서는 3월 11일 회계감사 관련 서류 제출을 위해 본점으로 출장을 가야 한다. 08시 정각 출발이 확정 되어 있으며, 출발 후 B지점에 복귀하기까지 총 8시간이 소요된다. 단, 비가 오는 경우 1시간이 추가로 소요된다.

- 출장인원 중 한 명이 직접 운전하여야 하며, '운전면허 1종 보통' 소지자만 운전할 수 있다.
- 출장시간에 사내 업무가 겹치는 경우에는 출장을 갈 수 없다.
- 출장인원 중 부상자가 포함되어 있는 경우, 서류 박스 운반 지연으로 인해 30분이 추가로 소요된다.
- 차장은 책임자로서 출장인원에 적어도 한 명 포함되어야 한다.
- 주어진 조건 외에는 고려하지 않는다.

◀ 상황 ▶

- 3월 11일은 하루 종일 비가 온다.
- 3월 11일 당직 근무는 17시 10분에 시작한다.

직원	직급	운전면허	건강상태	출장 당일 사내 업무
甲	차장	1종 보통	부상	없음
乙	차장	2종 보통	건강	17시 15분 계약업체 면담
丙	과장	없음	건강	17시 35분 고객 상담
丁	과장	1종 보통	건강	당직 근무
戊	대리	2종 보통	건강	없음

① 甲, 乙, 丙
② 甲, 丙, 丁
③ 乙, 丙, 戊
④ 乙, 丁, 戊
⑤ 丙, 丁, 戊

23

다음 글을 근거로 판단할 때, 우수부서 수와 기념품 구입 개수를 옳게 짝지은 것은?

A기관은 탁월한 업무 성과로 포상금 5,000만 원을 지급받았다. 포상금 사용기준은 다음과 같다.

■ 포상금 사용기준
- 포상금의 40% 이상은 반드시 각 부서에 현금으로 배분한다.
  - 전체 15개 부서를 우수부서와 보통부서 두 그룹으로 나누어 우수부서에 150만 원, 보통부서에 100만 원을 현금으로 배분한다.
  - 우수부서는 최소한으로 선정한다.
- 포상금 중 2,900만 원은 직원 복지 시설을 확충하는 데 사용한다.
- 직원 복지 시설을 확충하고 부서별로 현금을 배분한 후 남은 금액을 모두 사용하여 개당 1만 원의 기념품을 구입한다.

	우수부서 수	기념품 구입 개수
①	9개	100개
②	9개	150개
③	10개	100개
④	10개	150개
⑤	11개	50개

24

다음 글을 근거로 판단할 때, 민지가 구매할 가전제품과 구매할 상점을 옳게 연결한 것은?

- 민지는 가전제품 A~E를 1대씩 구매하기 위하여 상점 甲, 乙, 丙의 가전제품 판매가격을 알아보았다.
- 민지는 각각의 가전제품을 세 상점 중 어느 곳에서나 구매할 수 있으며, 아래의 〈혜택〉을 이용하여 총 구매액을 최소화하고자 한다.

〈상점별 가전제품 판매가격〉

(단위 : 만 원)

구분	A	B	C	D	E
甲	150	50	50	20	20
乙	130	45	60	20	10
丙	140	40	50	25	15

◀ 혜택 ▶

- 甲 : 200만 원 이상 구매시 전품목 10% 할인
- 乙 : A를 구매한 고객에게는 C, D를 20% 할인
- 丙 : C, D를 모두 구매한 고객에게는 E를 5만 원에 판매

① A - 甲
② B - 乙
③ C - 丙
④ D - 甲
⑤ E - 乙

25

다음 글을 바탕으로 〈보기〉의 (가)에 들어갈 내용을 추론한 것으로 가장 적절한 것은?

그렇다면 박쥐는 먹이의 위치나 이동 상황을 어떻게 알 수 있을까? 그것은 박쥐가 도플러 효과를 이용하기 때문에 가능하다. 도플러 효과란 파동을 발생시키는 파원과 그 파동을 관측하는 관측자 중 하나 이상이 운동하고 있을 때, 관측되는 파장의 길이에 변화가 나타나는 현상이다. 예를 들어 구급차가 다가오고 있을 때는 사이렌 소리의 파장이 짧아져 음이 높게 들리고 멀어져 갈 때는 소리의 파장이 길어져 음이 낮게 들리는데, 이는 도플러 효과 때문이다. 박쥐는 도플러 효과를 이용해 수시로 바뀌는 반사음의 변화를 파악하여 먹이의 위치와 이동 상황을 포착(捕捉)한다. 만일 돌아오는 반사음의 높이가 낮아졌다면, 먹이는 박쥐에게서 멀어지고 있다는 것을 의미한다.

◀ 보기 ▶

관측자와 파원이 정지해 있다가, 파원이 관측자 쪽으로 다가갔다면, (가   )

① 파장이 비연속적으로 관측되겠군.
② 이전보다 더 짧아진 파장이 관측되겠군.
③ 관측되는 파장의 길이는 이전과 동일하겠군.
④ 파장이 반복적으로 길어졌다 짧아졌다 하겠군.
⑤ 파원의 속도에 비례해서 파장이 점점 길어지겠군.

CHAPTER 02 문제해결

PUBLIC
SERVICE
APTITUDE
TEST

- 주어진 시간이나 조건을 먼저 인식한다.
- 단서의 내용을 조건과 일치시킨다.

대표예제

다음 글을 근거로 판단할 때, A는 오늘 아침에 수행한 아침 일과에 포함될 수 <u>없는</u> 것은?

A는 오늘 아침 7시 20분에 기상하여, 25분 후인 7시 45분에 집을 나섰다. A는 주어진 25분을 모두 아침 일과를 쉼없이 수행하는 데 사용했다. 아침 일과를 수행하는 데 정해진 순서는 없으며, 같은 아침 일과를 두 번 이상 수행하지 않는다.

단, 머리를 감았다면 반드시 말리며, 각 아침 일과 수행 중에 다른 아침 일과를 동시에 수행할 수는 없다. 각 아침 일과를 수행하는 데 소요되는 시간은 아래와 같다.

아침 일과	소요 시간
샤워	10분
세수	4분
머리 감기	3분
머리 말리기	5분
몸치장 하기	7분
구두 닦기	5분
주스 만들기	15분
양말 신기	2분

① 세수
② 머리 감기
③ 구두 닦기
④ 몸치장하기
⑤ 주스 만들기

정답해설

A가 기상하여 집을 나서기까지 주어진 시간은 25분이다. 따라서 아침에 수행하는 일과가 25분 이내에 가능하여야 한다. 머리를 감으면 머리를 말리는 것도 포함하여야 한다.

세수를 하면 소요시간이 4분이므로 나머지 일과를 21분 내에 수행하는 경우는 없다.

오답해설

② 머리 감기를 하면 머리 말리기까지 하여야 하므로 8분이 소요된다. 따라서 나머지 일과를 17분 이내에 수행하여야 한다. 샤워 10분+머리 감기 3분+머리 말리기 5분+구두 닦기 5분+양말 신기 2분=25분

③ 구두 닦기의 소요시간은 5분이므로 나머지 일과를 20분 이내에 수행하여야 한다. 샤워 10분+머리 감기 3분+머리 말리기 5분+구두 닦기 5분+양말 신기 2분=25분

④ 몸치장 하기의 소요시간은 7분이므로 나머지 일과는 18분 이내에 수행하여야 한다. 샤워 10분+머리 감기 3분+머리 말리기 5분+몸치장하기 5분+양말 신기 2분=25분

⑤ 주스 만들기는 15분이 소요되므로 나머지 일과는 10분 이내에 수행하여야 한다. 샤워 10분+주스 만들기 15분=25분

정답 ①

문제해결

정답 및 해설 230p

01

다음은 대학생을 대상으로 한 설문조사의 일부이다. 제시된 자료를 근거로 대학교육 현황 보고서를 작성하려고 할 때, 들어갈 내용으로 가장 타당한 것은?

〈대학 진학을 후회하는 이유〉

(복수 응답 / 단위 : %)

설문	응답률
대학에서 배운 것이 실무나 취업에 도움이 되지 않는다.	63.8
대학 과포화로 졸업장이 더 이상 경쟁력이 되지 않는다.	37.1
대기업, 공기업에서 고졸 채용이 증가하는 추세이다.	18.8
갈수록 비싸지는 등록금 때문이다.	20.6
제대로 된 학문을 배울 수 없다.	14.5
갈수록 취업사관학교처럼 변질되는 것 같다.	19.5
인원제한 · 학점경쟁 때문에 듣고 싶은 수업을 들을 수 없다.	4.3
기타	4.6

〈현재 공부하고 있는 분야〉

(복수 응답 / 단위 : %)

구분	외국어 공부	자격증 공부	공무원 시험	고등 고시	전공학점 공부
응답률	68.6	44.1	40.0	5.7	74.3

① 대학이 취업사관학교로 변하는 것에 대한 거부감으로 대학에서 순수학문만을 고집하기 때문에 취업 관련 수업이 턱없이 부족한 실정이다.

② 대학생들은 대학교육이 취업에 도움이 되지 않는다고 여기고 있으며, 이 때문에 전공 및 학과 공부에 매진하는 양상이 나타나고 있다.

③ 대학생들이 전공 공부 외에도 외국어와 자격증 공부에 시간을 할애하는 이유는 대학교육이 취업과 거리를 두었기 때문이다.

④ 요즘 대학생들은 등록금 부담이 가중되면서 공무원과 고시를 준비하는 학생들이 더욱 증가하는 추세이다.

⑤ 전국의 대학 수가 늘어나 과포화된 데에는 대기업 및 공기업의 고졸채용 증가도 원인으로 지목될 수 있다.

02

다음은 인천국제공항이용에 대한 통합 안내서비스에 대한 자료이다. 20X0년에 계획된 신규서비스에 대한 설명으로 적절하지 않은 것은?

〈인천국제공항이용 지원 통합 안내서비스〉

구분	추운 겨울
24시간 챗봇	• 대화형(Q&A) 안내챗봇을 통한 공항이용정보 신속 파악(2개 국어, 카카*톡 연계)
실내외 길찾기/ 주차공간 찾기 (20X0.3~순차오픈)	• (집 → 공항이동) 내비(Navi) 활용 탑승터미널 · 주차 안내 − 운항편명을 내비(Navi)에 입력하여 터미널 찾기 − 공항 주차장 혼잡도 및 빈 공간 안내 • (게이트 이동) 실내 AR길찾기 개발(2019. 하반기)
공항특화 안내로봇 상용화	• 혼잡한 공항에서 자율주행/음성안내 가능 • 카운터/편의시설 안내, 에스코트, 출국장 혼잡도, 사진촬영 등 12개 서비스 제공
출입국 절차 실시간 Push 안내 (20X0.3 오픈)	• 여객 위치/일정 기반 출입국절차, 이동경로 등 나의 할 일을 실시간 메시지 전송 − 공항 도착 → 카운터/탑승구/게이트 정보
교통약자 지원 서비스 개발 (20X0.4 오픈)	• 실종우려 교통약자에 웨어러블 밴드를 제공하여 보호자에 실시간 위치 알림 • 미반납 휠체어 · 유모차 위치 실시간 추적회수

① 웨어러블 밴드를 통해 교통약자의 위치를 실시간으로 보호자에게 알리고 있다.

② 안내로봇을 통해 카운터/편의시설, 출국장 혼잡도 등을 안내하고 있다.

③ 대화형 안내챗봇을 통해 공항이용정보를 2개 국어로 제공하고 있다.

④ 20X0년 3월부터 출입국절차, 이동경로를 실시간으로 전송해주는 서비스를 제공하고 있다.

⑤ 20X0년 3월부터 게이트 이동 시 AR길찾기 서비스를 개발 · 제공하고 있다.

03

다음 글과 아래의 〈보기〉를 함께 고려하여 이해한 내용으로 적절하지 않은 것은?

100만 원을 주식에 투자하려는 어떤 사람이 신발 제조 회사에 투자하면 그 해 겨울의 날씨에 관계없이 28만 원의 이익이 생기고, 코트 제조 회사에 투자하면 그 해 겨울이 추울 경우 50만 원, 따뜻할 경우 10만 원의 이익이 생긴다는 것을 알고 있다고 가정해 보자. 이 경우 어떤 투자가 더 합리적일까? 이럴 경우 우리는 이익과 사건의 발생 확률을 곱한 값, 즉 '기대 이익'의 값을 통해 투자 회사를 결정해 볼 수 있다. 그 해 겨울의 날씨를 정확히 알 수 없어 1/2의 확률이 있다고 가정한다면, 두 회사에 투자했을 때의 기대 이익은 아래의 표와 같다.

(단위 : 만 원)

구분	이익		기대 이익(이익×확률)
	추운 겨울	따뜻한 겨울	
신발 회사	28	28	$(28 \times \frac{1}{2}) + (28 \times \frac{1}{2}) = 28$
코트 회사	50	10	$(50 \times \frac{1}{2}) + (10 \times \frac{1}{2}) = 30$

코트 회사가 기대 이익이 더 크므로, 신발 회사보다는 코트 회사에 투자하는 것이 더 합리적으로 보인다. 그런데 실제로 이런 상황이 발생하면 두 회사 중 신발 회사에 투자하겠다는 사람들이 많다. 사람들의 이런 행동에는 기대되는 이익이 조금 적더라도 안정적인 이익을 선택하는 쪽이 더 낫다고 생각하는 심리가 담겨 있기 때문이다. 날씨라는 불확실성을 사람들은 피하고 싶은 것이다.

◀ 보기 ▶

효용 함수를 효용=√이익이라고 할 때, 위의 신발 회사나 코트 회사 주식에 투자할 경우의 기대 효용은 다음과 같다.

구분	추운 겨울		따뜻한 겨울
	추운 겨울	따뜻한 겨울	기대 효용(효용×확률)
신발 회사	$\sqrt{28}$	$\sqrt{28}$	5.29
코트 회사	$\sqrt{50}$	$\sqrt{10}$	5.12

① 기대 효용을 제일 중시하는 사람이라면 신발 회사에 투자할 가능성이 높겠군.

② 코트 회사에 투자하려는 사람은 이익 극대화를 위해 위험을 감수하려는 사람이겠군.

③ 기대 이익과 기대 효용이 같은 값을 가지는 것은 아니니 투자할 때에는 신중해야겠군.

④ 추운 겨울이 될 확률이 더 높아진다고 해도 신발 회사의 기대 이익이 증가하지는 않겠군.

⑤ 불확실성이 제거된다면 기대 이익이 같아지므로 어떤 회사에 투자를 하든 그 이익이 같겠군.

04

다음은 국제공항 견학 프로그램에 대한 안내 자료이다. 이에 대한 설명으로 옳지 않은 것은?

■ 운영요일 및 시간
• 운영요일 : 매일
• 운영시간 : 1부(10:00), 2부(15:00)
※ 견학시간은 약 1시간 소요됩니다.

■ 신청기간
• 견학 희망일 30일 전부터 1일 전까지
※ 참가신청 접수는 선착순입니다.

■ 참가대상 및 인원
• 대상 : 5세 이상 어린이, 중고등학생, 일반인
• 인원 : 10인 이상 80인 이하 단체

■ 유의사항
• 단체버스 이용 시, 하차지점(제1여객터미널 3층 1번 출입구, 제2여객터미널 3층 1번 출입구)과 승차지점(제1여객터미널 1층 14번 출입구, 제2여객터미널 1층 4번 출입구)에 정차하시고, 견학 중에는 주차장에 주차해 주세요.
• 정해진 시간에 맞추어 도착해주시고, 일정변경이 있으신 경우 견학전날까지 연락주시기 바랍니다.
• 항공보안, 설비 보수 등 공항운영 사정에 의해 투어 코스가 변경될 수 있습니다.

■ 신청절차
• 로그인 → [견학신청] 버튼클릭 → 비어있는 날짜 선택 → 신청서 작성 → 최종이메일(2~3일 소요)

■ 견학코스 및 신청
• 제1여객터미널 : 견학범위는 제1여객터미널과 제1교통센터이며, 도보로 약 1시간 소요됩니다.
• 제2여객터미널 : 견학범위는 제2여객터미널과 제2교통센터이며, 도보로 약 1시간 소요됩니다.

① 국제공항 견학 신청은 하루 전까지 가능하다.

② 견학 프로그램은 매일 운영되며, 오전과 오후에 1회씩 실시된다.

③ 10세 어린이와 고등학생 자녀를 둔 4인 가족은 신청이 가능하다.

④ 견학코스는 크게 2개이며, 각각 도보로 1시간 정도가 소요된다.

⑤ 단체버스를 이용해 견학을 오는 경우 하차지점과 승차지점이 지정되어 있다.

05

A기업은 전년도부터 '에너지 자원 절약 프로젝트'를 실시하고 있다. A기업의 직원 K는 이 프로젝트의 결과 보고서를 작성하기 위해 자료를 정리하고 있다. 다음 달 'ⓒ' 항목을 포함한 총 3항목들을 실천하여 에너지 비용을 최대한 절감하려고 계획하고 있다. 다음 중 이를 달성하기 위해 필요한 나머지 2개 실천 항목은 무엇인가?

〈실천 과제별 월간 절감비용〉

(단위 : 만 원)

실천 과제 항목	월간 절감비용
㉠ 개인 컵 사용	5,800
㉡ 이면지 재활용	5,500
㉢ 3층 이하 엘리베이터 사용 자제	2,600
㉣ 실내 온도 제한	5,000
㉤ 점심시간 사무실 소등	3,400
㉥ 퇴근 시 불필요한 전력 소비 차단	4,600
㉦ 외근 등 장시간 부재 시 PC 전력 대기모드 전환	2,300

〈복수 과제 실천 시 추가 절감률〉

(단위 : %)

복수 과제 항목	추가 절감률
㉠+㉡+㉣	25
㉠+㉢+㉤	20
㉠+㉣+㉤	15
㉡+㉢+㉦	20
㉡+㉣+㉤	10
㉢+㉣+㉥	15
㉢+㉥+㉦	15

※ 에너지 자원 절약 프로젝트는 한 달에 3가지 이상을 필수적으로 실천해야 한다.

※ 총 절감비용＝해당 복수 과제(세 항목) 절감비용의 총합×해당 추가 절감률

① ㉠, ㉡ 　 ② ㉠, ㉤

③ ㉡, ㉦ 　 ④ ㉣, ㉥

⑤ ㉤, ㉦

06

다음 중 제시된 자료에 대한 설명으로 옳지 않은 것은?

〈제1 여객터미널 측정지점별 실내 공기질
(2020년 2월 14일 11시 기준)〉

■ 탑승동

PM10($\mu g/m^3$)	CO(ppm)	CO₂(ppm)	NO₂(ppm)
16	0.9	499.8	0.037

※ $1,000\mu g/m^3 = 1ppm$

■ 여객터미널 여객(2층)

PM10($\mu g/m^3$)	CO(ppm)	CO₂(ppm)	NO₂(ppm)
14	0.7	444.1	0.043

■ 여객터미널 여객(3층)

PM10($\mu g/m^3$)	CO(ppm)	CO₂(ppm)	NO₂(ppm)
10	0.5	572.4	0.045

■ 실내 공기질 실시간 측정결과

항목	PM10	CO	CO₂	NO₂
단위	ppm	ppm	ppm	ppm
환경기준	0.15	10	1,000	0.05

① 측정일 기준 탑승동의 일산화탄소 농도는 $900\mu g/m^3$ 수준이다.

② 측정일 여객터미널 2층과 3층의 일산화탄소는 평균 0.6ppm 수준이다.

③ PM10의 환경기준을 0.15ppm 이하라고 할 때, 탑승동과 여객터미널은 모두 기준을 초과한다.

④ 이산화질소는 탑승동과 여객터미널 2층 및 3층이 모두 환경기준치 이하를 기록하고 있다.

⑤ 이산화탄소 비중은 탑승동이 여객터미널 2층보다 높으나, 이산화질소 비중은 반대이다.

07

다음 〈보기〉의 내용 중 옳은 것만을 모두 바르게 고른 것은?

〈K국의 법인세 부과기준 및 세액〉

K국에서는 모든 법인에 대하여 다음과 같이 구분하여 법인세를 부과하고 있다.

구분	세액(원)
㉠ 자본금액 100억 원을 초과하는 법인으로서 종업원 수가 100명을 초과하는 법인	500,000
㉡ 자본금액 50억 원 초과 100억 원 이하 법인으로서 종업원 수가 100명을 초과하는 법인	350,000
㉢ 자본금액 50억 원을 초과하는 법인으로서 종업원 수가 100명 이하인 법인 ㉣ 자본금액 30억 원 초과 50억 원 이하 법인으로서 종업원 수가 100명을 초과하는 법인	200,000
㉤ 자본금액 30억 원 초과 50억 원 이하 법인으로서 종업원 수가 100명 이하인 법인 ㉥ 자본금액 10억 원 초과 30억 원 이하 법인으로서 종업원 수가 100명을 초과하는 법인	100,000
㉦ 그 밖의 법인	50,000

〈법인 현황〉

법인	자본금액(억 원)	종업원 수(명)
A	200	150
B	20	?
C	50	100

◀ **보기** ▶

가. A가 납부해야 할 법인세는 35만 원이다.
나. B의 종업원이 50명인 경우 10만 원의 법인세를 납부해야 한다.
다. C가 납부해야 할 법인세는 10만 원이다.

① 가
② 나
③ 다
④ 가, 나
⑤ 나, 다

08

다음 중 제시된 자료에 대한 설명으로 옳지 않은 것은?

〈자료 1〉 내부 이해관계자(내부임직원, 공항종사자)가 생각하는 주요 이슈(5점 만점)

순위	내부	평점(점)
1	공항 안전 및 보안(운항안전, 재난안전)	
2	윤리 및 법규 준수	4.70
3	여객 및 화물 수요 증대에 따른 대응	4.63
4	지배구조의 투명성 및 전문성	4.54
5	일과 삶의 균형	4.51
6	경제 · 사회 · 환경적 리스크 관리	4.49
7	인권 존중 및 차별 금지	4.49
8	공정한 성과평가 및 합리적 보상	4.48
9	편리한 공항을 위한 서비스 혁신(스마트 공항, 고객 만족 제고 등)	4.47
10	해외사업 및 공항복합도시 개발, 공항인프라 확충	4.46

〈자료 2〉 외부 이해관계자(국민/여객/외부기관)가 생각하는 주요 이슈(5점 만점)

순위	외부	평점(점)
1	공항 안전 및 보안(운항안전, 재난안전)	4.74
2	여객 및 화물 수요 증대에 따른 대응	4.56
3	윤리 및 법규 준수	4.53
4	지배구조의 투명성 및 전문성	4.41
5	고객정보 보호	
6	이해관계자 참여(소통채널 확대, 관심사 대응)	4.34
7	편리한 공항을 위한 서비스 혁신(스마트 공항, 고객 만족 제고 등)	4.32
8	온실가스 배출 및 대기질 관리(미세먼지 등)	4.32
9	협력사/중소기업 지원 및 동반성장 추진	4.31
10	기관의 지역사회 참여도(사회공헌 활동 등)	4.31

① 〈자료 1〉의 '공항 안전 및 보안' 이슈의 평점은 4.70점 이상이다.

② '윤리 및 법규 준수' 이슈는 내부 이해관계자의 평점이 더 높고, '여객 및 화물 수요 증대에 따른 대응' 이슈는 외부 이해관계자의 평점이 더 높다.

③ '경제 · 사회 · 환경적 리스크 관리'와 '해외사업 및 공항복합도시 개발' 이슈는 외부 이해관계자의 평가 순위에서 10권 안에 들지 못했다.

④ '편리한 공항을 위한 서비스 혁신' 이슈는 내부와 외부 이해관계자 평점에서 '0.15점' 차이가 난다.

⑤ 외부 이해관계자 평점 순위에서 5위를 차지한 이슈의 평점은 4.34점에서 4.41점 사이이다.

09

다음은 '甲'의 출장일정과 관련 자료를 나타낸 것이다. 甲은 제주도에서 업무 편의를 위해 차량을 대여하려고 한다. 갑이 B차량을 이용하는 경우 차량의 대여요금은 최대 얼마인가? (단, 자료에 제시된 시간 외에 지체되는 시간은 없는 것으로 한다.)

〈출장일정〉

출장일시	202X년 6월 7일~8일
출장지	제주도
출장지 도착시간	6월 7일 10시 10분
출장지 출발시간	6월 8일 16시 30분

※ 공항에 도착하여 수하물을 찾고 공항을 나오기까지 1시간이 소요되며, 출발 시에는 탑승 수속을 위해 출발 1시간 전까지 공항에 도착해야 한다.

〈차량 렌트 가격〉

(단위 : 원)

차량	대여요금 (24시간)	초과요금		
		1시간 이하	1시간 초과 ~6시간 이하	6시간 초과 ~12시간 이하
A	60,000	8,600	33,750	48,000
B	64,000	9,200	36,000	51,200
C	65,000	9,300	36,500	52,000
D	65,000	9,300	36,500	52,000
E	72,000	10,000	43,200	57,600

※ 제주공항 ↔ 렌터카업체 셔틀버스 이용시간 10분 소요
※ 12시간을 초과하는 경우 24시간 요금 부과

① 82,000원   ② 91,000원
③ 100,000원   ④ 108,000원
⑤ 116,000원

10

제시된 〈조건〉에 따라 주문할 때, 주문이 가능한 조합은 모두 몇 개인가?

◀ 조건 ▶

㉠ 프라이드치킨, 양념치킨, 간장치킨을 한 마리씩 주문한다.
㉡ 동일한 가게에 세 마리를 주문하지 않는다.
㉢ 주문금액(치킨 가격＋배달료)의 총 합계가 최소가 되도록 한다.

〈가격표〉

(단위:원)

동네 치킨 가게	치킨 가격(마리당 가격)			배달료	배달가능 최소금액
	프라이드 치킨	양념치킨	간장치킨		
A	15,000	16,000	18,000	0	20,000
B	14,000	15,000	20,000	2,000	10,000
C	12,000	16,000	16,000	1,000	14,000
D	16,000	16,000	16,000	1,000	10,000

※ 배달료는 가게당 한 번만 지불한다.

① 1가지   ② 2가지
③ 3가지   ④ 4가지
⑤ 5가지

11

다음은 '甲' 회사의 20X1년과 20X2년 강사 A~E의 시급과 수강생 만족도에 관한 자료이다. 자료에 관한 설명으로 옳지 않은 것은?

〈강사의 시급 및 수강생 만족도〉

(단위 : 원, 점)

구분	20X1		20X2	
	시급	수강생 만족도	시급	수강생 만족도
A	50,000	4.6	55,000	4.1
B	45,000	3.5	45,000	4.2
C	52,000	( )	54,600	4.8
D	54,000	4.9	59,400	4.4
E	48,000	3.2	( )	3.5

〈시급 관련 조건〉

수강생 만족도	인상률
4.5점 이상	10% 인상
4.0점 이상 4.5점 미만	5% 인상
3.0점 이상 4.0점 미만	동결
3.0점 미만	5% 인하

※ 당해 연도 시급 대비 다음 연도 시급의 인상률은 당해 연도 수강생 만족도에 따라 아래와 같이 결정됨
※ 강사가 받을 수 있는 시급은 최대 60,000원임

① 20X1년 시급 대비 20X2년 시급 인상률은 20X1년 수강생 만족도에 따라 정해진다.
② 강사 E의 20X2년 시급은 48,000원이다.
③ 20X2년 D강사의 시급은 C강사의 시급보다 높다.
④ 강사 C의 20X0년 수강생 만족도 점수는 4.0점 이상 4.5점 미만이다.
⑤ 20X2년 시급이 전년보다 5,000원 이상 인상된 강사는 모두 2명이다.

12

甲과 乙은 담을 설치하기 전에 토지의 경계를 정하기 위한 측량을 하려고 한다. 측량비용이 100만 원이 든다면, 甲과 乙이 부담하여야 하는 액수를 바르게 연결한 것은?

제○○조(경계표, 담의 설치권)
① 인접하여 토지를 소유한 자는 공동비용으로 통상의 경계표나 담을 설치할 수 있다. 이 경우 그 비용은 쌍방이 절반하여 부담한다.
② 전항에도 불구하고 토지의 경계를 정하기 위한 측량비용은 토지의 면적에 비례하여 부담한다.
제○○조(경계선 부근의 건축)
① 건물을 축조함에는 경계로부터 반미터 이상의 거리를 두어야 한다.
② 인접지소유자는 전항의 규정에 위반한 자에 대하여 건물의 변경이나 철거를 청구할 수 있다. 그러나 건축에 착수한 후 1년을 경과하거나 건물이 완성된 후에는 손해배상만을 청구할 수 있다.
제○○조(차면시설의무) 경계로부터 2미터 이내의 거리에서 이웃 주택의 내부를 관망할 수 있는 창이나 마루를 설치하는 경우에는 적당한 차면(遮面)시설을 하여야 한다.
제○○조(지하시설 등에 대한 제한) 우물을 파거나 용수, 하수 또는 오물 등을 저치(貯置)할 지하시설을 하는 때에는 경계로부터 2미터 이상의 거리를 두어야 하

며, 지하실공사를 하는 때에는 경계로부터 그 깊이의 반 이상의 거리를 두어야 한다.

※ 차면(遮面)시설 : 서로 안 보이도록 가리는 시설
※ 저치(貯置) : 저축하거나 저장하여 둠

◀ 상황 ▶

• 甲과 乙은 1,000m²의 토지를 공동으로 구매하였다. 그리고 다음과 같이 A토지와 B토지로 나누어 A토지는 갑이, B토지는 을이 소유하게 되었다.

A토지 (면적 600m²)	B토지 (면적 400m²)

• 甲은 A토지와 B토지의 경계에 담을 설치하고, A토지 위에 C건물을 짓고자 한다. 乙은 B토지를 주차장으로만 사용한다.

① 甲 : 50만 원, 乙 : 50만 원
② 甲 : 100만 원, 乙 : 100만 원
③ 甲 : 60만 원, 乙 : 40만 원
④ 甲 : 40만 원, 乙 : 60만 원
⑤ 甲 : 100만 원, 乙 : 0원

13

A와 친구들은 6월 둘째 주 금요일에 워터파크 주간권(종일권)을 구입하여 가기로 하였다. 다음 중 옳지 않은 설명은? (단, 6월 1일은 화요일이다.)

◀ 상황 ▶

A(만 30세)는 동갑 친구들 5명과 함께 워터파크에 가기 위해 이용요금을 알아보고 있다. A와 친구들은 8개월 동안 매월 2만 원씩 회비를 걷어 왔으며, 회비 중 사용하고 남은 금액으로 워터파크를 이용하고, 부족한 금액만큼만 추가로 내기로 하였다. 걷은 회비의 60%는 이미 사용하였다.

〈워터파크 이용권〉

(단위 : 원)

종류	주간권(종일)		오후권(14 : 30)	
	대인	소인/경로	대인	소인/경로
비수기	40,000	31,000	34,000	26,000
보통 시기	50,000	39,000	42,000	33,000
성수기	60,000	47,000	49,000	38,000

〈콤보 이용권〉

(단위 : 원)

종류	1일권		2일권	
	대인	소인/경로	대인	소인/경로
비수기	62,000	49,000	80,000	65,000
보통 시기	72,000	56,000	88,000	71,000
성수기	84,000	67,000	97,000	79,000
비고	하루 동안 워터파크, 놀이공원 이용 가능		워터파크, 놀이공원 하루씩 이용 가능	

※ 비수기 : 4월 21일~6월 1일 / 보통 시기 : 6월 2일~6월 29일 / 성수기 : 6월 30일~7월 20일

※ 경로 : 만 65세 이상 / 소인 : 만 36개월 이상~만 12세 이하(만 36개월 미만은 무료입장)

※ 이용권 요금은 실내 로커 미포함 요금입니다.

〈물품 이용요금〉

(단위 : 원)

종류		이용요금	대여료	보증금
구명재킷		6,000	6,000	–
로커	실외	500	–	500
	실내	2,000	2,000	–
타월	대형	6,000	3,000	3,000
	중형	3,000	1,000	2,000
비치 체어	미니형	14,000	14,000	–
	고급형	18,000	18,000	–

※ 이용요금에는 대여료와 보증금이 포함되며, 보증금은 물품 반납 시 반환됩니다.

① 6월 1일이 화요일이라 할 때, A와 친구들은 워터파크에 가는 날은 6월 11일이다.

② 회비를 추가로 걷지 않아도 워터파크 이용권을 구입하고 각자 1개씩 실내 로커를 이용할 수 있다.

③ 남은 회비로 이용권 구입 후 구명재킷과 실내 로커는 1인당 1개씩, 미니형 비치 체어는 2인당 1개씩 이용하면, 1인당 2,000원을 추가로 내야 한다.

④ 대형타월을 1인당 1개씩 대여하여 사용 후 반납하면 18,000원을 돌려받는다.

⑤ A와 친구들이 워터파크에 가는 날, 주간권 대신 오후권을 구입한다면 이용권 구매비용은 48,000원을 절약할 수 있다.

14

다음은 개인(A~D)의 연소득에 대한 자료이고, 개인별 소득세산출액은 아래의 〈소득세 결정기준〉에 따라 계산한다고 한다. A~C의 소득세산출액 중 가장 많은 소득세산출액과 가장 적은 소득세산출액의 차액을 구하면 얼마인가?

〈개인별 연소득 현황〉

(단위 : 만 원)

개인	근로소득	금융소득
A	15,000	5,000
B	22,000	0
C	21,000	2,000
D	0	30,000

※ 근로소득과 금융소득 이외의 소득은 존재하지 않음.

※ 모든 소득은 과세대상이고, 어떤 종류의 공제·감면도 존재하지 않음.

◀ 소득세 결정기준 ▶

- 5천만 원 이하의 금융소득에 대해서는 15%의 '금융소득세'를 부과함.
- 과세표준은 금융소득 중 5천만 원을 초과하는 부분과 근로소득의 합이고, 〈과세표준에 따른 근로소득세율〉에 따라 근로소득세를 부과함.
- 소득세산출액은 '금융소득세'와 '근로소득세'의 합임.

〈과세표준에 따른 근로소득세율〉

(단위 : %)

과세표준	세율
1,000만 원 이하분	5
1,000만 원 초과 5,000만 원 이하분	10
5,000만 원 초과 1억 원 이하분	15
1억 원 초과 2억 원 이하분	20
2억 원 초과분	25

※ 예를 들어, 과세표준이 2,500만 원인 사람의 '근로소득세'는 다음과 같음 → 1,000만 원×5%+(2,500만 원−1,000만 원)×10%=200만 원

① 650만 원 ② 700만 원

③ 750만 원 ④ 800만 원

⑤ 850만 원

15

다음 회의까지 각 부서별로 수행해야 할 업무로 적절한 것을 아래 〈보기〉에서 모두 고르면?

〈회의내용〉

1. 참석자
   - 개발부 : A 부장, B 과장, C 대리
   - 영업부 : D 차장, E 대리, F 사원
2. 목적 : 내년 새롭게 출시하는 화장품을 알리기 위한 프로모션 행사 기획
3. 추진방향
   - 다양한 판촉 행사를 기획함으로써 제품의 긍정적 이미지를 제고
   - 최신 홍보 · 판촉 행사 트렌드를 따라가되, 신선한 기획안을 준비
4. 추진 내용 및 역할 분담

홍보 및 판촉 성공 국내 사례 분석(최근 1년간 출시된 유사 국내 제품의 특징과 관련 제품 홍보 및 판촉 성공사례 수집 및 분석)	개발부
자사 신제품의 장점과 특징을 타사의 제품과 비교하여 정리	개발부
최근 2년간의 자사 홍보 및 판촉 행사 분석	영업부
홍보물 유통 경로 체크	영업부
신제품 홍보 및 판촉 행사 방안 구상	개발부, 영업부

5. 추가 다른 부서 협력 요청 사항
   - 최근 자사의 홍보용 콘텐츠 분석 : 미디어제작부(10월 7일까지)
   - 최근 화제성이 높은 해외 판촉 사례 분석 : 마케팅부(10월 15일까지)
6. 기획 및 준비 기간 : 20X0년 9월 30일~11월 29일
7. 다음 회의 일정 : 20X0년 10월 8일
   - 1차 회의 참석자에 마케팅부 2명, 미디어제작부 2명 추가
   - 최근 자사 홍보 콘텐츠 경향 분석 및 정리 자료는 미디어제작부에 사전 요청

◀ 보기 ▶

ㄱ. 개발부의 C 대리는 최근 1년간의 해외 홍보 및 판촉 성공사례를 분석하여 신제품 판촉 행사 방안을 구상한다.

ㄴ. 영업부의 F 사원은 최근 자사의 홍보 및 판촉 방식을 참고하여 신제품의 특징을 좀 더 차별적으로 부각할 수 있는 새로운 홍보 방안을 구상한다.

ㄷ. 개발부 B 과장은 자사의 신제품이 가진 특징을 통해 타사 제품과의 차이를 비교 · 조사하고, 제품 판촉 행사 및 홍보를 성공적으로 진행했던 국내의 사례를 살펴본다.

ㄹ. 영업부 E 대리는 신제품 홍보와 관련하여 최근 자사의 홍보 콘텐츠를 분석한다.

① ㄱ, ㄴ   ② ㄱ, ㄷ
③ ㄴ, ㄹ   ④ ㄴ, ㄷ
⑤ ㄷ, ㄹ

16

A기업의 김 부장은 러시아의 모스크바에 근무하는 이 지사장과 5월 30일 오후 6시 30분부터 30분간 전화통화를 종료했다. 다음 국가 및 도시별 시각표를 참고할 때, 이 지사장이 전화를 종료한 모스크바의 현지 시각은 몇 시인가?

〈서울 – 필라델피아 시간〉

도시	대한민국 서울	미국 필라델피아
날짜	5월 30일	5월 30일
시간	오후 7시	오전 6시

〈필라델피아 – 모스크바 시간〉

도시	미국 필라델피아	러시아 모스크바
날짜	5월 30일	5월 31일
시간	오후 7시	오전 2시

① 5월 30일 정오
② 5월 30일 오후 12시 30분
③ 5월 30일 오후 1시
④ 5월 30일 오후 1시 30분
⑤ 5월 30일 오후 2시

17

다음은 사업 시행에 대한 정부의 평가에 대한 내용이다. 다음의 사업 중 정부의 평가 대상이 되지 않는 사업은?

〈정부 평가별 사업 내용〉

• A 평가

평가의 대상은 총사업비가 500억 원 이상인 사업 중 중앙정부의 재정지원(국비) 규모가 300억 원 이상인 신규사업으로, 건설공사가 포함된 사업, 정보화·국가연구개발 사업, 사회복지·보건·교육·노동·문화·관광·환경보호·농림·해양수산·산업·중소기업분야의 사업이다.

단, 법령에 따라 설치하거나 추진하여야 하는 사업, 공공청사 신·증축사업, 도로·상수도 등 기존 시설의 단순개량 및 유지보수사업, 재해예방 및 복구지원 등으로 시급한 추진이 필요한 사업은 평가 대상에서 제외된다.

※ 법령 : 국회에서 제정한 법률과 행정부에서 제정한 명령(대통령령·총리령·부령)을 의미한다.

• B 평가

신규사업의 시행이 환경에 미치는 영향을 미리 조사·예측·평가하는 것이다. 평가 대상은 도시개발사업, 도로건설사업, 철도건설사업(도시철도 포함), 공항건설사업이다.

• C 평가

대량의 교통수요를 유발할 우려가 있는 신규사업을 시행할 경우, 미리 주변지역의 교통체계에 미치는 제반 영향을 분석·평가하여 이에 따른 대책을 강구하는 평가이다. 평가의 대상은 다음과 같다.

종류	기준
도시개발사업	부지면적 10만㎡ 이상
철도건설사업	정거장 1개소 이상, 총길이 5km 이상

① 총사업비 755억 원 중 정부로부터 40%의 재정지원받는 신규관광사업
② 환경에 영향을 미칠 수 있는 신공항 건설사업
③ 부지면적이 18만㎡인 신도시 개발사업
④ 1개 정거장 신설을 포함하는 총 연장 16km의 철도 연장 사업
⑤ 총사업비 520억 원 전액을 중앙정부로부터 지원받는 재해복구사업

18

‘甲’ 건설업체는 아파트 신축공사와 관련하여 주변 상인 간의 마찰을 해결하기 위해 이사회를 소집하였다. 다음은 이사들을 대상으로 두 가지 해결안에 대한 견해를 조사한 자료이다. 아래 〈보기〉의 해석 중 옳은 것을 모두 고른 것은?

〈신축공사 관련 해결안〉

해결안		B안 : 상인들이 요구한 배상금의 지급(%)			
		무조건 찬성	조건부 찬성	반대	계
A안 : 법적 판단(소송)	무조건 찬성	3.5	10.2	15.4	29.1
	조건부 찬성	9.5	26.3	12.1	47.9
	반대	7.3	12.8	2.9	23.0
	계	20.3	49.3	30.4	100

◀ 보기 ▶

ㄱ. 두 가지 해결안 중 적어도 하나를 찬성하는 사람의 비율은 49.5%이다.

ㄴ. A안에는 찬성하지 않지만 B안에 찬성하는 사람의 비율은 20.1%이다.

ㄷ. A안을 찬성하는 사람들 중에서 B안을 반대하는 사람의 비율이 B안을 찬성하는 사람들 중에서 A안을 반대하는 사람의 비율보다 높다.

※ 찬성은 무조건 찬성과 조건부 찬성을 모두 포함한다.

① ㄱ
② ㄴ
③ ㄷ
④ ㄱ, ㄴ
⑤ ㄴ, ㄷ

19

A 과장은 한 기업의 신입 및 경력사원 채용면접 시험의 담당자이다. 자료에 따른 채용면접과 관련된 설명으로 항상 옳은 것은?

〈각 부서별 선발 인원 정보〉

㉠ 사원을 채용하고자 하는 부서는 인사팀, 재무팀, 법무팀, 기획팀, 홍보팀, 기술지원팀, 교육팀 등 7개이다.

㉡ 교육팀과 기술지원팀에서는 신입사원 6명, 경력사원 6명씩을 선발한다.

㉢ 인사팀의 신입 및 경력사원 선발인원은 교육팀의 1/2이고, 법무팀의 총 선발 인원은 인사팀 총 선발 인원보다 4명 더 많다.

㉣ 기획팀은 경력사원만 7명을 선발한다.

㉤ 재무팀은 신입사원 6명, 경력사원 3명을 선발하고, 홍보팀은 신입사원만 6명 선발한다.

㉥ 신입/경력 선발 인원에 대한 구분이 없는 경우에는 50 : 50의 비율로 선발한다.

〈면접 정보〉

㉠ 채용면접은 10월 첫째 주~둘째 주 근무일에만 진행되며, 공휴일에는 면접이 진행되지 않는다.

㉡ 각 부서별 면접 인원은 선발 인원의 6배수이다.

㉢ 면접은 하루에 한 부서씩 진행하며, 기술지원팀은 가장 먼저 면접을 실시하고 연달아 법무팀 면접이 이루어진다.

㉣ 교육팀은 홍보팀 면접 다음 날 면접을 실시하되, 두 팀은 기획팀보다 뒤에 면접을 실시한다.

㉤ 재무팀의 면접 순서는 가장 마지막이다.

㉥ 인사팀 면접은 10월 5일에 진행된다.

〈10월〉

일	월	화	수	목	금	토
	1	2	3	4	5	6
7	8	9	10	11	12	13
14	15	16	17	18	19	20
21	22	23	24	25	26	27

※ 회사의 근무일은 월요일~금요일이다.

① 신입사원 면접 대상자는 총 168명이다.

② 이번 채용에서 선발하는 인원은 모두 65명이다.

③ 법무팀과 인사팀 면접일정 사이에는 기획팀이 있다.

④ 법무팀은 신입사원과 경력사원을 각각 5명씩 선발한다.

⑤ 면접일정 중에는 휴무일이 사흘 포함된다.

20

다음의 〈조건〉과 〈진술〉을 근거로 판단할 때, A~C의 자동차 번호 끝자리 숫자의 합으로 가능한 최댓값은?

◀ 조건 ▶

㉠ I공사는 자동차 요일제를 시행하고 있으며, 각 요일별로 운행할 수 없는 자동차 번호 끝자리 숫자는 아래와 같다.

요일	월	화	수	목	금
숫자	1, 2	3, 4	5, 6	7, 8	9, 0

㉡ 미세먼지 비상저감조치가 시행될 경우 I공사는 자동차 요일제가 아닌 차량 홀짝제를 시행한다. 차량 홀짝제를 시행하는 날에는 시행일이 홀수이면 자동차 번호 끝자리 숫자가 홀수인 차량만 운행할 수 있고, 시행일이 짝수이면 끝자리 숫자가 짝수인 차량만 운행할 수 있다.

㉢ I공사의 직원인 A, B, C는 12일(월)부터 16일(금)까지 5일 모두 출근했고, 12일, 13일, 14일에는 미세먼지 비상저감조치가 시행되었다.

㉣ A~C는 각각 자동차 1대를 소유하고 있으며, 자동차 요일제와 차량 홀짝제로 인해 자동차를 운행할 수 없는 경우를 제외하면 모두 자신이 소유한 자동차로 출근을 했다.

◀ 진술 ▶

• A : 나는 12일에 내 자동차로 출근을 했어. 따져보니 이번 주에 총 4일이나 내 자동차로 출근했어.

• B : 저는 이번 주에 이틀만 제 자동차로 출근했어요.

• C : 나는 이번 주엔 13일, 15일, 16일만 내 자동차로 출근할 수 있었어.

① 14   ② 16

③ 18   ④ 20

⑤ 22

21

다음은 한 국가의 일요일 TV프로그램 편성 규칙과 〈편성정보〉이다. 제시된 자료를 토대로 할 때, 채널 11에서 오후 10시 10분에 방영되고 있는 프로그램은 무엇인가?

〈프로그램 편성 규칙〉

- 오후 6시부터 오후 10시까지 5개의 주요 채널(5, 7, 9, 11, 15)에서 방영되는 프로그램의 종류는 뉴스, 드라마, 코미디, 스포츠, 다큐멘터리 중 하나이다.
- 오후 6시부터 오후 10시 사이에 같은 채널 내에서 같은 프로그램이 두 번 방영되는 경우는, 앞서 방영한 프로그램이 재방송되는 것으로 한 종류의 프로그램이 방영된 것으로 간주하며, 동일 프로그램의 정규방송과 재방송을 이어서 방송하지 않는다.

◀ 편성정보 ▶

가. 오후 6시 정각에 시작하는 프로그램이 있는 채널은 2개이다.

나. 오후 6시부터 10시 사이에 5개 채널(5, 7, 9, 11, 15)에서 방영되는 프로그램 중 스포츠 프로그램을 제외한 프로그램의 방영시간은 모두 1시간이고, 스포츠 프로그램은 최소한 1시간 이상 방영된다.

다. 채널 5에서는 이 시간대에 3종류의 프로그램 4개가 방영되며, 오후 6시와 오후 9시에 시작하는 프로그램은 동일하다.

라. 채널 7에서는 오후 5시까지 스포츠 프로그램을 방영하고, 이후 3시간짜리 새로운 프로그램을 방영한다.

마. 채널 9에서는 6시부터 10시까지 5개 프로그램을 방영한다. 오후 6시 30분에는 뉴스 프로그램을 시작하고, 이 뉴스가 끝나는 시간부터 채널 11에서 뉴스 프로그램 방영을 시작한다.

바. 채널 11에서는 이 시간대에 4종류의 프로그램 5개가 방영되며, 오후 6시 30분까지 방영되는 프로그램은 오후 8시 30분에 시작하는 프로그램과 동일하다.

사. 채널 15에서는 이 시간대에 2종류의 프로그램 4개를 방영하며, 오후 7시에 뉴스 프로그램 방영을 시작한다.

아. 모든 채널에서 뉴스 프로그램을 방영하기 직전에 코미디 프로그램을 방영한다.

자. 이 시간대에 다큐멘터리 프로그램을 편성한 채널에서는 스포츠 프로그램을 방영한다.

차. 드라마와 코미디 프로그램은 같은 채널에서 연속해서 방영하지 않는다.

카. 뉴스 프로그램 다음에는 스포츠 프로그램이 올 수 없다.

① 뉴스   ② 드라마
③ 코미디   ④ 스포츠
⑤ 다큐멘터리

22

다음은 국제공항 4단계 건설에 관한 내용이다. 자료를 분석한 것으로 적절한 것은?

구분		현재	4단계(2024년)
터미널 면적	제1여객터미널	507천m²	–
	제2여객터미널	358천m²	205천m²
	탑승동	166천m²	–
수용능력	여객	6,300만명	1,400만명
	화물	400만톤	120만톤
	운항	50만톤	6만톤
활주로		2본(3,750×60m) 1본(4,000×60m)	1본(3,750×60m)
계류장	여객	163개소	73개소
	화물	49개소	13개소
수하물 처리시스템(BHS)		130km	49km

① 4단계 건설로 제2여객터미널이 205천m²가 된다.
② 여객의 수용능력이 종전보다 20% 이상 늘어난다.
③ 화물의 수용능력이 종전보다 25% 늘어난다.
④ 여객 계류장이 종전보다 50% 이상 늘어난다.
⑤ 4단계 이후에는 활주로가 3본에서 1본으로 줄어든다.

23

甲기업 건축사업 기획팀에서는 위의 입찰을 신청하기 위하여 준비 회의를 하려고 계획하고 있다. 회의에 참가하기 전 공고문을 제대로 이해하지 못한 직원을 〈보기〉에서 모두 고른 것은?

〈공사입찰공고〉

1. 입찰내용
  가. 공사명 : 사옥 배관교체공사
  나. 공사개요
    – 추정가격 : 21,500,000원(부가세 별도)
    – 예시가격기초금액 : 23,650,000원(부가세 별도)
    – 공사기간 : 착공일로부터 25일 이내
    – 공사내용 : 폐수처리설비의 일부 부식취약부 배관 재질 변경

2. 입찰참가자격

  가. 건설산업기준법에 의한 기계설비공사업 면허를 보유한 업체

  나. 조달청 나라장터(G2B) 시스템 이용자 등록을 필한 자이어야 합니다. 입찰참가자격을 등록하지 않은 자는 국가종합전자조달시스템 입찰자격등록규정에 따라 개찰일 전일까지 조달청에 입찰참가자격 등록을 해주시기 바랍니다.

3. 입찰일정

구분	일정	입찰 및 개찰 장소
전자입찰서 접수개시	20X0. 05. 21. 10 : 00	국가종합전자조달시스템 (https://www.g2b.go.kr)
전자입찰서 접수마감	20X0. 05. 30. 10 : 00	
전자입찰서 개찰	20X0. 06. 01. 11 : 00	입찰담당관 PC(낙찰자 결정 직후 온라인 게시)

4. 낙찰자 결정방법

  가. 본 입찰은 최저가낙찰제로서 나라장터 국가종합전자조달시스템 예가작성 프로그램에 의한 예정가격 이하의 입찰자 중에서 개찰 시 최저가격으로 입찰한 자를 낙찰자로 선정합니다.

5. 입찰보증금 및 귀속

  가. 모든 입찰자의 입찰보증금은 전자입찰서상의 지급각서로 갈음합니다.

  나. 낙찰자로 선정된 입찰자의 정당한 이유 없이 소정의 기일 내에 계약을 체결하지 않을 시 입찰보증금(입찰금액의 5%)은 우리 공사에 귀속됩니다.

6. 입찰의 무효

  가. 조달청 입찰참가등록증 상의 상호 또는 법인의 명칭 및 대표자(수명이 대표인 경우 대표자 전원의 성명을 모두 등재, 각자 대표도 해당)가 법인등기부등본(개인사업자의 경우 사업자등록증)의 상호 또는 법인의 명칭 및 대표자와 다른 경우에는 입찰참가등록증을 변경등록하고 입찰에 참가하여야 하며, 변경등록하지 않고 참여한 입찰은 무효임을 알려드리오니 유의하시길 바랍니다.

20X0. 03. 10

한국 ○○○공사 사장

- A 사원 : 우리 회사 공사팀이 폐수처리설비 배관 공사를 25일 동안에 완료할 수 있는지 회의 전에 확인해봐야겠어.
- B 대리 : 조달청 입찰참가자격 등록을 6월 1일까지 해야 한다는 점을 기억해야지.
- C 과장 : 입찰참가자격 등록을 할 때, 혹시 우리 회사 법인의 명칭과 대표가 법인등기부등본과 다르지 않은지, 변경해야 하는지 점검해 보는 것이 좋겠어.
- D 부장 : 모든 입찰자는 입찰등록 시 입찰보증금을 ○○○공사에 예치해야 하므로, 입찰금액의 5%를 미리 준비해야 한다는 점을 말해줘야겠어.

① A, B ② A, D

③ B, C ④ B, D

⑤ C, D

24

다음은 국제공항의 주차요금에 대한 자료이다. ○○기업 A는 제주도 출장을 가기 위해 국제공항을 이용하고자 한다. A가 11:00 비행기를 이용하여 출장을 마치고 17:30분에 국제공항으로 돌아올 예정이다. A의 500kg 적재 화물차에 부과될 주차요금은?(단, 주차장으로 오고 가는 시간은 계산하지 않는다.)

〈일반요금〉

구분	주차요금	
	소형	대형
단기주차장	• 기본 30분 1,200원 • 추가 15분 600원 • 일 24,000원	–
장기주차장 (제1여객터미널 주차타워 포함)	• 시간당 1,000원 • 일 9,000원	• 30분당 1,200원 • 일 12,000원
화물터미널 주차장	• 최초 45분 무료 • 추가 15분 500원 • 일 10,000원	• 최초 45분 무료 • 추가 15분 600원 • 일 12,000원

※ 1일 이상 장기주차 차량은 장기주차장을 이용하여 주시기 바랍니다.

※ 단기주차장은 승용차전용(차량 제한높이 2.1m이하) 구역입니다.

※ 장기주차장은 외곽주차장 및 임시주차장 포함입니다

※ 제1여객터미널 인천 국제공항공사(사옥) 주차장 및 제2여객터미널 제2합동청사 주차장은 단기주차장 주차요금이 적용됩니다.

〈차량 구분 기준〉

구분	소형	대형
승용차	전차종	
버스	15인 이하	16인 이상
화물차	최대적재량 1톤 이하	최대적재량 1톤 초과

① 6,500원   ② 11,500원

③ 13,000원   ④ 15,600원

⑤ 22,600원

25

다음은 A항공과 B항공이 신규 가능 노선을 공항별로 나누었을 때 수익체계를 정리한 것이다. A항공이 가장 많은 부가수익을 얻을 수 있는 공항은?

(단위 : 억원)

구분		B항공				
		상하이	방콕	싱가포르	시드니	호놀룰루
A항공	상하이	(2, −1)	(2, −1)	(4, 2)	(4, 5)	(7, 10)
	방콕	(3, 4)	(2, 3)	(3, 2)	(2, 3)	(4, −2)
	싱가포르	(−1, 5)	(5, 1)	(2, 6)	(2, −1)	(3, 1)
	시드니	(4, 5)	(3, 5)	(−1, −4)	(−3, 4)	(1, 4)
	호놀룰루	(2, 7)	(2, 4)	(2, 1)	(2, 6)	(4, 4)

※ 괄호 안의 숫자는 A항공과 B항공이 각 공항에 신규 취항할 경우 얻을 수 있는 연간 부가수익이다. (즉, A항공 연간 부가수익, B항공 연간 부가수익)

※ A항공은 방콕, B항공은 싱가포르를 취항하는 경우 A항공은 3억원, B항공은 2억원의 부가수익을 얻는다는 것이다.

① 싱가포르   ② 방콕

③ 상하이   ④ 호놀룰루

⑤ 시드니

26

A기업 P과장은 회원이 총 4명인 ○○테니스 클럽의 회장으로 활동하고 있다. P과장은 클럽회장으로서 자신이 근무하는 A기업의 사내시설을 이용하기 위한 예약을 하려고 한다. 8월 넷째 주 금요일에 퇴근 후 오후 7시부터 4시간을 이용하려 한다면 P과장이 지불하여야 할 사용료는? (단, 오후 7시부터는 야간조명이 필요하다.)

〈이용시간〉

구분	하계(3월~10월)	동계(11월~2월)
조기	06:00~08:00	06:00~09:00
주간	08:00~19:00	09:00~18:00
야간	19:00~23:00	18:00~23:00

〈시설 이용료〉

시설별	기준		사용료(원)	
			평일	토, 일요일
축구장	3시간 기준(정규 1개월)		60,000	80,000
배드민턴장	4시간 기준(정규 1개월)		20,000	30,000
농구장	2시간 기준(정규 1개월)		40,000	50,000
테니스장	2시간당(1인)	주간	1,500	1,500
		야간	2,000	2,000

〈부대시설 이용료〉

구분	기준	요금(원)
야간조명	테니스장 1면	10,000/시간당

※ 테니스장은 2면으로 이루어져 있다.

※ 단식게임만 한다.

① 72,000원   ② 75,000원

③ 85,000원   ④ 89,000원

⑤ 96,000원

27

다음은 A기업 워크숍 계획안의 일부이다. 이 예산 계획안에 대한 설명으로 가장 거리가 먼 것은?

■ 워크숍 일정
• 일시 : 202×. 3. 22.~202×. 3. 23.
• 장소 : 전남 신안군(A기업 소재지 : 서울)
• 주요일정 : 과제발표·토론, 외부강의, 임직원 간담회, 장기자랑, 힐링체험 등
• 참석인원 : 70명(버스 출발 45명/별도 출발 25명)
■ 소요예산계획
• 예산과목 : 사업비, 영업비용, 대행사업비, 행사홍보비, 행사운영비

구분	산출내역	소요예산
차량 임대	45인승 1대	950,000원 (부가세 포함)
보험	여행자보험 70×5,000원 =350,000원	350,000원
숙박비	• 14개(3인실)×70,000원 =980,000원 • 14개(2인실)×50,000원 =700,000원 소계=1,680,000원	1,680,000원
22일 식대	석식 70명×30,000원 =2,100,000원	3,640,000원
23일 식대	• 조식 70명×7,000원 =490,000원 • 중식 70명×15,000원 =1,050,000원 소계=1,540,000원	
입장료	자연휴양림 단체 입장 70명× 5,000원=350,000원	350,000원
음료 및 다과	70명×5,000원=350,000원	350,000원
현수막	워크숍 현수막 100,000원×2개 =200,000원	200,000원
강사료	• 원고료 : 300,000원 • 강사료 : 400,000원 소계=700,000원	700,000원
총계		8,220,000원

① 워크숍은 22일 오후 1시 이후에 시작될 것이다.
② 예산을 책정할 때 실제 집행되어야 할 예산의 별도 예비비를 따로 책정해 두면 가장 이상적인 예산안이다.
③ 가장 적은 예산이 드는 것은 현수막이다.
④ 예산안에 작성된 모든 과업에 대한 비용은 워크숍 진행을 위해 꼭 필요한 활동만으로 구성되어 있다.
⑤ 위 내용만을 검토했을 때 책정된 예산보다 더 많은 비용이 집행될 가능성이 있다.

28

다음의 제시된 상황은 A기업 경영목표 성과에 대한 분석이다. A기업 기획조정실 경영전략팀 P대리가 20×2년 계획에서 20×1년보다 더 높은 성과를 내는 것을 목표로 20×2년 계획을 작성한 것 중 이행성과 최소목표치로 옳지 않은 것은? (단, 동일한 등급 이상을 유지하는 것이 목표임.)

〈경영목표 이행성과〉

(단위 : 억원)

경영목표	20×0년	20×1년	증감율(%)
제2터미널 확장	3,760	4,930	31.1
제4활주로	1,370	1,640	19.7
계류장	1,285	1,365	6.2
주차장	820	984	20
도로	560	575	2.7

※ 소수점 둘째 이하는 버림

〈성과평가 기준표〉

경영목표	증가율
증가율 30% 이상	A
증가율 20% 이상 30% 미만	B
증가율 10% 이상 20% 미만	C
증가율 5% 이상 10% 미만	D
증가율 5% 미만	E

항목	최소목표치
① 제2터미널 확장	5,720
② 제4활주로	2,140
③ 계류장	1,870
④ 주차장	1,230
⑤ 도로	625

29

다음 중 K가 가장 많은 상품가치를 낼 수 있는 온도로
가장 알맞은 것은? (단, 제시된 조건 외에 다른 조건은
모두 동일한 것으로 가정한다.)

◀ 자료 ▶

- K는 같은 온실에서 5가지 식물(A~E)을 하나씩 동
  시에 재배하려고 한다.
- A~E의 재배가능 온도와 각각의 상품가치는 다음과
  같다.

식물 종류	재배가능 온도(℃)	상품가치(원)
A	0 이상 20 이하	12,000
B	5 이상 15 이하	25,000
C	22 이상 42 이하	32,000
D	20 이상 30 이하	15,000
E	15 이상 25 이하	35,000

- K는 온도만 조절할 수 있으며, 온도가 식물의 상품
  가치를 결정하는 유일한 요인이다.
- 온실의 온도는 0℃를 기준으로 조절하며, 한 번 설
  정하면 변경할 수 없다.

① 15.5℃
② 19.5℃
③ 23.5℃
④ 27.5℃
⑤ 31.5℃

30

다음은 우리나라와 주요 해외 국가 수돗물 사용현황에
관한 자료이다. 우리나라 수도요금은 해외 7개국 평균
수도요금의 몇 %를 차지하는가?

〈우리나라와 해외 국가 수도요금 현황비교〉

(단위 : 원/m³)

국가	한국	덴마크	독일	영국
요금	744	3,790	3,183	2,313
국가	미국	일본	중국	인도
요금	1,969	1,260	412	149

① 약 38%
② 약 40%
③ 약 42%
④ 약 44%
⑤ 약 49%

CHAPTER 03 법조문 이해

PUBLIC SERVICE APTITUDE TEST

- 법조문의 다른 내용으로 의역하지 않아야 한다.
- 할 수 있다는 것과 하여야 한다는 내용은 엄연히 다른 내용이다. 할 수 있다는 것은 반드시 하지 않아도 되지만 하여야 한다는 필수적으로 하여야만 한다는 것이다.

대표예제

다음 글을 근거로 판단할 때 옳은 것은?

제00조 이 법에서 말하는 폐기물이란 쓰레기, 연소재, 폐유, 폐알칼리 및 동물의 사체 등으로 사람의 생활이나 사업활동에 필요하지 않게 된 물질을 말한다.

제00조 ① 도지사는 관할 구역의 폐기물을 적정하게 처리 하기 위하여 환경부장관이 정하는 지침에 따라 10년마다 '폐기물 처리에 관한 기본계획'(이하 '기본계획'이라 한다)을 세워 환경부장관의 승인을 받아야 한다. 승인사항을 변경하려 할 때에도 또한 같다. 이 경우 환경부장관은 기본계획을 승인하거나 변경승인하려면 관계 중앙행정기관의 장과 협의하여야 한다.
② 시장 · 군수 · 구청장은 10년마다 관할 구역의 기본계획을 세워 도지사에게 제출하여야 한다.
③ 제1항과 제2항에 따른 기본계획에는 다음 각 호의 사항이 포함되어야 한다.
　1. 관할 구역의 지리적 환경 등에 관한 개황
　2. 폐기물의 종류별 발생량과 장래의 발생 예상량
　3. 폐기물의 처리 현황과 향후 처리 계획
　4. 폐기물의 감량화와 재활용 등 자원화에 관한 사항
　5. 폐기물처리시설의 설치 현황과 향후 설치 계획
　6. 폐기물 처리의 개선에 관한 사항
　7. 재원의 확보계획

제00조 ① 환경부장관은 국가 폐기물을 적정하게 관리하기 위하여 전조 제1항에 따른 기본계획을 기초로 '국가 폐기물 관리 종합계획'(이하 '종합계획'이라 한다)을 10년마다 세워야 한다.
② 환경부장관은 종합계획을 세운 날부터 5년이 지나면 그 타당성을 재검토하여 변경할 수 있다.

① 재원의 확보계획은 기본계획에 포함되지 않아도 된다.

② A도 도지사가 제출한 기본계획을 승인하려면, 환경부장관은 관계 중앙행정기관의 장과 협의를 거쳐야 한다.

③ 환경부장관은 국가 폐기물을 적정하게 관리하기 위하여 10년마다 기본계획을 수립하여야 한다.

④ B군 군수는 5년마다 종합계획을 세워 환경부장관에게 제출하여야 한다.

⑤ 기본계획 수립 이후 5년이 경과하였다면, 환경부장관은 계획의 타당성을 재검토하여 계획을 변경하여야 한다.

정답해설

환경부장관은 기본계획을 승인하거나 변경승인하려면 관계 중앙행정기관의 장과 협의하여야 한다.

오답해설

① 제3항 제7호에 의하여 재원의 확보계획은 기본계획에 포함된다.
③ 환경부장관은 국가 폐기물을 적정하게 관리하기 위하여 기본계획을 기초로 국가 폐기물 관리 종합계획(이하 '종합계획'이라 한다)을 10년마다 세워야 한다.
④ 시장 · 군수 · 구청장은 10년마다 관할 구역의 기본계획을 세워 도지사에게 제출하여야 한다.
⑤ 환경부장관은 종합계획을 세운 날부터 5년이 지나면 그 타당성을 재검토하여 변경할 수 있다.

정답 ②

법조문 이해

정답 및 해설 235p

01

다음 글을 근거로 판단할 때 ○○공사 임직원 행동강령으로 적절하지 않은 것은?

> 제30조(사조직을 통한 이권행위 등의 금지) 임직원은 직장 내에서 혈연·지연·학연·종교 등과 관련한 사조직을 통하여 파벌을 조성하는 행위를 하여서는 아니 된다.
>
> 제31조(근무시간의 준수 및 근무시간 내 사적인 업무의 금지) 임직원은 근무시간을 준수하여야 하고 근무시간 내 업무와 무관한 취미·종교·자선 활동 등 사적인 일에 시간을 할애하여 업무수행에 지장을 주어서는 아니 된다.
>
> 제32조(품위손상행위 금지) 임직원은 직무의 내외를 불문하고 품위를 손상하는 행위를 하여서는 아니 된다.
>
> 제33조(성희롱 금지) 「남녀고용평등과 일·가정 양립 지원에 관한 법률」에 따라 임직원 상호간에 직위를 이용하거나 업무와 관련하여 성적 언동 등으로 성적 굴욕감 또는 혐오감을 느끼게 하여서는 아니 되며, 성적 언동 또는 그 밖의 요구 등에 따르지 아니하였다는 이유로 불이익을 주어서는 아니 된다.
>
> 제34조(정보통신 시스템의 부적절한 사용의 금지) 임직원은 사내의 정보통신 시스템을 이용하여 음란 사이트 접속·불건전한 채팅·도박·게임 등을 하여서는 아니 된다.

① 임직원은 직무의 내외를 불문하고 품위를 손상하는 행위를 하여서는 아니 된다.

② 임직원은 음란 사이트 접속·불건전한 채팅·도박·게임 등에 사용하는 행위를 하면 직무정지 등의 처벌을 받을 수 있다.

③ 임직원은 성적 언동 또는 그 밖의 요구 등에 따르지 아니하였다는 이유로 불이익을 주어서는 아니 된다.

④ 임직원은 직장 내에서 파벌을 조성하는 행위를 하여서는 아니 된다.

⑤ 임직원은 사적인 일에 시간을 할애하여 업무수행에 지장을 주어서는 아니 된다.

02

다음 글을 근거로 판단할 때 옳은 것은?

> 제00조(문서의 성립 및 효력발생) ① 문서는 결재권자가 해당 문서에 서명(전자이미지서명, 전자문자서명 및 행정 전자서명을 포함한다)의 방식으로 결재함으로써 성립한다.
>
> ② 문서는 수신자에게 도달(전자문서의 경우는 수신자가 지정한 전자적 시스템에 입력되는 것을 말한다)됨으로써 효력이 발생한다.
>
> ③ 제2항에도 불구하고 공고문서는 그 문서에서 효력 발생 시기를 구체적으로 밝히고 있지 않으면 그 고시 또는 공고가 있은 날부터 5일이 경과한 때에 효력이 발생한다.
>
> 제00조(문서 작성의 일반원칙) ① 문서는 어문규범에 맞게 한글로 작성하되, 뜻을 정확하게 전달하기 위하여 필요한 경우에는 괄호 안에 한자나 그 밖의 외국어를 함께 적을 수 있으며, 특별한 사유가 없으면 가로로 쓴다.
>
> ② 문서의 내용은 간결하고 명확하게 표현하고 일반화되지 않은 약어와 전문용어 등의 사용을 피하여 이해하기 쉽게 작성하여야 한다.
>
> ③ 문서에는 음성정보나 영상정보 등을 수록할 수 있고 연계된 바코드 등을 표기할 수 있다.
>
> ④ 문서에 쓰는 숫자는 특별한 사유가 없으면 아라비아 숫자를 쓴다.
>
> ⑤ 문서에 쓰는 날짜는 숫자로 표기하되, 연·월·일의 글자는 생략하고 그 자리에 온점(.)을 찍어 표시하며, 시·분은 24시각제에 따라 숫자로 표기하되, 시·분의 글자는 생략하고 그 사이에 쌍점(:)을 찍어 구분한다. 다만 특별한 사유가 있으면 다른 방법으로 표시할 수 있다.

① 문서에 2018년 7월 18일 오후 11시 30분을 표기해야 할 때 특별한 사유가 없으면 2018. 7. 18. 23:30으로 표기한다.

② 2018년 9월 7일 공고된 문서에 효력발생 시기가 구체적으로 명시되지 않은 경우 그 문서의 효력은 즉시 발생한다.

③ 전자문서의 경우 해당 수신자가 지정한 전자적 시스템에 도달한 문서를 확인한 때부터 효력이 발생한다.

④ 문서 작성 시 이해를 쉽게 하기 위해 일반화되지 않은 약어와 전문용어를 사용하여 작성하여야 한다.

⑤ 연계된 바코드는 문서에 함께 표기할 수 없기 때문에 영상 파일로 처리하여 첨부하여야 한다.

03

다음의 내용은 광역철도 여객운송 약관의 일부이다. 여객의 구분이 적절한 것은?

제7조(여객의 구분) ① 여객은 다음과 같이 구분하며, 연령은 생년월일을 기준으로 적용합니다.

1. 유아 : 만 6세 미만의 사람. 다만, ITX의 경우 만 4세 미만의 사람
2. 어린이 : 만 6세 이상 만 13세 미만의 사람 및 만 13세의 초등학생. 다만, ITX의 경우 만 4세 이상 만 13세 미만의 사람
3. 청소년 : 「청소년복지 지원법」에 따라 운임이 감면되는 만 13세 이상 만 19세 미만의 사람. 다만, ITX의 경우 만 13세 이상 만 25세 미만의 사람
4. 어른 : 만 13세 이상 만 65세 미만의 사람. 다만, ITX의 경우 만 25세 이상 만 65세 미만의 사람
5. 노인 : 「노인복지법」의 적용을 받는 만 65세 이상의 사람
6. 장애인 : 「장애인복지법」의 적용을 받는 사람

② 유아라도 다음의 경우에는 어린이로 봅니다.

1. 유아가 단독으로 여행할 때
2. 보호자 1명이 동반하는 유아가 3명을 초과할 때 그 초과된 유아. 다만, ITX의 경우 2명을 초과할 때 그 초과된 유아
3. 유아가 단체로 여행할 때

① 유아 : 유아가 단독으로 여행할 때

② 어린이 : 만 4세 이상 만 13세 미만의 사람 및 만 13세의 초등학생

③ 어른 : 만 20세 이상 만 65세 미만의 사람

④ 청소년 : 「청소년복지 지원법」에 따라 운임이 감면되는 만 13세 이상 만 19세 미만의 사람

⑤ 노인 : 「노인복지법」의 적용을 받는 만 60세 이상의 사람

04

다음 글을 근거로 판단할 때, 소장이 일반경비처우급 수형자에게 부여할 수 있는 처우를 〈보기〉에서 모두 고르면?

제00조 교도소장(이하 '소장'이라 한다)은 개방처우급, 완화경비처우급, 일반경비처우급 수형자로서 교정성적, 나이, 인성 등을 고려하여 다른 수형자의 모범이 된다고 인정되는 경우에는 봉사원으로 선정하여 교도관의 사무처리 업무를 보조하게 할 수 있다.

제00조 ① 소장은 개방처우급, 완화경비처우급 수형자에게 자치생활을 허가할 수 있다.
② 소장은 자치생활 수형자들이 교육실, 강당 등 적당한 장소에서 월 1회 이상 토론회를 할 수 있도록 하여야 한다.

제00조 ③ 소장은 개방처우급, 완화경비처우급 수형자에 대하여 가족 만남의 날 행사에 참여하게 하거나 가족 만남의 집을 이용하게 할 수 있다. 이 경우 제1항의 접견 허용횟수에는 포함되지 아니한다.
④ 소장은 제3항에도 불구하고 교화를 위하여 특히 필요한 경우에는 일반경비처우급 수형자에 대하여도 가족 만남의 날 행사 참여 또는 가족 만남의 집 이용을 허가할 수 있다.

제00조 소장은 개방처우급, 완화경비처우급 수형자에 대하여 교도소 밖에서 이루어지는 사회견학, 사회봉사, 종교행사 참석, 연극, 영화, 그 밖의 문화공연 관람 활동을 허가할 수 있다. 다만 처우상 특히 필요한 경우에는 일반경비처우급 수형자에게도 이를 허가할 수 있다.

◀ 보기 ▶

ㄱ. 교도관의 사무처리 업무 보조
ㄴ. 교도소 밖 사회봉사활동 및 종교행사 참석
ㄷ. 교도소 내 교육실에서의 월 1회 토론회 참여
ㄹ. 가족 만남의 날 행사 참여

① ㄱ, ㄴ　　　　　② ㄴ, ㄷ
③ ㄷ, ㄹ　　　　　④ ㄱ, ㄴ, ㄹ
⑤ ㄱ, ㄷ, ㄹ

05

다음 글을 근거로 판단할 때 임원 직무청렴계약 운영 규정의 내용과 일치하지 않는 것은?

> 제10조 (이사회 출석 등) ① 이사회가 직무청렴의무 위반사건을 심의할 때에는 위반자에게 출석하여 의견을 진술하도록 알려야 한다. 이 경우 이사회는 위반행위에 대하여 미리 충분한 조사를 실시하여야 한다.
> ② 이사회는 직무청렴의무 위반자가 제1항의 출석통지에 불응하거나 서면으로 진술하는 때에는 진술포기서를 제출하게 하여 서면심사로 제재수준을 의결할 수 있다.
>
> 제11조 (심문과 진술권 등) ① 이사회는 출석한 직무청렴의무 위반자에게 사실내용에 관한 심문을 행하고 필요하다고 인정할 때에는 관계인의 출석을 요구하고 심문할 수 있다.
> ② 이사회는 직무청렴의무 위반자에게 충분한 진술의 기회를 주어야 하며, 직무청렴의무 위반자는 서면 또는 구술로써 유리한 사실을 진술하거나 증거를 제출할 수 있다.
> ③ 이사회가 직무청렴의무 위반사항을 의결할 때에는 청렴의무 위반자의 평소의 소행, 사건의 진상 등의 정상을 충분히 고려하여야 한다.
> ④ 그 밖에 심의 · 의결의 절차 및 방법은「이사회 운영규정」에서 정한 바에 따른다.
>
> 제12조 (재심 청구) ① 제재를 받은 임원이 제재내용에 이의가 있을 경우에는 제재 통보를 받은 날로부터 7일 안에 이사회에 재심을 청구할 수 있으며 재심은 1회에 한정한다.
> ② 이사회는 재심청구를 받은 날로부터 30일 안에 이를 심의한다.

① 이사회는 직무청렴의무 위반자가 출석통지에 불응하는 때에는 진술포기서를 제출하게 하여 제재수준을 의결할 수 있다.

② 제재를 받은 임원이 제재내용에 이의가 있을 경우에는 제재 통보를 받은 날의 다음날로부터 7일 안에 이사회에 재심을 청구할 수 있다.

③ 이사회가 직무청렴의무 위반사항을 의결할 때에는 사건의 진상 등의 정상을 충분히 고려하여야 한다.

④ 이사회는 직무청렴의무 위반행위에 대하여 미리 충분한 조사를 실시하여야 한다.

⑤ 이사회는 재심청구를 받은 날로부터 30일 안에 이를 심의한다.

06

다음 글을 근거로 판단할 때 옳은 것은?

> 제○○조 ① 지방자치단체의 장은 소속공무원이 적극행정으로 인해 징계 의결 요구가 된 경우 적극행정지원위원회(이하 '위원회'라 한다)의 변호인 선임비용 지원결정(이하 '지원결정'이라 한다)에 따라 200만 원 이하의 범위 내에서 변호인 선임비용을 지원할 수 있다.
> ② 지방자치단체의 장은 소속공무원이 적극행정으로 인해 고소 · 고발을 당한 경우 위원회의 지원결정에 따라 기소 이전 수사과정에 한하여 500만 원 이하의 범위 내에서 변호인 선임비용을 지원할 수 있다.
> ③ 제1항, 제2항에 따라 지원결정을 받은 공무원은 이미 변호인을 선임한 경우를 제외하고는 선임비용을 지원받은 날부터 1개월 내에 변호인을 선임하여야 한다.
>
> 제□□조 ① 위원회는 지원결정을 받은 공무원이 다음 각 호의 어느 하나에 해당하는 경우 그 결정을 취소할 수 있다.
>   1. 허위 또는 부정한 방법으로 지원결정을 받은 경우
>   2. 제○○조 제2항의 고소 · 고발 사유와 동일한 사실관계로 유죄의 확정판결을 받은 경우
>   3. 제○○조 제3항의 사항을 이행하지 않은 경우
> ② 제1항에 따라 지원결정이 취소된 경우 해당 공무원은 지원받은 변호인 선임비용을 즉시 반환하여야 한다.
> ③ 위원회는 제2항에 따른 반환의무를 전부 부담시키는 것이 타당하지 않다고 판단하는 경우에는 반환의무의 일부 또는 전부를 면제하는 결정을 할 수 있다.
> ④ 제1항부터 제3항은 해당 공무원이 변호인 선임비용을 지원받은 후 퇴직한 경우에도 적용한다.
>
> ※ 적극행정이란 공무원이 불합리한 규제를 개선하는 등 공공의 이익을 위해 창의성과 전문성을 바탕으로 적극적으로 업무를 처리하는 행위를 말한다.

① 지방자치단체의 장은 소속공무원이 적극행정으로 인해 징계 의결 요구가 된 경우, 위원회의 지원결정에 따라 500만 원의 변호인 선임비용을 지원할 수 있다.

② 지원결정을 받은 공무원이 적극행정으로 인해 고발 당한 사건에 대해 이미 변호인을 선임하였더라도 선임비용을 지원받은 날부터 1개월 내에 새로운 변호인을 선임해야 한다.

③ 지원결정을 받은 공무원이 적극행정으로 인해 고소당한 사유와 동일한 사실관계로 무죄의 확정판결을 받은 경우, 위원회는 지원결정을 취소해야 한다.

④ 지원결정이 취소된 경우라도 위원회는 해당 공무원이 지원받은 변호인 선임비용에 대한 반환의무의 일부 또는 전부를 면제하는 결정을 할 수 있다.

⑤ 지원결정에 따라 변호인 선임비용을 지원받고 퇴직한 공무원에 대해 지원결정이 취소되더라도 그가 그 비용을 반환하는 경우는 없다.

07

다음은 남녀고용평등과 일 · 가정 양립 지원에 관한 법률의 일부이다. 그 내용이 적절하지 않은 것은?

제3조(적용 범위) ① 이 법은 근로자를 사용하는 모든 사업 또는 사업장(이하 "사업"이라 한다)에 적용한다. 다만, 대통령령으로 정하는 사업에 대하여는 이 법의 전부 또는 일부를 적용하지 아니할 수 있다.

② 남녀고용평등의 실현과 일 · 가정의 양립에 관하여 다른 법률에 특별한 규정이 있는 경우 외에는 이 법에 따른다.

제4조(국가와 지방자치단체의 책무) ① 국가와 지방자치단체는 이 법의 목적을 실현하기 위하여 국민의 관심과 이해를 증진시키고 여성의 직업능력 개발 및 고용 촉진을 지원하여야 하며, 남녀고용평등의 실현에 방해가 되는 모든 요인을 없애기 위하여 필요한 노력을 하여야 한다.

② 국가와 지방자치단체는 일 · 가정의 양립을 위한 근로자와 사업주의 노력을 지원하여야 하며 일 · 가정의 양립 지원에 필요한 재원을 조성하고 여건을 마련하기 위하여 노력하여야 한다.

제5조(근로자 및 사업주의 책무) ① 근로자는 상호 이해를 바탕으로 남녀가 동등하게 존중받는 직장문화를 조성하기 위하여 노력하여야 한다.

② 사업주는 해당 사업장의 남녀고용평등의 실현에 방해가 되는 관행과 제도를 개선하여 남녀근로자가 동등한 여건에서 자신의 능력을 발휘할 수 있는 근로환경을 조성하기 위하여 노력하여야 한다.

③ 사업주는 일 · 가정의 양립을 방해하는 사업장 내의 관행과 제도를 개선하고 일 · 가정의 양립을 지원할 수 있는 근무환경을 조성하기 위하여 노력하여야 한다.

① 국가는 여성의 직업능력 개발 및 고용 촉진을 지원하여야 한다.

② 이 법은 근로자를 사용하는 모든 사업에 적용한다.

③ 사업주는 일 · 가정의 양립 지원에 필요한 재원을 조성하고 여건을 마련하기 위하여 노력하여야 한다.

④ 근로자는 남녀가 동등하게 존중받는 직장문화를 조성하기 위하여 노력하여야 한다.

⑤ 사업주는 일 · 가정의 양립을 지원할 수 있는 근무환경을 조성하기 위하여 노력하여야 한다.

08

다음 글을 근거로 판단할 때 옳은 것은?

제00조 ① 체육시설업은 다음과 같이 구분한다.
1. 등록 체육시설업 : 스키장업, 골프장업, 자동차 경주장업
2. 신고 체육시설업 : 빙상장업, 썰매장업, 수영장업, 체력 단련장업, 체육도장업, 골프연습장업, 당구장업, 무도 학원업, 무도장업, 야구장업, 가상체험 체육시설업

② 체육시설업자는 체육시설업의 종류에 따라 아래 〈시설 기준〉에 맞는 시설을 설치하고 유지, 관리하여야 한다.

〈시설기준 – 필수시설〉

- 수용인원에 적합한 주차장(등록 체육시설업만 해당한다) 및 화장실을 갖추어야 한다. 다만 해당 체육시설이 같은 부지 또는 복합건물 내에 다른 시설물과 함께 위치한 경우로서 그 다른 시설물과 공동으로 사용하는 주차장 및 화장실이 있을 때에는 별도로 갖추지 아니할 수 있다.
- 수용인원에 적합한 탈의실과 급수시설을 갖추어야 한다. 다만 신고 체육시설업(수영장업은 제외한다)과 자동차 경주장업에는 탈의실을 대신하여 세면실을 설치할 수 있다.
- 부상자 및 환자의 구호를 위한 응급실 및 구급약품을 갖추어야 한다. 다만 신고 체육 시설업(수영장업은 제외한다)과 골프장업에는 응급실을 갖추지 아니할 수 있다.

〈시설기준 – 임의시설〉

- 체육용품의 판매 · 수선 또는 대여점을 설치할 수 있다.
- 식당 · 목욕시설 · 매점 등 편의시설을 설치할 수 있다(무도학원업과 무도장업은 제외한다).

• 등록 체육시설업의 경우에는 해당 체육시설을 이용하는 데에 지장이 없는 범위에서 그 체육시설 외에 다른 종류의 체육시설을 설치할 수 있다. 다만 신고 체육시설업의 경우에는 그러하지 아니다.

① 무도장을 운영할 때 목욕시설과 매점을 설치하는 경우 시설 기준에 위반된다.

② 수영장을 운영할 때 수용인원에 적합한 세면실과 급수시설을 모두 갖추어야 한다.

③ 체력단련장을 운영할 때 이를 이용하는 데에 지장이 없는 범위에서 가상체험 체육시설을 설치할 수 있다.

④ 복합건물 내에 위치한 골프연습장을 운영할 때 다른 시설물과 공동으로 사용하는 주차장이 없다면, 수용인원에 적합한 주차장을 반드시 갖추어야 한다.

⑤ 수영장을 운영할 때 구급약품을 충분히 갖추어 부상자 및 환자의 구호에 지장이 없다면, 응급실을 갖추지 않아도 시설기준에 위반되지 않는다.

09

다음 글을 근거로 판단할 때 그 내용이 적절하지 않은 것은?

제4조(자기계발) 임직원은 국제화·개방화 시대에 바람직한 인재상을 스스로 정립하고 끊임없는 자기계발을 통해 이에 부합되도록 꾸준히 노력한다.

제5조(공정한 직무 수행) ① 임직원은 직무를 수행함에 있어 관련된 제반 법령과 규정을 준수하여 공정하게 수행하여야 한다.

② 임직원은 자기 또는 ○○항만공사의 이익을 위하여 자기 또는 타인의 공정한 직무수행을 저해할 수 있는 부당한 지시, 알선·청탁, 특혜부여 등 사회의 지탄을 받을 만한 비윤리적·불법적 행위를 하여서는 아니 된다.

제6조(이해충돌회피) ① 임직원은 직무를 수행함에 있어 ○○항만공사의 이해와 상충되는 어떠한 행위나 이해관계도 회피하여야 한다.

② 임직원은 ○○항만공사와 개인 또는 부서간의 이해가 상충될 경우에는 ○○항만공사의 이익을 우선적으로 고려하여야 한다.

제7조(부당이득 수수 금지 등) ① 임직원은 직위를 이용하여 부당한 이익을 얻거나 타인이 부당한 이익을 얻도록 하여서는 아니 된다.

② 임직원은 직무와 관련하여 사회통념상 용인되는 범위를 넘어 공정성을 저해할 수 있는 금품 및 향응 등을 직무관련자에게 제공하거나 직무관련자로부터 제공받아서는 아니 된다.

③ 임직원은 국내법과 국제규범 등에서 제시하는 반뇌물, 반부패 확산과 실행에 동참하고 조직의 윤리적 가치 극대화를 위해서 지속적으로 노력한다.

① 임직원은 바람직한 인재상을 스스로 정립하여야 한다.

② 임직원은 직위를 이용하여 부당한 이익을 얻지 않아야 하지만 타인이 부당한 이익을 얻도록 할 수 있다.

③ 임직원은 ○○항만공사의 이해와 상충되는 행위는 회피하여야 한다.

④ 임직원은 윤리적 가치 극대화를 위해서 노력해야 한다.

⑤ 부서간의 이해가 상충될 경우에는 ○○항만공사의 이익이 우선이다.

10

다음 글을 근거로 판단할 때, 소장이 귀휴를 허가할 수 없는 경우는? (단, 수형자 甲~戊의 교정성적은 모두 우수하고, 귀휴를 허가할 수 있는 일수는 남아있다)

제00조 ① 교도소, 구치소 및 그 지소의 장(이하 '소장'이라 한다)은 6개월 이상 복역한 수형자로서 그 형기의 3분의 1(21년 이상의 유기형 또는 무기형의 경우에는 7년)이 지나고 교정성적이 우수한 사람이 다음 각 호의 어느 하나에 해당하면 1년 중 20일 이내의 귀휴를 허가할 수 있다.

  1. 가족 또는 배우자의 직계존속이 위독한 때

  2. 질병이나 사고로 외부의료시설에의 입원이 필요한 때

  3. 천재지변이나 그 밖의 재해로 가족, 배우자의 직계존속 또는 수형자 본인에게 회복할 수 없는 중대한 재산상의 손해가 발생하였거나 발생할 우려가 있는 때

  4. 직계존속, 배우자, 배우자의 직계존속 또는 본인의 회갑일이나 고희일인 때

  5. 본인 또는 형제자매의 혼례가 있는 때

  6. 직계비속이 입대하거나 해외유학을 위하여 출국하게 된 때

  7. 각종 시험에 응시하기 위하여 필요한 때

② 소장은 다음 각 호의 어느 하나에 해당하는 사유가 있는 수형자에 대하여는 제1항에도 불구하고 5일 이내의 귀휴를 특별히 허가할 수 있다.

> 　1. 가족 또는 배우자의 직계존속이 사망한 때
> 　2. 직계비속의 혼례가 있는 때
> ※ 귀휴 : 교도소 등에 복역 중인 죄수가 출소하기 전에 일정한 사유
> 　에 따라 휴가를 얻어 일시적으로 교도소 밖으로 나오는 것을 의
> 　미한다.

① 징역 1년을 선고받고 4개월 동안 복역 중인 甲의 아버지의 회갑일인 경우
② 징역 2년을 선고받고 10개월 동안 복역 중인 乙의 친형의 혼례가 있는 경우
③ 징역 10년을 선고받고 4년 동안 복역 중인 丙의 자녀가 입대하는 경우
④ 징역 30년을 선고받고 8년 동안 복역 중인 丁의 부친이 위독한 경우
⑤ 무기징역을 선고받고 5년 동안 복역 중인 戊의 배우자의 모친이 사망한 경우

11

다음 글을 근거로 판단할 때 내용과 일치하는 것은?

> 제10조 (이사회 출석 등) ① 이사회가 직무청렴의무 위반사건을 심의할 때에는 위반자에게 출석하여 의견을 진술하도록 알려야 한다. 이 경우 이사회는 위반행위에 대하여 미리 충분한 조사를 실시하여야 한다.
> ② 이사회는 직무청렴의무 위반자가 제1항의 출석통지에 불응하거나 서면으로 진술하는 때에는 진술포기서를 제출하게 하여 서면심사로 제재수준을 의결할 수 있다.
>
> 제11조 (심문과 진술권 등) ① 이사회는 출석한 직무청렴의무 위반자에게 사실내용에 관한 심문을 행하고 필요하다고 인정할 때에는 관계인의 출석을 요구하고 심문할 수 있다.
> ② 이사회는 직무청렴의무 위반자에게 충분한 진술의 기회를 주어야 하며, 직무청렴의무 위반자는 서면 또는 구술로써 유리한 사실을 진술하거나 증거를 제출할 수 있다.
> ③ 이사회가 직무청렴의무 위반사항을 의결할 때에는 청렴의무 위반자의 평소의 소행, 사건의 진상 등의 정상을 충분히 고려하여야 한다.
> ④ 그 밖에 심의 · 의결의 절차 및 방법은 「이사회 운영규정」에서 정한 바에 따른다.
>
> 제12조 (재심 청구) ① 제재를 받은 임원이 제재내용에

> 이의가 있을 경우에는 제재 통보를 받은 날로부터 7일 안에 이사회에 재심을 청구할 수 있으며 재심은 1회에 한정한다.
> ② 이사회는 재심청구를 받은 날로부터 30일 안에 이를 심의한다.

① 이사회는 재심청구를 받은 날로부터 30일 이후에 이를 심의한다.
② 이사회는 직무청렴의무 위반사항을 의결할 때에는 위반자의 평소의 소행, 사건의 진상 등의 정상과는 무관하게 사건을 다루어야 한다.
③ 이사회는 직무청렴위반자에게 충분한 진술의 기회는 주되, 위반자가 서면으로 증거를 제출하는 것을 금한다.
④ 이사회는 직무청렴의무 위반자에게 필요하다고 인정될 때 관계인의 출석을 요구할 수 있다.
⑤ 제재를 받은 임원이 제재내용에 이의가 있을 경우에는 이사회에 재심을 청구할 수 있으며 재심은 2번까지 허용한다.

12

다음 글을 근거로 판단할 때 옳은 것은?

> 제00조 ① 광역교통위원회는 위원장 1명과 상임위원 1명 및 다음 각 호의 위원을 포함하여 30명 이내로 구성한다.
> 　1. 대도시권 광역교통 관련 업무를 담당하는 중앙행정기관 소속 고위공무원 중 대통령령으로 정하는 사람
> 　2. 대도시권에 포함되는 광역지방자치단체의 부단체장 중 대통령령으로 정하는 사람
> 　3. 그 밖에 광역교통 관련 전문지식과 경험이 풍부한 사람
> ② 광역교통위원회의 위원장은 국토교통부장관의 제청으로 대통령이 임명하고, 위원은 국토교통부장관이 임명 또는 위촉한다.
>
> 제00조 ① 실무위원회는 다음 각 호의 사항을 심의한다.
> 　1. 광역교통위원회에 부칠 안건의 사전검토 또는 조정에 관한 사항
> 　2. 그 밖에 실무위원회의 위원장이 심의가 필요하다고 인정하는 사항
> ② 실무위원회의 위원장은 광역교통위원회의 상임위원이 된다.
> ③ 실무위원회의 위원은 다음 각 호의 사람이 된다.

　　1. 기획재정부 · 행정안전부 · 국토교통부 및 행정
　　　 중심복합 도시건설청 소속 공무원 중 소속 기관
　　　 의 장이 지명하는 사람
　　2. 대도시권에 포함되는 시 · 도 또는 시 · 군 · 구
　　　 (자치구를 말한다) 소속 공무원 중 소속 기관의
　　　 장이 광역교통 위원회와 협의해 지명하는 사람
　　3. 교통 · 도시계획 · 재정 · 행정 · 환경 등 광역교
　　　 통에 관한 학식과 경험이 풍부한 사람 중에서 광
　　　 역교통위원회의 위원장이 성별을 고려해 위촉하
　　　 는 50명 이내의 사람

① 실무위원회의 위원 위촉 시 성별은 고려하지 않는다.
② 광역교통위원회의 구성원은 실무위원회의 구성원이
　 될 수 없다.
③ 광역교통위원회 위원장의 위촉 없이도 실무위원회
　 의 위원이 될 수 있다.
④ 공무원이 아닌 사람은 실무위원회의 위원은 될 수
　 있으나, 광역교통위원회의 위원은 될 수 없다.
⑤ 광역교통위원회의 위원으로 행정안전부 소속 공무
　 원을 선정하는 경우 행정안전부장관이 임명한다.

13

**다음 글을 근거로 판단할 때 조직에 관하여 A~E 중 잘
못 이해한 것은?**

　■ 철도안전법 시행규칙
제44조(철도기술심의위원회의 설치) 국토교통부장관
은 다음 각 호의 사항을 심의하게 하기 위하여 철도기
술심의위원회(이하 "기술위원회"라 한다)를 설치한다.

　■ 철도기술심의위원회 구성 및 운영 등에 관한 규정
제3조(기술위원회의 구성)
③ 기술위원회 위원의 임기는 3년으로 하되 연임할 수
　 있으며, 위촉한 위원의 결원이 발생하였을 경우에
　 는 남은 임기동안 새로운 위원을 위촉할 수 있다.
④ 국토교통부장관은 제3항에도 불구하고 기술위원회
　 의 위원이 다음 각 호의 어느 하나에 해당하는 경우
　 에는 해당 위원을 해촉할 수 있다. 이 경우 국토교
　 통부장관은 해당 위원에게 해촉 사실과 그 사유를
　 통지하여야 한다.
　　1. 심신장애로 인하여 직무를 수행할 수 없게 된 경우
　　2. 직무와 관련한 형사사건으로 기소된 경우
　　3. 직무 태만, 품위 손상, 그 밖의 사유로 인하여 위
　　　 원으로 적합하지 아니하다고 인정되는 경우

제4조(전문위원회의 구성) ① 규칙 제45조 제2항에 따
른 전문위원회는 다음 각 호의 분과별로 구성된다.
　　1. 철도차량 분과
　　2. 철도시설 분과
　　3. 철도전력 · 신호 · 정보통신 분과
　　4. 철도운영 분과
② 제1항의 전문위원회의 위원은 각 분과별로 50명 이
　 내로 구성한다.
③ 국토교통부장관은 다음 각 호의 어느 하나에 해당
　 하는 사람 중에서 전문위원회의 위원을 위촉한다.
④ 국토교통부장관은 제2항에 규정에 의하여 위촉된
　 전문위원회 의원들 중에서 제1항에 따른 분과별로
　 전문위원회 위원장(이하 "전문위원장"이라 한다)을
　 위촉한다.

① A : 심의의 효율성과 전문성을 기하기 위하여 기술
　 분과별 전문위원회를 두고 있네.
② B : 기술위원에게 직무태만이나 품위손상에 해당하
　 는 사유가 있으면 위원직을 해촉할 수가 있어.
③ C : 기술위원이 심신장애로 인하여 직무를 수행할
　 수 없게 되었다면 해촉할 수 있고, 이 경우 다시 새
　 로운 위원을 위촉하지 않고 있어.
④ D : 기술위원이 해촉되더라도 기술위원회가 존속하
　 는 것은 당연한 것 아니겠어.
⑤ E : 기술위원회는 각종 철도관련 심의사항들을 심의
　 하기 위한 목적으로 조직되었어.

14

다음 글을 근거로 판단할 때 옳은 것은?

제00조 이 규칙은 법원이 소지하는 국가기밀에 속하
는 문서 등의 보안업무에 관한 사항을 규정함을 목적
으로 한다.

제00조 이 규칙에서 비밀이라 함은 그 내용이 누설되
는 경우 국가안전보장에 유해한 결과를 초래할 우려가
있는 국가기밀로서 이 규칙에 의하여 비밀로 분류된
것을 말한다.

제00조 ① Ⅰ급비밀 취급 인가권자는 대법원장, 대법
관, 법원행정처장으로 한다.
② Ⅱ급 및 Ⅲ급비밀 취급 인가권자는 다음과 같다.
　　1. Ⅰ급비밀 취급 인가권자
　　2. 사법연수원장, 고등법원장, 특허법원장, 사법정
　　　 책연구원장, 법원공무원교육원장, 법원도서관장

  3. 지방법원장, 가정법원장, 행정법원장, 회생법원장

제00조 ① 비밀 취급 인가권자는 비밀을 취급 또는 비밀에 접근할 직원에 대하여 해당 등급의 비밀 취급을 인가한다.

② 비밀 취급의 인가는 대상자의 직책에 따라 필요한 최소한의 인원으로 제한하여야 한다.

③ 비밀 취급 인가를 받은 자가 다음 각 호의 어느 하나에 해당하는 경우에는 그 취급의 인가를 해제하여야 한다.

  1. 고의 또는 중대한 과실로 중대한 보안 사고를 범한 때
  2. 비밀 취급이 불필요하게 된 때

④ 비밀 취급의 인가 및 해제와 인가 등급의 변경은 문서로 하여야 하며 직원의 인사기록사항에 이를 기록하여야 한다.

제00조 ① 비밀 취급 인가권자는 임무 및 직책상 해당 등급의 비밀을 항상 사무적으로 취급하는 자에 한하여 비밀 취급을 인가하여야 한다.

② 비밀 취급 인가권자는 소속직원의 인사기록카드에 기록된 비밀 취급의 인가 및 해제사유와 임용시의 신원조사회보서에 의하여 새로 신원조사를 행하지 아니하고 비밀 취급을 인가할 수 있다. 다만 Ⅰ급비밀 취급을 인가하는 때에는 새로 신원조사를 실시하여야 한다.

① 비밀 취급 인가의 해제는 구술로 할 수 있다.

② 법원행정처장은 Ⅰ급비밀, Ⅱ급비밀, Ⅲ급비밀 모두에 대해 취급 인가권을 가진다.

③ 비밀 취급 인가는 대상자의 직책에 따라 가능한 한 제한 없이 충분한 인원에게 하여야 한다.

④ 비밀 취급 인가를 받은 자가 중대한 보안 사고를 범한 경우 고의가 없었다면 그 취급의 인가를 해제할 수 없다.

⑤ 비밀 취급 인가권자는 소속직원에 대해 새로 신원조사를 행하지 아니하고 Ⅰ급비밀 취급을 인가할 수 있다.

15

다음 글을 근거로 판단할 때 성희롱 발생 사실을 신고한 근로자 및 피해근로자등에게 불리한 처우를 하여서는 안 되는 조치로 적절하지 않은 것은?

제14조(직장 내 성희롱 발생 시 조치) ① 누구든지 직장 내 성희롱 발생 사실을 알게 된 경우 그 사실을 해당 사업주에게 신고할 수 있다.

⑥ 사업주는 성희롱 발생 사실을 신고한 근로자 및 피해근로자등에게 다음 각 호의 어느 하나에 해당하는 불리한 처우를 하여서는 아니 된다.

  1. 파면, 해임, 해고, 그 밖에 신분상실에 해당하는 불이익 조치
  2. 징계, 정직, 감봉, 강등, 승진 제한 등 부당한 인사조치
  3. 직무 미부여, 직무 재배치, 그 밖에 본인의 의사에 반하는 인사조치
  4. 성과평가 또는 동료평가 등에서 차별이나 그에 따른 임금 또는 상여금 등의 차별 지급
  5. 직업능력 개발 및 향상을 위한 교육훈련 기회의 제한
  6. 집단 따돌림, 폭행 또는 폭언 등 정신적ㆍ신체적 손상을 가져오는 행위를 하거나 그 행위의 발생을 방치하는 행위
  7. 그 밖에 신고를 한 근로자 및 피해근로자등의 의사에 반하는 불리한 처우

① 파면, 해임, 해고, 그 밖에 신분상실에 해당하는 불이익 조치

② 직업능력 개발 및 향상을 위한 교육훈련 기회의 부여

③ 집단 따돌림, 폭행 또는 폭언 등 정신적ㆍ신체적 손상을 가져오는 행위를 하거나 그 행위의 발생을 방치하는 행위

④ 성과평가 또는 동료평가 등에서 차별이나 그에 따른 임금 또는 상여금 등의 차별 지급

⑤ 징계, 정직, 감봉, 강등, 승진 제한 등 부당한 인사조치

16

다음 〈○○도 지방보조금 관리규정〉을 근거로 판단할 때, 〈보기〉에서 옳은 것만을 모두 고르면?

〈○○도 지방보조금 관리규정〉

제00조(보조대상사업) 도는 도가 권장하는 사업으로서 지방보조금을 지출하지 아니하면 수행할 수 없는 사업(지방보조사업)인 경우 그 사업에 필요한 경비의 일부 또는 전부를 보조할 수 있다.

제00조(용도외 사용금지 등) ① 지방보조사업을 수행하는 자(이하 '지방보조사업자'라 한다)는 그 지방보조금을 다른 용도에 사용하여서는 아니된다.
② 지방보조사업자는 수익성 악화 등 사정의 변경으로 지방보조사업의 내용을 변경하거나 지방보조사업에 드는 경비의 배분을 변경하려면 도지사의 승인을 얻어야 한다. 다만 경미한 내용변경이나 경미한 경비배분 변경의 경우에는 그러하지 아니하다.
③ 지방보조사업자는 수익성 악화 등 사정의 변경으로 그 지방보조사업을 다른 사업자에게 인계하거나 중단 또는 폐지하려면 미리 도지사의 승인을 얻어야 한다.

제00조(지방보조금의 대상사업과 도비보조율) 도지사는 시·군에 대한 보조금에 대하여는 보조금이 지급되는 대상 사업·경비의 종목·도비보조율 및 금액을 매년 예산으로 정한다. 단, 지방보조금의 예산반영신청 및 예산편성에 있어서 지방보조사업별로 적용하는 도비보조율은 다음 각 호에서 정한 분야별 범위 내에서 정한다.
　1. 보건·사회 : 총사업비의 30% 이상 70% 이하
　2. 상하수·치수 : 총사업비의 30% 이상 50% 이하
　3. 문화·체육 : 총사업비의 30% 이상 60% 이하

제00조(시·군비 부담의무) 시장·군수는 도비보조사업에 대한 시·군비 부담액을 다른 사업에 우선하여 해당연도 시·군 예산에 반영하여야 한다.

◀ 보기 ▶

ㄱ. ○○도 지방보조사업자는 모든 경비배분이나 내용의 변경에 대해서 ○○도 도지사의 승인을 얻어야 한다.
ㄴ. ○○도 지방보조사업자가 수익성 악화를 이유로 자신이 수행하는 지방보조사업을 다른 사업자에게 인계하기 위해서는 미리 ○○도 도지사의 승인을 얻어야 한다.
ㄷ. ○○도 A시 시장은 도비보조사업과 무관한 자신의 공약사업 예산을 도비보조사업에 대한 시비 부담액보다 우선적으로 해당연도 A시 예산에 반영해야 한다.

ㄹ. ○○도 도지사는 지방보조금 지급대상사업인 '상하수도 정비사업(총사업비 40억 원)'에 대하여 최대 20억 원을 지방보조금 예산으로 정할 수 있다.

① ㄱ, ㄴ　　　　② ㄱ, ㄷ
③ ㄴ, ㄷ　　　　④ ㄴ, ㄹ
⑤ ㄷ, ㄹ

17

다음 글을 근거로 판단할 때 제작자 승인을 받을 수 없는 사유가 아닌 것은?

제26조의4(결격사유) 다음 각 호의 어느 하나에 해당하는 자는 철도차량 제작자승인을 받을 수 없다.
　1. 피성년후견인
　2. 파산선고를 받고 복권되지 아니한 사람
　3. 이 법 또는 대통령령으로 정하는 철도 관계 법령을 위반하여 징역형의 실형을 선고받고 그 집행이 종료(집행이 종료된 것으로 보는 경우를 포함한다)되거나 집행이 면제된 날부터 2년이 경과되지 아니한 사람
　4. 이 법 또는 대통령령으로 정하는 철도 관계 법령을 위반하여 징역형의 집행유예 선고를 받고 그 유예기간 중에 있는 사람
　5. 제작자승인이 취소된 후 2년이 경과되지 아니한 자
　6. 임원 중에 제1호부터 제5호까지의 어느 하나에 해당하는 사람이 있는 법인

① 제작자승인이 취소된 후 5년이 경과되지 아니한 자
② 파산선고를 받고 복권되지 아니한 사람
③ 피성년후견인
④ 이 법 또는 대통령령으로 정하는 철도 관계 법령을 위반하여 징역형의 실형을 선고받고 그 집행이 종료(집행이 종료된 것으로 보는 경우를 포함한다)되거나 집행이 면제된 날부터 2년이 경과되지 아니한 사람
⑤ 이 법 또는 대통령령으로 정하는 철도 관계 법령을 위반하여 징역형의 집행유예 선고를 받고 그 유예기간 중에 있는 사람

18

다음 글을 근거로 판단할 때 옳은 것은?

제00조(연구실적평가) ① 연구직으로 근무한 경력이 2년 이상인 연구사(석사 이상의 학위를 가진 사람은 제외한다)는 매년 12월 31일까지 그 연구실적의 결과를 논문으로 제출하여야 한다. 다만 연구실적 심사평가를 3번 이상 통과한 연구사는 그러하지 아니하다.

② 연구실적의 심사를 위하여 소속기관의 장은 임용권자 단위 또는 소속 기관 단위로 직렬별, 직류별 또는 직류 내 같은 업무분야별로 연구실적평가위원회를 설치하여야 한다.

③ 연구실적평가위원회는 위원장을 포함한 5명의 위원으로 구성한다. 위원장과 2명의 위원은 소속기관 내부 연구관 중에서, 위원 2명은 대학교수나 외부 연구기관 · 단체의 연구관 중에서 연구실적평가위원회를 구성할 때마다 임용권자가 임명하거나 위촉한다. 이 경우 위원 중에는 대학교수인 위원이 1명 이상 포함되어야 한다.

④ 연구실적평가위원회의 회의는 임용권자나 위원장이 매년 1월 중에 소집하고, 그 밖에 필요한 경우에는 수시로 소집한다.

⑤ 연구실적평가위원회의 표결은 무기명 투표로 하며, 재적위원 과반수의 찬성으로 의결한다.

※ 대학교수와 연구관은 겸직할 수 없음

① 개별 연구실적평가위원회는 최대 3명의 대학교수를 위원으로 위촉할 수 있다.

② 연구실적평가위원회 위원장은 소속기관 내부 연구관이 아닌 대학교수가 맡을 수 있다.

③ 연구실적평가위원회에 4명의 위원이 출석한 경우와 5명의 위원이 출석한 경우의 의결정족수는 같다.

④ 연구실적평가위원회 위원으로 위촉된 경력이 있는 사람을 재위촉하는 경우 별도의 위촉절차를 거치지 않아도 된다.

⑤ 석사학위 이상을 소지하지 않은 모든 연구사는 연구직으로 임용된 이후 5년이 지나면 석사학위를 소지한 연구사와 동일하게 연구실적 결과물 제출을 면제받는다.

19

다음의 글을 근거로 판단할 때 그 내용이 적절하지 않은 것은?

제48조의2(여객 등의 안전 및 보안) ① 국토교통부장관은 철도차량의 안전운행 및 철도시설의 보호를 위하여 필요한 경우에는 「사법경찰관리의 직무를 수행할 자와 그 직무범위에 관한 법률」 제5조 제11호에 규정된 사람(이하 "철도특별사법경찰관리"라 한다)으로 하여금 여객열차에 승차하는 사람의 신체 · 휴대물품 및 수하물에 대한 보안검색을 실시하게 할 수 있다.

② 국토교통부장관은 제1항의 보안검색 정보 및 그 밖의 철도보안 · 치안 관리에 필요한 정보를 효율적으로 활용하기 위하여 철도보안정보체계를 구축 · 운영하여야 한다.

③ 국토교통부장관은 철도보안 · 치안을 위하여 필요하다고 인정하는 경우에는 차량 운행정보 등을 철도운영자에게 요구할 수 있고, 철도운영자는 정당한 사유 없이 그 요구를 거절할 수 없다.

④ 국토교통부장관은 철도보안정보체계를 운영하기 위하여 철도차량의 안전운행 및 철도시설의 보호에 필요한 최소한의 정보만 수집 · 관리하여야 한다.

⑤ 제1항에 따른 보안검색의 실시방법과 절차 및 보안검색장비 종류 등에 필요한 사항과 제2항에 따른 철도보안정보체계 및 제3항에 따른 정보 확인 등에 필요한 사항은 국토교통부령으로 정한다.

제48조의3(보안검색장비의 성능인증 등) ① 제48조의2 제1항에 따른 보안검색을 하는 경우에는 국토교통부장관으로부터 성능인증을 받은 보안검색장비를 사용하여야 한다.

② 제1항에 따른 성능인증을 위한 기준 · 방법 · 절차 등 운영에 필요한 사항은 국토교통부령으로 정한다.

① 국토교통부장관은 철도차량의 안전운행 및 철도시설의 보호를 위하여 필요한 경우에는 여객열차에 승차하는 사람의 신체 · 휴대물품 및 수하물에 대한 보안검색을 실시하게 할 수 있다.

② 보안검색을 하는 경우에는 국토교통부장관으로부터 성능인증을 받은 보안검색장비를 사용하여야 한다.

③ 국토교통부장관은 철도보안 · 치안을 위하여 필요하다고 인정하는 경우에는 차량 운행정보 등을 철도운영자에게 조언할 수 있고, 철도운영자는 정당한 사유 없이 그 조언을 거절할 수 없다.

④ 국토교통부장관은 철도보안정보체계를 운영하기 위하여 철도차량의 안전운행 및 철도시설의 보호에 필요한 최소한의 정보만 수집·관리하여야 한다.

⑤ 국토교통부장관은 보안검색 정보 및 그 밖의 철도보안·치안 관리에 필요한 정보를 효율적으로 활용하기 위하여 철도보안정보체계를 구축·운영하여야 한다.

20

다음 글을 근거로 판단할 때 옳은 것은?

제00조 ① 청원경찰이란 기관의 장 또는 시설·사업장 등의 경영자(이하 '기관의 장 등'이라 한다)가 경비를 부담할 것을 조건으로 경찰의 배치를 신청하는 경우 그 기관, 시설, 사업장 등의 경비를 담당하게 하기 위하여 배치하는 경찰을 말한다.
② 청원경찰을 배치받으려는 기관의 장 등은 관할 지방 경찰청장에게 청원경찰 배치를 신청하여야 한다.
③ 지방경찰청장은 제2항의 청원경찰 배치신청을 받으면 지체 없이 그 배치 여부를 결정하여야 한다.
④ 지방경찰청장은 청원경찰 배치가 필요한 경우 관할 구역에 소재하는 기관의 장 등에게 청원경찰을 배치할 것을 요청할 수 있다.

제00조 ① 청원경찰은 청원경찰의 배치결정을 받은 자[이하 '청원주'(請願主)라 한다]와 배치된 기관, 시설, 사업장의 구역을 관할하는 경찰서장의 감독을 받아 그 경비구역만의 경비를 목적으로 필요한 범위에서 경찰관 직무집행법에 따른 경찰관의 직무를 수행한다.
② 청원경찰은 제1항에도 불구하고 수사활동 등 사법경찰 관리(司法警察官吏)의 직무를 수행해서는 아니 된다.

제00조 ① 청원경찰은 청원주가 임용하되, 임용을 할 때에는 미리 관할 지방경찰청장의 승인을 받아야 한다.
② 국가공무원법의 결격사유에 해당하는 사람은 청원경찰로 임용될 수 없다.
③ 청원경찰의 임용자격, 임용방법, 교육 및 보수에 관하여는 대통령령으로 정한다.

제00조 청원주가 청원경찰이 휴대할 무기를 대여받으려는 경우에는 관할 경찰서장을 거쳐 지방경찰청장에게 무기대여를 신청하여야 한다.

① 청원경찰의 임용승인과 직무감독의 권한은 관할 경찰서장에게 있다.

② 청원경찰은 관할 지방경찰청장의 요청뿐만 아니라 배치받으려는 기관의 장 등의 신청에 의해서도 배치될 수 있다.
③ 청원경찰의 임용자격 및 임용방법은 국가공무원법에 따르며, 청원경찰의 결격사유는 대통령령으로 정한다.
④ 청원경찰은 배치된 사업장의 경비를 목적으로 필요한 범위에서 수사활동 등 사법경찰관리의 직무를 수행할 수 있다.
⑤ 청원경찰은 직무수행에 필요한 경우 직접 관할 지방경찰청장에게 무기대여를 신청하여야 한다.

21

다음은 철도안전법의 안전관리체계에 관한 내용이다. 적절하지 않은 것은?

제7조(안전관리체계의 승인) ① 철도운영자등(전용철도의 운영자는 제외한다. 이하 이 조 및 제8조에서 같다)은 철도운영을 하거나 철도시설을 관리하려는 경우에는 인력, 시설, 차량, 장비, 운영절차, 교육훈련 및 비상대응계획 등 철도 및 철도시설의 안전관리에 관한 유기적 체계(이하 "안전관리체계"라 한다)를 갖추어 국토교통부장관의 승인을 받아야 한다.
② 전용철도의 운영자는 자체적으로 안전관리체계를 갖추고 지속적으로 유지하여야 한다.
③ 철도운영자등은 제1항에 따라 승인받은 안전관리체계를 변경(제5항에 따른 안전관리기준의 변경에 따른 안전관리체계의 변경을 포함한다. 이하 이 조에서 같다)하려는 경우에는 국토교통부장관의 변경승인을 받아야 한다. 다만, 국토교통부령으로 정하는 경미한 사항을 변경하려는 경우에는 국토교통부장관에게 신고하여야 한다.

제8조(안전관리체계의 유지 등) ① 철도운영자등은 철도운영을 하거나 철도시설을 관리하는 경우에는 제7조에 따라 승인받은 안전관리체계를 지속적으로 유지하여야 한다.

제9조(승인의 취소 등) ① 국토교통부장관은 안전관리체계의 승인을 받은 철도운영자등이 다음 각 호의 어느 하나에 해당하는 경우에는 그 승인을 취소하거나 6개월 이내의 기간을 정하여 업무의 제한이나 정지를 명할 수 있다. 다만, 제1호에 해당하는 경우에는 그 승인을 취소하여야 한다.

1. 거짓이나 그 밖의 부정한 방법으로 승인을 받은 경우
2. 제7조 제3항을 위반하여 변경승인을 받지 아니하거나 변경신고를 하지 아니하고 안전관리체계를 변경한 경우
3. 제8조 제1항을 위반하여 안전관리체계를 지속적으로 유지하지 아니하여 철도운영이나 철도시설의 관리에 중대한 지장을 초래한 경우
4. 제8조 제3항에 따른 시정조치명령을 정당한 사유 없이 이행하지 아니한 경우

② 제1항에 따른 승인 취소, 업무의 제한 또는 정지의 기준 및 절차 등에 관하여 필요한 사항은 국토교통부령으로 정한다.

① 전용철도의 운영자는 자체적으로 안전관리체계를 갖추고 지속적으로 유지하여야 한다.

② 철도운영자등은 승인받은 안전관리체계를 변경하려는 경우에는 국토교통부장관의 변경승인을 받아야 한다.

③ 철도운영자등은 철도운영을 하거나 철도시설을 관리하는 경우에는 승인받은 안전관리체계를 지속적으로 유지하여야 한다.

④ 거짓이나 그 밖의 부정한 방법으로 승인을 받은 경우에는 승인을 취소할 수 있다.

⑤ 승인 취소, 업무의 제한 또는 정지의 기준 및 절차 등에 관하여 필요한 사항은 국토교통부령으로 정한다.

22

다음 글을 근거로 판단할 때, 〈보기〉에서 옳은 것만을 모두 고르면?

제○○조 ① 사업자는 소비자를 속이거나 소비자로 하여금 잘못 알게 할 우려가 있는 표시·광고 행위로서 공정한 거래질서를 해칠 우려가 있는 다음 각 호의 행위를 하거나 다른 사업자로 하여금 하게 하여서는 안 된다.
1. 거짓·과장의 표시·광고
2. 기만적인 표시·광고
3. 부당하게 비교하는 표시·광고
4. 비방적인 표시·광고

② 제1항을 위반하여 제1항 각 호의 행위를 하거나 다른 사업자로 하여금 하게 한 사업자는 2년 이하의 징역 또는 1억 5천만 원 이하의 벌금에 처한다.

제△△조 ① 공정거래위원회는 상품 등이나 거래 분야의 성질에 비추어 소비자 보호 또는 공정한 거래질서 유지를 위하여 필요한 경우에는 사업자가 표시·광고에 포함하여야 하는 사항(이하 '중요정보'라 한다)과 표시·광고의 방법을 고시할 수 있다.

② 공정거래위원회는 제1항에 따라 고시를 하려면 관계 행정기관의 장과 미리 협의하여야 한다. 이 경우 필요하다고 인정하면 공청회를 개최하여 사업자단체, 소비자단체, 그 밖의 이해관계인 등의 의견을 들을 수 있다.

③ 사업자가 표시·광고 행위를 하는 경우에는 제1항에 따라 고시된 중요정보를 표시·광고하여야 한다.

제□□조 ① 사업자가 제△△조 제3항을 위반하여 고시된 중요정보를 표시·광고하지 않은 경우에는 1억 원 이하의 과태료를 부과한다.

② 제1항에 따른 과태료는 공정거래위원회가 부과·징수한다.

◀ 보기 ▶

ㄱ. 공정거래위원회가 중요정보 고시 여부를 결정함에 있어 상품 등이나 거래 분야는 고려의 대상이 아니다.

ㄴ. 사업자A가 다른 사업자B로 하여금 공정한 거래질서를 해칠 우려가 있는 비방적인 표시·광고를 하게 한 경우, 공정거래위원회는 사업자A에게 과태료를 부과한다.

ㄷ. 사업자가 표시·광고 행위를 하면서 고시된 중요정보를 표시·광고하지 않은 경우, 공정거래위원회는 5천만 원의 과태료를 부과할 수 있다.

ㄹ. 공정거래위원회는 소비자 보호를 위해 필요한 경우, 사업자가 표시·광고에 포함하여야 하는 사항과 함께 그 표시·광고의 방법도 고시할 수 있다.

① ㄱ, ㄴ 　　② ㄱ, ㄷ
③ ㄴ, ㄷ 　　④ ㄴ, ㄹ
⑤ ㄷ, ㄹ

23

다음은 여객운송약관의 일부이다. 글의 제목으로 적절한 것은?

제34조(휴대금지품) ① 여객은 다음 각 호의 어느 하나에 해당하는 물품은 휴대하고 승차할 수 없습니다.
1. 별표1에 정한 위해물품, 그 밖의 여객에게 위해를 끼칠 염려가 있는 물품

2. 난로 및 풍로(다만, 즉시 사용하지 못하는 것은
   제외)

3. 사체

4. 동물. 다만, 소수량의 조류, 소충류 및 크기가 작
   은 애완동물로서 용기에 넣고 겉포장을 하여 안
   이 보이지 않게 하고, 불쾌한 냄새가 발생하지
   않도록 한 경우와 장애인의 보조를 위하여 장애
   인보조견 표지를 부착한 장애인보조견은 제외합
   니다.

5. 불결 또는 악취로 인하여 다른 여객에게 불쾌감
   을 줄 우려가 있는 물건

6. 전차선 등에 접촉될 경우 안전사고 및 열차운행
   에 지장을 줄 우려가 있는 풍선류

② 직원은 여객의 휴대품 중 금지품이 있는 것으로 예
상될 때에는 그 물건의 내용을 확인할 수 있습니다.

③ 제2항에 의하여 휴대품의 내용을 확인할 경우 이에
협조하지 아니하는 여객에 대하여는 승차를 거절할 수
있습니다.

④ 여객의 휴대품이 열차 내에서 전도되거나 충격으로
파손이 우려되는 것은 여객이 스스로 보호하여야 하
며, 파손 또는 분실된 경우와 휴대품으로 인하여 다른
여객에게 피해를 입힌 경우 서울교통공사는 책임을 지
지 않습니다.

제35조(휴대품의 제한) 여객은 제34조 제1항에 정
한 이외의 물품으로서 길이, 너비, 높이 각 변의 합이
158cm이상인 물품과 중량이 32kg을 초과하는 물품은
휴대하고 승차할 수 없습니다. 다만, 휠체어, 유모차,
접힌 상태의 접이식자전거는 휴대하고 승차할 수 있으
며, 접이식 이외 자전거의 경우에는 자전거 휴대에 대
한 특례에 의합니다.

① 승차거절품목

② 부가금 부과

③ 휴대품의 크기

④ 휴대금지 및 제한 물품

⑤ 위해물품의 소지금지

24

다음 글을 근거로 판단할 때 옳은 것은?

제00조 ① 수입신고를 하려는 자(업소를 포함한다)는
해당 수입식품의 안전성 확보 등을 위하여 식품의약품
안전처장이 정하는 기준에 따라 해외제조업소에 대하
여 위생관리 상태를 점검할 수 있다.

② 제1항에 따라 위생관리 상태를 점검한 자는 식품의약
품 안전처장에게 우수수입업소 등록을 신청할 수 있다.

③ 식품의약품안전처장은 제2항에 따라 신청된 내용이
식품의약품안전처장이 정하는 기준에 적합한 경우에는
우수수입업소 등록증을 신청인에게 발급하여야 한다.

④ 우수수입업소 등록의 유효기간은 등록된 날부터 3
년으로 한다.

⑤ 식품의약품안전처장은 우수수입업소가 다음 각 호
의 어느 하나에 해당하는 경우에는 그 등록을 취소하
거나 시정을 명할 수 있다. 다만 우수수입업소가 제1호
에 해당하는 경우에는 등록을 취소하여야 한다.

1. 거짓이나 그 밖의 부정한 방법으로 등록된 경우

2. 수입식품 수입 · 판매업의 시설기준을 위배하여
   영업정지 2개월 이상의 행정처분을 받은 경우

3. 수입식품에 대한 부당한 표시를 하여 영업정지 2
   개월 이상의 행정처분을 받은 경우

⑥ 제5항에 따라 등록이 취소된 업소는 그 취소가 있은
날부터 3년 동안 우수수입업소 등록을 신청할 수 없다.

제00조 ① 식품의약품안전처장은 수입신고된 수입식
품에 대하여 관계공무원으로 하여금 필요한 검사를 하
게 하여야 한다.

② 식품의약품안전처장은 수입신고된 수입식품이 다
음 각 호의 어느 하나에 해당하는 경우에는 제1항에도
불구하고 수입식품의 검사 전부 또는 일부를 생략할
수 있다.

1. 우수수입업소로 등록된 자가 수입하는 수입식품

2. 해외우수제조업소로 등록된 자가 수출하는 수입
   식품

① 업소 甲이 우수수입업소 등록을 신청하기 위해서는
식품의약품 안전처장이 정하는 기준에 따라 국내 자
기업소에 대한 위생 관리 상태를 점검하여야 한다.

② 업소 乙이 2020년 2월 20일에 우수수입업소로 등록
되었다면, 그 등록은 2024년 2월 20일까지 유효하
다.

③ 업소 丙이 부정한 방법으로 우수수입업소로 등록된
경우 식품의약품안전처장은 등록을 취소하지 않고
시정을 명할 수 있다.

④ 우수수입업소 丁이 수입식품 수입 · 판매업의 시설
기준을 위배하여 영업정지 1개월의 행정처분을 받았
다면, 그 때로부터 3년 동안 丁은 우수수입업소 등
록을 신청할 수 없다.

⑤ 식품의약품안전처장은 우수수입업소 戊가 수입신고
한 수입 식품에 대한 검사를 전부 생략할 수 있다.

25

다음 중 철도기술심의위원회의 위원으로 위촉될 수 없는 사람은?

> 제4조(전문위원회의 구성) ① 규칙 제45조 제2항에 따른 전문위원회는 다음 각 호의 분과별로 구성된다.
> ② 제1항의 전문위원회의 위원은 각 분과별로 50명 이내로 구성한다.
> ③ 국토교통부장관은 다음 각 호의 어느 하나에 해당하는 사람 중에서 전문위원회의 위원을 위촉한다.
>
> 1. 철도운영기관 및 철도시설관리기관에서 10년 이상 근무한 사람 중 국토교통부장관이 자격이 있다고 인정하는 사람
> 2. 철도기술분야 및 철도관련 생산업체에서 10년 이상 해당 기술 분야에 근무한 경력이 있는 사람
> 3. 「고등교육법」 제2조에 의한 대학, 산업대학, 교육대학, 전문대학, 원격대학, 기술대학 등에서 5년 이상 철도관련분야의 연구경력이 있는 사람
> 4. 「국가표준기본법」 제23조에 의한 공인 시험·검사기관의 선임연구원급 이상인 사람
> 5. 「교통안전공단법」에 따른 교통안전공단 소속으로 철도안전 분야에 종사하는 사람 중 국토교통부장관이 인정하는 사람
> 6. 철도관련의 협회, 단체 또는 중소기업협동조합의 이사직 이상인 사람
> 7. 그 밖의 제1호부터 제6호까지의 사람과 동등 이상의 자격이 있다고 국토교통부장관이 인정하는 사람

① 철도기술분야 및 철도관련 생산업체에서 10년 이상 해당 기술 분야에 근무한 경력이 있는 사람
② 「고등교육법」 제2조에 의한 원격대학에서 5년 이상 철도관련분야의 연구 경력이 있는 사람
③ 교통안전공단 소속으로 철도안전 분야에 종사하는 사람 중 국방부장관이 인정하는 사람
④ 「국가표준기본법」 제23조에 의한 공인 시험·검사기관의 선임연구원급 이상인 사람
⑤ 철도관련의 중소기업협동조합의 이사직 이상인 사람

26

다음 글을 근거로 판단할 때 옳은 것은?

> 제00조 ① 다음 각 호의 어느 하나에 해당하는 자는 농식품 경영체에 대한 투자를 목적으로 하는 농식품투자조합을 결성할 수 있다.
> ② 제1항에 따른 조합은 그 채무에 대하여 업무집행조합원과 유한 책임조합원으로 구성한다.
>
> 제00조 업무집행조합원은 농식품투자조합의 업무를 집행할 때 다음 각 호의 어느 하나에 해당하는 행위를 하여서는 아니 된다.
>
> 1. 자기나 제3자의 이익을 위하여 농식품투자조합의 재산을 사용하는 행위
> 2. 농식품투자조합 명의로 자금을 차입하는 행위
> 3. 농식품투자조합의 재산으로 지급보증 또는 담보를 제공하는 행위
>
> 제00조 ① 농식품투자조합은 다음 각 호의 어느 하나에 해당하는 사유가 있을 때에는 해산한다.
>
> 1. 존속기간의 만료
> 2. 유한책임조합원 또는 업무집행조합원 전원의 탈퇴
> 3. 농식품투자조합의 자산이 출자금 총액보다 적어지거나 그 밖의 사유가 생겨 업무를 계속 수행하기 어려운 경우로서 조합원 총수의 과반수와 조합원 총지분 과반수의 동의를 받은 경우
>
> ② 농식품투자조합이 해산하면 업무집행조합원이 청산인이 된다. 다만 조합의 규약으로 정하는 바에 따라 업무집행 조합원 외의 자를 청산인으로 선임할 수 있다.
> ③ 농식품투자조합의 해산 당시의 출자금액을 초과하는 채무가 있으면 업무집행조합원이 그 채무를 변제하여야 한다.

① 농식품투자조합이 해산한 경우, 조합의 규약에 다른 규정이 없는 한 업무집행조합원이 청산인이 된다.
② 투자관리전문기관은 농식품투자조합의 유한책임조합원이 될 수 있지만 업무집행조합원이 될 수 없다.
③ 업무집행조합원은 농식품투자조합의 업무를 집행할 때, 그 조합의 재산으로 지급을 보증하는 행위를 할 수 있다.
④ 농식품투자조합 해산 당시 출자금액을 초과하는 채무가 있으면, 유한책임조합원 전원이 연대하여 그 채무를 변제하여야 한다.
⑤ 농식품투자조합의 자산이 출자금 총액보다 적어 업무를 계속 수행하기 어려운 경우, 조합원 총수의 과반수의 동의만으로 농식품투자조합은 해산한다.

27

다음 여객열차를 탄 甲, 乙, 丙, 丁, 戊가 한 행위를 위 철도안전법령과 연결시켜 판단할 때 A~E 중 잘못된 판단을 한 사람은?(단, 주어진 〈사례〉와 참조조문만으로 판단한다.)

제47조(여객열차에서의 금지행위) ① 여객은 여객열차에서 다음 각 호의 어느 하나에 해당하는 행위를 하여서는 아니 된다.

1. 정당한 사유 없이 국토교통부령으로 정하는 여객출입 금지장소에 출입하는 행위
2. 정당한 사유 없이 운행 중에 비상정지버튼을 누르거나 철도차량의 옆면에 있는 승강용 출입문을 여는 등 철도차량의 장치 또는 기구 등을 조작하는 행위
3. 여객열차 밖에 있는 사람을 위험하게 할 우려가 있는 물건을 여객열차 밖으로 던지는 행위
4. 흡연하는 행위
5. 철도종사자와 여객 등에게 성적(性的) 수치심을 일으키는 행위
6. 술을 마시거나 약물을 복용하고 다른 사람에게 위해를 주는 행위
7. 그 밖에 공중이나 여객에게 위해를 끼치는 행위로서 국토교통부령으로 정하는 행위

제50조(사람 또는 물건에 대한 퇴거 조치 등) 철도종사자는 다음 각 호의 어느 하나에 해당하는 사람 또는 물건을 열차 밖이나 대통령령으로 정하는 지역 밖으로 퇴거시키거나 철거할 수 있다.

4. 제47조 제1항을 위반하여 금지행위를 한 사람 및 그 물건
5. 제48조를 위반하여 금지행위를 한 사람 및 그 물건

제79조(벌칙) ③ 다음 각 호의 어느 하나에 해당하는 자는 2년 이하의 징역 또는 2천만 원 이하의 벌금에 처한다.

18. 제47조 제1항 제2호를 위반하여 운행 중 비상정지버튼을 누르거나 승강용 출입문을 여는 행위를 한 사람

④ 다음 각 호의 어느 하나에 해당하는 자는 1년 이하의 징역 또는 1천만 원 이하의 벌금에 처한다.

12. 제47조 제6호를 위반하여 술을 마시거나 약물을 복용하고 다른 사람에게 위해를 주는 행위를 한 사람

⑤ 제47조 제1항 제5호를 위반한 자는 500만원 이하의 벌금에 처한다.

제82조(과태료) ① 다음 각 호의 어느 하나에 해당하는 자에게는 1천만 원 이하의 과태료를 부과한다.

11. 제47조 제1항 제1호·제3호·제4호 또는 제7호를 위반하여 여객열차에서의 금지행위를 한 사람

◀ 사례 ▶

- 甲은 호기심에 운행 중에 비상정지버튼을 눌렀다. 이에 따라 기차가 비상정지하였다.
- 乙은 기차 안에서 흡연을 하였다.
- 丙은 다 마신 콜라병을 창문을 열고 밖으로 던져 지나가던 사람이 맞아 상처를 입었다.
- 丁은 기르고 있는 고양이를 안전조치가 된 상자에 넣어 기차에 탔다.
- 戊는 지나가던 승무원에게 성적 수치심을 일으키는 말을 했다.

① A : 甲은 2년 이하의 징역에 처해질 수 있는 위법행위를 했어.
② B : 乙을 열차에서 내리도록 한 철도종사자의 행위는 적법한 행위라고 볼 수 있어.
③ C : 丙을 기차에서 내리도록 할 수 있어도 철도안전법상 다른 벌칙을 가하기는 어려울 거야.
④ D : 丁의 경우 고양이를 상자에 넣어 운반한다 하더라도 다른 사람들이 불편할 수 있으므로, 민원이 들어오면 결국 열차에서 내리도록 할 수밖에 없어.
⑤ E : 戊는 적어도 철도안전법에 따를 때 징역에 처해지지는 않을 거야.

28

다음 글을 근거로 판단할 때 옳은 것은?

제○○조 이 법에서 사용하는 용어의 뜻은 다음과 같다.

1. '배아'란 인간의 수정란 및 수정된 때부터 발생학적으로 모든 기관이 형성되기 전까지의 분열된 세포군을 말한다.
2. '잔여배아'란 체외수정으로 생성된 배아 중 임신의 목적으로 이용하고 남은 배아를 말한다.

제△△조 ① 누구든지 임신 외의 목적으로 배아를 생성하여서는 아니 된다.
② 누구든지 배아를 생성할 때 다음 각 호의 어느 하나에 해당하는 행위를 하여서는 아니 된다.

1. 특정의 성을 선택할 목적으로 난자와 정자를 선별하여 수정시키는 행위

　　2. 사망한 사람의 난자 또는 정자로 수정하는 행위

　　3. 미성년자의 난자 또는 정자로 수정하는 행위.
　　　다만 혼인한 미성년자가 그 자녀를 얻기 위하여
　　　수정하는 경우는 제외한다.

③ 누구든지 금전, 재산상의 이익 또는 그 밖의 반대급부를 조건으로 배아나 난자 또는 정자를 제공 또는 이용하거나 이를 유인하거나 알선하여서는 아니 된다.

제□□조 ① 배아의 보존기간은 5년으로 한다. 다만 난자 또는 정자의 기증자가 배아의 보존기간을 5년 미만으로 정한 경우에는 이를 보존기간으로 한다.
② 제1항에도 불구하고 제1항의 기증자가 항암치료를 받는 경우 그 기증자는 보존기간을 5년 이상으로 정할 수 있다.
③ 배아생성의료기관은 제1항 또는 제2항에 따른 보존기간이 끝난 배아 중 제◇◇조에 따른 연구의 목적으로 이용하지 아니할 배아는 폐기하여야 한다.

제◇◇조 제□□조에 따른 배아의 보존기간이 지난 잔여 배아는 발생학적으로 원시선(原始線)이 나타나기 전까지만 체외에서 다음 각 호의 연구 목적으로 이용할 수 있다.

　　1. 난임치료법 및 피임기술의 개발을 위한 연구
　　2. 희귀 · 난치병의 치료를 위한 연구

※ 원시선: 중배엽 형성 초기에 세포의 이동에 의해서 형성되는 배반 (胚盤)의 꼬리쪽 끝에서 볼 수 있는 얇은 선

① 배아생성의료기관은 불임부부를 위해 반대급부를 조건으로 배아의 제공을 알선할 수 있다.

② 난자 또는 정자의 기증자는 항암치료를 받지 않더라도 배아의 보존기간을 6년으로 정할 수 있다.

③ 배아생성의료기관은 혼인한 미성년자의 정자를 임신 외의 목적으로 수정하여 배아를 생성할 수 있다.

④ 보존기간이 남은 잔여배아는 발생학적으로 원시선이 나타나기 전이라면 체내에서 난치병 치료를 위한 연구 목적으로 이용할 수 있다.

⑤ 생성 후 5년이 지나지 않은 잔여배아도 발생학적으로 원시선이 나타나기 전까지 체외에서 피임기술 개발을 위한 연구에 이용하는 것이 가능한 경우가 있다.

29

다음 글을 근거로 판단할 때, 〈보기〉에서 저작권자의 허락없이 허용되는 행위만을 모두 고르면?

제00조 타인의 공표된 저작물의 내용, 형식을 변환하거나 그 저작물을 복제, 배포, 공연 또는 공중송신(방송, 전송을 포함한다)하기 위해서는 특별한 규정이 없는 한 저작권자의 허락을 받아야 한다.

제00조 ① 누구든지 공표된 저작물을 저작권자의 허락없이 시각장애인을 위하여 점자로 복제, 배포할 수 있다.
② 시각장애인을 보호하고 있는 시설, 시각장애인을 위한 특수학교 또는 점자도서관은 영리를 목적으로 하지 아니하고 시각장애인의 이용에 제공하기 위하여, 공표된 어문저작물을 저작권자의 허락없이 녹음하여 복제하거나 디지털음성정보 기록방식으로 복제, 배포 또는 전송할 수 있다.

제00조 ① 누구든지 공표된 저작물을 저작권자의 허락없이 청각장애인을 위하여 한국수어로 변환할 수 있으며 이러한 한국수어를 복제, 배포, 공연 또는 공중송신할 수 있다.
② 청각장애인을 보호하고 있는 시설, 청각장애인을 위한 특수학교 또는 한국어수어통역센터는 영리를 목적으로 하지 아니하고 청각장애인의 이용에 제공하기 위하여, 공표된 저작물에 포함된 음성 및 음향 등을 저작권자의 허락없이 자막 등 청각장애인이 인지할 수 있는 방식으로 변환할 수 있으며 이러한 자막 등을 청각장애인이 이용할 수 있도록 복제, 배포, 공연 또는 공중송신할 수 있다.

※ 어문저작물 : 소설 · 시 · 논문 · 각본 등 문자로 이루어진 저작물

◀ 보기 ▶

ㄱ. 학교도서관이 공표된 소설을 청각장애인을 위하여 한국수어로 변환하고 이 한국수어를 복제, 공중송신하는 행위

ㄴ. 한국어수어통역센터가 영리를 목적으로 청각장애인의 이용에 제공하기 위하여, 공표된 영화에 포함된 음성을 자막으로 변환하여 배포하는 행위

ㄷ. 점자도서관이 영리를 목적으로 하지 아니하고 시각장애인의 이용에 제공하기 위하여, 공표된 피아니스트의 연주 음악을 녹음하여 복제 · 전송하는 행위

① ㄱ　　　　　　　　　　② ㄴ

③ ㄱ, ㄷ　　　　　　　　④ ㄴ, ㄷ

⑤ ㄱ, ㄴ, ㄷ

30

다음 글과 〈상황〉을 근거로 판단할 때 옳은 것은?

> 제00조 ① 증인신문은 증인을 신청한 당사자가 먼저 하고, 다음에 다른 당사자가 한다.
> ② 재판장은 제1항의 신문이 끝난 뒤에 신문할 수 있다.
> ③ 재판장은 제1항과 제2항의 규정에 불구하고 언제든지 신문할 수 있다.
> ④ 재판장은 당사자의 의견을 들어 제1항과 제2항의 규정에 따른 신문의 순서를 바꿀 수 있다.
> ⑤ 당사자의 신문이 중복되거나 쟁점과 관계가 없는 때, 그 밖에 필요한 사정이 있는 때에 재판장은 당사자의 신문을 제한할 수 있다.
> ⑥ 합의부원은 재판장에게 알리고 신문할 수 있다.
>
> 제00조 ① 증인은 따로따로 신문하여야 한다.
> ② 신문하지 않은 증인이 법정 안에 있을 때에는 법정에서 나가도록 명하여야 한다. 다만 필요하다고 인정한 때에는 신문할 증인을 법정 안에 머무르게 할 수 있다.
>
> 제00조 재판장은 필요하다고 인정한 때에는 증인 서로의 대질을 명할 수 있다.
>
> 제00조 증인은 서류에 의하여 진술하지 못한다. 다만 재판장이 허가하면 그러하지 아니하다.
>
> ※ 당사자 : 원고, 피고를 가리킨다.

◀ 상황 ▶

> 원고 甲은 피고 乙을 상대로 대여금반환청구의 소를 제기하였다. 이후 절차에서 甲은 丙을, 乙은 丁을 각각 증인으로 신청하였으며 해당 재판부(재판장 A, 합의부원 B와 C)는 丙과 丁을 모두 증인으로 채택하였다.

① 丙을 신문할 때 A는 乙보다 먼저 신문할 수 없다.
② 甲의 丙에 대한 신문이 쟁점과 관계가 없는 때, A는 甲의 신문을 제한할 수 있다.
③ A가 丁에 대한 신문을 乙보다 甲이 먼저 하게 하려면, B와 C의 의견을 들어야 한다.
④ 丙과 丁을 따로따로 신문해야 하는 것이 원칙이지만, B는 필요하다고 인정한 때 丙과 丁의 대질을 명할 수 있다.
⑤ 丙이 질병으로 인해 서류에 의해 진술하려는 경우 A의 허가를 요하지 않는다.

31

다음 글과 〈상황〉을 근거로 판단할 때, 〈보기〉에서 옳은 것만을 모두 고르면?

> 제00조 타인의 물건 또는 유가증권을 점유한 자는 그 물건이나 유가증권에 관하여 생긴 채권이 변제기에 있는 경우에는 변제를 받을 때까지 그 물건 또는 유가증권을 유치할 권리가 있다.
>
> 제00조 유치권자는 채권 전부의 변제를 받을 때까지 유치물 전부에 대하여 그 권리를 행사할 수 있다.
>
> 제00조 ① 유치권자는 선량한 관리자의 주의로 유치물을 점유하여야 한다.
> ② 유치권자는 채무자의 승낙 없이 유치물의 사용, 대여 또는 담보제공을 하지 못한다. 그러나 유치물의 보존에 필요한 사용은 그러하지 아니하다.
>
> 제00조 유치권자는 채권의 변제를 받기 위하여 유치물을 경매할 수 있다.
>
> 제00조 유치권은 점유의 상실로 인하여 소멸한다.
>
> ※ 유치 : 물건 등을 일정한 지배 아래 둠

◀ 상황 ▶

> 甲은 아버지의 양복을 면접시험에서 입으려고 乙에게 수선을 맡겼다. 수선비는 다음 날까지 계좌로 송금하기로 하고 옷은 일주일 후 찾기로 하였다. 甲은 수선비를 송금 하지 않은 채 일주일 후 옷을 찾으러 갔고, 옷 수선을 마친 乙은 수선비를 받을 때까지 수선한 옷을 돌려주지 않겠다며 유치권을 행사하고 있다.

◀ 보기 ▶

> ㄱ. 甲이 수선비의 일부라도 지급한다면 乙은 수선한 옷을 돌려주어야 한다.
> ㄴ. 甲이 수선한 옷을 돌려받지 못한 채 면접시험을 치렀고 이후 필요가 없어 옷을 찾으러 가지 않겠다고 한 경우, 乙은 수선비의 변제를 받기 위해 그 옷을 경매할 수 있다.
> ㄷ. 甲이 수선을 맡긴 옷을 乙이 도둑맞아 점유를 상실하였다면 乙의 유치권은 소멸한다.
> ㄹ. 甲이 수선비를 지급할 때까지, 乙은 수선한 옷을 甲의 승낙 없이 다른 사람에게 대여할 수 있다.

① ㄱ, ㄴ   ② ㄱ, ㄹ
③ ㄴ, ㄷ   ④ ㄷ, ㄹ
⑤ ㄴ, ㄷ, ㄹ

32

다음 글과 〈상황〉을 근거로 판단할 때, 〈보기〉에서 옳은 것만을 모두 고르면?

제00조 ① 기획재정부장관은 각 국제금융기구에 출자를 할 때에는 국무회의의 심의를 거쳐 대통령의 승인을 받아 미합중국통화 또는 그 밖의 자유교환성 통화나 금(金) 또는 내국통화로 그 출자금을 한꺼번에 또는 분할하여 납입할 수 있다.
② 기획재정부장관은 제1항에 따라 내국통화로 출자하는 경우에 그 출자금의 전부 또는 일부를 국무회의의 심의를 거쳐 대통령의 승인을 받아 내국통화로 표시된 증권으로 출자할 수 있다.

제00조 ① 기획재정부장관은 전조(前條) 제2항에 따라 출자한 증권의 전부 또는 일부에 대하여 각 국제금융기구가 지급을 청구하면 지체 없이 이를 지급하여야 한다.
② 기획재정부장관은 제1항에 따른 지급의 청구를 받은 경우에 지급할 재원(財源)이 부족하여 그 청구금액의 전부 또는 일부를 지급할 수 없을 때에는 국무회의의 심의를 거쳐 대통령의 승인을 받아 한국은행으로부터 차입하여 지급하거나 한국은행으로 하여금 그 금액에 상당하는 증권을 해당 국제금융기구로부터 매입하게 할 수 있다.

기획재정부장관은 적법한 절차에 따라 A국제금융기구에 일정액을 출자한다.

ㄱ. 기획재정부장관은 출자금을 자유교환성 통화로 납입할 수 있다.
ㄴ. 기획재정부장관은 출자금을 내국통화로 분할하여 납입할 수 없다.
ㄷ. 출자금 전부를 내국통화로 출자하는 경우, 그 중 일부액을 미합중국통화로 표시된 증권으로 출자할 수 있다.
ㄹ. 만약 출자금을 내국통화로 표시된 증권으로 출자한다면, A국제금융기구가 그 지급을 청구할 경우에 한국은행장은 지체 없이 이를 지급하여야 한다.

① ㄱ
② ㄴ
③ ㄱ, ㄹ
④ ㄷ, ㄹ
⑤ ㄴ, ㄷ, ㄹ

33

다음 글을 근거로 판단할 때 옳은 것은?

제00조 다음 각 호의 어느 하나에 해당하는 자는 감사원에 감사를 청구할 수 있다.
1. 19세 이상으로서 300명 이상의 국민
2. 상시 구성원 수가 300인 이상으로 등록된 공익 추구의 시민단체. 다만 정치적 성향을 띠거나 특정 계층 또는 집단의 이익을 추구하는 단체는 제외한다.
3. 감사대상기관의 장. 다만 해당 감사대상기관의 사무처리에 관한 사항 중 자체감사기구에서 직접 처리하기 어려운 부득이한 사유가 있거나 자체감사기구가 없는 경우에 한한다.
4. 지방의회. 다만 해당 지방자치단체의 사무처리에 한한다.

제00조 ① 감사청구의 대상은 공공기관에서 처리한 사무처리가 다음 각 호의 어느 하나에 해당하는 사항으로 한다.
1. 주요 정책·사업의 추진과정에서의 예산낭비에 관한 사항
2. 기관이기주의 등으로 인하여 정책·사업 등이 장기간 지연되는 사항
3. 국가 행정 및 시책, 제도 등이 현저히 불합리하여 개선이 필요한 사항
4. 기타 공공기관의 사무처리가 위법 또는 부당행위로 인하여 공익을 현저히 해한다고 판단되는 사항
② 제1항의 규정에 불구하고 다음 각 호의 어느 하나에 해당하는 사항은 감사청구의 대상에서 제외한다.
1. 수사 중이거나 재판(헌법재판소 심판을 포함한다), 행정심판, 감사원 심사청구 또는 화해, 조정, 중재 등 법령에 의한 불복절차가 진행 중인 사항. 다만 수사 또는 재판, 행정심판 등과는 직접적인 관계없이 예산낭비 등을 방지하기 위한 긴급한 필요가 있다고 인정될 때에는 감사를 실시할 수 있다.
2. 수사 결과, 판결, 재결, 결정 또는 화해, 조정, 중재 등에 의하여 확정되었거나 형 집행에 관한 사항

※ 공공기관 : 중앙행정기관, 지방자치단체, 정부투자기관을 의미한다.

① A시 지방의회는 A시가 주요 사업으로 시행하는 노후수도 설비교체사업 중 발생한 예산낭비 사항에 대하여 감사를 청구할 수 있다.
② B정당의 사무총장은 C시청 별관신축공사 입찰시 담당공무원의 부당한 업무처리에 대하여 단독으로 감사를 청구할 수 있다.

③ D정부투자기관의 장은 해당 기관 직원과 특정 기업 간 유착 관계에 대하여 자체감사기구에서 직접 처리할 수 있더라도 감사를 청구할 수 있다.

④ E시 지방의회는 E시 시장의 위법한 사무처리에 대하여 판결이 확정되었더라도 감사를 청구할 수 있다.

⑤ 민간 유통업체 F마트 사장은 농산물의 납품대가로 과도한 향응을 받은 담당직원의 위법행위에 대하여 감사를 청구할 수 있다.

34

다음 글을 근거로 판단할 때, 〈보기〉에서 민원을 정해진 기간 이내에 처리한 것만을 모두 고르면?

> 제00조 ① 행정기관의 장은 '질의민원'을 접수한 경우에는 다음 각 호의 기간 이내에 처리하여야 한다.
>   1. 법령에 관해 설명이나 해석을 요구하는 질의민원 : 7일
>   2. 제도·절차 등에 관해 설명이나 해석을 요구하는 질의민원 : 4일
> ② 행정기관의 장은 '건의민원'을 접수한 경우에는 10일 이내에 처리하여야 한다.
> ③ 행정기관의 장은 '고충민원'을 접수한 경우에는 7일 이내에 처리하여야 한다. 단, 고충민원의 처리를 위해 14일의 범위에서 실지조사를 할 수 있고, 이 경우 실지조사 기간은 처리기간에 산입(算入)하지 아니한다.
> ④ 행정기관의 장은 '기타민원'을 접수한 경우에는 즉시 처리하여야 한다.
>
> 제00조 ① 민원의 처리기간을 '즉시'로 정한 경우에는 3근무시간 이내에 처리하여야 한다.
> ② 민원의 처리기간을 5일 이하로 정한 경우에는 민원의 접수시각부터 '시간' 단위로 계산한다. 이 경우 1일은 8시간의 근무시간을 기준으로 한다.
> ③ 민원의 처리기간을 6일 이상으로 정한 경우에는 '일' 단위로 계산하고 첫날을 산입한다.
> ④ 공휴일과 토요일은 민원의 처리기간과 실지조사 기간에 산입하지 아니한다.
> ※ 업무시간은 09:00~18:00이다. (점심시간 12:00~13:00 제외)
> ※ 3근무시간 : 업무시간 내 3시간
> ※ 광복절(8월 15일, 화요일)과 주말은 공휴일이고, 그 이외에 공휴일은 없다고 가정한다.

> ㄱ. A부처는 8.7(월) 16시에 건의민원을 접수하고, 8.21(월) 14시에 처리하였다.
> ㄴ. B부처는 8.14(월) 13시에 고충민원을 접수하고, 10일간 실지조사를 하여 9.7(목) 10시에 처리하였다.
> ㄷ. C부처는 8.16(수) 17시에 기타민원을 접수하고, 8.17(목) 10시에 처리하였다.
> ㄹ. D부처는 8.17(목) 11시에 제도에 대한 설명을 요구하는 질의민원을 접수하고, 8.22(화) 14시에 처리하였다.

① ㄱ, ㄴ   ② ㄱ, ㄷ
③ ㄴ, ㄹ   ④ ㄱ, ㄷ, ㄹ
⑤ ㄴ, ㄷ, ㄹ

35

다음 글을 근거로 판단할 때 옳은 것은?

> A국은 다음 5가지 사항을 반영하여 특허법을 제정하였다.
> (1) 새로운 기술에 의한 발명을 한 사람에게 특허권이라는 독점권을 주는 제도와 정부가 금전적 보상을 해주는 보상제도 중, A국은 전자를 선택하였다.
> (2) 특허권을 별도의 특허심사절차 없이 부여하는 방식과 신청에 의한 특허심사절차를 통해 부여하는 방식 중, A국은 후자를 선택하였다.
> (3) 새로운 기술에 의한 발명인지를 판단하는 데 있어서 전세계에서의 새로운 기술을 기준으로 하는 것과 국내에서의 새로운 기술을 기준으로 하는 것 중, A국은 후자를 선택하였다.
> (4) 특허권의 효력발생범위를 A국 영토 내로 한정하는 것과 A국 영토 밖으로 확대하는 것 중, A국은 전자를 선택하였다. 따라서 특허권이 부여된 발명을 A국 영토 내에서 특허권자의 허락없이 무단으로 제조·판매하는 행위를 금지하며, 이를 위반한 자에게는 손해배상 의무를 부과한다.
> (5) 특허권의 보호기간을 한정하는 방법과 한정하지 않는 방법 중, A국은 전자를 선택하였다. 그리고 그 보호기간은 특허권을 부여받은 날로부터 10년으로 한정하였다.

① A국에서 알려지지 않은 새로운 기술로 알코올램프를 발명한 자는 그 기술이 이미 다른 나라에서 널리 알려진 것이라도 A국에서 특허권을 부여받을 수 있다.

② A국에서 특허권을 부여받은 날로부터 11년이 지난 손전등을 제조·판매하기 위해서는 발명자로부터 허락을 받아야 한다.

③ A국에서 새로운 기술로 석유램프를 발명한 자는 A국 정부로부터 그 발명에 대해 금전적 보상을 받을 수 있다.

④ A국에서 새로운 기술로 필기구를 발명한 자는 특허심사절차를 밟지 않더라도 A국 내에서 다른 사람이 그 필기구를 무단으로 제조·판매하는 것을 금지시킬 수 있다.

⑤ A국에서 망원경에 대해 특허권을 부여받은 자는 다른 나라에서 그 망원경을 무단으로 제조 및 판매한 자로부터 A국 특허법에 따라 손해배상을 받을 수 있다.

36

다음 글과 〈상황〉을 근거로 판단할 때 옳은 것은?

제○○조 ① 주택 등에서 월령 2개월 이상인 개를 기르는 경우, 그 소유자는 시장·군수·구청장에게 이를 등록하여야 한다.

② 소유자는 제1항의 개를 기르는 곳에서 벗어나게 하는 경우에는 소유자의 성명, 소유자의 전화번호, 등록번호를 표시한 인식표를 그 개에게 부착하여야 한다.

제□□조 ① 맹견의 소유자는 다음 각 호의 사항을 준수 하여야 한다.

  1. 소유자 없이 맹견을 기르는 곳에서 벗어나지 아니하게 할 것

  2. 월령이 3개월 이상인 맹견을 동반하고 외출할 때에는 목줄과 입마개를 하거나 맹견의 탈출을 방지할 수 있는 적정한 이동장치를 할 것

② 시장·군수·구청장은 맹견이 사람에게 신체적 피해를 주는 경우, 소유자의 동의 없이 맹견에 대하여 격리조치 등 필요한 조치를 취할 수 있다.

③ 맹견의 소유자는 맹견의 안전한 사육 및 관리에 관하여 정기적으로 교육을 받아야 한다.

제△△조 ① 제□□조 제1항을 위반하여 사람을 사망에 이르게 한 자는 3년 이하의 징역 또는 3천만 원 이하의 벌금에 처한다.

② 제□□조 제1항을 위반하여 사람의 신체를 상해에 이르게 한 자는 2년 이하의 징역 또는 2천만 원 이하의 벌금에 처한다.

甲과 乙은 맹견을 각자 자신의 주택에서 기르고 있다. 甲은 월령 1개월인 맹견 A의 소유자이고, 乙은 월령 3개월인 맹견 B의 소유자이다.

① 甲이 A를 동반하고 외출하는 경우 A에게 목줄과 입마개를 해야 한다.

② 甲은 맹견의 안전한 사육 및 관리에 관하여 정기적으로 교육을 받지 않아도 된다.

③ 甲이 A와 함께 타 지역으로 여행을 가는 경우, A에게 甲의 성명과 전화번호를 표시한 인식표를 부착하지 않아도 된다.

④ B가 제3자에게 신체적 피해를 주는 경우, 구청장이 B를 격리조치하기 위해서는 乙의 동의를 얻어야 한다.

⑤ 乙이 B에게 목줄을 하지 않아 제3자의 신체를 상해에 이르게 한 경우, 乙을 3년의 징역에 처한다.

37

다음 글과 〈甲지방자치단체 공직자윤리위원회 위원 현황〉을 근거로 판단할 때 옳은 것은? (단, 오늘은 2018년 3월 10일이다)

제00조 ① 지방자치단체는 공직자윤리위원회(이하 '위원회'라 한다)를 두어야 한다.

② 위원회는 위원장과 부위원장 각 1명을 포함한 9명의 위원으로 구성하되 위원은 다음 각 호에 따라 위촉한다.

  1. 5명의 위원은 법관, 교육자, 시민단체에서 추천한 자로 한다. 이 경우 제2호의 요건에 해당하는 자는 제외된다.

  2. 4명의 위원은 해당 지방의회 의원 2명, 해당 지방자치단체 소속 행정국장, 기획관리실장(이하 '소속 공무원'이라 한다)으로 한다.

③ 위원회의 위원장과 부위원장은 위원회에서 다음 각 호에 따라 선임한다.

  1. 위원장은 제2항 제1호의 5명 중에서 선임

  2. 부위원장은 제2항 제2호의 4명 중에서 선임

제00조 ① 위원의 임기는 2년으로 하되, 한 차례만 연임할 수 있다.

② 지방자치단체의회 의원 및 소속 공무원 중에서 위촉된 위원의 임기는 제1항에도 불구하고 지방의회 의원인 경우에는 그 임기 내로 하고, 소속 공무원인 경우에는 그 직위에 재직 중인 기간으로 한다.

③ 전조 제2항 제1호에 따른 위원 중 결원이 생겼을 경우 그 자리에 새로 위촉된 위원의 임기는 전임자의 남은 기간으로 한다.

〈甲지방자치단체 공직자윤리위원회 위원 현황〉

성명	직위	최초 위촉일자
A	甲지방의회 의원	2016. 9. 1.
B	시민연대 회원	2016. 9. 1.
C	甲지방자치단체 소속 기획관리실장	2016. 9. 1.
D	지방법원 판사	2017. 3. 1.
E	대학교 교수	2016. 9. 1.
F	고등학교 교사	2014. 9. 1.
G	중학교 교사	2016. 9. 1.
H	甲지방의회 의원	2016. 9. 1.
I	甲지방자치단체 소속 행정국장	2016. 9. 1.

※ 모든 위원은 최초 위촉 이후 계속 위원으로 활동하고 있다.

① B가 사망하여 새로운 위원을 위촉하는 경우 甲지방의회 의원을 위촉할 수 있다.
② C가 오늘자로 명예퇴직하더라도 위원직을 유지할 수 있다.
③ E가 오늘자로 사임한 경우 당일 그 자리에 위촉된 위원의 임기는 위촉된 날로부터 2년이다.
④ F는 임기가 만료되면 연임할 수 있다.
⑤ I는 부위원장으로 선임될 수 있다.

38

다음 글과 〈상황〉을 근거로 판단할 때, 甲~丙 중 임금피크제 지원금을 받을 수 있는 사람만을 모두 고르면?

제00조(임금피크제 지원금) ① 정부는 다음 각 호의 어느 하나에 해당하는 경우, 근로자의 신청을 받아 제2항의 규정에 따라 임금피크제 지원금을 지급하여야 한다.

1. 사업주가 근로자 대표의 동의를 받아 정년을 60세 이상으로 연장하면서 55세 이후부터 일정 나이, 근속시점 또는 임금액을 기준으로 임금을 줄이는 제도를 시행하는 경우
2. 정년을 55세 이상으로 정한 사업주가 정년에 이른 사람을 재고용(재고용 기간이 1년 미만인 경우는 제외 한다)하면서 정년퇴직 이후부터 임금만을 줄이는 경우
3. 사업주가 제2호에 따라 재고용하면서 주당 소정의 근로시간을 15시간 이상 30시간 이하로 단축하는 경우

② 임금피크제 지원금은 해당 사업주에 고용되어 18개월 이상을 계속 근무한 자로서 피크임금(임금피크제의 적용으로 임금이 최초로 감액된 날이 속하는 연도의 직전 연도 임금을 말한다)과 지원금 신청연도의 임금을 비교하여 다음 각 호의 구분에 따른 비율 이상 낮아진 자에게 지급한다. 다만 상시 사용하는 근로자가 300명 미만인 사업장인 경우에는 100분의 10으로 한다.

1. 제1항 제1호의 경우 : 100분의 10
2. 제1항 제2호의 경우 : 100분의 20
3. 제1항 제3호의 경우 : 100분의 30

◀ 상황 ▶

- 甲~丙은 올해 임금피크제 지원금을 신청하였다.
- 甲(56세)은 사업주가 근로자 대표의 동의를 받아 정년을 60세로 연장하면서 임금피크제를 실시하고 있는 사업장(상시 사용하는 근로자 320명)에 고용되어 3년간 계속 근무하고 있다. 甲의 피크임금은 4,000만 원이었고, 올해 임금은 3,500만 원이다.
- 乙(56세)은 사업주가 정년을 55세로 정한 사업장(상시 사용하는 근로자 200명)에서 1년간 계속 근무하다 작년 12월 31일 정년에 이르렀다. 乙은 올해 1월 1일 근무기간 10개월, 주당 근로시간은 동일한 조건으로 재고용되었다. 乙의 피크임금은 3,000만 원이었고, 올해 임금은 2,500만 원이다.
- 丙(56세)은 사업주가 정년을 55세로 정한 사업장(상시 사용하는 근로자 400명)에서 2년간 계속 근무하다 작년 12월 31일 정년에 이르렀다. 丙은 올해 1월 1일 근무기간 1년, 주당 근로시간을 40시간에서 30시간으로 단축하는 조건으로 재고용되었다. 丙의 피크임금은 2,000만 원이었고, 올해 임금은 1,200만 원이다.

① 甲
② 乙
③ 甲, 丙
④ 乙, 丙
⑤ 甲, 乙, 丙

39

다음 글을 근거로 판단할 때, 〈보기〉에서 옳은 것만을 모두 고르면?

제○○조 이 법에서 '폐교'란 학생 수 감소, 학교 통폐합 등의 사유로 폐지된 공립학교를 말한다.

제△△조 ① 시·도 교육감은 폐교재산을 교육용시설, 사회복지시설, 문화시설, 공공체육시설로 활용하려는 자 또는 소득증대시설로 활용하려는 자에게 그 폐교재산의 용도와 사용 기간을 정하여 임대할 수 있다.
② 제1항에 따라 폐교재산을 임대하는 경우, 연간 임대료는 해당 폐교재산평정가격의 1천분의 10을 하한으로 한다.

제□□조 ① 제△△조 제2항에도 불구하고 시·도 교육감은 다음 각 호의 어느 하나에 해당하는 경우에는 폐교재산의 연간 임대료를 감액하여 임대할 수 있다.
   1. 국가 또는 지방자치단체가 폐교재산을 교육용시설, 사회복지시설, 문화시설, 공공체육시설 또는 소득증대 시설로 사용하려는 경우
   2. 단체 또는 사인(私人)이 폐교재산을 교육용시설, 사회 복지시설, 문화시설 또는 공공체육시설로 사용하려는 경우
   3. 폐교가 소재한 시·군·구에 주민등록이 되어 있고 실제 거주하는 지역주민이 공동으로 폐교재산을 소득증대시설로 사용하려는 경우
② 전항에 따라 폐교재산의 임대료를 감액하는 경우 연간 임대료의 감액분은 다음 각 호에서 정한 바를 초과하지 아니하는 범위에서 정한다.
   1. 교육용시설, 사회복지시설, 문화시설, 공공체육시설로 사용하는 경우: 제△△조 제2항에 따른 연간 임대료의 1천분의 500
   2. 소득증대시설로 사용하는 경우: 제△△조 제2항에 따른 연간 임대료의 1천분의 300

◀ 보기 ▶

ㄱ. 시·도 교육감은, 폐교가 소재하는 시·군·구에 거주하지 않으면서 폐교재산을 사회복지시설로 활용하려는 자에게 그 폐교재산을 임대할 수 있다.
ㄴ. 폐교재산평정가격이 5억 원인 폐교재산을 지방자치단체가 문화시설로 사용하려는 경우, 연간 임대료의 최저액은 250만 원이다.
ㄷ. 폐교가 소재한 군에 주민등록이 되어 있고 실제 거주하는 지역주민이 단독으로 폐교재산을 소득증대시설로 사용 하려는 경우, 연간 임대료로 지불해야 할 최저액은 폐교재산평정가격의 0.7%이다.

ㄹ. 폐교재산을 활용하려는 자가 폐교 소재 지역주민이 아니어도 그 폐교재산을 공공체육시설로 사용할 수 있으나 임대료 감액은 받을 수 없다.

① ㄱ, ㄴ
② ㄱ, ㄷ
③ ㄱ, ㄴ, ㄹ
④ ㄱ, ㄷ, ㄹ
⑤ ㄴ, ㄷ, ㄹ

40

다음 글을 근거로 판단할 때 옳은 것은?

제00조 ① 산지전용허가를 받으려는 자는 신청서를 다음 각 호의 구분에 따른 자(이하 '산림청장 등'이라 한다)에게 제출하여야 한다.
   1. 산지전용허가를 받으려는 산지의 면적이 200만 m^2 이상인 경우: 산림청장
   2. 산지전용허가를 받으려는 산지의 면적이 50만 m^2 이상 200만m^2 미만인 경우
     가. 산림청장 소관인 국유림의 산지인 경우 : 산림청장
     나. 산림청장 소관이 아닌 국유림, 공유림 또는 사유림의 산지인 경우 : 시·도지사
   3. 산지전용허가를 받으려는 산지의 면적이 50만 m^2 미만인 경우
     가. 산림청장 소관인 국유림의 산지인 경우 : 산림청장
     나. 산림청장 소관이 아닌 국유림, 공유림 또는 사유림의 산지인 경우 : 시장, 군수, 구청장
② 산림청장 등은 제1항에 따라 산지전용허가 신청을 받은 때에는 허가대상 산지에 대하여 현지조사를 실시하여야 한다. 다만 산지전용타당성조사를 받은 경우에는 현지조사를 않고 심사할 수 있다.
③ 제1항의 신청서에는 다음 각 호의 서류를 첨부하여야 한다.
   1. 사업계획서(산지전용의 목적, 사업기간 등이 포함되어야 한다) 1부
   2. 허가신청일 전 2년 이내에 완료된 산지전용타당성조사 결과서 1부(해당자에 한한다)
   3. 산지전용을 하고자 하는 산지의 소유권 또는 사용·수익권을 증명할 수 있는 서류 1부(토지등기사항증명서로 확인할 수 없는 경우에 한정한다)
   4. 산림조사서 1부. 다만 전용하려는 산지의 면적이 65만m^2 미만인 경우에는 제외한다.

① 사유림인 산지 180만m²에 대해 산지전용허가를 받으려는 甲은 신청서를 산림청장에게 제출해야 한다.

② 공유림인 산지 250만m²에 대해 산지전용허가를 받으려는 乙은 신청서를 시·도지사에게 제출해야 한다.

③ 산지전용허가를 신청하는 丙은 토지등기사항증명서를 첨부하면 사업계획서를 제출하지 않아도 된다.

④ 산림청장 소관의 국유림 50만m²에 대해 산지전용허가를 받으려는 丁은 산림조사서를 산림청장에게 제출해야 한다.

⑤ 산지전용허가를 받으려는 戊가 해당 산지에 대하여 허가신청일 1년 전에 완료된 산지전용타당성조사 결과서를 제출한 경우, '산림청장 등'은 현지조사를 않고 심사할 수 있다.

PUBLIC
SERVICE
APTITUDE
TEST

CHAPTER 04 상황판단

- 지문을 먼저 읽고 그 내용을 본문에서 찾는다.
- 지문과 본문을 적절히 대입하면 문제를 풀 수 있다.

대표예제

다음 글을 근거로 판단할 때 옳지 <u>않은</u> 것은?

조선시대 임금에게 올리는 진지상을 수라상이라 하였다. 수라는 올리는 시간 순서에 따라 각각 조(朝)수라, 주(晝)수라, 석(夕)수라로 구분되고, 조수라 전에 밥 대신 죽을 주식으로 올리는 죽(粥)수라도 있었다. 수라상은 두 개의 상, 즉 원(元)반과 협(狹)반에 차려졌다.

수라 전후에 반과(盤果)상이나 미음(米飮)상이 차려지기도 했는데, 반과상은 올리는 시간 순서에 따라 조다(早茶), 주다(晝茶), 만다(晚茶), 야다(夜茶) 등을 앞에 붙여서 달리 불렀다. 반과상은 국수를 주식으로 하고, 찬과 후식류를 자기(磁器)에 담아 한 상에 차렸다. 미음상은 미음을 주식으로 하고, 육류 음식인 고음(膏飮)과 후식류를 한 상에 차렸다.

다음은 경복궁을 출발한 행차 첫째 날과 둘째 날에 임금에게 올리기 위해 차린 전체 상차림이다.

첫째 날		둘째 날	
장소	상차림	장소	상차림
노량참	조다반과	화성참	죽수라
노량참	조수라	화성참	조수라
시흥참	주다반과	화성참	주다반과
시흥참	석수라	화성참	석수라
시흥참	야다반과	화성참	야다반과
중로	미음		

① 행차 둘째 날에 협반은 총 1회 사용되었다.

② 화성참에서는 미음이 주식인 상이 차려지지 않았다.

③ 행차 첫째 날 낮과 둘째 날 낮에는 주수라가 차려지지 않았다.

④ 행차 첫째 날 밤과 둘째 날 밤에는 후식류를 자기에 담은 상차림이 있었다.

⑤ 국수를 주식으로 한 상은 행차 첫째 날과 둘째 날을 통틀어 총 5회 차려졌다.

정답해설

수라상은 두 개의 상, 즉 원(元)반과 협(狹)반에 차려졌고, 둘째 날에 3번의 수라상이 차려져서 협(狹)반도 3회 사용되었다.

오답해설

② 미음상은 미음을 주식으로 하고, 둘째 날 화성참에서는 미음이 차려지지 않았다.

③ 첫째 날과 둘째 날 낮에 주수라가 차려지지 않았다.

④ 반과상은 국수를 주식으로 하고, 찬과 후식류를 자기(磁器)에 담아 한 상에 차렸다. 첫째 날과 둘째 날 밤에 야다반과가 차려졌다.

⑤ 반과상은 국수를 주식하는 것으로 첫째 날 조다반과, 주다반과, 야다반과 둘째 날 주다반과, 야다반과 총 다섯 차례 차려졌다.

정답 ①

상황판단

정답 및 해설 242p

01

다음은 국가철도 개량투자계획에 대한 자료이다. 이 자료를 통하여 판단한 것으로 가장 적절하지 않은 것은?

〈국가철도 개량투자계획〉

(단위 : 억 원)

구분	2019	2020	2021	계
이동편의시설	390	370	380	1,140
승강장조명설비	120	–	–	120
원격관리시스템	140	160	170	470
급전제어장치	15	70	100	185
원격진단시스템	50	150	120	320
안전관제시스템	5	150	120	275
양방향신호	30	30	40	100
통신망 이중화	60	80	100	240
노후신호 개량	670	500	550	1,720
노후통신 개량	155	160	165	480
내진성능보강	200	150	125	475
재난방송설비	40	50	50	140
계	1,875	1,870	1,920	–

① 총 투자금액은 2020년이 가장 적다.
② 노후통신 개량투자 금액은 매년 일정액씩 증가하고 있다.
③ 이동편의시설을 위한 투자금액은 증감을 반복하다 2021년 가장 클 것이다.
④ 양방향 신호 구축에 대한 총 투자금이 가장 적다.
⑤ 한 개 분야를 제외한 모든 분야에서 3년 동안 매년 투자가 이루어졌다.

02

다음은 가족친화지수에 관한 자료이다. 이 자료를 근거로 판단할 수 있는 내용으로 옳지 않은 것은?

■ 신문기사

최근 가족친화적 사회환경 조성에 관한 공감대가 확산됨에 따라 가족친화지수가 주목을 받고 있다. 가족친화지수란 여러 종류의 가족친화제도를 도입하고 활용하는 정도를 수치화한 지표이다. 가족친화지수는 2008년 43.9점, 2009년 49.2점, 2010년 51.6점, 2011년 57.8점, 2012년 58.9점이다.

※ 가족친화지수의 최고점 : 100점

■ 가족친화지수 영역별 현황(2012년)

영역
탄력적 근무제도
자녀출산, 양육 및 교육 지원제도
부양가족 지원제도
노동자 지원제도
가족친화 문화조성

■ 가족친화지수 영역의 순위에 관한 정보
• 탄력적 근무제도보다 지수가 높은 항목은 둘이다.
• 가족친화 문화조성 지수는 부양가족 지원제도 지수의 3배이다.
• 자녀출산, 양육 교육 지원제도의 지수는 가족친화 문화조성 지수보다 10점이 높다.
• 노동자 지원제도 지수는 가족친화 문화조성 지수보다 20점이 낮다.
• 부양가족 지원제도 지수는 21점이다.

① 노동자 지원제도 지수는 43점이다.
② 탄력적 근무제도 지수는 63점 초과 73점 미만 사이에 분포할 것이다.
③ 부양가족 지원제도 지수는 5개 영역 중 가장 낮다.
④ 가족친화제도를 도입하고 활용하는 정도는 점점 증가하는 추세에 있다.
⑤ 자녀출산, 양육 교육 지원제도의 지수가 가장 높다.

03

다음 글을 근거로 판단할 때 옳지 않은 것은?

개발도상국으로 흘러드는 외국자본은 크게 원조, 부채, 투자가 있다. 원조는 다른 나라로부터 지원받는 돈으로, 흔히 해외 원조 혹은 공적개발원조라고 한다. 부채는 은행 융자와 정부 혹은 기업이 발행한 채권으로, 투자는 포트폴리오 투자와 외국인 직접투자로 이루어진다. 포트폴리오 투자는 경영에 대한 영향력보다는 경제적 수익을 추구하기 위한 투자이고, 외국인 직접투자는 회사 경영에 일상적으로 영향력을 행사하기 위한 투자이다.

개발도상국에 유입되는 이러한 외국자본은 여러 가지 문제점을 보이고 있다. 해외 원조는 개발도상국에 대한 경제적 효과가 있다고 여겨져 왔으나 최근 경제학자들 사이에서는 그러한 경제적 효과가 없다는 주장이 점차 힘을 얻고 있다.

부채는 변동성이 크다는 단점이 지적되고 있다. 특히 은행 융자는 변동성이 큰 것으로 유명하다. 예컨대 1998년 개발도상국에 대하여 이루어진 은행 융자 총액은 500억 달러였다. 하지만 1998년 러시아와 브라질, 2002년 아르헨티나에서 일어난 일련의 금융 위기가 개발도상국을 강타하여 1999~2002년의 4개년 동안에는 은행 융자 총액이 연평균 −65억 달러가 되었다가, 2005년에는 670억 달러가 되었다. 은행 융자만큼 변동성이 큰 것은 아니지만, 채권을 통한 자본 유입 역시 변동성이 크다. 외국인은 1997년에 380억 달러의 개발도상국 채권을 매수했다. 그러나 1998~2002년에는 연평균 230억 달러로 떨어졌고, 2003~2005년에는 연평균 440억 달러로 증가했다.

한편 포트폴리오 투자는 은행 융자만큼 변동성이 크지는 않지만 채권에 비하면 변동성이 크다. 개발도상국에 대한 포트폴리오 투자는 1997년의 310억 달러에서 1998~2002년에는 연평균 90억 달러로 떨어졌고, 2003~2005년에는 연평균 410억 달러에 달했다.

① 개발도상국에 대한 투자는 경제적 수익뿐만 아니라 회사 경영에 영향력을 행사하기 위해서도 이루어질 수 있다.

② 해외 원조는 개발도상국에 대한 경제적 효과가 없다고 주장 하는 경제학자들이 있다.

③ 개발도상국에 유입되는 외국자본에는 해외 원조, 은행 융자, 채권, 포트폴리오 투자, 외국인 직접투자가 있다.

④ 개발도상국에 대한 2005년의 은행 융자 총액은 1998년의 수준을 회복하지 못하였다.

⑤ 1998~2002년과 2003~2005년의 연평균을 비교할 때, 개발 도상국에 대한 포트폴리오 투자가 채권보다 증감액이 크다.

04

다음 글을 근거로 판단할 때 옳은 것은?

상훈법은 훈장과 포장을 함께 규정하고 있다. 훈장은 대한민국 국민이나 외국인으로서 대한민국에 뚜렷한 공로가 있는 자에게 수여한다. 훈장의 종류는 무궁화대훈장, 건국훈장, 국민훈장, 무공훈장, 근정훈장, 보국훈장, 수교훈장, 산업훈장, 새마을훈장, 문화훈장, 체육훈장, 과학기술훈장 등 12종이 있다. 무궁화대훈장(무등급)을 제외하고는 각 훈장은 모두 5개 등급으로 나누어져 있고, 각 등급에 따라 다른 명칭이 붙여져 있다. 포장은 건국포장, 국민포장, 무공포장, 근정포장, 보국포장, 예비군포장, 수교포장, 산업포장, 새마을포장, 문화포장, 체육포장, 과학기술포장 등 12종이 있고, 훈장과는 달리 등급이 없다.

훈장의 수여 여부는 서훈대상자의 공적 내용, 그 공적이 국가, 사회에 미친 효과의 정도, 지위 및 그 밖의 사항을 참작하여 결정하며, 동일한 공적에 대하여는 훈장을 거듭 수여하지 않는다. 서훈의 추천은 원·부·처·청의 장, 국회사무총장, 법원행정처장, 헌법재판소 사무처장, 감사원장, 중앙선거관리위원회 위원장 등이 행하되, 청의 장은 소속 장관을 거쳐야 한다. 이상의 추천권자의 소관에 속하지 않는 서훈의 추천은 행정안전부장관이 행하고, 서훈의 추천을 하고자 할 때에는 공적 심사를 거쳐야 한다. 서훈대상자는 국무회의의 심의를 거쳐 대통령이 결정한다. 훈장은 대통령이 직접 수여함을 원칙으로 하나 예외적으로 제3자를 통해 수여할 수 있고, 훈장과 부상(금품)을 함께 줄 수 있다.

훈장은 본인에 한하여 종신 패용할 수 있고, 사후에는 그 유족이 보존하되 패용하지는 못한다. 훈장을 받은 자가 훈장을 분실하거나 파손한 때에는 유상으로 재교부 받을 수 있다.

훈장을 받은 자의 공적이 허위임이 판명된 경우, 훈장을 받은 자가 국가안전에 관한 죄를 범하고 형을 받았거나 적대지역으로 도피한 경우, 사형·무기 또는 3년 이상의 징역이나 금고의 형을 받은 경우에는 국무회의의 심의를 거쳐 서훈을 취소하고 훈장과 이에 관련하여 수여한 금품을 환수한다.

① 훈장의 명칭은 60개로 구분된다.

② 훈장과 포장은 등급별로 구분되어 있다.

③ 훈장을 받은 자가 사망하였다면 그 훈장은 패용될 수 없다.

④ 서훈대상자는 국회의 의결을 거쳐 대통령이 결정한다.

⑤ 훈장을 받은 자의 공적이 허위임이 판명되어 서훈이 취소된 경우, 훈장과 함께 수여한 금품은 그의 소유로 남는다.

05

다음 글을 근거로 판단할 때, 주가 폭락에 따른 원금손실과 투자자 대출에 따른 금융권 부실위험에 대한 보고서를 제출하고자 한다. 보고서에 담길 해결방안으로 가장 적절한 판단을 한 것은?

1929년 10월 말, 주가 폭락 사태로 레버리지 투자자들이 순식간에 자신이 투자한 원금을 다 날린 것은 물론, 돈을 빌린 금융기관까지 연쇄적으로 위기를 맞았을 때 정책당국이 어떤 행동을 취했다면 대공황을 막을 수 있었을까?

가장 시급한 조치는 금리인하였을 것이다. 1928년 7월, 이미 연준의 공개시장 위원회는 "현재의 고금리가 수개월 더 지속된다면 지금으로부터 6개월에서 1년 후에 경기 상황이 영향을 받게 될 것이다."라고 스태프들에게 경고를 들은바 있다. 따라서 연준 내에서 특히 뉴욕 연방은행은 주가 폭락사태가 발생했을 때, 즉각적으로 대응할 준비가 되어 있었다. 뉴욕 연방은행은 확장적인 공개시장 조작정책을 펼쳐 1929년 10월과 11월 사이에 정부의 증권 보유량을 2배로 늘렸다. 여기서 공개시장조작이란 통화공급을 조절하기 위하여 채권시장에 개입하는 조치를 뜻한다. 뉴욕 연방은행이 정부가 발행한 채권을 시장에서 매입하면 뉴욕 연방은행은 채권을 보유하게 되는 대신, 채권을 가지고 있었던 사람들은 현금을 보유하게 된다. 물론 그 결과 금리도 떨어진다.

그러나 이 조치에 대한 연준 이사회 내에서 강한 반발이 있었다. 당시 해리슨 뉴욕 연방은행 총재는 "10월과 같은 특별한 상황에서는 개별 준비은행의 이사들이 판단하고 결정을 내릴 권한이 있다"고 주장했지만 연준 이사회는 뉴욕 연방은행이 통화정책의 궁극적 책임이 워싱턴에 있다는 기본정신을 어긴 것으로 판단했다. 결국 뉴욕 연방은행은 11월 초에 연준 이사회의 압박에 굴복하여 공개시장 조작은 중단되었다.

당시 연준 이사회가 강경한 태도를 보인 이유는 연준 이사회의 주요 멤버가 청산주의에 푹 빠져 있었던 탓이 컸다. 그러나 당시 세계 금융시스템을 지배하고 있던 금본위제의 굴레 또한 큰 영향을 미쳤음을 잊어서는 안 될 것이다. 먼저 주가 폭락 사태로 경제 전반의 수요가 둔화되었다면 경제 전체에 물가는 떨어지고 경제성장률은 하락할 수밖에 없다. 이 상황에서는 정부가 재정지출을 늘리거나 통화공급을 확대하는 방향으로 대응하는게 더 적절할 것이다.

그러나 이렇게 할 경우 1928년 금리인상 이후 벌어졌던 문제와는 정반대의 상황이 발생할 수 있다. 1928년에 주식시장의 버블 위험을 완화하기 위해 금리를 인상하자 해외에서 자금이 유입되어 주식시장에 추가적인 유동성을 공급했던 것처럼 이제 경기를 부양하기 위해 금리를 인하하면 역설적으로 더 높은 금리를 찾아 미국에서 돈이 유출될 수 있기 때문에이다. 나아가 정부의 재정지출 확대로 해외로부터의 수입이 늘어날 경우에도 마찬가지이다. 결국 정부가 금을 보유한 만큼만 화폐를 발행하는 금본위제를 강하게 유지하려 노력하면 연준의 역할은 제약될 수밖에 없다.

통화를 선호하는 투자자들도 많았기에 미국의 금 보유 잔고는 결코 줄어들지 않았다. 결국 문제가 되었던 금본위제의 기본을 지켜야 한다는 당위성이었고 이 굴레 때문에 적극적인 대책을 취하지 못했다고 보는 게 맞다.

주가 폭락의 규모가 거대했던 것이 가장 큰 원인이겠지만 미 연준의 정책 대응이 총체적으로 실패했던 것도 주요한 원인이라 할 수 있다.

◀ 보기 ▶

ㄱ. 주가 부양을 위한 강력한 통화정책을 강구한다.

ㄴ. 금리를 인하하여야 한다.

ㄷ. 경제 시스템에 대한 점검을 통해 해결한다.

ㄹ. 정부 주도의 물가조절 정책을 시행한다.

① ㄱ, ㄴ   ② ㄱ, ㄷ

③ ㄴ, ㄷ   ④ ㄴ, ㄹ

⑤ ㄷ, ㄹ

A discovery is said to be an accident meeting a prepared mind.

발견은 준비된 사람이 맞닥뜨린 우연이다.

– 알버트 센트 디외르디(Albert Szent-Gyorgyi)

The future depends on what we do in the present.

미래는 현재 우리가 무엇을 하는가에 달려 있다.

– 마하트마 간디 Mahatma Gandhi

Try not to become a man of success but rather try to become a man of value.

성공한 사람이 아니라 가치있는 사람이 되기 위해 힘쓰라.

– 알버트 아인슈타인 Albert Einstein

7급 공무원

PUBLIC SERVICE APTITUDE TEST

정답 및 해설

CHAPTER 01 사실이해

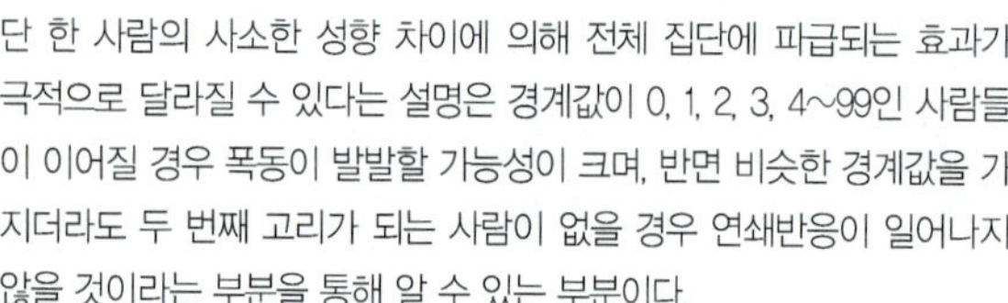

01 ⑤	02 ③	03 ②	04 ③	05 ①
06 ④	07 ④	08 ③	09 ④	10 ②
11 ②	12 ③	13 ⑤	14 ⑤	15 ②
16 ①	17 ⑤	18 ②	19 ①	20 ②
21 ①	22 ④	23 ③	24 ⑤	25 ①
26 ②	27 ④	28 ④	29 ⑤	30 ①
31 ①	32 ④	33 ④	34 ④	35 ⑤
36 ⑤	37 ⑤	38 ⑤	39 ①	40 ③

01   정답 ⑤   ●●○

단 한 사람의 사소한 성향 차이에 의해 전체 집단에 파급되는 효과가 극적으로 달라질 수 있다는 설명은 경계값이 0, 1, 2, 3, 4~99인 사람들이 이어질 경우 폭동이 발발할 가능성이 크며, 반면 비슷한 경계값을 가지더라도 두 번째 고리가 되는 사람이 없을 경우 연쇄반응이 일어나지 않을 것이라는 부분을 통해 알 수 있는 부분이다.

오답해설

① 경계값은 사람마다 다른 것이며 이 값은 어떤 행동으로 인한 기대이익이 기대비용을 넘어서는 지점으로 글에 예를 든 것처럼 단순히 경계값의 합으로 폭동발발과 그렇지 않을 경우를 판단하기에는 무리가 있다.
② 글에서 경계값이 0인 맨 처음 사람이 난동을 부리더라도 두 번째 고리가 되는 사람이 없을 경우 연쇄 반응이 일어나지 않는다고 하였다.
③ 글에서는 경계값이 각각 0, 1, 2, 3인 집단과 0, 2, 2, 2인 집단의 평균 경계값은 같다. 그러나 경계값이 0인 사람이 폭동을 시작했을 경우의 결과는 다를 것이다.
④ 글에서 폭동이 경계값이 아닌 연쇄성과 더 큰 연관성이 있다고 말하고 있으므로 적절하지 못하다.

02   정답 ③   ●●○

형이상학적 저술들에 대해 재미있거나 관심을 둘 만한 태도를 표명할 수도 있다. 그러나 그것은 진리이거나 거짓일 수 있는 그 어떤 것도 진술하지 않는다고 하였으므로 글과 부합하는 설명이다.

① 동어 반복적인 것은 형식명제의 특성이다.
② 글에서 형이상학은 진리이거나 거짓일 수 있는 어떤 것도 진술하지 않으며 지식의 확장에 아무런 기여도 할 수 없다고 하였다.
④ 글에 따르면 형이상학은 진리이거나 거짓일 수 있는 어떤 것도 진술

하지 않는다.
⑤ 글의 내용과 부합하지 않는 내용이다.

03   정답 ②   ●●○

글에서 많은 서양학자들이 도(道)의 의미를 설명하기 위해 도로를 은유로 사용해왔지만 이에 대해 A는 길의 은유가 철학적 개념으로 적절하지 못하다고 주장한다. 도와 관련된 원칙이나 이미지는 십자로에 의해 함축된 선택을 허락하지 않으며 도의 길은 한 방향으로 흐른다는 것이다. 따라서 ①~⑤ 중 모든 방향이라고 되어 있는 것은 제외시켜야 한다. 또한 빈칸 뒤의 내용을 보면, 만약 개념의 전형으로서의 도로보다 물의 흐름이나 수로의 자연적 코스를 취할 경우 더 이상 특이한 점이 없어진다고 말하고 있다. 따라서 이를 통해 빈칸의 내용을 도출해 볼 때 적절한 것은 한쪽 방향으로만 흐르고 교차점이 없는 특이한 길이 될 것이라는 ②이다.

04   정답 ③   ●●○

윗글은 이성적 존재인 인간만이 범주화하는 것이 가능하다는 생각이 지배적인 서구의 사상에 비판을 가한 레이코프와 존슨의 사상에 대해 소개하고 있다. 대부분의 범주는 자동적·무의식적으로 형성되며 의식적인 재범주화 행위를 통해서는 우리의 범주 체계에 대규모의 변화를 일으킬 수 없다는 부분을 통해 ③이 글과 부합하지 않음을 알 수 있다.

오답해설

① 글에서 범주화는 인간만이 할 수 있는 것으로 생각되지만, 모든 생물이 범주화를 한다고 하였으므로 ①의 내용은 글과 부합한다.
② 범주들 중 소수만이 의식적인 범주화 행위에 의해 형성될 뿐, 대부분의 범주는 세계 안에서 기능화의 결과로 자동적·무의식적으로 형성된다고 하였으므로 ②의 내용은 글과 부합한다.
④ 하등동물이라 여겨지는 아메바도 자신들의 감각기관과 이동능력, 대상 조작 능력을 통해 범주화를 하며, 인간이 사물을 범주화하는 것도 신체화되어 있는 방식의 한 결과라고 한 부분을 통해 알 수 있는 내용이다.
⑤ 글에서 우리는 우리의 범주화 방식을 의식적으로 완전히 통제하지도 않고 또한 통제할 수도 없다고 하였으므로 ⑤의 내용은 글과 부합한다.

05   정답 ①   ●●○

윗글은 아인슈타인의 사고와 창의력에 대한 견해를 설명한 글이다. 글에서 아인슈타인은 특수상대성이론이 새로운 시공간 개념을 가지고 있음에도 뉴턴 역학의 연장이라고 생각했다고 하였다. 따라서 ①의 내용은 글과 거리가 먼 것임을 알 수 있다.

② 아인슈타인은 놀라움에 대하여 '어떤 경험이 이미 우리 속에 충분히 정착된 세계 개념과 충돌할 때 일어난다.'고 하였다는 부분에서 확인할 수 있는 내용이다.

③ 글에서 '아인슈타인은 우리의 창조적 사고가 본질적으로 비언어적이라고 생각한 듯하다.'는 부분을 통해 확인할 수 있는 내용이다.

④ 아인슈타인의 사고에 대한 관점은 헬름홀츠와 볼트만과 유사하다. 그러나 본질적인 부분에 있어서는 헬름홀츠의 관점과 다른 점이 있으며, 푸앵카레의 관점과는 비슷하다고 한 부분을 통해 ④의 내용이 적절함을 알 수 있다.

⑤ 감각 경험과 개념 사이의 관계 조정은 감각 데이터 또는 실험 데이터와 정확한 물리 법칙 사이에 놓여 있는 심연을 직관에 의해 뛰어넘음으로써만 가능하다는 부분을 통해 확인할 수 있는 내용이다.

06　정답 ④　

글의 연구방향을 제시하고 있는 셋째 단락에서 교통안전사업을 유형별로 분류하고 사업시행에 따른 교통사고 비용감소효과를 분석한다고 하였다. 그리고 다섯째 단락에서는, 교통안전사업 투자예산과 사고비용 감소와의 상관관계를 분석한 연구결과, 사망자 사고비용 감소를 위해 가장 유효한 사업은 교통단속으로 나타났고, 중상자 및 경상자 사고비용 감소를 위해 가장 유효한 사업은 안전한 보행환경 조성 사업으로 나타났다고 하였다. 따라서 제시된 지문 내용을 대표하는 핵심 단어 네 개 선정할 때, 가장 적합하지 않은 것은 ④ 사회적 비용이 된다. 둘째 단락에서, 교통안전사업 시행에 따른 사회적 비용 감소 효과를 명확하게 분석할 수 있다면 교통안전사업의 효과를 제고할 수 있다고 하였는데, 이는 교통안전사업 평가에 따른 문제점을 해결하기 위한 방안의 하나로서 사회적 비용 감소 효과의 명확한 분석을 제시한 것이므로, 사회적 비용 자체를 내용을 대표하는 핵심 단어로 보기는 어렵다.

07　정답 ④　

두 번째 문단에서 어미가 누구든 많이 핥인 새끼는 그렇지 않은 새끼보다 뇌의 특정 부분, 특히 해마에서 글루코코르티코이드 수용체들, 곧 GR들이 더 많이 생겨났다는 것을 발견했다는 것은 후천 요소에 의하여 GR들이 더 많이 생겨났다는 것으로 ㉠ 물음에 적합하다.

① 코르티솔 유전자가 아니라 코르티솔 민감성과 GR의 수, GR의 발현 등에 대한 내용이다.

② 단백질의 생성에 관한 내용은 이 글과 관련이 없다.

③ 핥아주는 성향의 유전자에 관한 내용이 아니라 많이 핥아주는 것에 대한 내용이다.

⑤ 유전 요인에 관한 내용이 아니라 핥아주는 행위에 관한 내용이다.

08　정답 ③　

공공기관이 사회적 가치를 실현하기 위해 준수해야 할 다섯 가지 핵심 원칙은 지문에서 언급되지 않았다. 지문은 공공기관 사회적 가치 포럼의 주관 및 참여기관, 관련된 국민 인식조사 결과, 업무 담당자가 현장에서 느낀 현실적인 고민, 주요 공공기관에서 진행된 실제 사례, 공공성과 효율성의 조화를 통한 사회적 가치 실현 방안, 실현 작업에 대한 기대 및 미래 전망 등을 차례로 언급하였다.

① 셋째 단락의 '공공기관의 사회적 가치와 국민 인식'을 주제로 한 국민 인식조사 결과, 국민들은 공공기관이 앞장서 사회적 가치를 실현해야 하지만 현재는 미흡한 상황으로 인식하고 있다고 하였다.

② 넷째 단락에서 공공기관은 수익성을 놓지 않은 채 사회적 가치를 실현할 방법을 고민하고 있으며, 사회적 가치를 추구하더라도 공공성과 효율성을 어떻게 조화시킬 것인가를 계속 고민할 것이라 하였다.

④ 넷째 단락 후반부에서 공공기관의 사회적 가치 실현을 위해 외부 기관의 진단이나 평가 등을 제도화하는 것도 중요하다고 하였다.

⑤ 넷째 단락의 두 번째 문장에서 '기관 전체 차원에서 사업추진 프로세스와 관점의 변화가 필요하다'라고 하였다.

09　정답 ④　

주례에 대사악이 육덕(六德)으로 국자를 가르쳤는데 이것도 순 임금이 기에게 명하던 그 법이고, 대사도가 향삼물(鄕三物)로 만민을 가르쳤는데 이것도 순 임금이 설에게 명하던 그 법이었다고 하여 주례의 교육 전통을 따르는 것이 바람직하다고 보는 것이 논지에 부합한다.

① 종실의 자제 및 공경의 적자가 다니게 하는 교육과 백성들이 다니는 학교로 만들어 별도로 운영하는 것이 합당하다고 보고 있다.

② 풍악을 가르치던 전통을 회복해야 한다는 것이 아니다.

③ 비천당을 백성들이 다니는 학교로 만들어 별도로 운영하고자 한다.

⑤ 국자와 서민의 교육 내용을 분리하고자 한다.

10　정답 ②　

윗글은 상반된 주장을 모두 비판한 것이 아니라 일관되게 화가가 그리는 그림에 대하여 말하고 있다.

① 고갱이 그렸던 그림을 소개하여 흥미를 유발하고 있다.

③ 리히터의 예를 제시하여 현실감을 부여하고 있다.

④ 미술사가 뵐플린의 저서를 소개하여 신뢰도를 높이고 있다.

⑤ 사진과 그림의 사례를 제시하여 효과적으로 설명하고 있다.

11　정답 ②　

적처는 양반가에서 적자의 배우자로 집안을 온전하게 유지하는 가정의 관리자였다. 조선의 양반가에서 적처의 존재는 필수 불가결한 것이어서 결혼을 유지하였다.

① 이 글에서 양반, 평민, 노비에 대한 이혼 비교는 없다.

③ 부인의 역할을 중국과 비교한 내용은 없다.

④ 조선은 대명률을 준용하면서도 '조선에는 이혼이란 없다.'라는 태도를 견지하였다.

⑤ 이혼을 막기 위해 남자 집안과 여자 집안 간의 공조를 유지시키기 위한 지원 정책에 관한 내용은 없다.

12　정답 ③　

바람을 에너지원으로 사용한 지는 1만년, 풍력발전이 시작된 지는 100년이 지났지만 가장 오래된 에너지인지는 알 수 없다.

오답해설
① 화력발전이 풍력발전보다 생산비용이 저렴하고 사용하기 편리하다.
② 온실가스와 같은 환경문제가 대두되자 주목받게 된 신재생에너지이므로 환경문제를 적게 일으킬 것이다.
④ 환경오염 때문에 신개념에너지에 대한 관심이 높아지고 있다.
⑤ 화력발전에 의한 온실가스 문제 때문에 신재생에너지에 대한 관심이 높아지고 있다.

13　정답 ⑤　

브랜다이스는 독점 규제를 통해 소비자의 이익이 아니라 독립적 소생산자의 경제를 보호하고자 했다.

오답해설
① 첫 번째 문단과 두 번째 문단에서 셔먼과 브랜다이스의 견해는 공화주의 전통이 사상적 배경이었다.
② 세 번째 문단에서 아놀드는 독점 규제의 목적이 권력 집중에 대한 싸움이 아니라 경제적 효율성의 향상에 맞춰져야 한다고 주장했고, 두 번째 문단에서 브랜다이스는 거대한 경제 권력의 영향으로부터 독립적 소생산자들을 보호하여야 한다고 주장했다.
③ 첫 번째 문단에서 셔먼은 트러스트가 독점을 통한 인위적인 가격 상승으로 소비자를 기만한다고 보았고, 3문단에서 아놀드는 반독점법의 목적이 소비자 가격을 낮춰 소비자 복지를 증진시키는 데 있다고 보았다.
④ 공화주의 전통에 기반을 둔 시민 자치권은 1930년대 후반에 소비자 복지를 증진시키는 것으로 옮겨 갔다.

14　정답 ⑤　

윗글에는 국가 차원의 푸드플랜 수립 이전에 먹거리와 관련된 현안에 대한 논의가 있었는지에 관한 내용이 없다.

오답해설
① 마지막 문단에서 로컬푸드를 이용할 경우 장점을 설명하고 있다.
② 국가 먹거리 종합 전략과 지역 먹거리 계획수립의 근거를 담은 개정 법률안이 발의되어 법적 토대를 마련하고 있다.
③ 우리나라도 전주시, 서울시 등에서 추진하고 있으나 해결해야 할 문제들이 많다.
④ 두 번째 문단에서 먹거리의 중요성과 식품안전사고에 대하여 서술하고 있다.

15　정답 ②　

두 번째 문단에서 중국 범종은 종신의 중앙 부분에 비해 종구가 나팔처럼 벌어져 있는 반면, 한국 범종은 종구가 항아리처럼 오므라져 있다고 하였다.

오답해설
① 첫 번째 문단에서 상원사 동종, 성덕대왕 신종, 용주사 범종이 있으며 모두 국보로 지정되어 있으므로 세 개 이상이 국보로 지정되어 있다.
③ 네 번째 문단에서 한국 범종의 종신은 땅속으로 음파를 밀어 넣어 주려면 뒤에서 받쳐 주는 지지대 역할을 하는 뒷판 역할을 한다.
④ 세 번째 문단에서 한국 범종은 바닥에 커다란 반구형의 구덩이를 파 두는데 종소리의 조음에 영향을 미쳐 독특한 음향을 내게 한다.
⑤ 네 번째 문단에서 성덕대왕 신종의 여음은 커다란 울림통으로 작용하여 소리의 여운을 길게 한다.

16　정답 ①　

성과지향적 조직문화는 성별과 같은 사회적 배경이 작용할 여지가 그만큼 적어질 것이기 때문에 여성 관리자에 대한 인식에 긍정적으로 작용할 것이다.

오답해설
② 성과지향적 조직문화는 성별과 같은 사회적 배경이 작용할 여지가 적어지는 것이므로 양성평등에 긍정적인 영향요인이다.
③ 성과지향적 조직문화는 여성관리자에 대한 인식에 긍정적으로 작용할 것이고 가족적 조직문화는 남성관리자에 대한 인식에 긍정적으로 작용할 것이다.
④ 성과지향성이 높은 조직에서는 조직구성원 간의 성차별 가능성이 낮을 것이고, 성과지향성이 낮은 조직에서는 조직구성원 간의 성차별 가능성이 클 것이다.
⑤ 성과지향성이 높은 조직에서 여성관리자의 전문적 권력이 발휘될 가능성이 높아질 것이다.

17　정답 ⑤　

두 번째 문단에서 정교한 형태의 네트워크 유지에 필요한 비용을 크게 줄인 탓에 국가가 사회에서 차지하는 역할의 비중이 축소되었다고 하였다.

오답해설
① 첫 번째 문단에서 네트워크 중 점조직의 결집력이 가장 강한지에 관한 내용은 없다. 추측으로 답을 구하지 않아야 한다.
② 세 번째 문단에서 네트워크의 확산이 부정적인 영향과 긍정적인 영향이 있으나 어느 것이 영향이 큰지는 알 수 없다.
③ 첫 번째 문단에서 네트워크가 복잡해질수록 외부 세력이 와해시키기도 어렵게 된다는 것으로 보아 복잡성과 관련이 있다.
④ 첫 번째 문단에서 점조직은 기초적인 형태의 네트워크이며, 행위자들이 하나의 행위자에 개별적으로 연결되어 정교한 형태의 네트워크로 발전할 가능성이 크다고 하였다.

18　정답 ②　

윗글은 사랑에 대한 철학자들의 견해를 제시하고 구애와 관련된 책을 예시하며 과거와 현대의 자존감을 비교하고 있다. 또한 사랑에 대한 의미를 현대와 과거에 대비시켜 설명하고 있는 글로서 변화과정을 순차적으로 검토한 글이지만 역사적인 가치를 찾고 있는 것은 아니다.

19　정답 ①　　●●○

네 번째 문단에서 2000년대 초 연준의 금리 인하로 인하여 국공채에 투자했던 퇴직자들의 소득을 감소시켰고, 노년층에서 정부로, 정부에서 금융업으로 부의 대규모 이동이 이루어져 불평등이 심화되었다.

오답해설

② 다섯 번째 문단에서 2000년대 초 고용 증대를 기대하고 시행한 연준의 저금리 정책은 노동을 자본으로 대체하는 투자를 증대시켰고, 경기가 회복되더라도 실업률이 떨어지지 않는 구조가 만들어졌다.

③ 첫 번째 문단과 세 번째 문단에서 기술 산업의 거품 붕괴로 설비 가동률이 낮은 상태임을 알 수 있다.

④ 세 번째 문단에서 2000년대 초 연준이 금리 인하 정책을 시행한 후 주식 가격과 주택 가격이 상승하였다.

⑤ 두 번째 문단에서 금리 인상보다 주택 담보 대출에 대한 규제가 부동산 거품에 대한 대응책으로 보다 합리적이라고 하였다.

20　정답 ②　　●●○

시간을 하나로 통일하는 회의 과정에서는 영국이 주장하는 그리니치 표준시와 프랑스가 밀어붙인 파리 표준시가 충돌했다.

오답해설

① 현재 사용하는 협정세계시와 그리니치 표준시의 차이는 1초보다 작다.

③ 고종의 대한제국 시절에는 지금보다 30분 빠른 표준시를 썼다.

④ 표준시는 영국의 그리니치 자오선을 본초 자오선을 기준으로 하여 제정된 협정세계시이다.

⑤ 그리니치 표준시가 채택된 이유는 이미 30년 이상 영국이 그리니치 표준시를 기준 삼아 기차 시간표를 사용해 왔기 때문이다.

21　정답 ①　　●●○

두 번째 문단에서 독일 자유주의자들은 장애인이나 가난한 이들에 대한 복지를 구휼 정책이라고 간주해 찬성하지 않았고, 개인이 자발적으로 사회적 약자들을 돕는 것에는 반대하지 않고 적극 권장하는 입장을 취했다.

오답해설

② 두 번째 문단에서 독일의 보수주의자들은 복지 정책을 입안하고 그 집행과 관련된 각종 조세 정책을 수립하는 데에 적극적이었으나 그 부담을 특정 계층에게 전가하는지에 관해서는 알 수 없다.

③ 지문의 내용은 이 글에서 알 수 없다.

④ 두 번째 문단에서 공동체적 가치를 중요시해 온 독일의 사회주의자들과 개인의 자율성을 강조하는 자유주의자들과의 갈등들은 현재까지도 지속되고 있다.

⑤ 독일 사회주의자들이 제안한 노동자를 위한 사회 보장 정책은 이 글에서 알 수 없다.

22　정답 ④　　●●○

뇌전증을 비롯한 정신질환자의 경우 6개월 이상 병원에 입원한 경우에만 수시적성검사 대상자로 분류된다.

오답해설

① 1종 보통면허를 소지한 운전자는 시력검사만 받고 청력검사는 1종 대형, 특수면허 소지자에게 한정되고 있다.

② 2종 면허소지자는 신체검사를 받지 않고 면허를 갱신하고 있다.

③ 운전면허 취득시 1장짜리 질병신고서를 작성하고 신체검사는 시력과 색맹, 청력, 팔과 다리 운동 등의 신체검사를 한다.

⑤ 보건복지부나 지자체, 병무청 등의 기관은 운전면허 결격사유 해당자 정보를 도로교통공단에 보내 수시적성검사를 하지만 뇌전증을 비롯한 정신질환자의 경우 6개월 이상 병원에 입원한 경우에만 수시적성검사 대상자로 분류된다.

23　정답 ③　　●●○

첫 번째 문단에서 권리 행사가 제한되었기 때문에 수익자의 지위가 불안정하였고, 연금 수익자의 지위가 불안정해서 권리행사가 제한된 것은 아니다.

오답해설

① 세 번째 문단에서 연금 가입자는 자본 시장의 최고 원리인 유동성을 마음껏 누릴 수 없었다.

② 첫 번째 문단에서 자신의 재산을 미성년 유족이 아닌, 친구나 지인 등 제3자에게 맡기기 시작하면서 신탁 제도가 형성되기 시작했다.

④ 첫 번째 문단에서 12세기 영국에서는 미성년 유족(遺族)에게 토지에 대한 권리를 합법적으로 이전할 수 없었기 때문에 신탁 제도가 형성되기 시작했다.

⑤ 첫 번째 문단에서 신탁 원리에 기반을 둔 연금 제도에서는 수익자인 연금 가입자의 적극적인 권리 행사가 허용되지 않기 때문에 수탁자가 수익자보다 재산 운용에 대해 더 많은 재량권을 갖게 되었다.

24　정답 ⑤　　●●○

도로 사망률은 열차 사망률의 25.3배, 항공사고 사망률은 열차 사망률의 10.4배에 달하므로 열차사고가 항공기 사고보다 적다.

오답해설

① 열차의 모든 시스템은 고장과 사고를 대비한 안전유지 체계를 가지고 있다.

② 열차 안전도는 다른 교통수단과 비교해도 높은 수준이다.

③ 열차사고 발생건수가 프랑스 5.0건, 독일 3.4건인데 비해 우리나라는 2.7건에 불과하다.

④ 열차간 충돌에 대비한 안전확보 시스템을 2중, 3중으로 갖추고 있다.

25　정답 ①　　●●○

두 번째 문단에서 정관헌은 바깥쪽의 서양식 기둥과 함께 붉은 벽돌이 사용되었다고 하였다.

오답해설

② 세 번째 문단에서 난간에 소나무와 사슴은 장수를, 박쥐는 복을 상징한다고 하였다.

③ 네 번째 문단에서 정관헌은 건축적 가치가 큰 궁궐 건물이었지만 규모도 크지 않고 가벼운 용도로 지어졌기 때문에 그동안 소홀히 취급

되어 왔다고 하였다.
④ 두 번째 문단에서 정관헌은 서양식 기둥과 함께 붉은 벽돌이 사용되어 상당히 이국적이라고 하였다.
⑤ 세 번째 문단에서 정관헌은 서양식 정자이지만 우리의 문화와 정서가 녹아들어 있다고 하였다.

26 　정답 ②　

도로신호는 신호등과 신호등 사이를 여러 대의 자동차가 달릴 수 있지만, 철도신호는 좌회전과 우회전 신호등이 없을 뿐만 아니라 신호등과 신호등 사이에 단 하나의 열차만 운행할 수 있다.

오답해설
① 열차는 신호등과 신호등 사이에 단 하나의 열차만 운행할 수 있다고 하는 것으로 보아 열차도 신호등에 따라 운전해야 한다.
③ 고속철도의 경우 신호등 색깔을 식별하기 어려울 뿐만 아니라 휴먼 에러에 의한 사소한 실수가 사고로 발생할 수 있기에 디지털 방식의 차내신호방식을 채택하고 있다.
④ 철도신호 체계는 기관사가 마음대로 정해진 속도 이상을 달리지 못하도록 되어 있어 다른 교통수단에 비하여 안전하다.
⑤ 도로신호와 철도신호의 체계적 차이에 대해 설명하고 있는 글이다.

27 　정답 ④　

세 번째 문단에서 고구려어는 원시 부여어에 소급되고, 백제어와 신라어는 모두 원시 한어(韓語)로부터 왔다는 것으로 보아 방언적 차이 이상이 존재한다고는 하였으나, 계통에 대한 내용은 알 수 없다.

오답해설
① 첫 번째 문단에서 한국어의 알타이어족설은 알타이 어군과 한국어 사이의 친족 관계 및 공통 조상어로부터의 분화 과정을 설명하기 어렵다고 보았다.
② 두 번째 문단에서 천손 신화는 북방계 요소이고, 한국어가 북방적 요소와 남방적 요소를 함께 지니고 있었다.
③ 두 번째 문단에서 최근 한국어 계통 연구는 비교언어학 분석과 더불어, 한민족 형성 과정에 대한 유전학적 연구, 한반도에 공존했던 여러 유형의 건국 신화와 관련된 인류학적 연구를 이용하고 있다.
⑤ 세 번째 문단에서 중세 국어가 조선 시대를 거쳐 근대 한국어로 변모하여 오늘날 우리가 사용하는 현대 한국어가 되는 과정에 대해서는 남한과 북한의 학계의 견해가 일치한다.

28 　정답 ④　

프레이와 오스본은 미국 직업정보시스템(O*Net)에서 조사하는 9개 직능 변수를 이용하여 인공지능이 대체하기 힘든 업무를 3가지 병목 업무로 국한시켜 정량화하였다.

오답해설
① 우리나라의 경우 업무 활동 시간이 자동화 위험에 노출될 것으로 나타나는 것은 52%로, 독일(59%), 일본(56%)보다는 낮고, 미국(46%), 영국(43%)보다는 높은 수준이다.
② 프레이와 오스본의 연구는 비정형화된 업무도 컴퓨터로 대체될 수

있다고 보았다.
③ PwC(2017)는 OECD의 방법론이 오히려 자동화 위험을 과소평가하고 있다고 주장하고, OECD의 연구방법을 수정하여 다시 분석하였더니 그 결과 미국의 고위험 일자리 비중이 OECD에서 분석한 9% 수준에서 38%로 다시 높아졌다.
⑤ OECD(2016)는 인공지능이 직업 자체를 대체하기 보다는 직업을 구성하는 과업(task)의 일부를 대체할 것이라고 주장하였고, OECD의 분석에 따르면 미국의 경우 9%의 일자리만이 고위험군에 해당한다고 밝혔다.

29 　정답 ⑤　

두 번째 문단에서 부처들이 그려진 불화는 보통 위아래 2단으로 구성되어 있는데, 윗단에는 부처가 그려져 있고 아랫단에 보살이 그려져 있어, 어떤 미술사학자들은 이러한 배치 구도를 두고 신분을 구별하던 고려 사회의 분위기가 반영된 것이 아닌가 보기도 한다.

오답해설
① 세 번째 문단에서 숙창원비는 관음보살을 소재로 한 불화인 수월 관음도를 주문 제작한 적이 있다.
② 첫 번째 문단에서 고려의 귀족들은 불화를 사들여 후손들에게 전해주면 대대로 복을 받는다고 믿었다.
③ 두 번째 문단에서 아랫단에 보살이 그려져 있었는데 중생의 고통을 덜어주기 위해 열반에 들어가기를 거부했다는 보살을 그린 것도 있었다.
④ 세 번째 문단에서 고려 불화의 크기는 다소 큰 편이었지만 다른 내용은 글에 제시되지 않았다.

30 　정답 ①　

설문 결과를 보고 알 수 없는 내용이다.

오답해설
② 조사 결과 응답자의 27.7%가 인문학에 관심을 갖고 있었고, '우리 사회에서 인문학이 필요하다'라는 의견이 68.4%로 인문학 관심 수준에 비해 2배 이상 높게 나타났다.
③ 인문전공자를 대상으로 한 조사에서는 '현대사회의 시대적 흐름을 이해하고자 생활과학, 자연과학, 생명과학, 공학 등을 다루며 인문프로그램의 범위를 확장해야 한다'는 의견이 24.6%로 일반국민 16.6%보다 높게 나타났다.
④ 기성세대는 '사회공동체 가치 구현에 기여할 수 있기에'와 '현대기술 문명 사회에 인간다운 삶과 인간성 회복을 위해'라는 항목에서 젊은 세대보다 인문의 사회적 가치에 상대적으로 의미를 더 두는 것으로 나타났다.
⑤ 많은 국민들이 인문가치의 사회적 필요성에 공감하고 있으므로 누구나 쉽고 친숙하게 생활 속에서 다양한 인문 프로그램을 접하고, 이에 참여할 수 있도록 정책적 지원 방안을 강화하여야 한다.

31 　정답 ①　

첫 번째 문단에서 삼정승 아래 벼슬인 병조판서의 행차 때 내는 벽제 소리는 날래고 강렬했다고 한다.

② 첫 번째 문단에서 국왕의 행차 때 하는 가도는 특별히 봉도라고 불렀고, 이는 하인들이 그 앞에 서서 꾸짖는 소리를 크게 내어 행차에 방해되는 사람을 물리치기 위함이다.
③ 첫 번째 문단에서 지체 높은 관리의 행차 때 가도는 잡인들의 통행을 막는 것이었다.
④ 세 번째 문단에서 신분이 낮은 서민들이 가도를 피하기 위해 뒷골목으로 다니는 행위를 피마라고 불렀다.
⑤ 첫 번째 문단에서 지체 높은 관리의 행차 때 하인들이 그 앞에 서서 꾸짖는 소리를 크게 내어 행차에 방해되는 사람을 물리치는 행위를 가도라 하는데 어디에서 행하여졌는지는 알 수 없다.

32 정답 ④ ●●○

양 공항공사는 '공항 일반구역 보안관리' 개발 과정에 대한 지식재산권과 콘텐츠 수출에 따른 로열티 수익을 창출할 수 있을 것으로 전망하고 있다.

① 한국공항공사와 인천국제공항공사가 공동으로 개발한 '공항 일반구역 보안관리' 교육과정이 유엔 산하 국제민간항공기구(ICAO)로부터 전 세계 표준 교육과정으로 인증받았다.
② 공항 일반구역은 일반인의 출입이 가능한 지역을 말한다.
③ 양 공항공사는 2020년부터 '공항 일반구역 보안관리' 과정을 본격적으로 운영할 예정이다.
⑤ 한국공항공사 항공기술훈련원은 2010년 국내 유일의 ICAO 인증 항공보안교육센터로 지정되어 국내외 항공보안 전문가를 양성하고 있다.

33 정답 ④ ●●●

두 번째 문단에서 미란다 판결 전에는 전체적인 신문 상황에서 피의자가 임의적으로 진술했다는 점이 인정되면, 즉 임의성의 원칙이 지켜졌다면 재판 증거로 사용되었다고 하였다.

① 이 글은 미란다 원칙이 발생한 것에 대한 내용으로 무죄 판결에 대한 내용은 제시되지 않았다.
② 미란다 판결은 피해자가 아닌 피의자의 권리를 보호하려는 원칙이다.
③ 세 번째 문단에서 미란다 판결은 수사 절차에서 피의자의 권리를 보호하는 방향으로 전환하는 데에 크게 기여한 것으로, 수사 기관의 책임을 묻는 시초는 아니다.
⑤ 첫 번째 문단에서 수사 기관이 피의자를 체포할 때 피의자에게 묵비권을 행사할 수 있고 불리한 진술을 하지 않을 권리가 있으며 변호사를 선임할 권리가 있음을 알려야 하는데 이를 고지하지 않으면 자백의 효력이 없다.

34 정답 ④ ●●○

인플루엔자와 감기는 다른 질환이고, 감기와 달리 치명적인 합병증을 유발할 수 있다.

① 인플루엔자는 호흡기 증상의 갑작스런 시작을 특징으로 하는 급성 열성 호흡기질환이다.
② 심한 호흡곤란, 과호흡, 청색증, 미만성수포음 등의 징후는 폐 합병증 발생의 증거이다.
③ 대부분 2~5일에 걸쳐 호전되고 1주 내에 거의 회복되지만, 기침은 수개월 이상 지속될 수 있다.
⑤ 인플루엔자에서 기침, 인후통 등 호흡기증상은 전신 증상이 호전될 때 나타난다.

35 정답 ⑤ ●●●

첫 번째 문단에서 헌법재판은 의회로부터 어느 정도 독립되고, 전문성을 갖춘 재판관들이 담당해야 한다고 기술하고 있다.

① 첫 번째 문단에서 헌법재판관들은 현재 국민들이 헌법을 개정하지 않는 한 헌법에 선언된 과거 국민들의 미래에 대한 약정을 최대한 실현하는 것이다.
② 첫 번째 문단에서 헌법재판소는 항구적인 인권 가치를 수호하기 위하여 의회입법이나 대통령의 행위를 위헌이라고 선언할 수 있다.
③ 두 번째 문단에서 헌법재판관 선출은 국민의 직접 위임에 의한 것이 이상적이나, 현실적으로 국민의 직접선거로 재판관을 선출하는 것은 용이하지 않아 대의기관이 관여하여 헌법재판관을 임명함으로써 최소한의 민주적 정당성을 갖추어야 할 것이다.
④ 첫 번째 문단에서 헌법재판은 현재 세대의 의사와 배치될 수도 있는 작업이다.

36 정답 ⑤ ●○○

이 글은 불평등과 재분배의 문제를 좌파와 우파가 불일치하는 지점을 찾는 것으로 분석하고 있다. 네 번째 문단에서 불평등이 왜 생겨났으며 이를 어떻게 해소할 것인가를 다루는 사회경제 이론이 서로 다른 데서 비롯되었다고 하였으므로 좌파, 우파의 불평등을 완화하기 위해 사회경제 메커니즘을 정확히 분석해야 한다는 내용이 결론으로 적절하다.

①, ② 이에 내용은 언급되지 않았다.
③ 좌파와 우파는 사회정의를 위한 기본 원칙에 이미 합의했으므로 이 내용은 결론이 될 수 없다.
④ 좌파와 우파는 분배 문제 해결에 국가가 앞장서야 한다는 데 동의했으므로 이 내용은 결론이 될 수 없다.

37 정답 ⑤ ●●●

두 번째 문단에서 뉴욕주 소방청의 화재위험도평가제는 공공데이터 공유 플랫폼을 이용하여 수집된 주 내의 모든 정부 기관의 정보를 평가자료로 활용하고 있다.

오답해설
① 두 번째 문단에서 5개 용도시설을 제외한 건축물의 경우에는 건축모범규준의 적용이 권고된다.

② 첫 번째 문단에서 화재위험도평가제는 기존 건축물의 유지 및 관리 단계에서 화재위험도 관리를 위해 활용된다.

③ 두 번째 문단에서 건축모범규준은 대부분의 주가 최근 개정안을 적용하지만, 그 외의 기준은 개정되기 전 규준의 기준을 적용하는 경우도 있다.

④ 민간기관인 미국화재예방협회에서 건축모범규준과 화재안전평가제를 개발하고 정부가 주 상황에 따라 운영한다.

38 　정답 ⑤　　　

2019년부터는 한·중·일 3국간 국제접속 및 호환테스트를 진행하여 2021년까지 3국간 차세대 항공통신망을 통한 국제정보교환 시험운영을 마무리할 계획이다.

오답해설

① 공사는 국토교통부와 '글로벌 항공정보종합관리망(SWIM)' 기반기술 확보로 전용시험장(테스트베드) 구축을 완료하였다.

② SWIM은 현재 항공기관이나 항공사에서 개별적으로 운영 중인 항공정보, 항공기상정보, 비행계획 및 항적자료 등 다양한 정보를 통합관리할 수 있는 종합관리망이다.

③ SWIM의 궁극적인 목표는 전 세계 모든 국가의 항공통신망을 IP 기반의 인터넷으로 연결하여 모든 항공정보를 공유하려는 것이다.

④ SWIM을 통하여 항공기 안전운항과 효율성이 크게 높아지리라 기대하고 있다.

39 　정답 ①　　　

두 번째 문단에서 국왕의 뒤를 이어 즉위한 새 왕은 전왕(前王)의 실록을 만들기 위해 실록청을 세웠는데 네 번째 문단에서 효종의 뒤를 이은 왕이 현종이므로 효종실록은 현종 때 설치된 실록청이 간행했을 것이다.

오답해설

② 세 번째 문단에서 노산군일기는 계유정난으로 왕위에서 쫓겨난 후에 노산군으로 불렸고, 그런 이유로 세조 때 노산군일기가 간행되었다.

③ 네 번째 문단에서 ○○수정실록은 집권 붕당이 다른 붕당을 폄훼하기 위해 이미 만들어져 있는 실록을 수정해 간행하는 것으로 효종 이후에 간행했을 것이다.

④ 첫 번째 문단에서 유네스코는 태조부터 철종까지의 시기에 있었던 사건들이 담긴 조선왕조실록을 세계 기록 유산으로 등재하였으므로 고종실록은 세계 기록 유산으로 등재되지 않았다.

⑤ 세 번째 문단에서 '일기'는 명칭만 실록이라고 부르지 않을 뿐 간행 과정은 그와 동일했다고 하므로, 광해군일기는 세계 기록 유산으로 등재된 조선왕조실록에 포함되었을 것이다.

40 　정답 ③　　　

핵무기를 보유하지 않은 체결국은 핵 물질에 대하여 IAEA의 핵 사찰을 받는다.

오답해설

① 핵무기를 보유한 체결국은 핵무기나 여타 핵폭발 장치를 누구에게든 양도하지 않는다.

② 핵무기를 보유하지 않은 체결국은 핵무기나 여타 핵폭발 장치를 제조에 필요한 원조를 구하거나 받지 않는다.

④ 본 조약의 어떠한 규정도 제1조와 제2조의 규정에 위배되지 않는 핵에너지의 생산과 활용의 권리를 침해할 수 없다.

⑤ 핵폭발의 평화적 활용으로부터 발생하는 이익은 허용된다.

CHAPTER 02 논리판단

01 ①	02 ④	03 ④	04 ④	05 ⑤
06 ①	07 ③	08 ②	09 ④	10 ①
11 ①	12 ④	13 ①	14 ⑤	15 ④
16 ③	17 ⑤	18 ①	19 ①	20 ③
21 ③	22 ③	23 ④	24 ⑤	25 ④
26 ②	27 ①	28 ⑤	29 ①	30 ④

01 정답 ①

- 모모 : 역사 안에서 일어나는 일 가운데는 선과 악이 있는 일도 있고, 역사 안에서 일어나는 일 중에는 지성과 사랑의 힘에 의해 일어나는 일도 있으며 지성과 사랑의 힘에 의해 일어나는 일에는 선과 악이 있다. 따라서 모모의 발언에는 양립 불가능한 것이 없다.

오답해설

- 나나 : 개인이 선할 가능성은 여전히 남아 있다고 하며 개인은 역사 바깥에·나갈 때에만 선할 수 있으나, 개인은 역사 바깥에 나가지도 못하고, 자연의 힘을 벗어날 수도 없다고 하였으므로 양립 불가능하다.
- 수수 : 역사 중에는 물론 지성의 역사와 사랑의 역사도 있지만 그것을 포함한 모든 역사는 오직 자연의 힘만으로 벌어진다고 하였다. 자연의 힘만으로 벌어지는 모든 일에는 선과 악이 없다는 것과 진화의 역사에서 오직 자연의 힘만으로 인간 지성과 사랑이 출현한 일에는 선이 있음이 분명하다는 것은 양립이 불가능하다.

02 정답 ④

영수의 행동은 의도가 없다는 것이다. 행동이 모두 행위인 것이 아니고 영수가 수돗물을 마시려는 의도로 약수를 마시는 행동을 했다는 것은 영수가 약수를 마시려는 의도 없이 약수를 마셨다는 것이다. 따라서 어떤 의도를 가지지 않고 한 행동은 행위가 아니라는 것이다.

03 정답 ④

ⓜ(언어의 체계성과 생산성)과 ⓑ(사고의 체계성과 생산성)은 유사하지만 같은 것이 아니므로 ⓜ과 ⓑ이 참이라고 할지라도 ⓐ은 거짓일 수 있다.

오답해설

① ⑦은 ⓛ을 입증하는 사례가 아니므로 ⑦은 ⓛ을 지지하지 않는다.
② ⓜ은 언어에 관한 내용이고, ⓑ은 사고에 관한 내용이므로 ⓑ은 ⓜ을 지지하지 않는다.
③ ⓜ은 ⓒ 언어의 체계성과 ⓔ 언어의 생산성을 합한 것이므로 ⓜ은 참이 된다.
⑤ ⓐ과 ⓞ은 ⓑ의 내용을 지지하는 내용이므로 ⓑ이 참이면 ⓐ과 ⓞ도 참이다.

04 정답 ④

ㄴ. 암석에서 발견된 산소는 지구의 암석에 있는 것과 동위원소 조성이 다르고, 화성에서 기원한 다른 운석에서 나타나는 동위원소 조성과는 일치한다는 것은 산소의 동위원소 조성은 행성마다 모두 다르게 나타난다는 전제가 있음을 알 수 있다.
ㄷ. 특이한 자철석 결정이 발견된 것은 A 종류의 박테리아에 의해 생성되는 것이 전제되어 있음을 알 수 있다.

오답해설

ㄱ. 암석에서는 박테리아처럼 보이는 크기가 100나노미터인 작은 세포 구조가 발견되었다고 하였으므로 '크기가 100나노미터 이하의 구조는 생명체로 볼 수 있다'가 암묵적 전제라고 할 수 있다.

05 정답 ⑤

가. ㉠ 다른 영역의 진리 표현과 ⓛ 영역에 따라 다른 진리가 속성일 때가 참이면 ⓒ 진리가 속성이라는 것은 참이다.
나. ⓔ 진리가 속성이 아니라는 것과 ⓜ 언어 사용이 참이라면 ⓒ을 반박하게 된다.
다. ㉠, ⓛ에서 ⓒ이 도출되고, ⓒ과 ⓔ은 ⓜ과 참일 수 없다. 따라서 ⓒ과 ⓔ이 참이라는 것으로부터 언어 사용으로 알 수 없다는 것이 나오는데 이것은 ⓜ을 부정하게 된다.

06 정답 ①

가. 이성이 형상을 이해할 수 있다는 1전제와 형상이 물질적 대상이 아니라는 2전제, 형상이 물질적 대상이 아니라면, 그 어떤 물질적인 것도 결코 형상을 이해할 수 없다는 3전제를 통하여 이성은 물질적인 것이 아니라는 내용을 도출할 수 있다.

오답해설

나. 불멸하는 이성만이 비물질적이면, 이성은 물질적인 것이 아니다. 따라서 영혼이 불멸한다는 것은 도출할 수 없다.
다. 불멸하는 것만이 불멸하는 것을 이해할 수 있다는 것이 전제되면, '이성과 영혼은 같다는 것'과 '이성이 형상을 이해할 수 있고 형상이 불멸한다는 것'에서 영혼이 불멸한다는 것을 도출할 수 없다.

07 정답 ③

A원리 '물리학이 설명과 예측력을 유지한다면 보편적이다'라는 것이 거짓으로 되려면 보편적이지 않다는 내용이어야 한다. 지문에서 물리법칙이 보편적이지도 않다는 내용이 있으므로 추가할 전제는 물리학이 현재와 같은 설명력과 예측력을 유지한다는 전제가 추가되어야 한다.

08 정답 ②

ㄴ. 전체가 참이면 부분은 참이 되지만 부분이 참이라고 해서 전체가 참이라 할 수 없다. 수 3은 일상적으로 볼 수 없는 '부분'에 해당하고, 이것이 참이라고 해도 '전체'가 참이라고 볼 수 없다. 따라서 ⓒ에 대한 정당화가 충분하지 않다.

오답해설

ㄱ. ⓒ는 일상적으로 볼 수 없는 것들은 소멸하지 않는다는 내용이므로
ⓐ, ⓑ, ⓒ를 모두 받아들인다면, 일상적으로 볼 수 없는 것들은 소
멸한다는 것이 도출된다.

ㄷ. ⓐ, ⓑ, ⓒ, ⓓ를 모두 받아들이면 ⓔ의 영혼은 소멸하지 않는 존재
라는 것은 당연히 도출된다.

09 　 정답 ④ 

ㄱ. 오늘날 약육강식은 자연법칙으로 받아들이는 사람이 거의 없으므로
(가)의 주장이 참이면, ⓐ는 거짓이다.

ㄷ. 피라미드가 실제로 존재하는 것은 아니라는 것에서 아니라는 (다)의
주장이 참이면, ⓒ가 거짓이다.

ㄹ. 생태계 피라미드에서 가장 높은 위치에 있는 존재가 다른 동물들을
얼마든지 잡아먹어도 된다면 인간보다 높은 존재가 인간을 잡아먹
어도 된다는 것을 우리가 받아들이기 힘든 결론이 도출된다.

오답해설

ㄴ. (나)의 주장은 ⓐ(약육강식은 자연법칙)에서 ⓓ(인간이 다른 동물들
을 얼마든지 잡아먹어도 된다)를 이끌어내는 것이 오류라는 것이다.

10 　 정답 ① 

(가) 빈칸에는 "비가 오고 구름이 끼어 있지만, 비가 오지 않는다."를 설
명할 수 있는 말이 와야 한다. 즉 자기 모순적인 명제를 포함하고 있
어야 한다. Q가 P로부터 도출될 수 있다는 것은 P가 Q를 함축한다
는 것이고, P이지만 Q는 아니다는 명제는 자기모순적인 명제이다.

(나) 빈칸에 들어갈 말은 A가 B를 함축하는 경우 A이지만 B가 아니다가
참이라는 것이어야 한다. 타인을 돕는 행동은 행복을 최대화하지만
우리는 타인을 돕지 않아도 된다는 것이다. 이 논리를 일반화한 것
이 ㄷ이다.

11 　 정답 ① 

우선 A 직원이 거짓을 말한다고 가정하면, ㉠에 따라 E는 진실을 말한
다고 할 수 있다. E가 진실을 말하는 경우 ㉰에 따라 B와 D는 모두 거짓
말을 하는 셈인데, 이 경우 A, B, D 세 사람이 거짓말을 하는 것이 되므
로 문제의 조건에 부합하지 않는다. 따라서 A는 진실을 말하고 있으며,
E는 거짓을 말하고 있다.
E가 거짓을 말하고 있으므로, ㉢에 따라 C도 거짓을 말하는 셈이 된다.
따라서 A, B, D는 진실을 말하고 있고, C, E는 거짓을 말하고 있다.
〈설문조사 결과〉에서 5명의 직원은 각각 두 가지 교통수단을 이용하며,
자가용이 2명, 택시가 2명, 버스 3명, 지하철 3명이 이용한다고 하였다.
이상을 종합해 정리하면 다음과 같다.

구분	자가용(2명)	택시(2명)	버스(3명)	지하철(3명)
A	○	×	○	×
B	×	○	×	○
C(거짓)	×	○	○	×
D	○	×	×	○
E(거짓)	×	×	○	○

12 　 정답 ④ 

제시된 〈조건〉에서 A~D는 다른 네 도시에 근무하며, A는 광주에 근무
한다는 것을 알 수 있다. 甲~丙의 〈진술〉에서, 두 진술 중 하나는 참이
고 하나는 거짓이라 하였다. 이를 토대로 A~D의 근무지를 살펴보면 다
음과 같다.

- 甲 : "A의 근무지는 광주이다."가 참이 되므로 "D의 근무지는 서울이
다."가 거짓이 된다. 따라서 D는 서울에서 근무하지 않는다는 것을 알
수 있다.
- 丙 : D는 서울에서 근무하지 않으므로, "C의 근무지는 세종이다."가
참이 된다.
- 乙 : "B의 근무지는 서울이다."가 참이 된다.

이를 정리하면, A의 근무지는 광주이며, B의 근무지는 서울, C의 근무
지는 세종이 되며, 나머지 D의 근무지는 부산이 된다.
따라서 B가 근무하는 곳은 서울이며, 부산에서 근무하는 직원은 'D'
이다.

13 　 정답 ① 

제시된 〈조건〉의 앞부분에서 휴업일(수요일)을 제외하고 매일 청소하며,
하루에 구역 하나를 청소한다고 하였다. ㉠~㉣을 통해 요일별 청소 구
역을 정하면 다음과 같다.

ⓒ, ㉣ C구역은 일요일을 포함하여 일주일에 3회 하며, 청소를 한 바로
다음 영업일에는 청소를 하지 않는다고 하였다. 이를 통해 C구역은
일요일, 화요일, 금요일에 청소를 한다는 것을 알 수 있다.

월	화	수	목	금	토	일
	C	휴업일		C		C

ⓒ B구역은 일주일에 2회 하며, B구역의 청소 후 영업일과 휴업일을 가
리지 않고 이틀 간은 청소하지 않는다고 하였다. 따라서 B구역은 월
요일과 목요일에 한다는 것을 알 수 있다. 그리고 남은 토요일은 A
구역을 청소한다는 것을 알 수 있다.

월	화	수	목	금	토	일
B	C	휴업일	B	C	A	C

따라서 토요일에 청소하는 구역은 A이며, B구역 청소를 하는 요일은 월
요일과 목요일이 된다.

14 　 정답 ⑤ 

먼저 〈조건〉을 검토하면 다음과 같다.

㉠, ㉡ 네 사람이 소유한 자동차는 모두 6대이고, 최소 3명 이상이 1대
이상의 차를 소유하고 있다고 했으므로, 차를 소유하고 있는 형태는
다음과 같다.
(0대, 1대, 1대 4대), (0대, 1대, 2대, 3대), (1대, 1대, 1대, 3대), (1대, 1대, 2
대, 2대), (0대, 2대, 2대, 2대)

㉢, ㉣ 세단과 하이브리드차가 각각 2대씩, 전기차와 SUV가 각각 1대씩
있다고 볼 수 있다.

㉤ 어떤 사람이 같은 종류의 차를 소유하지는 않는다는 것을 알 수 있다.
이상을 토대로 하여 A~D를 검토하면 다음과 같다.

- A : 차의 소유 형태가 (0대, 1대, 2대, 3대)인 경우라면, 한 사람이 SUV와 세단, 하이브리드차를 함께 소유할 수 있다(예) 첫 번째 사람은 차를 소유하지 않고, 두 번째 사람은 하이브리드차 1대, 세 번째 사람은 세단과 전기차, 네 번째 사람은 SUV와 세단, 하이브리드차를 소유하는 경우). 따라서 A는 올바른 추론이 아니다.
- B : 전기차와 SUV를 함께 소유한 사람이 있는 경우 세단과 하이브리드차를 함께 소유한 사람도 있을 수 있다(예) 첫 번째 사람은 차를 소유하지 않고, 두 번째 사람은 전기차와 SUV, 세 번째 사람과 네 번째 사람은 세단과 하이브리드차를 소유하고 있는 경우). 따라서 B도 올바른 추론이 아니다.
- C : 하이브리드차와 SUV를 함께 소유한 사람이 없는 경우라도 전기차와 하이브리드차를 함께 소유한 사람이 있을 수 있다(예) 첫 번째 사람이 세단, 두 번째 사람이 하이브리드, 세 번째 사람이 전기차와 하이브리드차, 네 번째 사람이 세단과 SUV를 소유한 경우). 따라서 C는 추론할 수 있는 내용이다.
- D : 세단과 SUV를 함께 소유한 사람이 있는 경우, 네 사람 중 한 명은 자동차를 한 대도 소유하지 않을 수 있다(예) 첫 번째 사람은 차를 소유하지 않고, 두 번째 사람은 세단, 세 번째 사람은 하이브리드차, 네 번째 사람은 세단과 SUV, 하이브리드, 전기차를 소유한 경우). 따라서 D도 추론할 수 있는 내용이다.

따라서 〈보기〉의 내용 중 추론 가능한 것은 C와 D이다.

15　정답 ④

사옥은 5층이라고 하였으므로, 우선 제시된 〈조건〉에 따라 팀이 위치한 층을 위층부터 나열해 본다.
㉠ 한 층에 하나의 팀만 사용하고, 경영기획팀과 마케팅팀은 같은 층에 위치한다.
㉢, ㉣ 관리팀>NCS전문 편집팀>마케팅팀, 경영기획팀
㉤ 관리팀>자격시험전문 편집팀>NCS전문 편집팀>마케팅팀, 경영기획팀
㉥ 디자인팀>관리팀>자격시험전문 편집팀>NCS전문 편집팀>마케팅팀, 경영기획팀
따라서 관리팀이 위치한 층은 4층이 된다.

16　정답 ③

〈정보〉의 내용을 토대로 하여 사원 A~C의 의견을 검토하면 다음과 같다.
- A사원 : 통틀어 최소 세 개의 이상의 국가에서 생산기지를 건설 중이라 하더라도, 어느 지역에서 생산기지를 건설 중인지는 알 수 없다. 따라서 A의 의견은 타당한 것으로 볼 수는 없다.
- B사원 : 유럽, 동아시아, 중동, 북미 중 두 지역(각 지역에서 한 국가씩)에서만 생산기지를 건설 중인 경우도 있을 수 있는데, 이 경우 B의 의견은 타당한 의견으로 볼 수 없다.
- C사원 : 유럽지역에서 최소 두 국가, 중동지역에서 최소 두 국가에서 생산기지를 건설 중이라고 하면, 최소 세 개 이상의 국가에서 생산기지를 건설 중이라고 할 수 있다. 따라서 C의 의견은 타당한 의견이 된다.

따라서 타당한 의견을 제시한 사원은 C뿐이다.

17　정답 ⑤　

〈조건〉에 따라 장미꽃의 개수가 많은 순서대로 나열하면, 노란 장미>하얀 장미>분홍 장미>붉은 장미의 순이 된다. 장미꽃은 모두 12송이를 전달하였다고 했으므로, 이상을 통해 〈보기〉의 내용을 검토하면 다음과 같다.
ㄱ. 노란 장미를 받은 사람이 4명 이하가 되면, 전체 장미꽃의 최대 개수는 4+3+2+1=10(송이)가 된다. 따라서 장미는 모두 12송이가 되어야 하므로 노란 장미를 받은 사람도 5명 이상이 되어야 한다.
ㄷ. 노란 장미를 받은 사람이 6명이라면, 전체 장미 12송이 중 6송이가 남는다. 이 경우 나머지 장미의 개수는 하얀 장미>분홍 장미>붉은 장미의 순서가 되어야 하므로, 각각 3>2>1이 되어야 한다. 따라서 노란 장미를 받은 사람이 6명이라면, 분홍 장미는 2명이 받게 된다.

ㄴ. 장미의 개수는 노란 장미>하얀 장미>분홍 장미>붉은 장미의 순으로 많으므로, 붉은 장미를 받은 사람이 1명이면 분홍 장미를 받은 사람은 2명 이상, 하얀 장미를 받은 사람은 3명 이상이 되어야 한다. 따라서 이 경우 하얀 장미를 받은 사람이 4명이라고 단정할 수는 없다. 따라서 ㄴ은 옳지 않다.

18　정답 ①　

㉠ 부서 간 인력지원이 한 차례씩 이루어진 후, A 부서에 B 부서 소속 직원이 3명 남아 있다면, A 부서에서 B 부서로의 인력지원 시 B 부서 소속 직원 6명이 포함되었다는 것을 의미한다. 따라서 이 경우 B 부서에는 A 부서 소속 직원이 9-6=3(명)이 있게 된다.
㉡ 부서 간 인력지원이 한 차례씩 이루어진 후, B 부서에 A 부서 소속 직원이 2명 남아 있다면, A 부서에서 B 부서로의 인력지원 시 B 부서 소속 직원이 7명 포함되어 있었다는 것을 의미한다. 따라서 이 경우 A 부서에는 B 부서 소속 직원이 9-7=2(명)이 있게 된다.
따라서 괄호에 들어갈 숫자의 합은 '5'가 된다.

19　정답 ①　

제시된 ㉠~㉤이 모두 참이라고 했으므로, 이를 토대로 〈보기〉를 검토하면 다음과 같다.
가. 제시된 ㉠~㉤만으로는 A의 참석과 D의 참석의 연결 관계를 직접 확인할 수는 없다. 다만, ㉠ 명제와 ㉤의 역을 삼단논법을 통해 연결하면 A가 회의에 참석하면 D가 참석한다라는 것을 도출할 수 있다고 생각할 수 있으나, 명제가 참이라고 해서 그 역이 참이 되는 것은 아니라는 점에서, '가'는 반드시 참이라고는 볼 수 없다.

나. ㉤과 ㉣의 대우인 B가 참석하지 않으면, D도 참석하지 않는다를 삼단논법을 통해 연결하면, C가 참석하지 않으면, D가 참석하지 않는다가 도출된다. 따라서 '나'는 반드시 참이 된다.
다. ㉢의 대우인 E가 참석하지 않으면 C가 참석하지 않는다도 항상 참이므로, 이것과 ㉣을 삼단논법을 통해 연결하면, E가 참석하지 않으면 B도 참석하지 않는다도 참이라는 것을 알 수 있다. 따라서 '다'도 반드시 참이 된다.

20　정답 ③　

다. 〈조건〉의 ⓒ에서 스마트폰을 가지고 등교하지만 학교에 있는 동안은 사용하지 않는 학생들 중에 영어 성적이 60점 미만인 학생은 없다(모두 60점 이상이다)라고 하였고, ⓒ에서 '보충 수업을 받아야 하는 학생 중 영어 성적이 60점 이상인 학생은 없다(모두 60점 미만이다)'고 했다. 따라서 '다'는 반드시 참이 된다.

가. 〈조건〉의 ⓒ에서, 보충 수업을 받아야 하는 학생 중 영어 성적이 60점 이상인 학생은 없다고 했다. 그런데 이는 보충 수업을 받는 학생은 모두 영어 성적이 60점 미만이라는 것을 의미하지, 영어 성적이 60점 미만이라면 보충 수업을 반드시 받아야 한다는 것을 의미하지는 않는다. 따라서 '가'는 반드시 참이라 볼 수는 없다.
나. ⊙, ⓒ에서, 스마트폰의 사용 여부와 국어 성적의 관계는 제시되지 않았다. 따라서 '나'는 진위를 알 수 없는 설명이므로, 반드시 참이라고 할 수는 없다.

21　정답 ③　

ⓒ에서 B와 C 중 하나만 선정된다고 하였다. 그런데 ⓔ의 대우 명제도 참이 되므로, B가 선정되면 C도 선정된다도 참이 된다. 따라서 B와 C 중, B는 선정되지 않고 C만 선정된다는 것을 알 수 있다. 또한 ⓒ에 따라 D는 선정되며, ⊙에 따라 A는 선정되지 않아야 한다.
따라서 C와 D 도시만 선정되므로, 〈보기〉 중 '다'만 반드시 참이 된다.

22　정답 ③　

〈조건〉의 ⓒ에서 D는 위촉되지 않는다고 했다. D가 위촉되지 않기 위해서는, ⓒ에 따라 C가 위촉되어서는 안 된다는 것을 알 수 있다. 또한 C가 위촉되지 않으므로, ⊙에 따라 A와 B 중 한 명만 위촉된다는 것을 알 수 있다.
다. A와 B는 둘 중 한명만 위촉되어야 하므로, A가 위촉되지 않으면 B가 위촉된다고 할 수 있다. 따라서 '다'는 반드시 참이 된다.

가. C는 위촉되어서는 안 되므로, 참이 아니다.
나. B만 위촉되는 경우도 가능하므로, 반드시 참인 것은 아니다.

23　정답 ④　

〈조건〉의 내용을 조건문으로 간략히 정리하면 다음과 같다.
⊙ 지혜 → ~정열
ⓒ 정열 → 고통
ⓒ 사랑 → 정열
ⓔ 정열 → ~행복
ⓜ 지혜 → ~고통
이 조건문(명제)이 모두 참이라 했으므로, 이를 토대로 〈보기〉의 진위 여부를 검토하면 다음과 같다.
가. ⓒ이 참이고 ⓔ도 참이므로, 삼단논법을 통해 '사랑을 원하는 사람은 행복하지 않다'도 참이 된다.

다. ⊙과 ⓒ의 대우인 '~정열 → ~사랑'을 삼단논법을 통해 연결하면 '지혜로운 사람은 사랑을 원하지 않는다'도 참이 된다.
따라서 반드시 참이 되는 것은 '가'와 '다'이다.

나. 지혜로운 사람과 행복 여부를 연결할 수 없으므로, 제시된 〈조건〉만으로는 진위 여부를 알 수 없다. 따라서 '나'는 반드시 참이 되는 것은 아니다.

24　정답 ⑤　

〈조건〉의 내용을 토대로 하여 2019년부터 2024년까지의 A~D의 근무지를 살펴보면 다음과 같다.

구분	2019년	2020년	2021년	2022년	2023년	2024년
동부지점	C	C	A, C		D	D
남부지점	B	B		A, C	C	C
서부지점	A		B	B	A	
북부지점	D	A, D	D	D	B	A, B

이를 통해 〈보기〉의 내용을 검토해 보면 다음과 같다.
ㄱ. 2024년 A는 북부지점, C는 남부지점에 근무하고 있으므로, 옳지 않다.
ㄴ. A~D 중 2020년에 서부지점에 근무하는 사람은 아무도 없다.
ㄷ. 2031년까지의 C와 D의 근무지점을 살펴보면 다음과 같다.

구분	2025년	2026년	2027년	2028년	2029년	2030년	2031년
C	서부지점	서부지점	서부지점	북부지점	북부지점	북부지점	동부지점
D	동부지점	동부지점	남부지점	남부지점	남부지점	남부지점	서부지점

따라서 2019년부터 2031년까지 C와 D가 같은 지점에서 근무하는 일은 일어나지 않는다.
ㄹ. 2023년에는 D가 동부지점에서 근무하게 된다. 따라서 ㄹ도 옳지 않다.
ㅁ. 2024년까지 네 사람 중 세 사람이 같은 지점에서 근무하는 경우는 없다.
따라서 옳은 것을 모두 고르면 ㄴ, ㄷ, ㅁ이 된다.

25　정답 ④　

〈조건〉에 따라 버스로 이동하는 직원은 2명 이상이며, 직원들의 이동 방법은 많이 이용하는 것부터 해서 '열차>자가용>버스'가 된다. 이를 토대로 〈보기〉의 내용을 검토하면 다음과 같다.
가. 버스로 이동하는 직원은 2명 이상이므로 열차로 이동하는 직원이 8명이라면, 버스와 열차로 이동하는 직원은 10명 이상이 된다. 따라서 자가용으로 이동하는 직원은 최대 4명이 되므로, '가'는 옳다.
나. 자가용으로 이동하는 직원이 5명이라면, 열차로 이동하는 직원은 6명 이상이어야 한다. ⓒ에서 버스로 이동하는 직원은 2명 이상이라 했으므로, 열차로 이동하는 인원은 6명 또는 7명이 된다. 따라서 '나'는 항상 옳다.

다. 열차로 이동하는 직원이 6명이라면, 자가용으로 이동하는 직원은 이보다 적으므로 5명 이하이다. 자가용으로 이동하는 직원이 5명인 경우, 버스로 이동하는 직원은 3명이 된다. 자가용으로 이동하는 직원이 4명인 경우, 버스로 이동하는 직원도 4명이 되어야 하는데, 이는 〈조건〉의 ㄹ에 부합하지 않는다. 따라서 열차로 이동하는 직원이 6명이라면 버스로 이동하는 직원은 3명이 되어야 하므로, '다'는 항상 옳지는 않다.

26 정답 ②

나. 이는 내용상 ㉡의 역에 해당한다. 명제가 참이라 하더라도 그 역은 반드시 참이 되는 것은 아니다. 따라서 '나'는 반드시 참이라 볼 수는 없다.

가. ㉠의 대우가 B가 영업팀에 발령을 받지 않으면 A는 기획팀에 발령을 받지 않는다도 참이 되므로, '가'는 반드시 참이라 할 수 있다.

다. ㉢의 경우 둘 중 적어도 하나는 실현되어야 하는 상황이다. 즉, E가 기획팀에 발령을 받지 않거나 F와 G가 영업팀에 발령을 받아야 한다. 따라서 '다'에서처럼, E가 기획팀에 발령을 받았다면, F와 G는 반드시 영업팀에 발령을 받아야 한다. 따라서 '다'는 반드시 참이 된다.

27 정답 ①

문제에서 세 팀은 모두 같은 시간에 3층과 5층 회의실 중 한 층에서 각각 회의를 할 것이며, 층마다 회의실은 2개씩이라 하였다. 이런 내용과 직원의 〈진술〉을 토대로 하여 〈보기〉의 진술을 살펴보면 다음과 같다.

㉠ 영업팀과 홍보팀이 같은 층에서 회의를 한다고 했으므로 다음과 같이 나누어 볼 수 있다.

- 영업팀과 홍보팀이 3층에서 회의하는 경우 : 기획팀은 5층에서 회의를 하게 되며, 이 경우 A, B, C의 진술은 모두 거짓이 된다. 따라서 D, E의 진술이 모두 참이 되어야 하므로, E는 기획팀에 속하고 D는 영업팀이나 홍보팀에 속하면 된다. 이것은 2명의 진술은 참이고 3명의 진술은 거짓이라 한 문제의 조건과 부합한다.
- 영업팀과 홍보팀이 5층에서 회의하는 경우 : 기획팀은 3층에서 회의를 하게 된다. 이 경우 A, B, C의 진술이 모두 참이 되어, 문제의 조건에 부합하지 않는다.

㉡ 기획팀이 3층에 있는 회의실을 사용하는 경우, 우선 A의 진술은 참이 된다. 또한 문제의 조건에 따라 한 층에서 3팀이 회의할 수 없으므로, B와 C 중 적어도 한 진술은 참이 된다. 이 중 한 진술만 참이라 하는 경우에도, D와 E의 진술은 모두 거짓이 되어야 하는데, 모두 거짓이 되려면 D와 E가 같은 팀에 속하지 않아야 한다.

㉢ 기획팀만 5층에서 회의를 하는 경우, 영업팀과 홍보팀은 3층에서 회의를 하게 된다. 이 경우, A, B, C의 진술이 모두 거짓이 되므로, D와 E의 진술이 모두 참이 되어야 한다. D와 E의 진술이 모두 참이 되려면, D와 E가 같은 팀에 속하지 않아야 한다. 따라서 ㉢의 진술도 참이 될 수 없다.

따라서 이상의 내용을 종합하면, 〈보기〉의 진술 중 참이 될 수 있는 것은 ㉠뿐이다.

28 정답 ⑤

〈정보〉의 ㉣과 ㉤에서 미국에 파견된 직원은 한 명뿐이며, 그 직원은 미국에만 파견 근무를 나갔음을 알 수 있다.

미국에 파견 근무를 나간 직원을 A라 하면, ㉢에 따라 B와 C는 일본에 파견되어야 하고 미국에는 파견되지 않아야 한다. 이를 표로 나타내면 다음과 같다(파견됨 : ○, 파견 안됨 : ×).

구분	A	B	C
미국	○	×	×
독일	×		
중국	×		
일본	×	○	○

이를 통해 〈보기〉의 내용을 검토하면 다음과 같다.

가. 아래의 표와 같이 B는 독일에 파견을 갔고 중국에는 가지 않았고, C는 중국에 파견을 갔고 독일에 파견을 가지 않았다면, 〈정보〉의 조건을 모두 만족하면서 세 국가에 파견 근무를 나간 직원이 없게 된다. 따라서 '가'의 경우 항상 참이 되는 것은 아니다.

구분	A	B	C
미국	○	×	×
독일	×	○	×
중국	×	×	○
일본	×	○	○

나. 〈정보〉의 조건을 모두 만족하려면 일본에는 두 명의 직원이, 중국에는 한 명의 직원이 파견을 나갔어야 한다. 따라서 '나'는 항상 참이 된다.

다. B와 C 중 적어도 한 명은 독일에 파견 근무를 나갔어야 하는데, B와 C는 모두 일본에도 파견 근무를 나간 경험이 있으므로, '다'도 항상 참이 된다.

따라서 항상 참이 되는 것은 '나'와 '다'이다.

29 정답 ①

문제의 조건과 〈평가 결과〉를 토대로 〈보기〉를 검토하면 다음과 같다.

가. ㉠과 ㉢이 모두 참이라면, 甲 회사가 A, B, C 항목의 점수가 더 높았다는 것이 된다. 따라서 이 경우 ㉣도 참이 되므로, '가'는 항상 참이다.

나. ㉡과 ㉤이 모두 참이라면, 乙 회사는 B, D 두 항목에서만 점수가 더 높았다는 것이 된다. 따라서 이 경우 ㉠도 참이 되므로, '나'는 항상 참이다.

다. ㉡이 참이면 B, D 항목에서 乙 회사의 평가 점수가 더 높았다는 것이 된다. 그러나 이 경우 나머지 세 항목의 점수는 알 수 없으므로, 乙 회사가 두 항목에서만 평가 점수가 더 높았다고 단정할 수 없다. 따라서 '다'는 항상 참이 되는 것은 아니다.

라. ㉣이 참이면 甲 회사는 적어도 세 항목에서 평가 점수가 더 높았다는 것이 된다. 그러나 이 경우 정확히 몇 개의 항목에서 점수가 더 높았는지는 알 수 없으므로, 乙 회사가 두 항목에서만 평가 점수가 더 높았다고 단정할 수 없다. 따라서 '라'도 항상 참이 되는 것은 아니다.

30 정답 ④

ㄴ. 전제는 '내일 눈이 오면 열차를 탈 것이다.', '내일 날씨가 좋으면 자가용을 탈 것이다'이다. 따라서 내일 눈이 오거나 날씨가 좋다면, 열차를 타거나 자가용을 탈 것임을 알 수 있다. 따라서 'ㄴ'의 결론은 반드시 참이 된다.

ㄹ. 전제를 간략히 하면, '이 과장은 수원 영업팀 소속이거나 성남 영업팀 소속임에 틀림없다'이다. 따라서 이 과장이 성남 영업팀 소속이 아니라면, 그는 수원 영업팀 소속이어야 한다. 따라서 'ㄹ'의 결론도 반드시 참이 된다.

오답해설

ㄱ. 간략히 정리한다면, 전제는 '사장님께서 약속을 지킨다면 우리가 휴가를 간다'이며, 결론은 '우리가 휴가를 갔다. 따라서 사장님께서 약속을 지킨 것이다'이다. 결론이 참이 되려면, 전제의 역이 참이 되어야 하는데, 명제가 참이라고 그 역이 반드시 참이 되지는 않는다. 따라서 'ㄱ'의 결론이 반드시 참이라 볼 수 없다.

ㄷ. 전제는 '나를 싫어하지 않는다면, 나를 데리러 올 것이다'인데, 결론은 이 명제의 이(p가 아니면 q가 아니다)에 해당하므로, 반드시 참이 되는 것은 아니다.

CHAPTER 03 추론 및 비판적 사고

01 ②	02 ①	03 ②	04 ①	05 ①
06 ⑤	07 ⑤	08 ⑤	09 ①	10 ①
11 ①	12 ②	13 ②	14 ③	15 ①
16 ④	17 ⑤	18 ②	19 ③	20 ④
21 ①	22 ④	23 ①	24 ②	25 ②
26 ②	27 ③	28 ①	29 ②	30 ①

01 정답 ②

㉠ 두 번째 문단에서 시간을 이렇게 본다면 변화는 일어날 수 없고, 어떤 변화가 생겨나기도 전에 영겁의 시간이 있었다면 왜 우주가 탄생하게 되었는지를 설명할 수 없다.

㉡ 빅뱅 이전에 아무 일도 없었기 때문에 빅뱅 이전이라는 개념 자체가 성립하지 않으므로 빅뱅 이전에는 시간도 없었다가 적절하다.

02 정답 ①

ㄱ. 순록의 몸무게 1kg당 기초대사율이 토끼의 그것보다 크다는 것은 포유동물에서 단위 몸무게당 기초대사율은 몸무게에 반비례하는 경향을 나타낸다는 것을 부정하는 것으로 ㉠에 대한 주장을 약화하는 진술이다.

오답해설

ㄴ. 두 번째 문단에서 양서류는 외온동물에 속하고, 외온동물의 최소대사율은 내온동물과 달리 주변 온도에 따라 달라진다고 하므로 ㉠에 대한 주장을 약화하지 않는다.

ㄷ. 몸의 크기와 표준대사율의 관계는 나와 있지 않고, 물질대사율과의 관계를 언급하고 있다. 따라서 ㉠에 대한 주장을 약화하지 않는다.

03 정답 ②

ㄷ. 乙은 의식이 있어야 자의식이 있지만 의식이 있다고 해서 반드시 자의식을 갖는 것이 아니라고 하였으며 자의식이 없으면 기억도 불가능하다고 하였으므로 乙에게 기억은 충분조건이 된다. 丙은 기억할 수 없으면 학습할 수 없다고 하여 학습하려면 기억해야 한다고 보아 기억을 학습의 필요조건으로 본다.

오답해설

ㄱ. 甲은 동물에게는 어떤 형태의 의식도 없다고 하여 자의식이 없다고 여길 것이다. 丙은 자의식과 기억의 관계에 대하여 말하고 있어 자의식 유무에 관한 내용은 언급하지 않았다.

ㄴ. 甲은 동물에게는 통증을 느끼는 의식이 없으므로 동물의 행동은 통증에 대한 아무런 느낌 없이 이루어진다고 본다. 乙은 동물이 자의식이 없을 뿐 통증을 느낄 수 있다고 보고 실제로 통증을 의식한다고 본다.

04 정답 ① 

ㄱ은 적절한 분석이다.

오답해설

ㄴ. B는 연주 관습상 차이 때문에 정격연주는 불가능하고 본다. 이것은 과거 연주 관습이 재연될 수 없다는 것을 전제로 하기 때문이다. C는 연주관습에 대하여 언급하지 않고 있다.

ㄷ. C는 작곡자의 의도를 파악하면 정격연주가 가능하다고 보고, D는 정격연주를 하려면 작곡자의 의도와 당시 연주관습을 모두 고려하여야 한다고 본다. 따라서 작곡자의 의도만으로는 정격연주가 가능하지 못하다고 본다.

05 정답 ①

ㄱ. 심한 운동으로 땀을 많이 흘리면 탈수현상이 일어나고 혈장의 감소로 인하여 적혈구의 비율이 높아지게 된다.

오답해설

ㄴ. 전체 혈액 중 적혈구가 차지하는 비율이 높아지려면 적혈구가 많아지거나 다른 성분의 비율이 낮아져야 한다. 폐로 유입되는 산소의 농도는 어느 것에도 해당하지 않는다.

ㄷ. 진성적혈구증가증에 걸리면 다른 혈액 성분에 비해 적혈구가 많이 생산되어 전체 혈액 중 적혈구가 차지하는 비율이 높아진다. 가성적혈구증가증은 적혈구 총량에는 변동 없이 혈장이 감소하는 것으로 혈장이 감소하면 적혈구의 비율이 높아지게 된다.

06 정답 ⑤ 

사건이 일어날 확률은 0.01%지만 나래의 증언이 거짓일 확률은 0.001%이므로 흄의 이론에 따르면 나래의 증언이 참이라고 추론할 수 있다. 나래의 증언이 참일 확률이 99.999%이므로 사건이 일어날 확률(0.01%)보다 높다. 참일 확률이 높은 것을 믿는 프라이스의 이론에 따르면 나래의 증언이 참이라고 추론할 수 있다. 따라서 흄의 이론에 따르든 프라이스의 이론에 따르든, 나래의 증언으로부터 ㉠이 실제로 일어났으리라고 추론할 수 있다.

오답해설

① 사건이 일어날 확률(0.01%)보다 나래의 증언이 거짓일 확률(0.001%)이 더 낮다. 흄의 이론에 따르면 거짓일 확률이 낮은 것을 믿으므로 나래의 증언은 참이라고 생각해야 한다.

② 사건이 일어날 확률(0.01%)보다 가람의 증언이 거짓일 확률(0.1%)이 더 높으므로 흄의 이론에 따르면 가람의 증언을 거짓이라 생각해야 한다.

③ 가람의 증언이 거짓일 확률(0.1%)보다 참일 확률(99.9%)이 높다. 이것은 사건이 일어날 확률(0.01%)보다 높으므로 프라이스의 이론에 따르면 참말을 했다고 생각해야 한다.

④ 흄의 이론에 따르면 사건이 일어날 확률(0.01%)보다 가람의 증언이 거짓일 확률(0.1%)이 높으므로 가람의 증언을 거짓이라 생각해야 하고, 프라이스의 이론에 따르면 사건이 일어날 확률(0.01%)보다 가람의 증언이 참일 확률(99.9%)이 높으므로 가람의 증언이 참이라고 생각해야 한다.

07 정답 ⑤ 

원내 의석이 없는 정당의 후보자는 C방식과 D방식에서 무소속 후보자에 비해 앞 번호 기호를 배정받는다. C방식과 D방식 모두 정당의 공천을 무소속보다 앞에 배정하기 때문이다.

오답해설

① A방식에서 후보자는 로마자로 된 기호를 배정받게 되지만 가나다순이 아니므로 어떤 기호를 받게 될지 알 수 없다.

② B방식에서 원내 의석수 2위까지는 의석수에 따라 기호를 배정받게 되므로 2순위인 정당은 2위 기호를 배정받는다.

③ C방식에서는 선거구별로 추첨에 따라 기호를 배정받게 되므로 동일 정당이라도 기호를 다르게 배정받을 수 있다.

④ 원내 의석수가 4순위인 정당은 B방식에서는 가나다다순으로 배정받고, D방식에서는 4번을 배정받게 된다.

08 정답 ⑤ 

세 번째 문단에서 2016년 이전까지 공화당 상위 전당대회에서 반드시 같은 후보를 지지해야 하는 것은 아니었기 때문에 특정 후보를 지지한 대의원은 카운티 전당대회에서 다른 후보를 지지할 수 있었다.

오답해설

① 첫 번째 문단에서 의회선거구 전당대회에 보낼 대의원들을 선출하지만 주에 따라 의회선거구 전당대회는 건너뛰기도 하므로 모두 의회선거구 전당대회에서 선출되는 것은 아니다.

② 두 번째 문단에서 1976년부터 코커스 개최시기를 1월로 옮기면서 가장 먼저 코커스를 실시하는 주가 되었으므로 그 이전에는 다른 주가 먼저 코커스를 실시하였음을 알 수 있다.

③ 두 번째 문단에서 1972년 아이오와주 민주당의 코커스는 그 해 1월에 열렸으므로 각급 선거 간에 최소 30일의 시간적 간격을 두어야 한다는 규정으로 인하여 2월 중에 실시할 수 없다.

④ 두 번째 문단에서 1972년 아이오와주 민주당의 코커스는 그 해 1월에 열렸고, 아이오와주에서 공화당이 1976년부터 코커스 개최시기를 1월로 옮겼기 때문에 1972년에는 같은 달에 실시되지 않았다.

09 정답 ① 

ㄱ. 기차가 고장이 나지 않았다면 영지는 지각하지 않았을 것이므로 영지가 새벽 3시에 일어나 직장에 걸어가지 않은 것이 그가 지각한 원인이라고 보아야 한다는 것은 부재 인과의 문제 사례에 속한다.

오답해설

ㄴ. 부재 인과는 사건의 부재가 다른 사건의 원인이라는 주장이라는 것으로 영수가 야구공을 던져서 유리창이 깨졌고, 다른 사람이 던졌어도 유리창이 깨졌을 것이므로 부재 인과의 사례가 아니다.

ㄷ. 사건의 부재가 다른 사건의 원인이라는 부재 인과에 관한 사례가 아니다.

10 정답 ①　

㉠ ㉠의 뒷 문장에서 도시철도를 건설하지 않기로 했으므로 원래의 문장은 거짓이 된다고 했으므로 ㉠에는 도시철도를 건설하지 않기를 부정하는 문자가 와야 하므로 C시에 도시철도가 건설된다는 '가'가 적절하다.

㉡ ㉡의 뒷문장에서 도시철도를 건설해 그것을 무인운전이 아닌 방식으로 운행하는 일은 없다고 하고 있으므로 '다'의 문장이 들어가기에 적절하다.

11 정답 ①　

ㄱ. 두 번째 문단에서 UUU는 페닐알라닌의 정보를 지정하고, 세 번째 문단에서는 유전 암호가 임의적이어서 어떤 코돈이 특정한 아미노산의 정보를 지정해야 할 기능적인 이유가 없다고 하므로 다른 아미노산의 정보를 지정하는 것이 불가능하다면 페닐알라딘만 지정해야 할 필연적 이유가 생기는 것이어서 논증을 부정하는 것이므로 논증을 약화하게 된다.

오답해설

ㄴ. 모든 언어가 수에 해당하는 단어를 포함한다는 사실은 그 언어들이 공통의 기원을 갖는다는 증거가 될 수 없고, 숫자는 명백한 기능적 효용성을 갖기 때문이라는 것은 모든 언어가 엄마라는 단어를 포함한다는 것에 공통의 기원을 갖는다는 증거가 될 수 없다. 따라서 이 문장은 논증의 전제나 결론을 부정하는 것이 아니어서 논증을 약화시키지 않는다.

ㄷ. 두 번째 문단에서 뉴클레오타이드 3개가 코돈을 이루고 있고, ㄷ에서 코돈을 이루는 뉴클레오타이드가 4개인 것이 3개인 것보다 기능이 우수하다면 생명체는 기능적으로 떨어지는 코돈을 가지고 있다. 세 번째 문단에서 어떤 코돈이 특정한 아미노산의 정보를 지정해야 할 기능적인 이유가 없다고 하므로 유전 암호는 기능적 이유가 없음 보여주는 사례로 계통수 가설을 약화시키지 않는다.

12 정답 ②　

ㄴ. ~하는 경우도 있다는 것은 전체가 아닌 부분에 관한 진술로 영희의 믿음의 문턱이 고정되어 있을 경우, 내일 비가 온다는 명제에 대한 영희의 섬세한 믿음 태도가 변한다고 하더라도 그 명제에 대한 영희의 거친 믿음 태도는 변하지 않을 수도 있다.

오답해설

ㄱ. 믿음의 문턱이라는 개념을 적용하려면 언떤 명제를 문턱 값보다 크게 믿는지를 확인하여야 한다. 믿음의 문턱이 0.5인 경우 철수는 모든 명제가 아닌 0.5보다 작은 확률로 믿고 있는 명제는 믿지 않는다.

ㄷ. 다섯 번째 문단에서 어떤 명제를 참이라고 믿지도 않고 거짓이라고 믿지도 않는 것이 가능하다. 따라서 철수와 영희가 동일한 수치의 믿음의 문턱을 가지고 있을 경우, 두 사람 모두 내일 비가 온다는 명제를 참이라고 믿고 있지 않다면 두 사람 모두 내일 비가 온다는 명제를 거짓이라고 믿는다고 할 수는 없다.

13 정답 ②　

ㄷ. 세 번째 문단에서 동전을 더 많이 던질수록 앞면과 뒷면의 비율은 50대 50에 더 가깝게 수렴되기 때문에 A그룹만 참가자 각각의 동전 개수를 1,000개로 늘릴 경우, A그룹에서 80점을 받는 사람이 한 명쯤 나오기 위해 필요한 A그룹 인원수는 80점을 받는 사람이 한 명쯤 나오기 위해 필요한 B그룹 인원수보다 훨씬 더 커야 한다.

오답해설

ㄱ. 동전 개수를 각각 절반으로 줄일 경우 게임의 승자가 나올 그룹은 바뀌지 않는데 B그룹 사람들 중 상당수는 25점쯤 얻을 텐데 A그룹 인원을 아무리 늘리더라도 최고 점수는 5점일 것이기 때문이다.

ㄴ. B그룹만 인원을 늘릴 경우 90점을 받는 사람이 B그룹에서 나올 수 있는 가능성이 증가한다.

14 정답 ③　

기분관리 이론은 현재의 기분을 최적 상태로 유지하려고 한다는 것이고, 기분조정 이론은 현재의 시점을 보완하고자 하는 이론으로 현재의 시점이 아닌 다음에 올 상황에 맞추어 현재의 기분을 조정하는 음악을 선택한다는 것이다.

오답해설

① 기분조정 이론은 현재의 시점만이 아닌 다음에 올 상황에 맞추어 현재의 기분을 조정하는 것이다.

② 두 이론은 모두 기분을 최적으로 하는 것이므로 흥분을 유발할 수 있는 것은 적합하지 않다.

④ 기분관리 이론은 현재의 기분을 최적 상태로 유지하려고 한다는 것이다.

⑤ 기분조정 이론은 현재의 시점만을 고려하는 것은 아니다.

15 정답 ①　

㉠ 선조체와 흑색질의 역할은 서로 대립적으로 신체 운동을 조절한다. 선조체가 손상을 입으면 헌팅턴 무도병에 걸리고 흑색질에 손상을 입으면 파킨슨병에 걸린다. 따라서 선조체는 '억제'하는 역할을 한다.

㉡ 흑색질은 흑색질의 역할과 서로 대립적이므로 신체 운동을 '유발'하는 역할을 한다.

㉢ 신체 운동을 유발하는 역할을 하는 '흑색질'의 기능을 향상시키는 약을 쓰면 파킨슨병의 증세가 완화된다.

㉣ 신체 운동을 유발하는 역할을 하는 '흑색질'의 기능을 억제하는 약을 쓰면 헌팅턴 무도병의 증세가 완화된다.

16 정답 ④　

㉠ 앞에서 돼지 사육 두수는 크게 증가하고, 뒤에서는 밀집된 형태에서 대규모로 돼지를 사육하는 농장이 출현하였다는 것에서 ㉠에 들어갈 말은 농장당 돼지 사육 두수는 늘고 사육 면적당 돼지의 수도 늘어났다는 말이 적절하다.

㉡ 앞에서 엄청나게 많은 수의 가축과 접촉한 결과와 소비자들이 감염된 가축의 병원균에 노출될 가능성을 정리하는 말이 와야 하므로 '가축 간 접촉이 늘고 소비자도 많은 수의 가축과 접촉한'이라는 말이 적절하다.

17 정답 ⑤ 

ㄱ. 첫 발사에서의 B국의 손실비는 4이고, A국 궁수의 수가 4,000명으로 2배 증가하면 B국의 손실비도 2배 증가하여 ㉠은 4×2×2=16이 된다.

ㄴ. A국의 군사력를 구하려면 A국의 손실비를 구한 다음 그 역수를 구하면 된다. A국의 손실비율은 9%, B국은 39%이다. 39%는 9%의 4배보다 큰 수이므로 A국의 군사력이 B국보다 4배 이상으로 우월하다.

ㄷ. 자국과 적국의 병력 손실이 동일한 경우에는 병력의 수가 적은 쪽의 손실비가 더 크게 된다. 즉 비율로 계산하면 병력의 수가 적은 쪽이 손실비가 더 클 수밖에 없다.

18 정답 ② 

ㄷ. 악기의 이름 맨 앞에 국명을 붙이는 관습이 있었다는 사실은 색깔과 관련이 없어 甲의 주장을 강화하지 못하고, 국명의 유래인 乙의 주장을 강화할 수 있다.

오답해설

ㄱ. 甲의 색깔, 乙의 나라 이름과 직접 관련이 없어 주장을 모두 강화하지 않는다.

ㄴ. 乙의 주장을 약화하려면 거문이 나라 이름이 아니라는 것과 나라 이름에 해당하더라도 거문고와 관련이 없다는 것을 밝혀야 한다. 乙의 주장이 현악기를 지칭하는 주장과 관련이 없어 약화하지 못한다.

19 정답 ③ 

ㄱ. 세 번째 문단에서 인간의 성품을 고양하는 법률은 정의롭다고 하므로 두 번째 문단에서 정의로운 법률은 신의 법, 곧 도덕법에 해당한다고 하므로 바른 추론이다.

ㄴ. 두 번째 문단에서 사람끼리의 규약에 해당하는 법률은 자연법에 기원한 것이 아니기 때문에 자연법이 아니다.

오답해설

ㄷ. 인종차별적 내용을 포함하지 않는 모든 법률은 신의 법에 해당하지 않는다. 인종차별이 아닌 남녀차별을 포함한 법률이 있을 수 있기 때문이다.

20 정답 ④ 

ㄴ. 뉴턴 역학은 문장이고 힘은 단어에 해당하므로 문장의 의미를 확정한 후 단어의 의미를 확정한다는 이론 甲을 강화하는 사례에 해당한다.

ㄷ. 일상적인 단어는 언어 행위에 대한 직접적인 관찰 증거만으로 그 의미를 결정할 수 있다는 점은 문장의 의미 확정이 선행되지 않아도 단어의 의미를 결정할 수 있다는 것으로 이론 甲을 약화하는 사례에 해당한다.

오답해설

ㄱ. 이론 甲은 문장의 의미를 확정한 후 단어의 의미를 확정한다는 것이다. ㄱ은 단어의 의미 확정이 먼저 된 다음 문장의 의미를 확정한다는 것으로 이론 甲과 반대되는 것이어서 ㉠을 강화하지 못한다.

21 정답 ① 

ㄱ. 도덕성 여부에 대한 판단에 의존한다는 논증의 결론을 부정하므로 논증을 약화하게 된다.

오답해설

ㄴ. 설문조사 결과는 행위 결과 도덕성 여부에 따라서 의도성이 달라진다는 것으로 의도성 여부를 가지고 책임의 크기가 달라진다는 것으로 설문조사 결과는 사실을 지지하지 않는다.

ㄷ. 행위가 의도적이었는지를 판단하는 기준은 행위 결과의 도덕성 여부에 달린 것으로 행위의 의도성 판단이다. ㄷ은 도덕성의 책임 판단에 초점이 맞춰져 있어 제시된 사실에 논증을 강화하지 않는다.

22 정답 ④ 

하늘이 내린 생물을 해치고 없애는 것은 성인(聖人)이 하지 않는 바이므로 낚시와 사냥은 인의 도를 실천하는데 철저하지 못한 것이다.

오답해설

① 유교는 논어에서 낚시와 사냥을 하였으므로 인의 도를 철두철미하게 잘 실천하지 않았다.

② 공자와 맹자에서 살생하지 말라는 불교의 계율과 다르게 낚시와 사냥을 하였다.

③ 유교의 공자와 맹자는 동물을 인간처럼 대한 사례가 아니다.

⑤ 인간과 동물을 부모와 자식의 관계로 보는 사례가 아니다.

23 정답 ① 

우울증을 잘 초래하는 성향은 창조성과 결부되어 있기 때문에 창조성과 우울증의 연관 관계를 보여주는 것이므로 (가)를 강화한다.

오답해설

② (나)는 우울증의 보호 기제를 설명하고 있으며 그 방법으로 목표 포기를 들고 있어 우울증에 걸린 사람 중에 어려운 목표를 포기하지 못하는 사람들이 많다는 사실은 (나)의 논지와 반대되는 것이므로 (나)를 약화한다.

③ (다)에서 지나친 경쟁은 정신적 소진을 초래하기 때문에 우울증이 많이 발생할 수 있다고 하여 (다)의 논지를 증명하는 것이므로 (다)를 강화한다.

④ (가)와 (나)는 우울증의 유전적 발생과정에 대한 논지와 관련이 없어 이를 약화하지 않는다.

⑤ (가)는 현대 사회에서 창조적인 아이디어를 만들어내기 어렵다는 사실과 관련이 없고, (다)는 이를 논지로 활용하고 있어 (가)와 관련이 없고 (다)를 강화한다.

24 정답 ② 

두 번째 문단에서 A학파는 기업 간 경쟁을 제시하고 그 이유를 설명하고 있어 시장에서 기업 간 경쟁이 약화되는 것을 방지하기 위한 보완 정책이 수립되어야 한다는 것은 A학파의 주장이 아니다.

오답해설

① 두 번째 문단에서 기업들 사이의 경쟁이 강화될수록 임금차별은 자연스럽게 줄어들 수밖에 없다고 하여 논지를 알 수 있다.

③ 세 번째 문단에서 B학파는 실제로는 고용주들이 비정규직을 차별한다고 해서 기업 간 경쟁에서 불리해지지는 않는 현실을 근거로 A학파를 비판하고 있어 논지를 알 수 있다.

④ 세 번째 문단에서 기업의 경우엔 조직의 정당성이 낮아지게 되면 조직의 생존 가능성 역시 낮아지게 되므로 기업은 임금차별을 줄이는 강제적 제도를 수용함으로써 사회적 비용을 낮추는 선택을 하게 된다는 것에서 논지를 알 수 있다.

⑤ 세 번째 문단에서 임금차별을 줄이는 강제적 제도를 통하여 시정될 수 있다는 것에서 논지를 알 수 있다.

25 정답 ② 

ㄷ. 갈릴레오의 저서가 금서가 되었다는 것은 자유로운 의사 표현을 못하게 한 것이어서 부정적인 결과를 초래되었다는 것이다. 따라서 자유로운 의견을 중시하는 글의 논지를 강화할 수 있다.

오답해설

ㄱ. 글의 논지는 토론의 중요성을 나타낸 것으로 토론이 이루어지지 않았음에도 불구하고 화재 사고를 잘 예방하였다는 것은 논지를 강화하지 못한다.

ㄴ. 글의 논지는 자유로운 토론, 의사 표현이 중요하다고 하고 있으나 의견 표출을 억누르지 않는 사회에서 오히려 사람들이 가짜 뉴스를 더 많이 믿었다는 것은 논지를 강화하지 못한다.

26 정답 ② 

ㄷ. (나)는 연구실에서 실험으로 적용할 것인지는 연구자에 의해서 결정되지만, (다)에서는 진료기록을 분석한 것이므로 연구자에 의해서 결정되지 못한다.

오답해설

ㄱ. (가)의 두 집단에는 모두 아스피린 복용자가 존재하므로 원인으로 추정되는 요인이 적용된 집단과 그렇지 않은 집단을 나눈 것이 아니다.

ㄴ. (가)에서 환자의 총 개체수는 나오지만 심장병 발병에 대한 개체수는 나오지 않으므로 질병의 발생 비율을 알 수 없다.

27 정답 ③ 

ⓒ에 따르면 문화재는 인간의 창작물이어야 하므로 보호대상이면서 문화재인 것은 모두 인간의 창작물이어야 한다.

오답해설

① ⓐ에 따르면 보호대상으로 지정된 자연물을 문화재로 분류해야 마땅하다고 하지만 학술상의 가치를 지니지 않은 A국의 인공물에 대해서는 판단하고 있지 않다.

② ⓑ에 따르면 화석은 자연물에 해당하여 문화재에 속하지 않는다. 인류가 보존하고 공유해야 할 무형의 가치를 지니지 않는다고 단정할 수 없고, 가치를 지니고 있지만 문화재로 지정하지 않을 수도 있다.

④ ⓓ에 따르면 보호 대상은 모두 문화재에 포함되지만 문화재에는 보호 대상만 있다는 것을 의미하지 않는다. 따라서 문화재로 분류된 사물은 모두 자연 환경의 영향을 받았다고 할 수 없다.

⑤ 자연물을 문화재에서 명시적으로 제외하는 것은 ⓑ뿐이다.

28 정답 ① 

ㄱ. 유사함과 같은 관계를 이해하지 않고서는 유사하다는 표현을 사용할 수 없다는 것은 비교급 관계를 아는 것이 속성을 아는 것보다 선행하는 명백한 사례로 ㉠을 강화한다.

오답해설

ㄴ. "훌륭하다"라는 표현은 비교하여 판단할 수 있어야 하므로 ㉠을 강화하지 못한다.

ㄷ. 인간임이라는 속성을 정의하지 못하지만 표현이 존재한다는 것은 속성과 비교 중 무엇이 선행하는지를 나타내는 것은 글의 내용과 무관하다.

29 정답 ② 

첫 번째 문단에서 심리적 외상의 실재가 인정되었고, 두 번째 문단에서 전투 신경증이 정신적 증후군의 하나로 실재한다는 것을 부정할 수 없다고 하므로 ㉠과 ㉡은 모두 전투 신경증의 증세가 실재한다고 본다.

오답해설

① ㉠과 ㉡은 히스테리 치료 방식을 서로 다르게 주장하고 있다.

③ 두 번째 문단에서 전쟁에서 폭력적인 죽음에 지속적으로 노출되어 받는 심리적 외상을 계기로 발생하는 전투 신경증이 정신적 증후군의 하나로 실재한다는 사실을 부정할 수 없다고 같은 견해를 보인다.

④ 환자들에게 히스테리라는 용어를 사용하는 것이 부정적인 낙인을 찍는다고 보는 것은 ㉡이다.

⑤ 이 글에서는 전투 신경증에 의한 히스테리 증상이 더 다양한 형태로 나타난다는 내용은 나와있지 않다.

30 정답 ① 

甲은 마지막 발언에서, 乙은 첫 번째 발언에서 진실을 이야기한다고 하더라도 설득에 실패할 수 있다는 것에 동의하고 있다.

오답해설

② 甲은 첫 번째 발언에서, 乙은 두 번째 발언에서 이야기 기술만으로 사람들을 설득하는 경우가 가능하다는 것에 동의할 것이다.

③ 甲은 진실, 乙은 이야기 기술을 설득에서 중요한 것으로 꼽고 있다.

④ 이야기 기술을 가지고 있다고 하더라도 설득에 실패할 수 있다는 내용의 대화는 기술되지 않고 있다.

⑤ 乙은 두 번째 발언에서 진실하지 않은 것을 믿게끔 설득하는 것으로부터 야기된 결과가 나쁠 수 있다는 것을 긍정한다.

CHAPTER 01 기초연산

01 ⑤	02 ④	03 ④	04 ①	05 ③
06 ②	07 ③	08 ③	09 ①	10 ②
11 ④	12 ③	13 ④	14 ③	15 ⑤
16 ⑤	17 ⑤	18 ⑤	19 ④	20 ①
21 ②	22 ③	23 ③	24 ①	25 ⑤
26 ④	27 ⑤	28 ①	29 ④	30 ①

01   정답 ⑤   ●●○

월 평균 소득과 평균 시급의 변화 양상과 관계없이 주간 평균 근로시간은 꾸준히 감소하였다.

오답해설

① 2016년과 2018년은 전년 대비 월 평균 소득이 감소하였다.

② 2018년 평균 시급은 2014년의 $\frac{9,100}{6,210} = 1.47$(배)이다. 따라서 1.5배 이하이다.

③ 2016년 월 평균 근로시간은 약 $22 \times 4 = 88$(시간)이다. 따라서 100시간 미만이다.

④ 2017년은 전년 대비 월 평균 소득은 증가하였으나, 평균 시급은 오히려 감소하였다.

02   정답 ④   ●○○

문제와 제시된 자료에 따라 실적 점수를 구하면 다음과 같다.

구분	보험 A	보험 B	보험 C	보험 D	계
김씨	$6 \times 0.7 = 4.2$	$1 \times 1 = 1$	$4 \times 1.5 = 6$	$1 \times 0.9 = 0.9$	12.1
이씨	$4 \times 0.7 = 2.8$	$4 \times 1 = 4$	$1 \times 1.5 = 1.5$	$3 \times 0.9 = 2.7$	11.0
박씨	$3 \times 0.7 = 2.1$	$4 \times 1 = 4$	$3 \times 1.5 = 4.5$	$2 \times 0.9 = 1.8$	12.4

따라서 실적 점수 총합이 높은 순으로 나열하면 박씨, 김씨, 이씨 순이다.

03   정답 ④   ●●○

청년층의 연령계층별 인구수를 알 수 없기 때문에 전체 청년의 자가 거주 비율은 구할 수 없다. 따라서 옳지 않은 설명이다. 다만, 20대 자가 거주 비중이 30대보다 낮을 것이라는 내용은 추론할 수 있다.

오답해설

① 20~24세의 청년층의 경우 보증부월세가 62.7%, 순수월세가 15.4%이므로 전체 월세 형태는 78.1%에 이르고 있으며, 자가 거주 비율은 5.1%에 불과하다.

② 20~24세의 청년층의 경우 순수월세가 15.4%로 무상 거주 비율 4.9%보다 높으며, 나머지 계층은 모두 무상 거주 비율이 순수월세 비율보다 더 높다.

③ 25~29세 청년층의 경우 자가 거주 비율은 13.6%로, 20~24세 청년층의 5.1%보다 높다. 또한 25~29세 청년층의 임차 거주 비율은 '24.7+47.7+6.5=78.9(%)'이며, 이 중 월세 비율은 '47.7+6.5=54.2(%)'이다.

⑤ 제시된 자료에서, 연령계층이 높아질수록 자가 비율이 높아지고 월세 비율은 낮아진다는 것을 알 수 있다.

04   정답 ①   ●●○

ㄱ. 택시를 이용한 날 1일, 9일, 11일, 12일, 14일, 15일 모두 만보기 측정값이 9,500보 이하이다.

ㄴ. 섭취 열량이 소비 열량보다 큰 날은 8일과 10일로 몸무게가 바로 전날보다 1kg 이상 증가하였다.

오답해설

ㄷ. 7일에는 버스를 이용하였으나 몸무게는 77.3kg으로 전날과 동일하다.

ㄹ. 만보기 측정값이 10,000보 이상인 날에 섭취 열량이 2,500kcal 이하인 날은 3일과 4일이다.

05   정답 ③   ●●○

휴대폰과 반도체의 비중은 1분기 59.1%, 2분기 56.3%, 3분기 56.4%, 4분기 58.1%를 차지하여 전체 매출의 60%에 미치지 못하였으나, 매출의 50%를 넘으므로 매출 구성상 주력 제품에 해당한다.

오답해설

① 가전제품의 매출 비중은 꾸준히 감소하였으나, 휴대폰 비중은 감소하다 4분기에 반등하였다.

② 2분기의 경우 가전과 반도체의 비중은 16.3+23.5=39.8(%)이다. 따라서 옳지 않은 설명이다.

④ 반도체의 매출액 규모를 알 수 없으므로, 매출 총액의 증가 여부를 알 수는 없다. 제시된 자료는 회사의 전체 매출에서 각 제품군이 차지하는 구성 비율을 나타낸 것이다.

⑤ 제시된 자료는 A 전자회사의 매출 현황을 의미하며, 국내 시장의 휴대폰 매출에 대한 자료는 제시되지 않았으므로 국내 시장에서 1위를 차지하고 있는지는 알 수 없다.

06　정답 ② 

ㄱ. 서울과 인천의 경우 20X1년 4분기는 분양률이 모두 100%였지만 전분기(3분기)에는 100%가 아니었다.

ㄹ. 5대 광역시 및 세종시 중 20X0년 4분기 평균 분양률보다 20X1년 4분기 평균 분양률이 떨어진 곳으로는 대구시와 광주시 2곳이다.

오답해설

ㄴ. 20X1년 4분기의 수도권의 평균 분양률은 96.4%이며, 5대 광역시 및 세종시의 평균 분양률은 전국 평균 분양률은 97.0%이다. 따라서 수도권과 5대 광역시 및 세종시의 평균 분양률은 모두 전국 평균 분양률(85.6%)보다 10%p 이상 높았다.

ㄷ. 수도권 지역의 20X1년 4분기 평균 분양률을 보면 서울과 인천이 100%, 경기가 95.3%였다. 이에 비해 전분기 평균 분양률은 서울이 99.6%, 인천이 95.3%, 경기가 94.7%이므로 모두 20X0년보다 20X1년이 더 높다.

07　정답 ③ 

비수도권의 지가변동률이 수도권의 지가변동률보다 높은 연도는 2012년, 2013년, 2015년 3개이다.

오답해설

① 2018년 비수도권의 지가변동률은 전년보다 감소하였다.

② 2015년 수도권의 지가변동률은 전년보다 감소하였다.

④ 수도권과 비수도권의 지가변동률의 차이가 가장 작은 연도는 2016년으로, 그 차이는 0.02%에 불과하다.

⑤ 전년대비 지가변동률의 차이가 가장 큰 연도를 보면, 수도권의 경우 2018년에 1.8(%)로 가장 크고, 비수도권의 경우 2017년에 1(%)로 가장 크다. 따라서 차이가 가장 큰 연도가 동일하지 않다.

08　정답 ③ 

스낵 중 열량이 가장 큰 것이 감자튀김이고 음료 중 열량이 가장 큰 것이 콜라이므로 감자튀김과 콜라 조합의 열량이 가장 크다.

오답해설

① 감자튀김의 중량 대비 열량 비율은 $\frac{352}{114}$≒3.09이고, 조각치킨의 중량 대비 열량 비율은 $\frac{165}{68}$≒2.43, 치즈스틱의 중량 대비 열량 비율은 $\frac{172}{47}$≒3.66이므로 중량 대비 열량의 비율이 가장 낮은 스낵 메뉴는 조각치킨이다.

② 조각치킨의 단백질 함량인 10의 40배는 400이므로 나트륨 함량이 단백질 함량의 40배가 되지 않는다.

④ 스낵 메뉴의 단위당 중량 합은 114+68+47=229g이므로 주스는 스낵 메뉴의 중량 합보다 작다.

⑤ 단백질 성분함량이 0인 것은 콜라, 커피, 주스이다. 커피는 당 함량이 유일하게 0인 음료 메뉴이다.

09　정답 ① 

8월의 공항철도 유입인원은 3,622(천 명)이 되며, 9월의 유입인원은 3,485(천 명)이 되므로, 9월의 유입인원이 8월에 비해 13만 7천 명이 줄었다.

오답해설

② 2분기 공항철도 총 유입인원은 3,233+3,388+3,264=9,885(천 명)이므로, 1천만 명보다 적다.

③ 12월의 공항철도 수송인원은 6,920(천 명)이므로, 짝수 달만 살펴보면 공항철도 수송인원은 계속 증가하고 있다.

④ 유입인원이 가장 많았던 달은 12월로 3,905(천 명)이며, 수송인원이 가장 많았던 달도 12월로 6,920(천 명)이다.

⑤ 승차인원이 가장 많았던 달은 7월로 3,169(천 명)이며, 가장 적었던 달은 2월로 '2,708(천 명)'이다. 두 달의 차이는 46만 1천 명이다.

10　정답 ② 

甲의 조건에 따라 항목별 가점을 구하면 다음과 같다.
- 무주택 기간 8년 1개월 : 18점
- 부양가족 배우자, 아들 1명, 딸 1명 : 20점
- 입주자적축 가입기간 3년 10개월 : 5점

따라서 甲의 총 가점은 43점이 된다.

11　정답 ④ 

영국의 사용료 수입을 보면, 일본에 이어 2위를 유지하다 2018년에 독일에 뒤처져 3위를 기록하였다.

오답해설

① 2016년 영국의 지적재산권 사용료 수입은 19,825(백만 달러)이고 독일의 사용료 수입은 15,507(백만 달러)이며, 한국의 사용료 수입은 5,167(백만 달러)이다. 따라서 2016년 영국과 독일의 사용료 수입은 모두 한국의 사용료 수입의 3배가 넘는다.

② 자료를 통해, 다른 국가들과 달리 한국만 사용료 지급이 사용료 수입보다 많음을 알 수 있다.

③ 프랑스의 사용료 수입과 지급의 차이가 가장 큰 연도는 2018년이며, 그 차이는 15,625−13,319=2,306(백만 달러)이다.

⑤ 2018년 영국의 사용료 지급은 2017년보다 12,940−11,740=1,200(백만 달러) 감소하였다. 따라서 전년 대비 10억 달러 이상 감소하였다.

12　정답 ③ 

〈표2〉에서 중간부하 시간대의 총 시간은 6월 1일과 12월 1일 모두 8시간이다.

오답해설

① 여름 경부하일 때 전력량 요율이 가장 낮다.

② 월 100kWh를 충전했을 때 월 충전요금의 최댓값은 최대부하 시간대에 충전한 것으로　2,390+232.5×100=25,6409원이다. 최솟값은 경부하 시간대에 충전한 것으로 2,390+57.6×100=8,150원이다. 따라서 차이값은 17,490원이다.

④ 22시 30분의 전력량 요율이 가장 높은 계절은 겨울이다.

⑤ 12월 중간부하 시간대에만 100kWh를 충전한 월 충전요금은 2,390＋128.2×100＝15,210원이고, 6월 경부하 시간대에만 100kWh를 충전한 월 충전요금은 2,390＋57.6×100＝8,150이다. 따라서 차이는 2배 이하이다.

13 정답 ④ 

호주의 2000년 대비 2015년 기대수명 증가율 $\frac{82.3-78.8}{78.8}\times100≒$ 4.4(%)이므로, 4.5% 이하이다.

오답해설

① 1980년보다 2015년 기대수명은 모든 국가가 증가하였다. 증가율이 가장 큰 국가는 한국으로, $\frac{82.1-66.2}{66.2}\times100≒24$(%) 증가하였다. 중국의 증가율은 약 15.6%이다.

② 미국의 변화율(증가율)이 $\frac{78.9-73.3}{73.3}\times100≒7.6$(%)로 가장 작다.

③ 2015년 기대수명이 가장 높은 국가는 83.3세의 일본이며, 기대수명이 가장 낮은 국가는 75.7세의 중국이다. 두 국가의 차이는 7.6세이므로, 7.5세 이상이 된다.

⑤ 제시된 자료에 따를 때, 국가의 기대수명은 해가 갈수록 증가한다는 것을 알 수 있다.

14 정답 ③ 

ㄱ. 2016년에 출생한 인구는 2018년에 2세이고, 2015년에 출생한 인구는 2018년 3세이다. 2016년에 출생한 甲, 乙 지역 인구의 합은 119,772＋74,874＝194,646명이고, 2015년에 출생한 甲, 乙 지역 인구의 합은 120,371＋73,373＝193,744이므로 2016년에 출생한 인구가 많다.

ㄹ. 2019년에 丙 지역의 6∼11세 인구의 합은 2018년도 5∼10세 인구의 합과 같다. 2018년에 丙 지역의 6∼11세 인구의 합은 20,300명이고, 2018년도 5∼10세 인구의 합은 3,627＋3,682＋3,530＋3,551＋3,477＋3,155＝21,022명이므로 전년대비 증가한다.

오답해설

ㄴ. 2017년도의 11세 인구는 2018년 12세가 되므로 제시된 자료로는 알 수 없다.

ㄷ. 2018년 甲∼丙 지역 중 5세 인구가 가장 많은 지역은 甲지역이고, 5세 인구 대비 0세 인구의 비율이 가장 높은 지역은 乙지역이다.

15 정답 ⑤ 

2018년에 밤과 낮 모두 주거지역 소음환경기준을 초과하지 않은 도시는 대전뿐이므로, 옳은 설명이다.

오답해설

① 낮 시간대 주거지역(도로) 소음환경기준은 65dB 이하이므로, 이를 만족한 도시는 광주와 대전 두 도시이다.

② 2016년과 2017년 대전의 밤 시간대 소음도는 2dB 차이가 난다.

③ 밤 시간대 평균 소음도가 61dB로 가장 높았던 연도는 2015년이다.

④ 낮 시간대 평균 주거지역 소음의 평균이 가장 높은 도시는 서울이며, 가장 낮은 도시는 대전이다. 서울의 낮 시간대 평균 소음도는 68.2dB이고 대전의 평균 소음도는 60.2dB이므로, 서울이 대전보다 8dB가 높다.

16 정답 ⑤ 

〈표〉의 괄호를 채우면

선수	시기	심사위원 D	평균 점수	최종 점수
甲	1차	92	89.5	183.5
	2차	45	51.5	
	3차	(93)	(94.0)	
乙	1차	88	(87.0)	(166.0)
	2차	39	39.5	
	3차	79	(79.0)	
丙	1차	89	79.5	167.5
	2차	87	88.0	
	3차	74	(71.0)	
丁	1차	85	81.0	(175.5)
	2차	96	94.5	
	3차	41	40.0	

ㄷ. 丁이 1차 시기에서 심사위원 A∼D에게 10점씩 더 높은 점수를 받는다면, 최종점수가 185.5점으로 가장 높다.

ㄹ. 1차 시기에서 심사위원 C는 4명의 선수 모두에게 심사 위원 A보다 높은 점수를 부여했음은 자료를 통하여 알 수 있다.

오답해설

ㄱ. 乙의 최종점수는 166.0, 丁의 최종점수는 175.50이다. 따라서 丁이 乙보다 높다.

ㄴ. 甲의 3차 시기의 평균점수는 94.0, 丙의 3차 시기의 평균점수는 71.0이다. 따라서 甲이 丙보다 높다.

17 정답 ⑤ 

의료수익이 가장 큰 A, B 병원의 의료수익 합은 24,035(억원)이고 나머지 세 병원의 의료수익 합은 '25,255(억원)'이므로, 후자가 더 크다.

오답해설

① 의료수익이 가장 많은 A 병원은 의사 수도 1,625명으로 가장 많다.

②, ③ 제시된 자료에 부합하는 설명이다.

④ A 병원의 의사 1인당 의료이익은 $\frac{825}{1,625}≒0.51$(억원)이며, E 병원의 의사 1인당 의료이익은 $\frac{399}{830}≒0.48$(억원)이다. 따라서 A 병원의 의사 1인당 의료이익이 더 크다.

18 정답 ⑤ 

정식재판기소 인원과 약식재판기소 인원의 합은 기소 인원과 같다. 처리와 기소를 비교해보면 매년 50% 미만이다.

① 20X4년 처리 인원이 전년대비 증가하지만 기소 인원은 12,287명에서 12,057으로 감소한다.

② 20X5년 기소 인원은 3,513+10,750=14,263명으로 20X1년보다 증가했다. 기소율을 비교하면

- 20X5년 기소율=$\frac{14,263}{38,152}\times100≒37.4\%$

- 20X1년 기소율=$\frac{14,205}{33,654}\times100≒42.2\%$

따라서 기소율은 감소하였다.

③ 20X4년 불기소 인원은 19,039명이고, 20X5년 불기소 인원은 38,152−3,513−10,750=23,889명이므로 20X4년 불기소 인원은 20X5년보다 적다.

④ 20X1년 불기소 인원은 33,654−14,205=19,039명이고, 20X1년 정식재판기소 인원은 14,205−12,239=1,966명이므로 10배 미만이다.

19 정답 ④ 

2016년 국가유공자 1인당 보상금액은 $\frac{27,570}{246}≒112$(십만 원)이며, 2015년은 $\frac{26,967}{237}≒113.8$(십만 원)이다. 따라서 2016년 국가유공자 1인당 보상금액은 전년 대비 약 18만 원이 감소하였으므로, 감소폭은 20만 원 이하이다.

① 2013년 대비 2017년 각각의 지급 대상자 인원을 비교해 보면, 참전유공자 수만 감소하였고 나머지 대상자는 그대로이거나 조금 증가하였다. 따라서 전체 지급 대상자 인원이 감소한 것은 참전유공자 인원의 감소에 기인한다고 할 수 있다.

② 2014년 고엽제후유의증 환자의 1인당 보상금액은 $\frac{2,309}{37}≒62.4$(십만 원)이며, 참전유공자 1인당 보상금액은 $\frac{5,177}{253}≒20.5$(십만 원)이다. 따라서 고엽제후유의증 환자의 1인당 보상금액은 참전유공자 1인당 보상금액의 3배 이상이 된다.

③ 2015년 보훈 대상자는 전년 대비 약 527−524=3(천 명) 증가하였고, 보상금액은 약 35,610−34,370=1,240(억 원) 증가하였다.

⑤ 2017년 독립유공자의 보상금액은 전년보다 910−896=14(억 원) 정도 증가하였다.

20 정답 ① 

ㄱ. 샘플 A의 총질소 농도는 46.24mg/L이고, 샘플 I의 총질소 농도는 5.27+1.12+35.19=41.58mg/L이므로 샘플 A의 총질소 농도는 샘플 I의 총질소 농도보다 높다.

ㄴ. 샘플 B의 TKN 농도는 6.46+25.01=31.47mg/L이므로 30mg/L 이상이다.

ㄷ. 샘플 B의 질산성 질소 농도는 각주에 따라 37.38−6.46−25.01=5.91mg이고, 샘플 D의 질산성 질소 농도는 54.38−49.39=4.99mg이므로 샘플 B의 질산성 질소 농도는 샘플 D의 질산성 질소 농도보다 높다.

ㄹ. 자료의 내용이 충분하지 않아 구체적인 값을 구할 수 없다.

21 정답 ② 

제시된 자료의 수치를 비교해 볼 때, R&D 투자비용이 상대적으로 가장 높았던 해는 2014년이다. 2014년의 R&D 투자비는 전체 투자비의 $\frac{15,090}{804,320}\times100≒1.9(\%)$를 차지하고 있다. 따라서 R&D 투자비는 매년 전체 투자비의 2% 이하를 기록하고 있다고 볼 수 있다.

① 항로시설 투자비가 가장 많았던 해는 2014년(488,990백만 원)이며, 가장 적었던 해는 2017년(247,437백만 원)이다. 따라서 가장 많았던 해는 가장 적었던 해의 $\frac{488,990}{247,437}≒1.98$(배)이다. 따라서 2배 이하를 기록하였다.

③ 2018년 전시 지원비용은 176,162백만 원이며, 2017년 전시 지원비용은 135,396백만 원이다. 따라서 2018년 전시 지원비용은 전년대비 $\frac{40,766}{135,396}\times100≒30.1(\%)$ 증가하였으므로, 30% 이상 증가하였다.

④ 공항시설비는 매년 증가하다가 2018년에 전년보다 감소하였다.

⑤ 주요사업에 대한 투자비는 2016년이 868,761백만 원이고, 2017년이 864,408백만 원이다. 따라서 2017년에는 전년보다 감소하였다.

22 정답 ③ 

ㄴ. 전체 사원과 생산직과 사무직 사원수의 합을 구하면 다음과 같다.

구분	영업직	생산직+사무직	합계
2018	169	171	340
2017	174	189	363
2016	137	184	321
2015	136	177	313
2014	134	192	326

그러므로 영업직 사원수가 생산직과 사무직 사원수의 합보다 매년 적다.

ㄷ. 생산직 사원의 비중이 30% 미만인 해는 2015년으로 $\frac{93}{313}\times100≒29.7\%$이고, 전체 사원수가 가장 적은 해도 313명인 2015년이다.

ㄱ. 2014년 326명에서 2015년에는 313명으로 감소하였다. 2017년 363명에서 2018년에는 340명으로 감소하였다.

ㄹ. 2018년 영업직 사원의 비중은 $\frac{169}{340}\times100≒50\%$, 2017년 영업직 사원의 비중 $\frac{189}{363}\times100≒52\%$에 비하여 감소하였다.

23　정답 ③ 

결정세액은 법인세 산출내역에서 세액공제액을 뺀 금액이므로, 2015년 결정세액은 56,224,405 − 319,678 = 55,904,727(천 원)이 된다. 이는 2016년 결정세액보다 크므로, 결정세액이 가장 큰 해는 2015년이다.

오답해설

① 법인세 산출내역에서 세액공제액을 빼면 결정세액이 되므로, 2014년 법인세 산출내역은 52,571,339천 원(대략 525억 7천만 원)이다. 따라서 525억 원 이상이다

② 2018년 법인세 산출내역은 37,625,584천 원이고 결정세액은 36,487,822천 원이므로, 세액공제액은 1,137,762천 원이 된다. 따라서 11억 원 이상이다.

④ 법인세 산출내역이 가장 큰 해는 2015년(56,224,405천 원)이며, 가장 작은 해는 2018년(37,625,584천 원)이다. 따라서 전자는 후자보다 18,598,821천 원(약 185.9억 원)이 더 많다.

⑤ 세액공제액이 가장 큰 해는 2018년(1,137,762천 원)이며, 가장 작은 해는 2014년(113,140천 원)이다. 따라서 전자는 후자의 10배 이상이 된다.

24　정답 ① 

ㄱ. 사업체당 종사자 수가 100명 미만인 지역은 H와 J 2개이다.

ㄷ. I지역의 종사자당 매출액은 $\frac{1,305,468}{2,086} ≒ 625.8$백만 원/명이고, E지역의 종사자당 매출액은 $\frac{4,878,427}{47} ≒ 572.4$백만 원/명이므로 I지역의 종사자당 매출액은 E지역의 종사자당 매출액보다 크다.

오답해설

ㄴ. 사업체당 매출액이 가장 큰 지역은 $\frac{4,878,427}{47} ≒ 103.796$백만 원/개인 A이다.

ㄹ. 건물 연면적이 가장 작은 지역은 326,373m²인 J이고, 매출액이 가장 작은 지역은 861,094백만 원인 H이다.

25　정답 ⑤ 

〈자료 2〉를 통해, 2018년 이용여객 실적(8,226만 명)은 2017년 이용승객 실적(8,125만 명)보다 101만 명 많다는 것을 알 수 있다. 따라서 2018년 이용여객 실적은 전년 대비 $\frac{101}{8,125} × 100 ≒ 1.24(\%)$ 증가하였다는 것을 알 수 있다. 따라서 증가율은 2% 이하이다.

오답해설

① 〈자료 1〉을 통해, 매출은 매년 지속적으로 증가하고 있고 영업이익은 지속적으로 감소하고 있다는 것을 알 수 있다.

② 〈자료 3〉을 보면 2017년 특허출원 건수는 219건이며, 2016년 건수는 206건으로 13건이 증가하였음을 알 수 있다. 따라서 2017년 특허출원 건수는 전년 대비 $\frac{13}{206} × 100 ≒ 6.3(\%)$ 증가하였음을 알 수 있다.

③ 2018년 항공기 운항실적(498,458편)은 2016년 운항실적(481,184편)보다 17,274편이 증가하였다. 따라서 17,000편 이상이 된다.

④ 2018년 국제특허출원 건수는 53건이며 2016년 건수는 37건이므로, 2018년 출원 건수는 2016년 대비 $\frac{16}{37} × 100 ≒ 43(\%)$ 증가하였다. 따라서 40% 이상이 된다.

26　정답 ④ 

대구공항의 최대 실적일 여객수는 15,948명이며, 김해공항의 최대 실적일 여객수는 56,469명이다. 따라서 전자는 후자의 $\frac{15,948}{56,469} ≒ 0.28$ 수준이므로, 1/4 이상이 된다.

오답해설

① 제시 기간 중 역대 최대 실적을 기록한 공항은 김해 공항(8월 4일) 하나이다.

② 김포공항 최대 실적일의 운항편수는 404편이고 청주공항 최대 실적일의 운항편수는 62편이다. 따라서 전자는 후자의 $\frac{404}{62} ≒ 6.52(배)$이므로, 6.5배 이상이 된다.

③ 최대 실적일의 여객수는 제주공항이 99,022명으로 가장 많다.

⑤ 제주공항의 최대 실적일 항공기 운항수는 514편이고, 여객수는 99,022명이므로, 항공기당 $\frac{99,022}{514} ≒ 192.6(명)$이 탑승하였음을 알 수 있다. 따라서 190명 이상이 된다.

27　정답 ⑤ 

일요일에 이용하는 수는 1,208,944명이며, 토요일에 이용하는 수는 949,475명이다. 따라서 일요일에 이용하는 여객수는 토요일에 이용하는 수보다 259,469명이 많다. 26만 명 이하이다.

오답해설

① 항공기를 이용하는 여객수가 100만이 넘는 요일은 일요일, 월요일, 화요일 3개이다.

② 월요일의 화물 수송량은 10,679.1톤이고, 일주일 전체 수송량은 64,752.2톤이다. 따라서 전자는 후자의 $\frac{10,679.1}{64,752.2} × 100 ≒ 16.5(\%)$이므로, 16% 이상이 된다.

③ 출발하는 여객수가 공항에 도착하는 여객수보다 많은 요일은 수요일, 목요일, 토요일 3개이다.

④ 목요일에 각 공항에서 출발하는 화물량은 4,641.1톤이며, 도착하는 화물량은 4,147톤이므로, 출발하는 화물량이 도착하는 화물량보다 494.1톤이 많다. 따라서 490톤 이상이다.

28　정답 ① 

항공기 운항편수가 가장 많은 항공사는 AAR이며, 연간 운행편수는 1,649편이다. AAR의 이용 여객수는 381,155명이므로, 편당 이용 여객수는 $\frac{381,155}{1,649} ≒ 231.1(명)$이다. 따라서 편당 이용 여객수는 230명이 넘는다.

② 이용 여객수가 두 번째로 많은 항공사는 KAL이다. KAL의 도착 여객 수는 129,376명, 출발 여객수는 129,014명이므로, 도착 여객수가 출발 여객수보다 362명 많다. 따라서 370명 이하이다.

③ 운항편수가 세 번째로 많은 항공사는 JJA이며, JJA 항공사의 경우 출발 여객수가 도착 여객수보다 많다.

④ 운항편수가 가장 많은 두 항공사는 AAR(1,649편)과 KAL(1,461편)이며, 두 항공사의 운항편수는 모두 3,110편이다. 따라서 전체 운항편수에서 두 항공사의 운항편수가 차지하는 비중은 $\frac{3,110}{7,353} \times 100 = 42.3(\%)$를 차지하고 있다. 따라서 45% 이하이다.

⑤ 이용 여객수가 가장 적은 항공사는 ASV이며, 이 항공사의 연간 항공기 운항편수는 221편이다. ASV의 연간 운항편수는 전체 운항편수의 $\frac{221}{7,353} \times 100 = 3.01(\%)$를 차지하고 있다. 따라서 3% 이상이 된다.

29   정답 ④   ●●○

김해공항의 A/C정비에 따른 지연 건수는 14건이고 기타 원인에 따른 지연 건수는 19건이므로, 전자가 후자보다 작다.

① 세 공항의 전체 지연 건수는 1,210+244+2,342=3,796(건)이다. 따라서 3,700건 이상이 된다.

② 김포공항과 김해공항, 제주공항의 지연 원인 중 세 공항 모두 A/C접속의 비중이 가장 크다.

③ A/C정비에 따른 지연 건수는 김포공항과 제주공항이 모두 26건이므로, 서로 같다.

⑤ 세 공항 중 복합원인으로 지연된 경우는 김포공항 하나뿐이다.

30   정답 ①   ●○○

2015년 이래 보증금이 계속 증가하고 있는 것은 임대 외에 하자보수, 자금대출이 있다.

② 자료에서 분양보증이 주택 총 보증실적 중 매년 가장 큰 비중을 차지하고 있다는 것을 알 수 있다.

③ 2017년 보증실적이 제일 적은 것은 하자보수이고, 그 다음으로 적은 것은 조합주택이다.

④ 분양은 2015년 이후 매년 감소하고 있고, 자금대출은 매년 증가하고 있어 연도별 증감 추세가 상반된다.

⑤ 2018년 임대에 대한 보증실적은 143,878억 원이고, 2015년 임대에 대한 보증실적은 68,380억 원이므로 2배 이상 증가하였다.

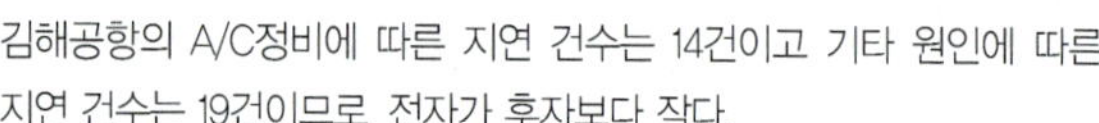

CHAPTER 02 심화연산

01 ①	02 ②	03 ③	04 ③	05 ③
06 ③	07 ①	08 ①	09 ④	10 ⑤
11 ⑤	12 ④	13 ④	14 ①	15 ⑤
16 ④	17 ④	18 ②	19 ③	20 ⑤
21 ⑤	22 ⑤	23 ②	24 ①	25 ⑤
26 ①	27 ③	28 ②	29 ②	30 ④
31 ④	32 ②	33 ①	34 ②	35 ④
36 ③	37 ④	38 ②	39 ①	40 ②

01   정답 ①   ●●○

ㄱ. 중요도 점수가 높은 영역부터 차례대로 나열하면 교수활동＞학생복지＞교육환경 및 시설＞교육지원＞비교과＞교과 순으로 매년 동일하다.

ㄴ. 2017년 만족도 점수는 2016년도보다 높다는 것은 〈표 1〉에서 알 수 있다.

ㄷ. 〈표 1〉에서 2015년 만족도가 가장 높은 영역과 가장 낮은 영역의 만족도 점수 차이는 3.73−3.39=0.34이고, 2016년 만족도가 가장 높은 영역과 가장 낮은 영역의 만족도 점수 차이는 3.52−3.27=0.25이다. 따라서 2016년이 2015년보다 작다.

ㄹ. 2017년 교과 영역 요구충족도는 $\frac{3.45}{3.57} \times 100 = 96.64\%$이고, 비교과 영역 요구충족도는 $\frac{3.56}{3.64} \times 100 = 97.80\%$이므로 요구충족도가 가장 높은 영역은 비교과 영역이다.

02   정답 ②   ●●○

제1센터 실내주차장의 NO_2 기준은 0.057(ppm)로, 기준치인 0.3(ppm) 대비 $\frac{0.057}{0.3} \times 100 = 19(\%)$를 기록하고 있다.

① 지하 1층 주차장의 PM10 항목의 경우 동측이 50.7($\mu g/m^3$), 서측이 43.6($\mu g/m^3$)인데, 지하 2층 동측 주차장의 경우 50.1($\mu g/m^3$)로 지하 1층 동측보다 낮다.

③ 제1센터 실내주차장 HCHO 항목의 기준치 대비 비율은 9.4%이며, CO 항목의 기준치 대비 비율은 $\frac{1.4}{25} \times 100 = 5.6(\%)$이다. 따라서 CO 항목의 비율이 더 낮으므로, ③은 옳지 않다.

④ CO 항목의 측정값이 가장 높은 곳은 지하 3층 동측으로 '2.2(ppm)'이며, 가장 낮은 곳은 지하 1층 서측으로 '0.5(ppm)'이다. 따라서 전자는 후자의 '$\frac{2.2}{0.5} = 4.4$(배)'가 된다. 따라서 5배 이하이다.

⑤ NO_2 측정값이 가장 낮은 주차장은 지하 1층 서측이다.

03 정답 ③ 

기사 전체 응시율은 $\frac{151}{186}\times100≒81.2\%$이고, 기능사 전체 응시율은 $\frac{252}{294}$ $\times100≒85.7\%$이다. 따라서 기사 전체 응시율은 기능사 전체 응시율보다 낮다.

오답해설

① 기사 전체 합격률은 $\frac{61}{151}\times100≒40.4\%$이고, 기능사 전체 합격률은 $\frac{146}{252}\times100≒57.9\%$이다. 기사 전체 합격률은 기능사 전체 합격률보다 낮다.

② 기사 종목을 합격률이 높은 것부터 순서대로 나열하면 치공구설계, 기계설계, 컴퓨터응용가공, 용접 순이다.

④ 기사 종목 중 응시율이 가장 낮은 것은 용접이다.

⑤ 기능사 종목 중 응시율이 높은 종목은 기계가공조립, 귀금속가공이고, 합격률이 높은 종목은 기계가공조립, 웹디자인이다.

04 정답 ③ 

11월의 귀빈실 사용실적은 모두 202건이므로, 11월의 총리급 이상 인사의 사용실적은 $202-79-24-43-36=20$(건)이 된다.

오답해설

① 우선 8월의 외국 장관급 인사의 귀빈실 사용실적은 $463-79-97-99-79-51=58$(건)임을 알 수 있다. 8월의 귀빈실 사용실적 합계가 160건이므로, 국회의원의 8월 귀빈실 사용실적은 $160-15-58-7-18=62$(건)이 된다. 따라서 8월에는 국회의원의 귀빈실 사용실적이 가장 많았음을 알 수 있다.

② 장관급 인사의 후반기 귀빈실 사용실적은 모두 112건이므로, 10월 귀빈실 사용실적은 $112-8-7-15-24-26=32$(건)이 된다. 따라서 30건 이상이다.

④ 7월에 귀빈실을 이용실적은 모두 199건이므로, 기타 인사의 귀빈실 이용실적은 '$199-22-79-8-61=29$(건)'이 된다. 기타는 독립유공자, 광역자치단체장, IOC위원, 경제단체장 등의 귀빈실 사용실적을 말하므로, 7월에 귀빈실을 이용한 기타 인사가 모두 경제단체장인 경우 최대 29건이 된다.

⑤ 10월의 장관급 인사의 귀빈실 사용실적은 32건이므로, 10월의 귀빈실 사용실적은 모두 213건이 된다. 따라서 하반기 전체의 귀빈실 사용실적은 $199+160+195+213+202+121=1,090$(건)이 된다.

05 정답 ③ 

2018년 2분기 가구당 월평균 처분가능소득은 3,588.4천 원이고, 월평균 경상소득은 4,492.9천 원이므로 $\frac{3,588.4}{4,492.9}\times100=≒79.87\%$를 차지한다.

오답해설

① 자료에서 제시된 기간의 경상소득 중 가장 큰 비중을 차지하고 있는 것은 근로소득이다.

② 증감률은 전년동분기 대비 증감률을 나타내므로 2018년 2분기 경상소득 중 전년동분기 대비 증가율이 가장 큰 것은 34.4%가 증가한 재산소득이다.

④ 2018년 1분기 가구당 근로소득은 3,204.7천 원인데 비하여 2분기 근로소득은 3,031.4천 원으로 전분기보다 감소하였다. 이는 최근 경기 흐름을 반영하는 결과로 볼 수 있다.

⑤ 2018년 2분기 가구당 월평균 소득은 4,530.5천 원으로 1분기 월평균 소득 4,7630.0천 원보다 감소하였는데 가장 큰 원인은 동 기간의 근로소득의 감소이다.

06 정답 ③ 

하늘정원 주차장의 면수는 $11,533-1,277-1,000-1,011-1,300-1,420-2,729-2,000=796$면이므로, 800면 이하가 된다.

오답해설

① 장기주차장의 면수는 11,046면이고 단기주차장의 면수는 4,722면이므로, 총면수는 15,768면이 된다. 외곽주차장의 면수는 11,533면이므로, 장기와 단기주차장의 총면수가 더 많다.

② P1, P2 주차장에 있는 옥외주차장은 $2,745+2,576=5,321$면이며, 타워주차장은 $1,404+1,404=2,808$면이다. 따라서 전자는 후자의 2배 이하이다.

④ 주배수지1, 2에 위치한 주차장 면수는 모두 $1,300+1,420=2,720$면이다. 따라서 주배수지에 위치한 주차장 면수는 외곽주차장의 총면수의 $\frac{2,720}{11,533}\times100≒23.6(\%)$를 차지하고 있다. 따라서 25% 이하이다.

⑤ 단기주차장 면수는 4,722면이므로, 인천국제공항(T1) 여객용 주차 총면수의 $\frac{4,722}{27,301}\times100≒17.3(\%)$가 된다. 따라서 20% 이하이다.

07 정답 ① 

$\frac{30}{425}\times100≒7.06\%$로 5%를 넘는다.

오답해설

② B기관이 밭으로 분류한 대상지는 395개소로 10%는 39.5개소이다. A기관이 다른 세부분류로 분류한 대상지는 $25+25+30=80$개소로 10% 이상이다.

③ B기관이 논으로 분류한 대상지 중 A기관도 논으로 분류한 대상지의 비율은 $\frac{840}{1,000}\times100=84\%$이고, A기관이 논으로 분류한 대상지 중 B기관도 논으로 분류한 대상지의 비율은 $\frac{840}{965}\times100≒87.0\%$이어서 같지 않다.

④ 두 기관 모두 활엽수림으로 분류한 대상지는 3,680개소이다.

⑤ A기관은 혼합림(4,650), 활엽수림(4,025)이고 B기관은 혼합림(4,485), 활엽수림(4,185)으로 두 기관 모두 활엽수림보다 혼합림이 더 많은 개소를 차지한다고 분류하였다.

08 정답 ① 

자원분류처리장 증축공사의 공사기간은 20X0년 12월 5일부터 20X1년 7월 15일이었으므로, 7개월 10일 정도였다. 따라서 8개월 이하이다.

② 자원분류처리장 증축공사의 계약금액은 부가세 포함 2,510백만 원(25억 1천만 원)이므로, 25억 원 이상이 소요되었다.
③ 3단계 수하물처리시설 증설공사의 계약금액은 81,830백만 원, 자원분류처리장 증축공사의 계약금액은 2,510백만 원이므로, 전자가 후자의 $\frac{81,830}{2,510}≒32.6$(배) 규모였다.
④ 자원분류처리장 증축공사의 건물 동수는 재활용 보관시설, 건설폐기물 창고, 일반폐기물 창고, 계근대, 계근대 관리소로 5개 이상이었고, 건물 면적은 2,935.24m²로 2,900m² 이상이었다.
⑤ 3단계 수하물처리시설공사는 □□□아이씨티와 S◇◇◇가 콘소시엄을 구성하여 조기수하물저장소 증설 및 터미널 간 연결라인 추가 공사 등을 진행하였다.

09 정답 ④ ●●●

ㄱ. 1910~1914년에는 경성보다 명목임금이 낮은 도시는 대구, 목포 2곳이고, 1930~1934년에는 청진을 제외한 6곳이다.
ㄴ. 명목임금이 기간별 8개 도시 평균보다 매 기간에 걸쳐 높은 도시 한 곳은 청진이다.
ㄹ. 1920~1924년 기간의 명목임금은 목포가 0.97이고, 신의주가 0.79이므로 0.79×1.2=0.948이다. 따라서 1.2배 이상이다.

ㄷ. 비교지수의 기준이 해당 기간 8개 도시 평균 명목임금이어서 기간이 다른 지수 간의 비교는 불가능하다.

10 정답 ⑤ ●●○

20X0년과 20X1년 월간 에너지 사용량을 비교해보면, 전년 동월 대비 감소율이 큰 달은 2월과 7월이다. 두 달의 전년 동월 대비 에너지 사용량 감소율을 구하면 다음과 같다.

- 2월 감소율 : $\frac{386,686-420,164}{420,164}×100≒-8.0\%$(약 8.0% 감소)
- 7월 감소율 : $\frac{478,269-506,578}{506,578}×100≒-5.6\%$(약 5.6% 감소)

따라서 전년 동월 대비 에너지 사용량의 감소율이 가장 큰 달은 2월이다.

① 20X1년 1월부터 9월까지의 월간 에너지 사용량을 보면, 5월과 9월의 2개월을 빼고는 전년보다 감소하였다.
② 20X0년 월간 에너지 사용량이 가장 많은 달은 8월로, 539,918(백kW)를 사용하였다. 월간 에너지 사용량이 가장 적은 달은 4월로, 334,456(백kW)를 사용하였다. 따라서 전자는 후자의 $\frac{539,918}{334,456}≒$ 1.6(배)이므로, 1.5배 이상이 된다.
③ 20X1년 월간 에너지 사용량의 전년 동기 대비 감소량이 20,000(백kW) 이상인 달은 1월(감소량 24,736), 2월(감소량 33,478), 7월(감소량 28,309), 8월(감소량 26,966) 4개이다.
④ 20X1년 9월의 에너지 사용량은 전년 동기 대비 $\frac{394,495-388,626}{388,626}$ ×100≒1.51(%)이다. 따라서 1.5% 이상 증가하였다.

11 정답 ⑤ ●○○

차종별 차량가격과 10년 간 연료비의 합을 구하면

- A자동차 $40,000,000+(\frac{20,000}{14}×1,400)×10≒60,000,000$원
- B자동차 $20,000,000+(\frac{20,000}{10}×1,600)×10=52,000,000$원
- C자동차 $30,000,000+(\frac{20,000}{11}×1,400)×10≒55,545,545$원
- D자동차 $25,000,000+(\frac{20,000}{10}×1,400)×10=53,000,000$원
- E자동차 $30,000,000+(\frac{20,000}{16}×1,600)×10=50,000,000$원

따라서 차량가격과 10년 간 연료비의 합이 가장 적은 E자동차를 구매하게 된다.

12 정답 ④ ●●○

2008년까지 2단계 사업이 완료된 시점을 의미한다. 전체 기간 중 설치될 게이트 수는 모두 145개이므로, 1단계에 설치된 게이트 수는 145-30-37-34=44(개)가 된다. 따라서 1·2단계에서 설치된 게이트 수는 74개로 3단계 이후 설치 예정인 게이트 수(71개)보다 3개 더 많다.

① 사업비용은 1단계가 5.6조로 가장 많으나, 1·2단계에 소요된 비용(8.6조)보다 3·4단계에 소요될 비용(9.1조)이 더 많다.
② 4단계 기간 중 설치될 수하물수취대 시설은 10대이며 전체 기간의 수하물수취대 시설은 43대이므로, 전자는 후자의 $\frac{10}{43}×100≒$ 23.3(%)를 차지하고 있다. 따라서 25% 이하가 된다.
③ 1·2단계에서 설치된 화물계류장 개소는 모두 36개소로, 전체 계획(62개소)의 50% 이상을 차지하고 있다. 그러나 1·2단계에서 설치된 여객계류장 개소는 모두 109개소로 전체 계획(236개소)의 $\frac{109}{236}×100≒46.2(\%)$를 차지하여, 50% 이하가 된다.
⑤ 1단계의 체크인카운터 개소는 782-146-238-164=234(개)이며, 3단계의 보안 검색대 대수는 92-17-23-24=28(대)이다. 따라서 각 공사 단계에서 체크인카운터 개소가 많이 설치될수록 보안 검색대 대수가 많이 설치되지는 않는다.

13 정답 ④ ●●●

ㄱ. 2014년 상업용 무인기의 국내 시장 판매량 대비 수입량의 비율은 $\frac{5}{202}×100≒2.5$%이므로 3.0% 이하이다.
ㄴ. 2011~2014년 동안 상업용 무인기 국내 시장 판매량의 전년대비 증가율이 가장 큰 해는 60% 이상 증가한 2012년이다.
ㄹ. 2012년 甲국 상업용 무인기 수출량의 전년대비 증가율은 $\frac{15.5}{2.5}×100$ =620%이고, 2012년 甲국 A사의 상업용 무인기 매출액의 전년대비 증가율은 $\frac{261.4}{43}×100≒608$%이다. 따라서 차이는 30%p 이하이다.

ㄷ. 2011~2014년 동안 상업용 무인기 수입량의 전년대비 증가율이 가장 작은 해는 2013년이고, 상업용 무인기 수출량의 전년대비 증가율이 가장 큰 해는 2012년이다.

14 정답 ① ●●○

〈자료 2〉를 보면, 항공기소음이 별로 시끄럽지 않은 지역에 해당할 때의 소음량은 71~75(WECPNL)이다. 〈자료 1〉의 전체 6개 지역 중, 2월 2일 측정결과 중 소음량이 71~75에 해당하는 지역은 모도(북)과 모도(남) 2개 지역이다. 따라서 해당 비율은 $\frac{2}{6}\times100\fallingdotseq33.3(\%)$가 되므로, ①은 옳지 않다.

② 소음 정도가 약간 시끄러운 지역의 소음도는 '76~79'가 된다. 2월 4일을 기준으로 할 때 이러한 소음량에 해당하는 지역은 모도(남) 한 곳이다.

③ 강화(화도)의 소음량이 가장 높은 날의 소음량은 54이며, 장봉(동) 지역의 가장 낮은 소음량은 65이다. 따라서 전자는 후자의 $\frac{54}{65}\times100\fallingdotseq83(\%)$가 되므로, 85% 이하이다.

④ 2월 10일 측정한 소음량이 가장 높은 지역은 모도(남), 소음량은 75이며, 소음량이 가장 낮은 지역은 강화(화도), 소음량은 49이다. 따라서 전자는 후자보다 소음량이 26 (WECPNL) 높으므로, 25 이상이 된다.

⑤ 〈자료 2〉를 보면, 항공기 1일 총소음량이 90(WECPNL) 이상인 지역은 소음도가 대단히 시끄러운 지역임을 알 수 있다.

15 정답 ⑤ ●●○

2018년 환경세 미수납액은 14,110−14,054−10＝46십억 원이고, 교육세 미수납액은 4,922−4,819−3＝100십억 원이므로 환경세 미수납액은 교육세 미수납액보다 작다.

① 미수납액이 가장 큰 연도는 2018년으로 237,000−208,113−2,321＝26,566십억 원이다.

② 수납비율이 가장 높은 연도는 2014년으로 $\frac{180,153}{175,088}\times100\fallingdotseq102.89\%$이다.

③ 2018년 총 세수 미수납액은 237,000−208,113−2,321＝26,566십억 원이고, 내국세 미수납액은 213,585−185,240−2,301＝26,044십억 원이다. 따라서 $\frac{26,044}{26,566}\times100\fallingdotseq98.03\%$이어서 95% 이상을 차지한다.

④ 2018년 세수항목 중 수납비율이 가장 높은 항목은 종합부동산세로 $\frac{1,400}{1,281}\times100\fallingdotseq109.29\%$이다.

16 정답 ④ ●●○

〈영업성과〉의 영업이익을 보면, 20X1년 영업이익(12,886억 원)은 20X0년 영업이익(14,532억 원)보다 감소하였다.

① 〈영업성과〉의 매출액 변화를 보면, 20X1년 매출액은 26,511억 원으로 20X0년 매출액(24,306억 원)보다 2,205억 원 증가하였다. 따라서 2,200억 원 이상 증가하였다.

② 20X1년 자본총계는 전년보다 9% 이상 증가하였다. 자본총계＝자산총계−부채총계인데, 20X1년 자산총계는 전년도와 거의 차이가 없다. 따라서 20X1년 자본총계의 증가는 부채총계의 감소에 따른 영향이 크다고 할 수 있다.

③ 20X0년 매출액은 24,306억 원이고, 매출구조는 항공수익과 비항공수익으로 구성된다. 따라서 20X0년 항공수익은 24,306−16,142＝8,164(억 원)이 되므로, 8,000억 원 이상이다.

⑤ 20X1년 부채총계는 34,811억 원이고 유동부채는 12,148억 원이므로, 유동부채는 전체 부채의 $\frac{12,148}{34,811}\times100\fallingdotseq35(\%)$이다. 따라서 30% 이상이 된다.

17 정답 ④ ●●○

ㄴ. 필기 응시자가 가장 많은 등급은 기능사이고, 필기 합격률도 46.2%로 가장 높다.

ㄹ. 필기와 실기 응시자의 수는 기능사, 기사, 산업기사, 기능장, 기술사의 순으로 많다.

ㄱ. 기능장 필기 합격률은 $\frac{9,903}{21,651}\times100\fallingdotseq45.7\%$로 실기 합격률 29.7%보다 높다.

ㄷ. 산업기사 실기 합격률은 $\frac{49,993}{101,949}\times100\fallingdotseq49.0\%$으로 필기 합격률 37.1%보다 높다. 실기 합격률이 필기 합격률보다 높은 등급은 기술사, 기사, 산업기사, 기능사 4개이다.

18 정답 ② ●●○

○○공항의 운항편수가 가장 적은 요일은 4,493편을 운항한 월요일이다. 월요일의 운항 화물톤수는 20,496톤이므로, 24,000톤에 미치지 못한다.

① 20X0년 1월에 ○○공항을 이용한 여객수가 가장 많은 요일은 금요일이며, 금요일의 운항편수는 5,883편이다. 따라서 5,800편 이상이다.

③ ○○공항을 이용하는 화물톤수가 30,000톤 이상인 요일은 수, 목, 금, 토요일 4개 요일이다.

④ 월요일부터 금요일까지 ○○공항을 이용한 여객수는 1월 전체 여객수에서 토요일과 일요일에 이용한 여객수를 빼면 된다. 따라서 6,309,369−821,593−851,869＝4,635,907(명)이 된다. 따라서 450만 명 이상이다.

⑤ ○○공항을 이용하는 화물톤수가 가장 많은 요일은 36,632톤을 운항하는 수요일이다.

19 정답 ③

주문금액 대비 신용카드 결제금액 비율을 구하면

상품	주문 금액	신용카드 결제금액	신용카드 결제금액 / 주문금액
요가용품	45,400	32,700	72%
스웨터	57,200	48,370	84.56%
샴푸	38,800	34,300	88.4%
보온병	9,200	7,290	79.24%

그러므로 주문금액 대비 신용카드 결제금액 비율이 가장 낮은 상품은 요가용품이다.

오답해설

① 전체 주문금액은 150,600원이고 할인금액은 22,810이므로 전체 할인율은 약 15.1%로 15% 이상이다.

② 할인율이 가장 높은 상품은 주문금액 대비 할인금액이 커야하고, 할인금액이 크면 결제금액이 작으므로 주문금액 대비 신용카드 결제금액 비율이 가장 작은 요가용품이 할인율이 가장 높다.

④ 10월 전체 주문금액의 3%는 150,600×3%=4,518원이고, 10월 동안 사용한 포인트는 3,300+260+1,500+70=5,130원으로 10월 동안 사용한 포인트가 크다.

⑤ 결제금액 중 포인트로 결제한 금액이 차지하는 비율을 구하면

상품	결제금액	포인트	포인트 / 결제금액
요가용품	36,000	3,300	9.17%
스웨터	48,630	260	0.53%
샴푸	35,800	1,500	4.19%
보온병	7,360	70	0.95%

그러므로 결제금액 중 포인트로 결제한 금액이 차지하는 비율이 두 번째로 낮은 상품은 보온병이다.

20 정답 ⑤

2019년의 결항의 합계는 147+22+62+1=232(편), 2015년의 결항의 합계는 15+52+54+2=123(편)이므로 결항의 합계가 가장 많은 연도는 232(편)인 2019년이다.

오답해설

① 2018년 총 결항편수는 131편이므로, 승무원 원인으로 발생한 결항은 131−33−29−69=0(편)이 된다. 따라서 이를 원인으로 하는 결항은 없다.

② 총 지연편수에서 다른 원인으로 인한 지연을 빼면 기상으로 인한 결항편수를 구할 수 있다. 2013년의 경우 133−54−36−0=43(편)이 된다. 따라서 기상원인으로 발생한 결항이 40편 이상인 연도는 2019년, 2016년, 2013년 3개이다.

③ 2014년 A/C접속으로 인한 결항편수는 38편이고 2019년 A/C접속으로 인한 결항편수는 22편이므로, 전자는 후자의 $\frac{38}{22}$≒1.73(배)이다. 따라서 1.5배 이상이 된다.

④ 2016년 A/C정비로 인한 결항은 132−40−31−5=56(편)이므로, A/C정비로 인한 결항이 가장 많이 발생한 연도는 2018년이 된다.

21 정답 ⑤

각 호텔별 객실 수입을 구하면 다음과 같다.

호텔	객실수입(만 원)	객실 판매율(%)	판매가능 객실당 객실수입
A	64,000	45.7	18.29
B	63,000	70	21
C	20,000	80	16
D	9,900	90	9

ㄴ. 객실 판매율은 호텔C(80%)가 호텔D(90%)보다 낮다.

ㄹ. 판매가능 객실 수가 많은 호텔의 순서는 A, B, C, D이고 객실 판매율의 순서는 D, C, B, A이다. 그러므로 판매가능 객실 수와 객실 판매율은 반비례한다.

오답해설

ㄱ. 따라서 객실 수입이 가장 많은 호텔은 A호텔이다.

ㄷ. 판매가능 객실당 객실 수입이 가장 적은 호텔은 D이다.

22 정답 ⑤

부패행위 신고로 공사에 40억 원 초과의 수입증대(비용절감)를 가져온 경우 4억 8천만 원+40억 원 초과금액의 4%의 보상금을 지급한다고 하였으므로, 50억 원의 비용절감을 가져온 경우 4억 8천만 원+(10억 원×0.04)=5억 2천만 원의 보상금을 지급받을 수 있다. 따라서 5억 3천만 원 이하가 된다.

오답해설

① 신고자 보호 및 보상제도에서 A공사 부패행위 신고자 보호지침에 의거 신분분장, 신변보호 및 책임의 감면 등을 받을 수 있다고 했으므로, 신고자의 책임 감면도 보호 및 보상제도에 포함된다는 것을 알 수 있다.

② 보상금 지급기준에서 1억 원 이하 수입증대(비용절감)를 가져온 경우 보상대상가액의 30%의 보상금이 지급된다고 하였다.

③ 신고대상이 된 부패행위자가 파면이나 해임의 징계를 받은 경우 300만 원의 포상금을 지급한다고 규정하고 있다.

④ 부패행위자 신고로 공사에 5억 원 초과~20억 원 이하의 수입증대를 가져온 경우 1억 1천만 원+5억 원 초과금액의 14%의 보상금을 지급한다고 하였다. 따라서 6억 원의 수입증대를 가져온 경우 1억 1천만 원+(1억 원×0.14)=1억 2천 4백만 원의 보상금을 받을 수 있다.

23 정답 ②

ㄱ. 2012~2018년 재생에너지 생산량은 그래프에서 보듯이 매년 전년대비 10% 이상 증가하였다.

ㄷ. 2016~2018년 태양광을 에너지원으로 하는 재생에너지 생산량

- 2016년 45.0×10.9%=4,905TWh
- 2017년 56.0×9.8%=5,488TWh
- 2018년 68.0×8.8%=5,984TWh

따라서 매년 증가하였다.

오답해설

ㄴ. 2016년의 경우 폐기물 – 바이오 – 태양광 – 수력 – 풍력의 순이고, 2017년과 2018년의 경우는 폐기물 – 바이오 – 수력 – 태양광 – 풍력의 순이다.

ㄹ. 수력을 에너지원으로 하는 재생에너지 생산량

- 2016년 45.0×10.3%＝4.635TWh
- 2018년 68.0×15.1%＝10.268TWh

따라서 3배 미만이다.

24 정답 ①

ㄱ. 제시된 자료에서 체류외국인수에 대비한 불법체류외국인수 비율을 보면, 매년 10% 이상임을 바로 알 수 있다(2019년의 경우 이 비율은 $\dfrac{183,106}{1,576,034}×100≒11.6(\%)$이다).

오답해설

ㄴ. 전년대비 불법체류외국인 범죄건수는 2017년까지 감소하다 2018년 소폭 증가하였고, 2019년에 가장 크게 증가하였다. 2019년의 전년대비 증가율은 $\dfrac{2,033-1,591}{1,591}×100≒28(\%)$이다.

전년대비 합법체류외국인 범죄건수가 증가한 해는 2017년과 2019년이며, 전년대비 증가율이 가장 큰 해는 2017년임일 쉽게 알 수 있다. 각각의 전년대비 증가율을 구하면 다음과 같다.

- 2017년의 전년대비 증가율 : $\dfrac{23,970-17,538}{17,538}×100≒37\%$
- 2019년의 전년대비 증가율 : $\dfrac{22,951-21,323}{21,323}×100≒7.6\%$

따라서 ㄴ은 옳지 않다.

ㄷ. 체류외국인 범죄건수가 전년에 비해 감소한 해는 2016년과 2018년이다. 2018년의 경우 불법체류외국인 범죄건수가 전년에 비해 다소 증가였으므로, ㄷ은 옳지 않다.

25 정답 ⑤

각 지점이 회차마다 7개의 세트를 더 받게 되므로 두 지점이 받게 되는 세트 수는 공차를 7로 하는 등차수열을 이루게 된다. 이를 수열의 일반항으로 표현하면 다음과 같다.

- B지점 : $a_n＝2+(n-1)7＝7n-5$
- E지점 : $a_n＝5+(n-1)7＝7n-2$

따라서 B지점이 30회차에 받게 되는 제품 세트 수는 7×30-5＝205세트이고, E지점이 50회차에 받게 되는 제품 세트 수는 7×50-2＝348세트이다.

26 정답 ①

ㄱ. 사노비 수는 전체인구에서 사노비 비율을 곱해 구할 수 있다. 따라서 1774년의 사노비 수는 3,189×0.348≒1,110(명)이며, 1720년의 사노비 수는 2,228×0.4≒891(명)이 된다. 따라서 전자가 후자보다 많다.

오답해설

ㄴ. 사노비 중 외거노비가 차지하는 비율을 구하면 다음과 같다.

- 1720년 : $\dfrac{10.0}{40.0}×100＝25\%$
- 1762년 : $\dfrac{8.5}{31.7}×100≒26.8\%$

따라서 1762년의 비율이 더 높으므로, ㄴ은 옳지 않다.

ㄷ. 조사연도별 구성 비율을 보면, 甲지역의 인구 중 솔거노비가 차지하는 비율은 낮아지다가 1774년에는 14.0%로, 1762년의 11.5%보다 높아졌다.

27 정답 ③

충청 지역을 계산하면 $\dfrac{193×(25.9\%+10.9\%)}{193×(7.8\%+35.2\%)}≒\dfrac{71.02}{82.99}×100≒85.58\%$이고, 강원 지역을 계산하면 $\dfrac{112×(43.8\%+17.9\%)}{112×(6.3\%+20.5\%)}≒\dfrac{69.10}{30.02}×100≒230\%$이므로 강원이 충청보다 높다.

오답해설

① 경영주체별 평균점수는 독림가가 3.53점이고 일반산주가 2.36이다. 2.36×1.4 ≒3.300이어서 1.4배 이상이다.

② 거주지 권역별 인지도 평균점수는 강원이 3.46이고, 경기가 2.86이므로 강원이 경기보다 높다.

④ 1점을 부여한 충청 응답자 수는 193×7.8%≒15.1명이고, 1점을 부여한 경기 응답자 수는 57×12.3%≒7.01명이므로 2배 이상이다.

⑤ 인지도 점수를 3점 이상으로 부여한 응답자가 가장 많은 경영주체는 임업후계자로 292×68.5%≒200명으로 가장 많다.

28 정답 ②

재무제표에서 감소한 항목은 유동부채이다.

오답해설

① 자본은 전년대비 65,749-60,037＝5,712억원 증가하여 5천억원 이상 증가했다.

③ 비유동자산은 전년대비 90,269-79,076＝11,193억원으로 1조원 이상 증가했다.

④ 유동자산은 전년대비 3,294-2,170＝1,124억원으로 1천억원 이상 증가했다.

⑤ 당기순이익이 24.8%로 가장 높은 증감률을 기록했다.

29 정답 ②

평균점수가 높은 순서대로 순위를 정하면 다음과 같다.

항목	평균점수 순위	
	2001년	2021년
경제적 자립을 위해	2	3
일 자체를 좋아해	7	10
자아실현을 위해	5	6
인정받기 위해	10	8
사회적 지위확보	9	5
삶의 의미를 느끼려고	4	4

가족을 위해	1	1
사회 구성원으로서 의무	6	7
사람들과의 교제	7	9
노후대책을 위해	3	2

2001년보다 2021년에 순위가 하락한 항목은 경제적 자립을 위해, 일 자체가 좋아서, 자아실현을 위해, 사회 구성원으로서 의무, 사람들과의 교제로 5개이다.

오답해설

① 두 해의 순위가 가장 높은 항목은 가족을 위해로 항목이 동일하다.
③ 평균점수는 일 자체가 좋아서, 사람들과의 교제 2개 항목을 제외하고 2001년보다 2021년에 모두 상승하였다.
④ 2001년 순위가 가장 낮았던 항목은 인정받기 위해이고, 이 항목의 평균점수는 2021년 평균점수가 2001년 평균점수보다 0.2점 이상 증가하였다.
⑤ 두 해의 평균점수가 동일한 항목은 사람들과의 교제 1개뿐이다.

30   정답 ④ 

미주 노선은 전년대비 $\frac{31{,}911-31{,}584}{31{,}584}≒1.0\%$ 증가하였다.

오답해설

① 중국은 27.7%의 점유율로 가장 높다.
② 전년대비 가장 많이 감소한 노선은 기타 노선이다.
③ 전년대비 감소한 노선은 동북아, 기타 노선 2개이다.
⑤ 전년대비 운항횟수는 300,634－284,575＝16,059회 증가하였다.

31   정답 ④ 

상궁 연봉은 11×5냥＋1×(7냥 1전 2푼)＝62냥 1전 2푼이고 보병 연봉은 3×5냥＋9×(2냥 5전)＝33냥 45으로 2배 이상은 아니다.

오답해설

① 보병 연봉이 1,500,000원이므로 이를 토대로 계산하면 33냥 45전＝375전＝3,750푼＝1,500,000원이다. 따라서 1푼은 400원이다.
② 기병 연봉이 67냥 47전 4푼이므로 2,869,600원이 된다. 따라서 종9품 연봉보다 많고 정5품 연봉보다 적다.
③ 정1품 관료의 12년치 연봉은 5,854,400×12＝70,252,800원이다. 기와집 100칸의 가격은 2,165푼(866,000원)×100＝86,600,000원이므로 정1품 관료의 12년치 연봉은 100칸의 기와집 가격보다 적다.
⑤ 나인의 1년치 연봉은 321.2전이고, 소고기 40근은 280전이므로 나인의 1년치 연봉으로 살 수 있는 소고기는 40근 이상이다.

32   정답 ② 

여객의 수용능력이 $\frac{2{,}800}{7{,}200}≒38.9\%$ 늘어난다.

오답해설

① 4단계 건설로 제2여객터미널이 316천㎡ 늘어나 703천㎡이 된다.

---

③ 운항의 수용능력이 $\frac{6}{50}$＝12% 늘어난다.

④ 여객 계류장이 종전보다 $\frac{73}{163}$≒44.8% 늘어난다.

⑤ 활주로가 기존의 3본에서 1본이 늘어나 4본이 된다.

33   정답 ① 

ㄱ. 첫 번째 각주에 의하여 영향력지수＝$\frac{기술력지수}{특허등록건수}$이므로 캐나다의 영향력지수는 1.40이고 미국의 미국의 영향력지수는 1.20이다. 따라서 캐나다의 영향력지수는 미국의 영향력지수보다 크다.
ㄴ. 특허피인용건수는 피인용비×특허권등록건수＝전세계 피인용비×영향력지수×특허권등록건수＝10×기술력지수이다. 프랑스와 태국의 특허피인용건수의 차이는 25건이고, 프랑스와 핀란드의 특허피인용건수의 차이는 24건이다. 따라서 프랑스와 태국의 특허피인용건수의 차이는 프랑스와 핀란드의 특허피인용건수의 차이보다 크다.

오답해설

ㄷ. 특허피인용건수는 기술력지수의 10배이므로 한국은 4번째로 많다.
ㄹ. 첫 번째 각주에 의하여 특허등록건수＝$\frac{기술력지수}{영향력지수}$이므로 네덜란드의 특허등록건수는 30건이다. 따라서 한국의 특허등록건수의 50% 이상이다.

34   정답 ② 

A는 승용차를 타므로 단기주차장을 이용하고, 주차시간은 8시간 30분이다. 기본 30분 1,200원에 추가 15분당 600원이므로 1시간 요금은 2,400원이다. 따라서 1,200＋2,400×8＝20,400원이다.

35   정답 ④ 

ㄱ. 무더위 쉼터가 100개 이상인 도시는 C, D, E이고, 그 중 인구수가 가장 많은 도시는 C이다.
ㄷ. 온열질환자 수가 가장 적은 도시는 F이고, 인구수 대비 무더위 쉼터 수가 가장 많은 도시는 $\frac{85}{25}$＝3.4개인 F이다.
ㄹ. 폭염주의보 발령일수 평균＝$\frac{90+30+50+49+75+24}{6}$＝53이고, 이보다 폭염주의보 발령일수가 많은 도시는 A, E 2개이다.

오답해설

ㄴ. 인구수가 많은 도시의 순서는 A＞C＞E＞D＞B＞F순이고, 온열질환자 수가 많은 도시의 순서는 A＞E＞C＞D＞B＞F순이다.

36   정답 ③ 

시청(1)에는 턴스타일게이트가 설치되지 않았다.

오답해설

① 동대문에 설치된 EN의 개수는 48－10－6－5－4－4－4－8－2＝5개이다.

② 1호선 모든 역에 스피드게이트가 설치되어 있다.

④ 턴스타일게이트가 273개, 스피드게이트가 38개이므로 $\frac{273}{38} ≒ 7.18$로, 턴스타일게이트가 약 7배 이상 설치되었다.

⑤ 서울역(1)에 설치된 REV가 30개로 가장 많다.

37 정답 ④

최소 레일누적통과톤수가 세 번째로 적은 노선은 1호선으로 45.7백만톤이다.

① 4호선이 평균 651.2백만톤으로 레일누적통과톤수가 가장 많다.

② 최대 레일누적통과톤수가 가장 많은 노선은 4호선으로 1,341.10백만톤이고, 최소 레일누적통과톤수가 가장 적은 노선은 3호선으로 36.2백만톤이다. 따라서 차이는 30배 이상이다.

③ 4호선은 레일누적통과톤수가 최대일 때 1,341.10백만톤, 최소일 때 40.8백만톤이므로 차이가 가장 큰 노선이다.

⑤ 1~4호선과 5~8호선 최대 레일누적통과톤수는 1~4호선이 5~8호선보다 훨씬 많아 뚜렷한 차이가 난다.

38 정답 ②

ㄱ. D의 평균 숙면시간은 $\frac{6.0+4.0+5.0+5.0+6.0}{5}=5.2$이다. 따라서 평균 숙면시간은 C, D, A, B의 순이다.

ㄷ. 수면제 B와 수면제 D의 숙면시간 차이는 甲 2시간, 乙, 丙, 丁, 戊 0시간이다.

ㄴ. 수면제 C를 사용한 戊의 숙면시간은 $\frac{6.0+4.0+4.0+7.0+x}{5}=5.6$, $x=6.0$이다. 환자 乙과 환자 戊의 숙면시간 차이는 1시간이고, 수면제 B는 2시간이므로 환자 乙과 환자 戊의 숙면시간 차이는 수면제 C가 수면제 B보다 작다.

ㄹ. 수면제 C의 평균 숙면시간은 5.6시간이므로 이보다 긴 숙면시간을 환자는 甲, 丁, 戊 3명이다.

39 정답 ①

ㄱ. 해외연수 경험이 있는 지원자의 합격률은 $\frac{53}{483}×100≒10.97\%$이고, 해외연수 경험이 없는 지원자의 합격률은 $\frac{15}{191}×100≒7.85\%$이므로 해외연수 경험이 있는 지원자가 해외연수 경험이 없는 지원자보다 합격률이 높다.

ㄴ. 인턴 경험이 있는 지원자 합격률은 $\frac{64}{515}×100≒12.4\%$이고, 인턴 경험이 없는 지원자 합격률은 $\frac{4}{515}×100≒2.5\%$이므로 인턴 경험이 있는 지원자가 인턴 경험이 없는 지원자보다 합격률이 높다.

ㄷ. 인턴 경험과 해외연수 경험이 모두 있는 지원자 합격률은 11.3%이고, 인턴 경험만 있는 지원자 합격률은 22.9%로 인턴 경험과 해외연수 경험이 모두 있는 지원자의 합격률이 더 낮다.

ㄹ. 인턴 경험과 해외연수 경험이 모두 없는 지원자의 합격률은 2.8%이고, 인턴 경험만 있는 지원자의 합격률은 22.9%로 차이는 20.1%p이므로 30%p보다 작다.

40 정답 ②

CO_2 농도가 가장 낮은 역은 종로3가역으로 496ppm이다.

① 1호선은 4가지 모두 기준치보다 낮게 측정되었다.

③ PM-10이 가장 많이 검출된 역과 가장 적게 검출된 역의 차이는 $98.0-77.5=20.5\mu g/m^3$이다.

④ 서울역은 1호선 평균보다 4가지 모두 낮게 검출되었다.

⑤ CO가 가장 많이 검출된 역은 가장 적게 검출된 역보다 $1.4-0.9=0.5$ppm 많게 검출되었다.

PART
02

자료해석

CHAPTER 03 문제해결

01 ①	02 ③	03 ①	04 ①	05 ②
06 ④	07 ④	08 ⑤	09 ④	10 ④
11 ①	12 ④	13 ②	14 ④	15 ⑤
16 ④	17 ⑤	18 ②	19 ④	20 ④
21 ②	22 ②	23 ③	24 ③	25 ⑤
26 ①	27 ②	28 ④	29 ⑤	30 ④

01 정답 ① 

ㄱ. 2017~2018년 세계대학평가 순위에서 2017년도 세계대학평가 순위에 대한 추가 자료가 필요하다.

ㄴ. 2017~2018년 세계대학평가 C대학 세부지표별 점수에서 2017년 대비 점수가 대폭 하락하였다는 내용이 있어 추가 자료가 필요하다.

오답해설

ㄷ. 2017~2018년 세계대학평가 세부지표 목록은 〈표 2〉에 나타나 있으므로 추가 자료가 필요하지 않다.

ㄹ. 2017~2018년 세계대학평가 A대학 총점은 〈보고서〉와 관련이 없을 뿐더러 〈표 1〉에 이미 나와 있다.

02 정답 ③ 

단체복 제작비용은 원단과 도안 프린팅의 총 비용에 배송비의 합이 된다. 여기서 프린팅 비용은 색상 수(n)를 기준으로 n배 부과하며, 100장 미만으로 프린팅 하더라도 100장에 대한 금액이 부과된다고 하였다. C업체에서 단체복 수량을 100장으로 하는 경우 배송비는 무료이다. 기능성 원단과 도안1(소, 2색상)의 조합으로 C업체에서 제작하는 경우, 총 제작비용은 (7,000×100)+(300×2×100)=760,000(원)이 되므로, 예산(75만 원)을 초과하게 된다. 따라서 ③은 적절한 내용이 아니다.

오답해설

① 기능성 원단과 도안3(중, 2색상)의 조합으로 진행할 경우, 단체복 95장을 제작할 경우 들어가는 비용을 구하면 다음과 같다.
  - A업체 : (7,400×95)+(350×2×100)+20,000=793,000(원)
  - B업체 : (7,500×95)+(250×2×100)=762,500(원)
  - C업체 : (7,000×95)+(400×2×100)+50,000=795,000(원)
  ※ C업체에서 100장 이상 시 배송비가 무료이므로 총 제작비용은 (7,000×100)+(400×2×100)=780,000(원)'이 되며, 이 경우도 예산을 초과하게 된다.
  따라서 기능성 원단과 도안3의 조합으로 진행할 경우, 업체와 관계없이 모두 예산(75만 원)을 초과하게 되므로 예산이 부족하다.

② 기능성 원단과 도안3(중, 2색상)의 조합으로 제작할 경우, B업체가 (7,500×95)+(250×2×100)=762,500(원)으로 비용이 가장 저렴하다. 기능성 원단 대신 면 20수 원단을 사용하는 경우 제작비용은 (5,100×95)+(250×2×100)=534,500(원)이 되므로, 비용을 20만 원 이상 절감할 수 있다.

④ 기능성 원단과 도안2(소, 3색상)의 조합으로 진행할 경우, B업체를 제외하고는 ①의 기능성 원단과 도안3(중, 2색상)의 경우보다 도안

프린팅 비용이 증가한다. 따라서 이 조합으로 B업체에서 제작하는 경우, 제작비용은 (7,500×95)+(150×3×100)=757,500(원)이 된다. 따라서 이 조합의 경우는 업체에 관계없이 예산이 부족하다. 대신, B업체에서 기능성 원단과 도안 1의 조합으로 제작한다면 (7,500×95)+(150×2×100)=742,500원으로 예산 내 제작이 가능하다.

⑤ T/C소재 원단과 도안4(대, 1색상)의 조합으로 진행할 경우, 단체복 95장을 제작할 경우 들어가는 비용을 구하면 다음과 같다.
  - A업체 : (7,000×95)+(450×100)+20,000=730,000(원)
  - B업체 : (7,100×95)+(300×100)=704,500(원)
  - C업체 : (6,500×95)+(500×100)+50,000=717,500(원)
  그러므로 업체에 상관없이 예산 내에서 제작이 가능하다.

03 정답 ① 

자료를 이용하여 해당 일자의 승리를 정리하면

구분	A	B	C	D	E	F
9일(토)	3	0	0	3	1	1
12일(화)	3	1	0	0	1	3
14일(목)	1	1	3	1	0	1
16일(토)	1	0	0	3	1	3
19일(화)	0	3	0	1	1	3
21일(목)	0	3	1	1	3	0
23일(토)	1	1	1	1	1	1
26일(화)	0	3	0	3	3	0
28일(목)	1	0	3	3	1	0
30일(토)	1	0	3	0	3	1

따라서 A팀이 승리한 횟수는 2번 C팀이 승리한 횟수는 3번이다.

오답해설

② B팀은 12일(화)에 무승부, 19일(화)에 승리, 26일(화)에 승리하였다. 따라서 B팀은 화요일에는 패배한 적이 없다.

③ 23일(토)에 모든 팀이 무승부를 기록하여 승점 1점을 획득하였다.

④ 14일(목)에 승점 3점을 획득한 팀은 C팀이고 승점 0점을 획득한 팀은 E팀이다. 따라서 C팀은 3월 14일에 E팀과 경기하여 승리하였다.

⑤ 3월 30일 C팀과 E팀이 승리하였어도 D팀 승점에 미치지 못하고 B팀과 F팀이 승리한다고 하여도 D팀 승점보다 낮으므로 우승팀은 바뀌지 않는다.

04 정답 ① 

B의 손해배상액 : 45,000×0.7=31,500(원)
- 물품구입가격 : 45,000원
- 배상비율 : 내용연수등급이 2등급이고 물품사용일수가 176일이므로, 70%

오답해설

② C의 손해배상액 : 10,200×0.35=3,570(원)
  - 물품구입가격 : 10,200원
  - 배상비율 : 내용연수등급이 1등급이고 물품사용일수가 284일이므로, 35%

③ D의 손해배상액 : 486,900×0.7=340,830(원)
- 물품구입가격 : 486,900원
- 배상비율 : 내용연수등급이 5등급이고 물품사용일수가 247일이므로, 70%

④ E의 손해배상액 : 109,000×0.35=38,150(원)
- 물품구입가격 : 109,000원
- 배상비율 : 내용연수등급이 3등급이고 물품사용일수가 911일이므로, 35%

⑤ F의 손해배상액 : 590,000×0.5=295,000(원)
- 물품구입가격 : 590,000원
- 배상비율 : 내용연수등급이 4등급이고 물품사용일수가 684일이므로, 50%

05　정답 ②　

실업률은 경제활동인구 중 실업자가 차지하는 비율이므로 2017년 12월 실업자 수는 426,000명이고, 실업률은 9.8%이다. 따라서 경제활동인구는 $\frac{426,000}{0.098}$≒4,346,939명이다.

오답해설

① 2019년 12월 실업률은 9.5%이고 2018년 12월 실업률은 10.0%이므로 실업률은 0.5% 감소하였다.

③ 2017년 3월 실업자 수는 510천 명이고 2019년 3월 실업자 수는 507천 명으로 3천 명의 차이가 있다. 이 기간 동안 고용률과 실업률의 변동이 있으므로 3천 명이 취업하였다고 단정할 수 없다.

④ 2016년~2019년 동안 3월 실업률이 낮은 연도는 2016년, 2018년, 2019년, 2017년 순이고, 12월 실업률이 낮은 연도 순은 2016년, 2019년, 2017년, 2018년 순이다.

⑤ 12월 고용률이 높은 연도는 2019년이고, 실업률이 가장 낮은 연도는 2016년이다.

06　정답 ④　

C국의 E공항의 경우, 한국에서 출발하는 모든 승객은 출국 48시간 이내 발행된 전염병 음성결과 확인서와 건강 확인서 등의 서류를 제출하여야 탑승권 발권이 가능하다고 하였다. 따라서 비행기 출발 48시간 전에 이러한 서류를 수령하는 경우, 출국 48시간 이내 발행 조건에 부합되지 않는다.

오답해설

① B국의 D공항으로 입국할 경우, 무증상자라도 당뇨나 고혈압, 천식환자는 병원이나 호텔에 격리한다고 하였으므로, 격리시설로 지정된 병원이나 호텔의 상황을 알아보는 것도 필요하다.

② B국의 D공항으로 입국할 경우, 한국 등을 방문 후 입국하는 일반 무증상자도 최소 14일간 자가 격리 조치를 취하므로, 출장 기간을 2주 이상으로 넉넉하게 잡는 것이 좋다.

③ B국의 경우 모든 외국인에게 발급된 기존비자의 효력이 중단(외교관, 관용, 국제기구, 승무원, 고용비자는 기존 비자로 가능)되므로, A의 상사도 새로운 비자를 발급받아야 한다.

⑤ E공항에서 탑승권 발권이 가능하기 위해서는 전염병 음성결과 확인서와 건강 확인서 외에 여행자보험(질병 시 총 10만 불 이상 보장 보험) 서류를 제출해야 한다. 다만, 여행자보험의 경우 질병이 있는 경우에만 총 10만 불 이상의 보장 보험 서류를 제출하는 것이므로, 질병이 없는 경우 보장 금액(10만 불 이상)이 의무 사항은 아니다. 따라서 만일의 상황에 대비하여 질병 시 10만 불 이상 보장되는 여행자보험을 준비한다는 것도 적절한 내용이 된다.

07　정답 ④　

ㄱ. A 유치원은 교사조건, 차량조건을 충족한다.

ㄴ. 1단계 조건을 충족하는 유치원은 D와 E이고, 2단계 조건을 충족시키는 유치원은 D유치원이다. 따라서 甲사업에 최종 선정되는 유치원은 D이다.

ㄹ. B 유치원이 교사경력 4.0년 이상인 교사 6명을 증원한다면 교사 1인당 원아 수는 $\frac{160}{12}$≒13.3명으로 교사조건을 충족하여 1단계 조건을 충족한다. 따라서 B, D, E 중 교사평균경력이 가장 긴 B 유치원이 甲사업에 최종 선정된다.

오답해설

ㄷ. 통학 차량 1대당 원아수가 100명 이하여야 하므로 원아수를 15% 줄이면 120−18=102명이므로 차량조건에 충족하지 못한다.

08　정답 ⑤　

연구원은 자격요건 우대사항을 고려하여 채용한다고 하였다. 유전자발현 분야의 경우 생물학/생명공학 등 석·박사와 관련프로젝트 수행 경력이 자격요건 우대사항이 된다. 따라서 생물학 박사이면서, 유전자발현 분석 국책과제에 참여한 경력이 있는 E가 이 분야의 연구원으로 가장 적절하다.

오답해설

① 고령화대응기술 분야의 자격요건 우대사항은 관련전공분야(분자생물학/세포생물학 등) 석·박사와 노화세포 제거기술 및 활용기술 개발 유경험자이다. A는 수의학 석사이므로, 모집분야의 연결이 적절하지 않다. 이 모집분야에는 분자생물학 박사 학위 소지자이면서 항노화 물질 발굴 국책과제 참여한 적이 있는 B가 적절하다.

②, ③ 유전자치료제 분야의 우대사항은 생물학/생명공학 등의 석·박사와 줄기세포 관련 연구 경력이다. 이 분야의 연구원으로 가장 적절한 사람은 생명공학 박사이면서 신경줄기세포 프로젝트에 참여한 경력이 있는 D이다. B는 전공(분자생물학)과 참여프로젝트가 모두 맞지 않고, C의 경우는 전공(생명공학)은 맞으나 참여 프로젝트 및 자격증(뇌질환 분석기술 보유)이 거리가 멀다.

④ 슈퍼박테리아 분야의 경우 전공분야가 '미생물학/수의학/의학'이면서 수의사면허증 소지자인 사람이 자격요건 우대사항에 해당하므로, A가 가장 적절하다.

09　정답 ④　

사망률은 $\frac{사망자수}{확진자수}$×1000이므로 확진자수에 대비한 사망자수의 비율이다. A국이 확진자 대비 사망자수가 가장 많으므로 사망률을 구하면 $\frac{401}{6,830}$×100≒5.9%이므로 6% 미만이다.

① 전일 대비 확진자 증감이 가장 큰 국가는 D국으로 658명이 증가했다. 확진자수 비율이 가장 큰 국가는 0.52%를 기록한 A국이다.

② 사망률은 $\dfrac{\text{사망자수}}{\text{확진자수}} \times 100$이므로 B국의 사망률은 $\dfrac{36}{5,921} \times 100 ≒ 0.6\%$이다.

③ 확진자수 비율은 $\dfrac{\text{확진자수}}{\text{인구수}} \times 100$이므로 C국가의 인구수는 확진자수$\times \dfrac{100}{\text{확진자수 비율}}$이다. 따라서 C국가의 인구수는 $5,640 \times \dfrac{100}{0.43} ≒ 1,311,528$명이다.

⑤ A국의 사망자수는 401명이고, 다른 국가 사망자수의 합은 $36+58+46+158=298$명이므로 A국의 사망자수가 많다.

10 정답 ④ 

〈자료 2〉를 보면, 웹하드를 이용하는 여성의 수는 200만 명이며 모바일 앱을 이용하는 10대(82만 명)와 30대(118만 명)의 합도 200만 명이 된다. 따라서 서로 비슷하다고 할 수 있으므로, ④는 적절한 내용이 된다.

① 20××년 3분기 온라인 콘텐츠별 불법 유통량은 36,780(천 건)이고 2분기 불법 유통량은 31,484(천 건)이므로, 3분기는 2분기에 비해 $\dfrac{36,7870-31,484}{31,484} \times 100 ≒ 16.8(\%)$ 증가하였다.

② 〈자료 1〉을 보면, 온라인 콘텐츠별 불법 유통량이 분기마다 증가한 것은 '음악'뿐임을 알 수 있다.

③ 〈자료 2〉의 사용자별 온라인 콘텐츠 불법 유통 경로를 보면, 30대의 경우 스트리밍 사이트보다 P2P와 모바일 앱의 비중이 더 크다는 것을 알 수 있다.

⑤ 〈불법 디지털콘텐츠 관련 기사〉를 보면, 해당 음원이 G사의 스트리밍 사이트에 올라온 것은 4분기(11월 18일)이다.

11 정답 ① 

• 첫 번째 조건에서 유전체기술은 A에 해당함을 알 수 있다.
• 두 번째 조건에서 환경공학기술은 C에 해당함을 알 수 있다.
즉, A는 유전체기술, B는 발효식품기술, C는 환경공학기술이다.

12 정답 ④ 

〈회의실 사용 현황표〉에 기재된 날짜와 시간이 겹치는 경우에는 회의를 할 수 없다. 그리고 회의에는 참석자 전원이 참석 가능한 때로 해야 하므로, 회의 참석자 업무 스케줄에 기재된 시간이 현황표의 회의 시간과 겹치지 않아야 한다. 모든 조건을 고려할 때, 15일 오후 시간대는 회의가 가능하다. 15일 오전에는 부서장회의가 있으며 점심시간은 13시까지이므로, 13시 30분부터 회의를 하는 경우 모든 사람이 참석할 수 있다. 따라서 회의실 예약 날짜와 시간으로 적절한 것은 ④이다.

① 4일에는 13시부터 15시까지 마케팅기획팀이 회의실을 사용하므로, 14시에 회의를 예약할 수는 없다.

② 8일에는 예산팀이 11시부터 회의실을 사용한다. 제품개발팀의 회의는 1시간 30분 동안 진행될 예정이므로, 8일 10시에 회의실 예약을 하는 것은 가능하지 않다.

③ 제품개발팀 회의에는 참석자 전원이 참석할 수 있어야 하는데, O사원의 경우 11일 13시부터 16시까지 외근이 계획되어 있으므로 11일 15시 30분에는 회의에 참석할 수 없다.

⑤ 16일에는 K주임이 13시부터 19시까지 외근이 계획되어 있으므로, 오후 시간에 회의에 참석할 수 없다.

13 정답 ② 

ㄴ. 경기도의 한 아파트에 거주 중인 B씨의 경우 12월 난방용 도시가스 사용량이 2,400MJ이고 난방용으로만 사용하였다. 요금은 $(850+2,400 \times 16.22)+$부가세이므로 43,755.8원인데 100원 미만은 절사하므로 43,700원이다.

ㄷ. 광주에 위치한 단독주택에 거주 중인 C씨 경우 취사용과 난방용 사용량이 동일하므로 난방용으로 2,000MJ를 사용한 경우 요금은 $(750+4,000 \times 15.83)+$부가세이므로 70,477원인데 100원 미만은 절사하므로 70,400원이다. 71,100원이 나오려면 취사용으로 2,000MJ 이상 사용하였음을 알 수 있다.

ㄱ. 회사의 경우 기본요금을 면제한다. 따라서 A사의 도시가스 요금은 $(1,500 \times 16.20)+$부가세이므로 $24,300+2,430=26,730$원이 된다. 100원 미만은 절사하므로 A사의 도시가스 요금은 26,700원이다.

14 정답 ④ 

채널은 기업이 고객에게 가치를 제안하기 위해 상품이나 서비스를 전달하는 방법이며 온·오프라인 매장과 같은 채널을 통해 소통, 유통, 영업 등이 이루어진다고 하였다. 따라서 채널은 BA커피의 상품과 서비스 전달이 직접 이루어지는 BA커피 매장이라 할 수 있다.

① 후반부에서 핵심파트너십은 자회사만으로는 부족한 일부 자원을 충족하기 위해 사업에 필요한 납품업체, 물류업체, 외부 연구소 등의 이해관계자들이 포함된다고 하였다. 따라서 후반부에서 언급된 농업인과 경기도 지자체, 영농조합법인은 BA커피와 상생협력을 위한 핵심파트너십 대상에 해당된다고 볼 수 있다.

② 핵심활동은 가치제안을 만들고 비즈니스의 원활한 진행을 위해 필요한 활동이라 하였다. 따라서 사회적 공헌이 가능한 제품을 생산하는 것은 BA커피의 핵심활동에 해당한다.

③ 핵심자원은 비즈니스가 원활히 진행되기 위해 필요한 자원을 말하며, 생산 장비 등의 물적 자원뿐만 아니라 브랜드 이미지와 같은 무형적인 자원이나 인적자원 등도 포함된다고 하였다. 따라서 고객충성도가 높은 BA커피 브랜드 파워도 핵심자원이 될 수 있다.

⑤ BA커피의 주요 고객층은 2030여성과 대학생, 직장인이라 하였다.

15 정답 ⑤ 

• 첫 번째 조건에서 전년대비 증가율이 20% 미만인 것은 D이므로 드폰과 KR화학은 A, B, C에 해당된다.

- 두 번째 조건에서 벡슨모빌과 시노텍의 20X1년 화학제품 매출액은 각각 총매출액에서 화학제품을 제외한 매출액의 2배 미만이므로 화학제품 매출액 비율이 66.6% 미만이다. 따라서 B, D가 해당된다.
- 세 번째 조건에서 총매출액은 $\dfrac{\text{화학제품 매출액}}{\text{화학제품 매출액 비율}} \times 100$이므로 KR화학은 A와 C 중의 하나이다. $A = \dfrac{62.4}{100} \times 100 = 62.4$십억 달러, $C = \dfrac{34.6}{67.0} \times 100 \fallingdotseq 51.6$십억 달러이다. 따라서 포르오사가 55.9십억 달러이므로 A가 KR화학이 된다. ①, ②는 제외한다.
- 네 번째 조건에서 20X0년 화학제품 매출액은 자빅이 시노텍보다 크므로 ④도 제외한다.

그러므로 A는 KR화학, B는 벡슨모빌, C는 드폰, D는 시노텍이다.

16　정답 ④　●●○

필수 참여 세미나는 환경마크 인증 심사와 전기차와 사회 문제이며, 특허전략 A-Z와 특허의 이해와 활용은 둘 중 하나만 참석하면 된다고 하였다. 또한 동일한 숙박 장소에 2박 이상 체류하는 것은 금지된다. 점심 및 저녁식사 비용, K사로 돌아오는 교통편은 출장비용에 포함되지 않는다고 했으므로, 출장비용은 출발 교통비(P홀행 버스 비용), 숙박비용(2일), 아침식사비용(2일)으로 구성된다. 세미나에 따른 최소 출장비용은 다음과 같다.

ⅰ) 특허의 이해와 활용을 참여하는 경우 : 출장 기간은 2월 3~5일
- 출발 교통비 : 50,000원
- 숙박비용(가, 나) : 32,000+29,500=61,500원
- 아침식사비용 : 3,000+2,500=5,500원

출장 비용은 117,000원이 된다.

ⅱ) 특허전략 A-Z에 참여하는 경우 : 출장 기간은 2월 4~6일
- 출발 교통비 : 55,000원
- 숙박비용(가, 나) : 32,000+29,500=61,500원
- 아침식사비용 : 3,000+2,500=5,500원

출장 비용은 '122,000원'이 된다.
따라서 최소 출장 비용은 특허의 이해와 활용에 참여하는 경우로, 117,000원이다.

17　정답 ⑤　●●○

S팀장은 4일부터 강의가 있으므로, 4일 아침 8시 이전에 출발하는 C버스를 타야 한다. M사원이 보조강사로 참여하게 되는 경우, 당일 오전 8시 전에 J연구원을 만나 관련 자료를 받아와야 한다고 하였다. 따라서 M사원이 S팀장과 동일한 C버스를 타는 경우 8시 30분에 도착하므로 8시 전에 J연구원을 만나 자료를 받을 수 없다.

오답해설
① S팀장이 참여하는 강의는 안전 기술, 기술개발 실전사례, 전기차 시장예측이라 하였으므로, 출장일정은 2월 4~6일이 된다. 또한 S팀장은 아침 8시 이전에 출발하며, 장시간 버스를 타지 않는 것이면 좋겠다고 하였다. 따라서 S팀장의 교통편은 2월 4일의 C번 버스가 된다.
②, ③ S팀장은 P홀과 가장 가까운 숙소로 예약해 달라고 했는데, 보안을 위하여 한 사람이 동일한 숙박 장소에 2박 이상 체류하는 것이 금지되므로, 첫 날에는 P홀과 가장 가까운 '라' 숙소, 둘째 날에는 두 번째 가까운 '나' 숙소를 이용하는 것이 적절하다.

④ M사원은 안전 기술, 전기차 시장예측 강의에 참석할 예정이므로, 출장 일정이 2월 4~6일이 된다. 따라서 4일과 5일 P홀 인근의 숙박시설을 이용한다는 내용은 적절하다.

18　정답 ②　●●○

제품의 탄소함유량은 계수×제품무게×제품 1g당 탄소함유량이므로 제품별 탄소함유량을 구하면 다음과 같다.
- A : 0.625×1,000×6.0=3,750mg, 3.75g
- B : 0.625×1,200×14.0=10,500mg, 10.5g
- C : 0.625×800×8.5=4,250mg, 4.25g
- D : 0.625×1,500×20.0=18,750mg, 18.75g

제품의 등급이 우수 이상이려면 탄소함유량(g)이 8미만이어야 한다. 그러므로 A와 C 제품이 해당되어서 2개이다.

19　정답 ④　●●○

항목별 연봉을 토대로 연봉 차이를 구하면 다음과 같다.

항목	甲	乙
기본급	5,000만 원	4,500만 원
상여금	5,000×0.36=1,800만 원	4,500×0.5=2,250만 원
추석선물비	150만 원	220만 원
휴가비	5,000×0.05=250만 원	300만 원
연차수당	5,000×0.06=300만 원	4,500×0.08=180만 원
특근수당	5,000×0.08=400만 원	4,500×0.12=270만 원
교통비	5,000×0.05=250만 원	4,500×0.04=180만 원
계	8,150만 원	7,900만 원

따라서 甲과 乙의 연봉 차이는 250만 원이다.

20　정답 ④　●●○

- 교육대상자 : P회계 프로그램 활용 연수는 2020년 3월 16~18일, 14:00~17:00시에 개최된다. 동일 교육을 받지 않은 모든 직원은 참여해야 하며 출장 등으로 부득이하게 참여할 수 없는 경우 다음 연수에 참여해야 한다. 이 연수는 2018년도부터 신입사원 연수(3월, 9월)에 포함되었고, 올해 1월에 진행된 과장급 이상의 임원 연수에서도 진행되었다고 하였다. 따라서 2018년 신입사원 연수와 올해 과장급 이상의 임원 연수에서 관련 교육을 수강한 A사원과 E과장은 교육대상이 아니다. 또한 연수 기간 동안 출장이 있는 D대리도 교육대상에서 제외된다. 따라서 교육대상자로 적합한 사람은 B, C이다.
- 교육장소 : 연수는 2020년 3월 16~18일 3일간 실시되며, 실시 시간은 14:00~17:00라 하였다. 이 기간 동안 교육장소로 사용할 수 있는 회의실은 '회의실 1'과 '회의실 3'이다. (회의실 3의 경우 2020년 3월 6일부터 10일간(3.6~3.15) 보수공사를 실시하므로, 16일부터는 사용할 수 있다.)

이상의 두 조건을 모두 만족하는 것은 ④이다.

21 정답 ② 

- 글 중반부에서, 2만 원의 로열티는 A사의 X부품 가격의 2배에 해당하는 금액이라고 하였으므로, X부품의 가격은 개당 1만 원임을 알 수 있다. 또한 X부품은 Y제품에 각 1개씩 필수적으로 들어가는 부품이라 하였다. 문제의 단서에서 (B사는) A사 이외의 타사 X부품은 구매하지 않았다고 했으므로, X부품의 100%를 A사로부터 구매했음을 알 수 있다.
- 변경 전의 계약 조건은 A사는 B사가 전체 X부품 수요량의 90% 이상을 구매할 시 연간 X부품 구매액의 5%에 해당하는 보상금을 B사에 지급하고, B사는 A사의 X부품을 장착한 Y제품에 대해 제품 1대당 1만 원의 로열티를 지급한다는 것이다.
- 따라서 변경 전에는 X부품 500개를 구매하였으므로, 보상금은 500×0.05=25(만 원)이 된다. 또한 B사가 지급할 로열티는 500×1=500(만 원)이 된다.
- 글 후반부의 변경된 라이선스 계약은, 타사의 X부품을 장착한 Y제품에도 A사의 X부품을 장착한 Y제품과 같은 로열티(제품 1대당 1만 원)를 지급하며, A사의 X부품을 수요량의 90% 이상으로 의무적 구매하지 않아도 A사로부터 동일한 비율의 보상금을 지급받는다는 것이다.
- 따라서 변경 후에는 B사가 400×0.05=20(만 원)의 보상금을 받고, 400×1=400(만 원)의 로열티를 A사에 지급해야 한다.

22 정답 ② 

제시된 분석 자료 중 고객 및 시장에서는, 자외선 차단 제품의 경우 과거에는 SPF 30 제품이 많이 판매되었으나 지금은 자외선 차단 효과가 큰 SPF 50 제품이 인기를 얻고 있다고 하였다. 경쟁사의 자료에서는, 판매량이 높은 브랜드들은 합리적 가격의 다양한 제품이 다양한 고객층을 유지하고 있다고 하였다. 그런데 ②의 그래프는 대만의 선크림 제품별 특징으로 가격대와 용량에 관한 그래프인데, 제시된 자료에는 가격대나 용량에 관한 구체적인 언급이 없다. 또한 그래프를 보면 제품 용량과 관계없이 다양한 가격대를 형성하고 있어, 다양한 종류의 제품을 합리적인 가격으로 판매하고 있다는 내용과 부합하지 않는다. 따라서 ②는 추가 자료로 적절하지 않다.

오답해설

① 제시된 분석 자료 중 고객 및 시장과 경쟁사 자료를 보면, 대만의 자외선 차단제 시장규모는 전년대비 9.5% 성장하였고 연평균 판매성장률은 2019년 이후 5년간 5%대로 예상된다고 하였고, 판매량이 높은 브랜드들은 합리적 가격의 다양한 제품이 다양한 고객층을 유지하고 있다고 하였다. 따라서 2018년 전체 선케어 품목별 매출규모는 2017년에 비해 9.5% 증가하였고, 프리미엄 제품(SPF 50 제품)의 비율이 높아지고 있으며, 다양한 연령대의 고객을 대상으로 한 제품이 판매되고 있다는 사실을 알 수 있다. ①의 자료는 대만 선케어 품목별 매출규모로, 프리미엄·미백·유아용 선케어 등의 매출 추이를 알 수 있어 고객과 시장의 파악에 도움이 되는 추가 자료로 볼 수 있다.

③ 대만 선크림 제품 시장 점유율을 나타낸 그래프로, 판매량이 높은 브랜드를 파악할 수 있는 추가 자료로 적절하다.

④ 홍콩 선크림 시장규모를 나타내는 그래프로, 시장의 규모와 성장 추이를 보여주는 추가 자료로 적절하다.

⑤ 홍콩 선크림 시장의 브랜드별 점유율을 나타내는 그래프로, 판매량이 높은 브랜드를 통해 경쟁사를 파악할 수 있게 해주는 추가 자료라 볼 수 있다.

23 정답 ③ 

A사원은 2019년 고용보험 가입자로, 중증질환(당뇨질환자)을 가진 외국인(일본국적 보유)이다. 따라서 본인부담 병원비는 병·의원별 본인부담 병원비에 중증질환자 차등 본임부담률(30%)를 곱하여 산정한다. 〈A사원의 본인부담 병원비 결제 내역〉에 따라 2019년 본인부담 병원비를 구하면 다음과 같다.

- B한방병원(읍·면 지역) : {(180,000−100,000)×35/100+100,000×30/100}×0.3=(28000+30,000)×0.3=17,400(원)
- C치과병원(시·군 지역) : {(150,000−60,000)×40/100+60,000×30/100}×0.3=(36,000+18,000)×0.3=16,200(원)
- D종합병원(시·군 지역) : {(100,000−50,000)×50/100+50,000×30/100}×0.3=(25,000+15,000)×0.3=12,000(원)
- E치과병원 : 2020년에 해당하므로 제외

전년도 기준 본인부담 병원비의 평균금액을 복지 포인트로 지급하려고 하므로, 지급해야 할 복지 포인트는 $\frac{17,400+16,200+12,000}{3}=15,200$(원)이 된다.

24 정답 ③ 

〈2020~2024년 산림분야 사업계획〉에서 숲을 활용한 삶의 질 향상은 도시 숲의 기능과 산림치유의 고도화, 산촌의 산림자원 활용 연구로 산림복지서비스 정책 및 기술을 개발하는 것이라 하였다. 따라서 1. 도시 숲 기능의 유지·증진 기술 개발과 7. 산림복지서비스 활성화 및 산촌 연계 개발, 12. 도시 및 숲 자원의 산림치유 고도화 연구가 사업계획 목록으로 적절하다.

오답해설

① 산림생태계 보전, 복원, 관리는 산림생태·사회·경제적 측면 등 다양한 공간에서 산림생태계서비스를 제공할 수 있는 기술 개발이라고 했으므로, 2, 4, 8이 사업계획 목록으로 가장 적절하다. 9. 산림생명자원 이용 약용소재 발굴은 산림 바이오경제 견인의 목록으로 볼 수 있다.

② 산림자원의 부가가치 제고에 해당하는 사업계획 목록으로는 5, 15가 적절하다. 3은 산림 바이오경제 견인의 목록에 해당하며, 11은 목재산업 육성의 목록에 해당한다.

④ 산림 바이오경제 견인 주제에 해당하는 사업계획 목록으로는 3, 6, 9, 10이 적절하다.

⑤ 목재산업 육성 주제에 해당하는 목록으로는 11, 13, 14, 16이 적절하다.

25 정답 ⑤ 

〈아르바이트 채용안〉의 조건에서 업무 관련 경력자의 근무 가능 시간을 고려하여 우선 선발하고 차선으로 종일 근무를 2일 이상 할 수 있는 자를 선발하며, 업무 관련 경력자는 2일 이상 종일 근무자보다 더 많이 채용한다고 하였다. 따라서 업무 관련 경력자(A, C, G, I)는 3명 이상을 채용하여야 하는데, 이 조건에 따라, ㉠, ㉡, ㉣은 채용 명단으로 적절하지 않음을 알 수 있다. 또한 ㉢의 경우 3월 4일 오후 근무자가 1명이 부족하므로, 적절하지 않다. ㉤은 모든 조건을 만족한다(업무 관련 경력자는 2일 이상 종일 근무자보다 더 많이 채용하는 조건에도 맞고, 일자별 근무 가능 시간도 모두 부합함).

26 정답 ①

총 예산은 대관료와 간식 비용, 출력물 비용, 강연료로 구성된다. 기존 예산을 구하면 다음과 같다.

- 3월 3일 예산 : $(200,000 \times 2) + (2,000 \times 70) + 130,000 + (1,500 \times 70) + 70,000 + 80,000 + (200,000 \times 1.5 \times 2) = 1,525,000$(원)
- 3월 10일 예산 : $(250,000 \times 2) + (2,000 \times 100) + (1,500 \times 100) + 80,000 + (200,000 \times 2) = 1,330,000$(원)
- 3월 17일 예산 : $(200,000 \times 2) + (2,000 \times 70) + (1,500 \times 70) + (200,000 \times 2) = 1,045,000$(원)
- 3월 24일 예산 : $(250,000 \times 2) + (2,000 \times 100) + (1,500 \times 100) + (200,000 \times 2) = 1,250,000$(원)

따라서 기존 예산의 총 금액은 5,150,000원이 된다.

3월 31일 추가 예산을 구하면, $(250,000 \times 2) + (2,000 \times 100) + (1,500 \times 100) + (200,000 \times 2) = 1,250,000$(원)이 된다. 그런데 여기서 쿠키는 350개 이상을 구매하였으므로, 10%를 할인하여 계산한다. 여기서 쿠키는 행사 일정 동안 모두 440개를 구매하였으므로 440,000원이 소요되었는데, 10% 할인을 적용하는 경우 $440 \times 1,000 \times 0.9 = 396,000$(원)이 되므로 추가 예산에서 44,000원을 빼주면 된다. 따라서 추가 신청할 예산은 $1,250,000 - 44,000 = 1,206,000$(원)이 된다.

27 정답 ②

회의 결과를 보면, 우선순위를 고려하여 구매하며 1인당 구매 금액은 5만 원을 초과하지 않도록 한다고 하였다(1순위 가격이 5만 원 초과 시 가격에 맞는 대체품을 구매). 다만, B차장은 무선 마우스 구매를 허용하고 E사원은 모니터 구매를 허용하며, 사무용품 구입 시 상품권을 적극 활용한다고 하였다.

할인 관련 참고 사항을 보면, 동일 제품 2개 이상 구매 시 10% 할인되며, 상품권의 경우는 2매 이상 구매 시 상품권 구매 금액의 10%가 할인되지만 컴퓨터 관련 기기 및 용품은 상품권으로 구매할 수 없다고 하였다.

이상을 토대로 신청자별 구매 용품과 가격을 보면 다음과 같다.

- A팀장 : 유선 마우스(30,000원)
- B차장 : 무선 마우스(80,000원)
- C과장 : 유선 마우스(30,000원) + 책꽂이(9,500원)
- D대리 : 유선 마우스(30,000원) + 서류함(9,800원)
- E사원 : 모니터(390,000원)

동일 제품 2개 이상 구매 시 10% 할인되며, 상품권(컴퓨터 관련 용품 제외)의 경우는 2매 이상 구매 시 구매 금액의 10%가 할인된다고 하였으므로, 유선 마우스 3개의 구매 금액은 $(30,000 \times 3) \times 0.9 = 81,000$(원)이 되며, 책꽂이와 서류함의 경우 상품권 2매(2만 원)로 구매가 가능하며, 잔액은 환불되지 않으므로 구매 금액은 $20,000 \times 0.9 = 18,000$(원)이 된다.

따라서 구매 최소 예산은 $81,000 + 80,000 + 18,000 + 390,000 = 569,000$(원)이 된다.

28 정답 ④

상반기 광고재생건수가 가장 낮은 광고종류는 9초 광고이다. 광고수입 = 총 게재기본료 + 총 재생료이며, 총 게재기본료 = 게재기본료 × 게재건수로 구한다.

구분	게재기본료(만 원)	게재건수	총 게재기본료(만 원)
1초	10	350	3,500
2초	10	220	2,200
3초	10	600	6,000
4초	20	700	14,000
5초	20	550	11,000
6초	20	500	10,000
7초	50	450	22,500
8초	50	300	15,000
9초	50	350	17,500

9초 광고의 총 게재기본료는 위의 표에서와 같이 17,500(만 원)이 된다. 총 재생료 = 재생료 × 재생건수이고, 재생료 = 초당요금 × 광고 종류별 재생시간이다. 9초 광고의 재생료는 $25 \times 9 = 225$(원)이므로, 총 재생료는 225×30(만) $= 6,750$(만 원)이 된다. 따라서 9초 광고의 총 광고수입은 $17,500 + 6,750 = 24,250$(만 원)이므로, 2억 5천만 원 이하가 된다.

오답해설

① 재생료 = 초당요금 × 광고 종류별 재생시간이므로, 광고 한 건당 재생료가 두 번째로 높은 광고종류는 9초이다(아래표 참고).

구분	초당요금(원)	건당재생료(원)	총 게재기본료(만 원)
1초	50	50	3,500
2초	45	90	2,200
3초	45	135	6,000
4초	42	168	14,000
5초	40	200	11,000
6초	35	210	10,000
7초	30	210	22,500
8초	30	240	15,000
9초	25	225	17,500

총 게재기본료 = 게재기본료 × 게재건수이므로, 9초 광고의 총 게재기본료는 50(만) × 350 = 17,500만 원(1억 7천 5백만 원)이 된다.

② 총 게재기본료 = 게재기본료 × 게재건수이므로, 총 게제기본료가 가장 높은 광고종류는 7초 광고이다. 총 재생료 = 재생료 × 재생건수이고 7초 광고의 재생료는 210이므로, 7초 광고의 총 재생료는 210×75(만) $= 15,750$(만 원)(= 1억 5천 7백 5십만 원)이 된다. 따라서 1억 5천 만 원 이상이다.

③ ②에서 본 바와 같이, 상반기 총 게재기본료가 가장 높은 광고는 7초 광고이고, 가장 낮은 광고는 2초 광고이다. 광고수입 = 총 게재기본료 + 총 재생료이며, 총 재생료 = 재생료 × 재생건수이다. 7초 광고의 총 게재기본료는 22,500(만 원)이며, 2초 광고의 총 게재기본료는 2,200(만 원)이다. 두 광고의 총 재생료를 구하면, 7초 광고가 210×75(만) $= 15,750$(만 원)이고, 2초 광고가 90×50(만) $= 4,500$(만 원)이 된다. 따라서 두 광고의 광고수입을 구하면, $22,500 + 15,750 = 38,250$(만 원)과 $2,200 + 4,500 = 6,700$(만 원)이다. 두 광고의 광고수입은 38,250(만 원) ÷ 6,700(만 원) ≒ 5.7(배)의 차이가 나므로, 5배 이상이 된다.

⑤ 게재기본료가 가장 저렴한 광고종류들은 1초, 2초, 3초 광고들로, 게재기본료는 모두 10만 원이다. 이 광고들의 총 게재기본료 합은 3,500＋2,200＋6,000＝11,700(만 원)이므로, 1억 원 이상이다.

29 정답 ⑤ 

변경안에서는 기존의 수영장 안내와 셔틀버스 안내 항목을 각각 연수원 시설과 찾아오시는 길 하위 범주에 포함시킴으로써, 연수원 소개 카테고리가 체계를 갖추도록 하였다.

오답해설

① 변경전의 연수원 소개와 연수 안내 및 신청을 각각 연수원 소개 마당과 연수 마당으로 변경하고 세부 카테고리 제목도 내용에 맞게 적절히 변경하여, 전반적으로 제목의 통일성 · 체계성을 갖추었다고 할 수 있다.

② 사이트 맵 변경안에서는 참여 마당에 민원처리 절차 및 소요시간이 신설되었으므로, 고객들이 민원이 처리되는 절차나 시간 등을 보다 자세히 알 수 있게 되었다.

③ 기존 맵에는 연수 신청에 구체적인 내용이 없는데 비해, 변경안은 연수 신청 항목에 집합 연수, 원격 연수, 특수 분야 연수 등 구체적인 강의 종류를 제시하여 분류하였다. 또한 변경안에서는 강사와 관련된 자료도 강사 추천, 우수 강사 인력풀로 세분화하여 적절히 배치하여 고객 편의성을 높였다.

④ 변경 전에는 2016년 이전의 이수증 발급은 정보마당에서, 2016년 이후의 발급은 나의 학습방에서 확인할 수 있었으나, 변경안에서는 이를 나의 학습방에 모아서 제공함으로써 이수증 발급과 관련한 이용이 더욱 편리해졌다.

30 정답 ④ 

예약주문 시 기간을 설정하지 않은 경우, 예약 2일 후 예약주문이 만료된다고 하였으나, 2.의 (1)에서 예약주문 시점에서 시장 가격이 지정한 매도 가격보다 높을 경우 장외 시간(16시 1분～익일 7시)이어도 예외적으로 즉시 매도가 체결된다고 하였다. ④의 경우 20일 17시에 예약주문을 활용하여 800달러에 매도 주문을 설정하였다고 했으므로, 21일 오후 상승추세를 보이다 13시에 시장 가격이 800달러에 도달하였으므로, 그때 해당 주문이 체결된다.

오답해설

①, ③ 장내시간 동안의 조건감시주문은 1.의 (2)에 나와 있는 바와 같이, 거래자가 설정한 감시 가격이 현재 시장 가격보다 낮으면 해당 주문이 매도주문에 해당하더라도 매도되지 않는다고 하였다. 따라서 거래자가 설정한 감시 가격(500달러)이 현재 시장 가격(600달러)보다 낮은 경우 매도 주문에 해당하더라도 매도되지 않는다 하였다. 따라서 ①, ③은 매도가 체결되지 않는다.

② 예약주문의 경우 2.의 (1)에 나와 있는 바와 같이, 예약주문 시점에서 현재 시장 가격이 지정한 매수 가격보다 낮을 경우 장외 시간(16시 1분～익일 7시)이어도 예외적으로 즉시 매수가 체결된다고 하였으므로, 시장 가격(1,000달러)이 예약주문의 매수 가격(1,300달러)보다 낮으므로 즉시 매수가 체결된다.

⑤ 1.의 (3)에서, 장내시간에 조건감시주문이 체결되지 않는 경우 장외시간이나 익일로 매매 주문이 이전되지 않는다고 하였다. 따라서 20일 15시에 별도의 기간 설정 없이 조건감시주문을 활용하여 700달러에 매수 주문을 설정한 경우에도 익일로 이전되지 않는다.

CHAPTER 01 논리추론

01 ①	02 ②	03 ④	04 ①	05 ⑤
06 ②	07 ①	08 ⑤	09 ②	10 ①
11 ②	12 ④	13 ⑤	14 ⑤	15 ④
16 ⑤	17 ②	18 ④	19 ①	20 ②
21 ③	22 ④	23 ③	24 ⑤	25 ②

01 정답 ①

A~E의 대화를 정리하면

구분	사과 사탕	포도 사탕	딸기 사탕	사과, 딸기 사탕
A	×	×		
B	○	×	×	×
C	×			×
D	×			×
E	×			

• E가 포도 사탕을 먹었다면 딸기 사탕을 먹은 한명은 A지만 다른 한 명은 누구인지 알 수 없다.

구분	사과 사탕	포도 사탕	딸기 사탕	사과, 딸기 사탕
A	×	×	×	○
B	○	×	×	×
C	×			×
D	×			×
E	×	○	×	×

• E가 딸기 사탕을 먹었다면 딸기 사탕을 먹은 사람은 A와 E이다.

구분	사과 사탕	포도 사탕	딸기 사탕	사과, 딸기 사탕
A	×	×	×	○
B	○	×	×	×
C	×	○	×	×
D	×	○	×	×
E	×	×	○	×

• E가 사과 사탕과 딸기 사탕을 먹었다면 딸기 사탕을 먹은 사람은 A와 E이다.

구분	사과 사탕	포도 사탕	딸기 사탕	사과, 딸기 사탕
A	×	×	○	×
B	○	×	×	×
C	×	○	×	×
D	×	○	×	×
E	×	×	×	○

E의 마지막 대화가 진실인 경우가 되려면 E가 포도 사탕을 먹었어야 한다. 따라서 다음 표와 같이 사과 사탕 1개와 딸기 사탕 1개를 함께 먹은 사람은 A이다.

구분	사과 사탕	포도 사탕	딸기 사탕	사과, 딸기 사탕
A	×	×	×	○
B	○	×	×	×
C	×			×
D	×			×
E	×	○	×	×

02 정답 ②

• 자원관리역량은 丙을 제외한 모든 채용후보자가 3가지씩 가지고 있다.

구분	의사소통 역량	대인관계 역량	문제해결 역량	정보수집 역량	자원관리 역량
甲					○
乙					○
丙					×
丁		○	○		○

• 甲은 심리상담업무를 수행할 수 있고, 乙과 丙은 진학지도 업무를 수행할 수 있다.

구분	의사소통 역량	대인관계 역량	문제해결 역량	정보수집 역량	자원관리 역량
甲	○	○			
乙			○	○	○
丙			○	○	×
丁		○	○		○

- 대인관계역량을 갖춘 채용후보자는 2명이다.

구분	의사소통 역량	대인관계 역량	문제해결 역량	정보수집 역량	자원관리 역량
甲	○	○			○
乙	×	○	○	○	○
丙		×	○	○	×
丁		○	○		○

- A청소년심리상담소의 채용후보자는 4명(甲, 乙, 丙, 丁)이며, 각 채용후보자는 5가지 직무역량 중 3가지씩을 갖추고 있다.

구분	의사소통 역량	대인관계 역량	문제해결 역량	정보수집 역량	자원관리 역량
甲	○	○	×	×	○
乙	×	×	○	○	○
丙	○	×	○	○	×
丁	×	○	○	×	○

따라서 각 채용후보자가 수행할 수 있는 업무를 필요 직무역량에 대입하면
- 甲 : 상담심리, 지역안전망구축
- 乙 : 진학지도
- 丙 : 진학지도, 위기청소년지원
- 丁 : 지역안전망구축

따라서 대인관계역량을 갖춘 채용후보자 2명은 甲과 丙이다.

03 정답 ④ 

- 오디션 점수는 A 76점, B 78점, C 80점, D 82점, E 85점이다.
- 각 배우의 오디션 점수에 각자의 나이를 더한 값은 모두 같다.
- 나이가 가장 적은 배우는 23세이다.

구분	오디션 점수	나이	나이 감점
A	76	32	−8
B	78	30	−4
C	80	28	0
D	82	26	−4
E	85	23	−10

- 오디션 점수가 세 번째로 높은 사람만 군의관 역할을 연기해 본 경험이 있다.
- 나이가 가장 많은 배우만 사극에 출연한 경험이 있다.

구분	오디션 점수	나이	나이 감점	경험	최종 점수
A	76	32	−8	사극출연 경험 +10	78
B	78	30	−4		74
C	80	28	0	군의관 경험 −5	75
D	82	26	−4		78
E	85	23	−10		75

A와 D가 최종 점수는 같지만 최종 점수가 가장 높은 사람이 여럿인 경우, 그 중 기본 점수가 가장 높은 한 사람을 캐스팅하도록 하므로 D가 캐스팅된다.

04 정답 ① 

- 甲 : 바구니에 들어있는 과일의 무게를 합할 때 1kg 이상인 바구니는 A와 C이고, 바구니에 들어있는 과일의 개수가 A 4개, C 5개이므로 구분할 수 있다. 바구니의 무게가 1kg 이하인 바구니는 B, D, E인데 각각 개수가 5개, 3개, 4개로 구분할 수 있다. 따라서 甲은 철수가 구매한 과일 바구니를 정확하게 맞힐 수 있다.
- 乙 : 바구니의 색깔과 같은 색깔의 과일이 포함되어 있는 바구니는 A, B, D이다. 과일의 개수가 각각 4개, 5개, 3개로 구분할 수 있다. 또한 과일의 개수가 C 5개, E 4개로 구분할 수 있다. 따라서 乙은 철수가 구매한 과일 바구니를 정확하게 맞힐 수 있다.
- 丙 : 과일의 개수가 4개인 바구니는 A와 E이고, 5개인 바구니는 B와 C이며, D는 3개이다. 5개인 바구니는 B와 C는 같은 종류의 과일이 들어있어 두 바구니를 구분할 수 없다. 따라서 丙은 철수가 구매한 과일 바구니를 정확하게 맞힐 수 없다.
- 丁 : 바구니에 들어있는 과일이 모두 다른 것은 E이다. 나머지는 과일의 종류가 모두 다르지 않다. A와 C는 1kg 이상이고, B와 D는 1kg 미만이다. A와 C, B와 D를 각각 구분할 수 없으므로 丁은 철수가 구매한 과일 바구니를 정확하게 맞힐 수 없다.

05 정답 ⑤ ●●●

주어진 내용을 정리하면

구분	A	B	C	D	E
나이	32		20대		26
직업	의료	방송		방송	요리사
성별		남	남	여	

- E가 26세이므로 C는 28세이다.
- 5명의 직업은 의사, 간호사, TV드라마감독, 라디오작가, 요리사이다.
- 의사와 간호사는 성별이 같다.
- 의료업계에 종사하는 사람은 C이다.
- 남성과 여성의 평균 나이는 같다.

구분	A	B	C	D	E
나이	32		28		26
직업	의료	방송	의료	방송	요리사
성별	남	남	남	여	여

- 라디오작가는 요리사와 매칭되므로 라디오작가는 B가 된다. 따라서 다른 방송 종사자인 D는 TV드라마감독이다.

구분	A	B	C	D	E
나이	32		28		26
직업	의료	라디오작가	의료	TV드라마 감독	요리사
성별	남	남	남	여	여

• 남성과 여성의 평균 나이는 같으므로 남성의 나이는 32세, 28세, x이고, 여성의 나이는 26세, y이다. 따라서 $x=30$, $y=34$이다.

구분	A	B	C	D	E
나이	32	30	28	34	26
직업	의료	라디오작가	의료	TV드라마 감독	요리사
성별	남	남	남	여	여

D(34세)는 의료계에서 일하는 두 사람 중 나이가 적은 사람(28세)보다 여섯 살 많다.

06　정답 ②

민경 : 지나야, 네 생일이 5명 중에서 제일 빠르니?
지나 : 그럴 수도 있지만 확실히는 모르겠어. → 지나의 생일은 3월이다.
정선 : 혜명아, 네가 지나보다 생일이 빠르니?
혜명 : 그럴 수도 있지만 확실히는 모르겠어. → 지나의 생일은 3월이다.
지나 : 민경아, 넌 정선이가 몇 월생인지 알겠니?
민경 : 아니, 모르겠어. → 민경이가 6월생이면 정선이가 9월생인지 알 수 있으므로 조건에 모순이 생겨 민경이의 생일은 9월이다.
혜명 : 효인아, 넌 민경보다 생일이 빠르니?
효인 : 그럴 수도 있지만 확실히는 모르겠어. → 효인이가 민경이보다 생일이 빠른지 느린지 모르는 것은 생일이 9월이기 때문이다.
따라서 생일이 6월인 사람은 정선이임을 알 수 있다.

07　정답 ①

주어진 조건에 따라 출연 시간대별로 구분하면

월	화	수	목	금
오전	오후	오전	오후	오전

월	화	수	목	금
오후	오전	오후	오전	오후

출연 매체별로 구분하면

월	화	수	목	금
라디오	TV	라디오	TV	라디오

월	화	수	목	금
TV	라디오	TV	라디오	TV

따라서 A는 동일 시간대 동일 매체에 2번 또는 3번 출연할 수 있다. TV는 오전 시간대에 2번 이상 출연이 불가능하므로 반드시 오후에 출연하여야 하고, 2번만 출연이 가능하다. 라디오는 오전에 2번 이상이 가능하므로 오전에 3번 라디오에 출연할 수 있다.

월	화	수	목	금
라디오(오전)	TV(오후)	라디오(오전)	TV(오후)	라디오(오전)

A가 출연 가능한 프로그램과 요일을 연결하면

월	화	수	목	금
라디오(오전) 펭귄파워	TV(오후) 펭귄극장	라디오(오전) 지금은 남극시대	TV(오후) 남극의 법칙	라디오(오전) 굿모닝 남극 대행진

08　정답 ⑤

• 주어진 A와 B의 수치를 계산하여 참과 거짓을 확인하면 된다.
• 첫 번째 사건의 가해차량의 번호는 두 명의 진술이 참이고 한 명의 진술은 거짓이어야 한다. 거짓 진술을 한 사람은 두 번째 사건의 목격자이다.

구분	99★2703	81★3325	32★8624
甲	81>0 거짓	8<90 참	6<384 참
乙	18>12 거짓	9<13 참	5<20 참
丙	약 27배 참	약 41배 참	약 269배 거짓

따라서 첫 번째 사건의 가해차량의 번호는 32★8624이고, 두 번째 사건의 목격자는 丙이 된다.

09　정답 ②

i) A가 착한 호랑이인 경우 : 곶감은 아궁이에 있어 B, C, E는 거짓말을 하고 있어 나쁜 호랑이이고 D는 착한 호랑이가 된다.

A	B	C	D	E	곶감위치
착한 호랑이	나쁜 호랑이	나쁜 호랑이	착한 호랑이	나쁜 호랑이	아궁이

ii) A가 나쁜 호랑이인 경우 : C는 참말을 하고 있어 착한 호랑이이다. B의 말은 D와 E의 말과 모순되므로 B이 참말을 하는 경우와 거짓말을 하는 경우로 나누어 보면
• B가 참말을 하는 경우 B와 C가 착한 호랑이이므로 D과 E는 나쁜 호랑이가 된다.

A	B	C	D	E	곶감위치
나쁜 호랑이	착한 호랑이	착한 호랑이	나쁜 호랑이	나쁜 호랑이	소쿠리

• B가 거짓말을 하는 경우 D와 E 중 한 호랑이는 착한 호랑이, 다른 호랑이는 나쁜 호랑이가 된다.
• D가 착한 호랑이, E가 나쁜 호랑이인 경우 곶감은 소쿠리에 있다.

A	B	C	D	E	곶감위치
나쁜 호랑이	나쁜 호랑이	착한 호랑이	착한 호랑이	나쁜 호랑이	소쿠리

• D가 나쁜 호랑이, E가 착한 호랑이인 경우 곶감은 꿀단지에 있다.

A	B	C	D	E	곶감위치
나쁜 호랑이	나쁜 호랑이	착한 호랑이	나쁜 호랑이	착한 호랑이	꿀단지

따라서 곶감이 소쿠리에 있다면, B와 C가 착한 호랑이, A, D, E가 나쁜 호랑이일 경우와 C, D가 착한 호랑이, A, B, E가 나쁜 호랑이일 경우가 존재한다.

10　정답 ①　　　

먼저 각 진술이 하나는 옳지 않은 것에 주의해야 하고 사각형에 대해 보면 종형과 길원은 E를 사각형으로 보고, 지영은 D를 사각형으로 보고 있다.

ⅰ) E가 사각형인 경우 : D를 사각형으로 본 지영이의 진술이 거짓이고 C는 삼각형이다. 따라서 종형과 길형의 진술 중 B는 오각형이 아니고, A도 육각형이 아니다. A가 육각형이라고 한 길원, 수연의 첫 진술이 거짓이므로 B가 삼각형이라는 모순이 생긴다.

ⅱ) E가 사각형이 아닌 경우 : E를 사각형이라고 한 길원과 종형의 다른 진술은 옳은 것이므로 B가 오각형, A는 육각형이 된다. 따라서 C도 원이 되고, 지열의 두 번째 진술이 옳아 D는 사각형이다.

따라서 A=육각형, B=오각형, C=원, D=사각형, E=삼각형이다.

11　정답 ②　　　

A, B, C 세 사람의 대화를 나누어 정리하면 모순이 발생한다. B의 1분당 조립한 상자 개수를 x, 조립한 시간을 y, 조립한 상자 개수를 z라 할 때

ⅰ) B가 거짓을 말한 경우

구분	1분당 조립한 상자 개수	조립한 시간	조립한 상자 개수
A	$x+3$	$y-10$	z
B	x	y	z
C	$x+4$	y	$z-10$

C가 B보다 1분당 조립한 상자 개수가 많지만 B와 같은 시간을 조립하였다면 C가 조립한 상자의 개수가 B보다 적을 수 없다.

ⅱ) C가 거짓을 말한 경우

구분	1분당 조립한 상자 개수	조립한 시간	조립한 상자 개수
A	$x+3$	$y-40$	z
B	x	y	z
C	$x+2$	$y-30$	$z+10$

이 조건은 모순 없이 성립한다. 방정식을 연립하여 풀면 $x=3$, $y=800$이므로 A가 조립한 상자의 개수는 240개이다.

12　정답 ④　　　

게임에 이길 경우 5점, 비길 경우 1점, 질 경우 −1점을 받는다. 이긴 게임 수를 x, 비긴 게임 수를 y, 진 게임 수를 z라고 하고 한 학생이 얻을 수 있는 점수를 A라 하면

$x+y+z=30$

$5x+y-z=A$

두 식을 만족한다. 두 식을 연립하여 풀면 $A=6x+2y-30$으로 A의 값은 짝수가 되므로 태우, 시윤, 성헌, 은지 모두 거짓을 말하고 있다.

가위바위보 게임에서 모두 이기면 150점을 받을 수 있고, 29게임을 이기고 1게임을 비길 경우 146점을 얻을 수 있다. 따라서 148점은 나올 수 없는 점수이다. 또한 28게임을 이기고 1게임 비기며 1게임을 지면 140점을 얻을 수 있다. 따라서 빛나만 참말을 하고 있다.

13　정답 ⑤　　　

4명 중 1명이 거짓을 말하고 있다고 했는데, 직원 A와 D의 진술이 상충되므로, 두 사람 중 한 명이 거짓을 말하는 것임을 알 수 있다. 따라서 다음의 경우로 나누어 살펴볼 수 있다.

• A가 거짓을 말하는 경우 : 포장 작업이 불량의 원인이 되며, 나머지 세 사람의 진술은 모두 진실이라 볼 수 있다. B의 진술도 진실이므로, 원료 분류의 잘못이 불량의 원인이 된다. 그러나 이 경우는 1명의 작업 실수가 불량의 원인이 된다는 문제의 조건과 부합하지 않는다. 따라서 A는 거짓을 말하지 않았다고 할 수 있다.

• D가 거짓을 말하는 경우 : 포장 작업이 불량의 원인이 아니며, 이는 직원 A~C의 진술과도 배치되지 않는다. 따라서 B의 진술에 따라 원료를 잘못 분류해 불량이 나오는 것으로 판단할 수 있다.

따라서 거짓을 말한 직원은 D이며, 불량의 원인이 되는 작업(원료 분류)을 담당한 직원도 D가 된다.

14　정답 ⑤　　　

먼저 〈조건〉을 검토하면, 네 사람이 주문할 수 있는 경우의 수는 (4잔, 1잔, 1잔, 0잔), (3잔, 2잔, 1잔, 0잔), (2잔, 2잔, 2잔, 0잔), (3잔, 1잔, 1잔, 1잔), (2잔, 2잔, 1잔, 1잔)이다.

또한 음료의 종류는 4가지인데, 주문하는 수량은 6잔이고 반드시 음료 종류당 1잔씩은 시켜야하므로 1종류의 음료를 3잔 시키고 나머지 음료를 1잔씩 시키는 방법과 2종류의 음료를 2잔씩 시키고 나머지 2종류의 음료를 1잔씩 시키는 방법이 있다. 이때, 주스를 주문하려는 사람이 프라페를 주문하려는 사람보다 많고, 아메리카노가 스무디보다 많이 주문된다고 하였으므로 주스와 아메리카노가 각각 2잔씩, 프라페와 스무디가 각각 1잔씩 주문된다고 보아야 한다.

그러므로 음료를 주문하는 방법이 (4잔, 1잔, 1잔, 0잔)이라면, 첫 번째 사람이 주스와 스무디, 프라페, 아메리카노를 모두 주문하고 두 번째 사람이 아메리카노를, 세 번째 사람이 주스를 주문하면 네 번째 사람은 음료를 주문하지 않을 수 있다.

오답해설

① 음료를 주문하는 방법이 (3잔, 2잔, 1잔, 0잔)이라면, 첫 번째 사람이 주스와 스무디와 아메리카노를 주문하고 두 번째 사람이 주스와 프라페를, 세 번째 사람이 아메리카노를 주문하고 네 번째 사람이 아무것도 주문하지 않으면 된다.

② 음료를 주문하는 방법이 (2잔, 2잔, 2잔, 0잔)이라면, 첫 번째 사람이 프라페와 스무디를 주문하고 두 번째와 세 번째 사람이 주스와 아메리카노를 주문하고 네 번째 사람이 아무것도 주문하지 않으면 된다.

③ 음료를 주문하는 방법이 (3잔, 1잔, 1잔, 1잔)이고 첫 번째 사람이 아메리카노와 스무디와 프라페를 주문한다면, 남은 세 사람이 각각 아메리카노 1잔, 주스 1잔, 주스 1잔을 주문하게 되어 서로 같은 음료를 주문하게 되는 경우가 생긴다.

④ 음료를 주문하는 방법이 (2잔, 2잔, 1잔, 1잔)이라면 첫 번째 사람이 주스와 스무디를 주문하고 두 번째 사람이 프라페와 아메리카노를, 세 번째 사람이 아메리카노를, 네 번째 사람이 주스를 주문하면 아메리카노와 스무디를 함께 주문한 사람이 없어도 프라페와 아메리카노를 함께 주문한 사람이 있을 수 있다.

15　정답 ④　●●○

〈정보〉의 내용을 토대로 하여 지문을 검토해보면 유럽에서 최소 2개 국가, 오세아니아에서 최소 2개 국가에서 개봉이 된다면 최소 4개 국가에서 개봉이 된다고 볼 수 있다. 그러므로 3개 이상의 국가에서 개봉된다는 설명은 옳다.

오답해설

① 최소 3개 이상의 국가에서 개봉하려 하는데 그 국가에 대한 설명이 나와 있지 않으므로 유럽, 오세아니아, 남미, 북미 중에서 적어도 두 지역에서 개봉되는지는 알 수 없다. 유럽에서 3국가( 프랑스, 이탈리아, 스위스)에서 개봉할 수도 있기 때문이다.

② 유럽, 오세아니아, 남미, 북미 중에서 한 지역당 한 국가에서만 개봉을 하게 된다면 3개 국가가 아닌 최소 2개 국가에서 개봉되는 것이다.

③ 3개 이상의 국가에서 개봉하려 하는데 반드시 유럽과 오세아니아에서 개봉할 필요는 없다(남미와 북미에서 각각 개봉하면 됨).

⑤ 유럽, 오세아니아, 남미, 북미 중 적어도 두 지역에서 개봉하려 하면 유럽과 오세아니아가 아닌 남미와 북미에서 개봉하게 될 수도 있다.

16　정답 ⑤　●●○

㉠ : 처음에 乙 부서에서 甲 부서로 50명의 10%가 이동하였으므로 5명이 甲 부서로 가게 된 것이다(甲 : 50＋5＝55명, 乙 : 50－5＝45명). 그 후 다시 甲 부서에서 6명이 乙 부서로 이동하였으므로 甲 부서에는 55－6＝49명, 乙 부서에는 45＋6＝51명이 있게 된다. 부서 간 인력지원이 한 차례씩 이루어진 후 남은 인원 차이는 51－49＝2(명)이다.

㉡ : 부서 간 인력지원이 한 차례씩 이루어진 후, 甲 부서에 乙 부서 소속 직원이 2명 남아 있다면, 甲 부서에서 乙 부서로의 인력지원 시 乙 부서 소속 직원 3명이 포함되었다는 것을 의미한다. 따라서 이 경우 乙 부서에는 甲 부서 소속 직원이 6－3＝3(명)이 있게 된다.

㉢ : 부서 간 인력지원이 한 차례씩 이루어진 후, 乙 부서에 甲 부서 소속 직원이 4명 남아 있다면, 甲 부서에서 乙 부서로의 인력지원 시 乙 부서 소속 직원이 2명 포함되어 있었다는 것을 의미한다. 따라서 이 경우 甲 부서에는 乙 부서 소속 직원이 5－2＝3(명)이 있게 된다.

따라서 괄호에 들어갈 숫자의 곱은 3×3×2＝'18'이다.

17　정답 ②　●●○

제시된 〈조건〉이 모두 참이라고 했으므로, 이를 정리하면 다음과 같다.

- B가 지각이면 C도 지각이다.
- B가 지각하지 않으면, E도 지각하지 않는다. → E가 지각하면 B도 지각한다.
- C가 지각이면 A도 지각이다.
- D가 지각이면, A는 지각하지 않는다. → A가 지각하면 D는 지각하지 않는다.

정리하자면 'E → B → C → A → ～D'의 상관관계가 완성된다.

이를 토대로 〈보기〉를 정리하면 다음과 같다.

ㄱ. 'B가 지각하지 않으면, E도 지각하지 않는다.'가 참이므로 이것의 대우인 'E가 지각하면 B도 지각한다.'가 참임을 알 수 있으나, 'B가 지각이면 E도 지각이다.'가 반드시 참이라고는 볼 수 없다.

ㄴ. 〈조건〉을 정리한 것을 보면 'E → B → C → A → ～D'이므로 C가 지각이면 A가 지각이고, A가 지각이면 D는 지각이 아님을 알 수 있다. 이것을 삼단논법을 통해 연결하여 'C가 지각이면 D는 지각이 아니다.'가 참임을 알 수 있다.

ㄷ. 'C가 지각이면 A도 지각이다.'가 참이라고 해서 그 역이 반드시 참이 되는 것은 아니므로 'A가 지각이면 C도 지각이다.'는 반드시 참이라고는 볼 수 없다.

따라서 〈보기〉 중 반드시 참인 것은 ㄴ뿐이다.

18　정답 ④　●●○

〈조건〉의 내용을 토대로 하여 1월부터 6월까지의 A～C의 수업 등록표를 작성하면 다음과 같다.

구분	1월	2월	3월	4월	5월	6월
요가	A			A	C	C
스피닝	B	A, B	B		A	
필라테스	C	C	A, C	B, C	B	A, B

이를 통해 〈보기〉의 내용을 검토해 보면 다음과 같다.

ㄱ. 6월에 A와 B는 필라테스, C는 요가 수업을 듣고 있으므로 스피닝 수업을 듣는 사람은 아무도 없다.

ㄴ. 5월에 A는 스피닝 수업을 듣고, B는 필라테스 수업을 듣고 있으므로 옳지 않다.

12월까지의 수업 등록표를 작성하면 다음과 같다.

구분	7월	8월	9월	10월	11월	12월
요가	A, B, C	B, C	B	A		
스피닝		A	C	B, C	A, B, C	B, C
필라테스			A			A

ㄷ. B와 C는 4월에 필라테스를, 8월에 요가를, 10월에 스피닝을, 12월에 스피닝을 같이 듣게 되므로 모두 짝수 달에 해당한다.

ㄹ. A, B, C 세 사람은 7월에 요가 수업을, 11월에 스피닝 수업을 동시에 듣게 되고, 필라테스 수업을 동시에 듣는 경우는 없다.

ㅁ. 12월까지 세 사람이 같은 수업을 듣는 경우는 7월과 11월로 2번 발생한다.

따라서 옳은 것을 모두 고르면 ㄱ, ㄷ, ㄹ이 된다.

19　정답 ①　●●○

〈조건〉에 따라 이어달리기에 참여하는 직원은 3명 이상이며, 직원들이 참여하는 종목은 많이 참여하는 것부터 해서 줄다리기〉단체줄넘기〉이어달리기가 된다. 이를 토대로 〈보기〉의 내용을 검토하면 다음과 같다.

가. 이어달리기에 참여하는 직원은 3명 이상이므로 줄다리기에 참여하는 직원이 10명이라면, 줄다리기와 이어달리기에 참여하는 직원은 13명 이상이 된다. 따라서 단체줄넘기에 참여하는 직원은 최대 7명이 되므로, '가'는 옳다.

나. 단체줄넘기에 참여하는 인원이 6명이라면, 줄다리기에 참여하는 직원은 7명 이상이어야 하고, ㉢에서 이어달리기에 참여하는 직원은 3명 이상이라 했으므로 이어달리기에 참여하는 인원에 따른 줄다리기 참여 인원을 구하여 총 직원수 20명이 성립하여야 한다.

줄다리기	단체줄넘기	이어달리기
11	6	3
10	6	4
9	6	5

따라서 줄다리기에 참여하는 직원은 최소 9명에서 최대 11명이므로 '나'는 옳지 않다.

다. 줄다리기에 참여하는 직원이 9명이라면, 단체줄넘기에 참여하는 직원은 이보다 적으므로 8명 이하이다. 이를 정리하면 다음과 같다.

줄다리기	단체줄넘기	이어달리기
9	8	3
9	7	4
9	6	5

따라서 줄다리기에 참여하는 직원이 9명이라면, 이어달리기에 참여하는 직원은 3명 또는 4명 또는 5명이 되므로 '다'는 옳지 않다.

20　정답 ②　●●●

〈조건〉을 순서대로 정리하면 다음과 같다.

• 직원 A는 관리부에 소속되어 있으며 D가 속해있는 사무실은 A의 사무실보다 3층 위에 위치한다. → 다음 두 가지의 경우가 존재함

		D
D		
		A, 관리부
A, 관리부		

• 직원 B는 마케팅부에 소속되어 있지 않으며, A가 소속되어 있는 사무실과 2층 차이가 나는 사무실에 소속되어 있다.

		D
D		B, 마케팅부×
B, 마케팅부×		
		A, 관리부
A, 관리부		

• 직원 C의 사무실은 영업부 사무실 바로 위에 위치하고 있으며 C의 사무실보다 높은 층에 위치하는 사무실은 없다. → C의 사무실이 5층임을 알 수 있고, D가 영업부임을 알 수 있음

C
D, 영업부
B, 마케팅부×
A, 관리부

• 직원 E는 마케팅부나 기획부에 소속되어 있지 않으며 B보다 아래층에 위치한다. → E는 마케팅부도, 기획부도, 영업부도, 관리부도 아니므로 인사부임을 알 수 있음

C
D, 영업부
B, 마케팅부×
E, 인사부
A, 관리부

B가 마케팅부가 아니므로 C가 마케팅부이며, B는 기획부임을 알 수 있다. 따라서 이를 모두 정리하면 다음과 같다.

C, 마케팅부
D, 영업부
B, 기획부
E, 인사부
A, 관리부

21　정답 ③　

• A~G 중 가장 나이가 많은 사람은 왕자의 부하가 아니다. → B~F는 모두 20대이므로 G는 부하가 아니다.
• A~G 중 여자보다 남자가 많다. → A, B, E, F 모두 남자이다.

주어진 자료를 정리하면

친구	나이	성별	국적
A	37살	남자	한국
B	28살	남자	한국
C	22살	여자	중국
D	20대	여자	일본
E	20대	남자	중국
F	20대	남자	한국
G	38살	여자	중국

• 왕자의 두 부하는 성별이 서로 다르고, 국적은 동일하다.

그러므로 C, E : 성별이 서로 다르고, 국적은 동일

오답해설

① A, B : 성별이 서로 같고, 국적은 동일
② B, F : 성별이 서로 같고, 국적은 동일
④ D, F : 성별이 서로 다르고, 국적도 다름
⑤ E, G : G는 불가능

22　정답 ④　

• 3월 11일은 비가 오므로 출장시간이 9시간이 걸려 복귀시간은 17시이다.
• 출장인원 중 한 명이 직접 운전하여야 하며, 운전면허 1종 보통 소지자만 운전할 수 있으므로 甲과 丁 중 1명은 포함되어야 한다.
• 출장시간에 사내 업무가 겹치는 경우에는 출장을 갈 수 없다.
• 출장인원 중 부상자가 포함되어 있는 경우, 서류 박스 운반 지연으로 인해 30분이 추가로 소요되므로 부상중인 甲이 출장을 가게 되면 乙과 丁은 출장을 갈 수 없다.

- 차장은 책임자로서 출장인원에 적어도 한 명 포함되어야 하므로 甲과 乙 중 1명은 포함되어야 한다.

따라서 3명의 조합으로 이루어 질 수 있는 것은 甲, 丙, 戊 조합이나 乙이 책임자로 가고, 운전을 위해 丁도 출장가며 丙 또는 戊가 함께하는 조합이다.

23   정답 ③   ●●○

- 포상금의 40% 이상은 반드시 각 부서에 현금으로 배분한다. → 5,000만원의 포상금 중 40%인 2,000만원 이상을 반드시 현금으로 배분하여야 한다.
- 포상금 중 2,900만 원은 직원 복지 시설을 확충하는 데 사용한다. → 각 부서에 현금으로 배분가능한 포상금은 2,100만원 이하이다.

우수부서의 수를 기준으로 살펴보면

ⅰ) 우수부서가 9개인 경우
- 150×9=1,350만원을 우수부서에 현금으로 배분한다.
- 100×6=600만원을 보통부서에 현금으로 배분한다.
- → 각 부서에 현금으로 배분한 금액이 2,000만원에 미치지 못하므로 옳지 않다.

ⅱ) 우수부서가 10개인 경우
- 150×10=1,500만원을 우수부서에 현금으로 배분한다.
- 100×5=500만원을 보통부서에 현금으로 배분한다.
- → 각 부서에 현금으로 배분한 금액이 2,000만원으로 조건에 적합하다. 2,000만원을 부서에 배분하고 직원 복지시설을 확충한 다음 남은 100만원을 모두 사용하여 게당 1만원에 기념품 100개을 구매한다.

ⅲ) 우수부서는 최소한으로 선정한다고 하므로 계산할 필요가 없다.

24   정답 ⑤   ●●○

ⅰ) 甲상점의 혜택을 이용하는 경우
- 甲상점에서 200만원 이상 구매하기 위해서는 A를 반드시 구매해야 한다. 따라서 乙상점과 중복 혜택이 불가능하다. 甲상점에서 A, B를 구매하고 C, D, E를 丙상점에서 구매하면 혜택의 중복적용이 가능하다. 甲상점에서 모두 구매하는 것보다 중복 적용하는 것이 저렴하다.
- 甲상점에서 혜택이 A, B를 구매하면 10% 할인받아 180만원에 구매할 수 있고, 丙상점의 혜택 적용하면 C, D, E를 80만원에 구매할 수 있어 총 구매액은 260만원이다.

ⅱ) 甲상점의 혜택을 이용하지 않는 경우
- 乙상점을 이용하면 혜택이 크므로 A, C, D를 구매하고 B와 E는 저렴한 곳을 선택하면 된다.
- 乙상점을 이용하면 A를 130만원에 구매하고 C와 D는 할인받아 64만원에 구매할 수 있다. 나머지 B는 丙에서 40만원, E는 乙에서 10만원에 구매하면 된다. 따라서 5개 제품을 244만원에 구매할 수 있다.

25   정답 ②   ●●○

글 중반부에서 도플러 효과를 설명하며, '구급차가 다가오고 있을 때는 사이렌 소리의 파장이 짧아져 음이 높게 들리고 멀어져 갈 때는 소리의 파장이 길어져 음이 낮게 들리는데'라고 하였다. 따라서 파원이 관측자 쪽으로 다가가는 경우 파장의 길이는 짧아지고 음은 높게 들린다는 것을 알 수 있다. 이러한 내용에 부합하는 것은 ②이다.

CHAPTER 02 문제해결

01 ③	02 ⑤	03 ⑤	04 ③	05 ②
06 ③	07 ③	08 ②	09 ③	10 ③
11 ③	12 ③	13 ③	14 ④	15 ④
16 ③	17 ⑤	18 ⑤	19 ④	20 ④
21 ④	22 ②	23 ④	24 ②	25 ③
26 ⑤	27 ①	28 ①	29 ③	30 ②

01 　정답 ③　

대학 진학을 후회하는 이유를 묻는 ㉠의 설문 중, '대학에서 배운 것이 실무나 취업에 도움이 되지 않는다'는 응답률이 가장 높고, 현재 공부하고 있는 분야를 묻는 ㉡의 설문에서는 외국어 공부와 자격증 공부의 비중이 비교적 높게 나오고 있다. 이를 종합하면, 대학교육이 취업과 거리를 두고 있으므로 취업에 도움이 되는 외국어 공부와 자격증 공부에 치중하고 있다는 것을 알 수 있다. 따라서 ③은 대학교육 현황 보고서에 들어갈 내용으로 가장 타당하다고 할 수 있다.

① 대학이 취업사관학교로 변하는 것에 대한 거부감으로 인해 순수학문만을 고집한다는 내용은 제시된 글만으로는 알 수 없는 내용이다. 또한 그로 인해 취업 관련 수업이 턱없이 부족하다는 내용은 제시된 글만으로 파악할 수 없다. ㉠에서 대학이 갈수록 취업사관학교로 변질되는 것을 우려하는 답변이 20% 가까이 있으므로, 대학생들은 오히려 이러한 변질에 대한 우려가 어느 정도 있다고 볼 수 있다.

② ㉠의 응답률로 볼 때, 대학생들은 대학교육이 취업에 도움이 되지 않는다고 여기는 것은 사실이다. 다만 이 때문에 전공 및 학과 공부에 매진한다는 것은 옳지 않다. ㉡의 응답률 중 '전공학점 공부'의 비율이 높지만, 이는 취업을 위해 학점에 치중한다는 의미이지 전공 및 학과 공부에 매진하는 것으로 보기는 어렵다.

④ ㉠에서 대학 진학을 후회하는 이유로 점점 비싸지는 등록금을 답한 학생들이 20%가 넘고 있으므로, 등록금 부담이 가중되는 것은 사실이다. 하지만, 이 때문에 공무원과 고시를 준비하는 대학생들이 더욱 증가하고 있는지는 알 수 없다. 또한 최근 공무원과 고시를 준비하는 학생이 실제로 증가하는 추세인지에 대해서도 제시된 자료만으로는 확인할 수 없다.

⑤ 대기업 및 공기업의 고졸채용이 증가한다면 대학을 굳이 진학하려는 수는 줄어들 수밖에 없다. 따라서 고졸채용 증가를 대학 수 과포화의 원인으로 볼 수는 없다.

02 　정답 ⑤　

실내외 길찾기/주차공간 찾기 서비스 중 게이트 이동 시 실내 AR길찾기 서비스는 개발 계획이 2019년 하반기에 해당하므로, ⑤는 적절하지 않은 설명이 된다.

① 20X0년 4월 시작된 교통약자 지원 서비스를 보면, 실종우려 교통약자에게 웨어러블 밴드를 제공하여 보호자에게 실시간 위치 알려주고 있다.

② 공항특화 안내로봇의 상용화를 통해 카운터/편의시설 안내와 에스코트, 출국장 혼잡도 등을 안내하는 서비스를 제공하고 있다.

③ 24시간 챗봇 서비스는 대화형(Q&A) 안내챗봇을 통해 공항이용정보를 2개 국어로 제공하는 서비스이다.

④ 20X0년 3월 오픈된 출입국 절차 실시간 Push 안내는 여객 위치·일정 기반의 출입국절차, 이동경로 등을 실시간으로 전송해주는 서비스이다.

03 　정답 ⑤　

날씨의 불확실성이 제거된다고 해도 기대 이익에는 차이가 있다. 날씨가 불확실한 경우 신발 회사와 코트 회사의 기대 이익은 '28 : 30'인데 비해, 추운 겨울의 기대 이익은 '28 : 50'이며, 따듯한 겨울에는 '28 : 10'이 된다. 따라서 날씨의 불확실성이 제거 되는 경우 기대 이익은 같아지는 것이 아니라 차이가 더욱 커지므로, 어떤 회사에 투자하느냐에 따라 그 이익이 달라진다.

① 기대 효용을 제일 중시하는 사람이라면 기대 효용이 더 큰 신발 회사에 투자할 가능성이 높다고 할 수 있다.

② 코트 회사의 경우 날씨가 추운 겨울에 기대 이익이 가장 크고, 따듯한 겨울에 기대 이익이 가장 작다. 따라서 날씨의 불확실성에 따른 기대 이익의 격차가 크다는 점에서, 투자의 위험을 감수하려는 사람이 코트 회사에 투자를 할 것임을 알 수 있다.

③ 글에서 제시된 기대 이익과 〈보기〉의 기대 효용은 회사마다 그 크기가 서로 다르므로, 이를 고려하여 신중히 투자해야 할 것이다.

④ 신발 회사의 경우 날씨에 관계없이 기대 이익이 28만 원으로 동일하므로, 추운 겨울이 될 확률이 높아진다고 해도 기대 이익은 증가하지 않는다.

04 　정답 ③　

견학 프로그램은 참가대상은 5세 이상 어린이, 중고등학생, 일반인이나 인원은 10인 이상 80인 이하 단체만 가능하다. 따라서 4인 가족의 신청은 가능하지 않다.

① 견학 신청기간은 희망일 30일 전부터 1일 전까지 가능하다. 다만, 참가신청 접수는 선착순으로 하므로 제한이 따른다.

② 견학 프로그램의 매일 운영되며, 운영시간 오전(10:00)과 오후(15:00)로 나누어 1회씩 실시되며, 견학시간은 약 1시간이다.

④ 견학코스는 크게 제1여객터미널(제1여객터미널과 제1교통센터)과 제2여객터미널(제2여객터미널과 제2교통센터) 2개이며, 각각 도보로 1시간 정도가 소요된다.

⑤ 단체버스 이용해 견학을 오는 경우 하차지점(제1여객터미널 3층 1번 출입구, 제2여객터미널 3층 1번 출입구)과 승차지점(제1여객터미널 1층 14번 출입구, 제2여객터미널 1층 4번 출입구)에 정차하여야 하며, 견학 중에는 주차장에 주차해야 한다.

05 정답 ②

절감하는 에너지 비용을 비교하려면, ⓒ과 ①~⑤에서 제시된 항목을 합한 3항목의 총 절감비용을 구해 비교하면 된다. 이때 3항목이 추가 절감의 대상이 되는지 여부를 잘 살펴야 한다. 여기서는 ① (㉠+㉡+ⓒ)과 ⑤ (ⓒ+㉣+ⓐ)를 제외한 ②~④는 모두 추가 절감 대상이 된다. 총 절감비용을 구하면 다음과 같다.

- ㉠+㉡+ⓒ의 총 절감비용 : 5,800+5,500+2,600=13,900(만 원)
- ㉠+ⓒ+㉢의 총 절감비용 : (5,800+2,600+3,400)×1.2=14,160(만 원)
- ㉡+ⓒ+ⓐ의 총 절감비용 : (5,500+2,600+2,300)×1.2=12,480(만 원)
- ⓒ+㉣+㉤의 총 절감비용 : (2,600+5,000+4,600)×1.15=14,030(만 원)
- ⓒ+㉣+ⓐ의 총 절감비용 : 2,600+3,400+2,300=8,300(만 원)

에너지 비용을 최대한 절감하려면 총 절감비용이 가장 커야 하므로, ② (㉠+ⓒ+㉢)가 가장 알맞다.

06 정답 ③

탑승동과 여객터미널 2층 및 3층의 PM10 수준은 각각 16, 14, 10$\mu g/m^3$이다. 1,000$\mu g/m^3$=1ppm이므로, 이는 각각 0.016, 0.014, 0.01ppm 수준이 된다. 따라서 PM10의 환경기준을 0.15ppm 이하라고 할 때 탑승동과 여객터미널은 모두 기준치 이하에 해당하므로, ③은 옳지 않은 설명이다.

① 탑승동의 일산화탄소(CO) 측정결과는 0.9ppm 수준인데, 1,000$\mu g/m^3$=1ppm이므로 탑승동의 일산화탄소 농도는 '900$\mu g/m^3$' 수준이 된다.
② 여객터미널 2층과 3층의 일산화탄소 농도는 0.7ppm과 0.5ppm 수준이므로, 평균 0.6ppm 수준이다.
④ 탑승동과 여객터미널 2층 및 3층의 이산화질소(NO_2) 농도는 각각 0.037, 0.043, 0.045ppm 수준이므로, 모두 환경기준치(0.05ppm) 이하를 기록하고 있다.
⑤ 이산화탄소(CO_2) 비중은 탑승동(499.8)이 여객터미널 2층(444.1)보다 높으나, 이산화질소(NO_2) 비중은 여객터미널 2층(0.043)이 탑승동(0.037)보다 높다.

07 정답 ③

다. C의 경우 종업원 수가 50억 원 이하이고 종업원 수가 100명 이하이므로 ⓔ에 해당되어 법인세는 10만 원이다.

가. A의 경우 자본금액이 200억 원이고 종업원 수는 150명이므로 ㉠에 해당한다. 그러므로 A의 세액은 50만 원이다.
나. B의 경우 자본금액이 20억 원이지만 종업원이 100명을 초과하지 않으므로 ⓐ에 해당되어 5만 원의 법인세를 납부해야 한다.

08 정답 ②

윤리 및 법규 준수와 여객 및 화물 수요 증대에 따른 대응 이슈의 평점은 모두 내부 이해관계자의 평점이 더 높다. 따라서 ②는 옳지 않은 설명이다.

① 〈자료 1〉의 내부 이해관계자가 생각하는 주요 이슈 중 공항 안전 및 보안 항목은 1위를 차지했으므로, 2위 점수 이상이 되어야 한다. 따라서 평점은 4.70점 이상이다.
③ 경제 · 사회 · 환경적 리스크 관리와 해외사업 및 공항복합도시 개발 이슈는 내부 이해관계자 평가 순위 10위 내에 있지만, 외부 이해관계자 순위에서는 없다.
④ '편리한 공항을 위한 서비스 혁신'의 내부 이해관계자 평점은 4.47점이고 외부 이해관계자 평점은 4.32점이므로, '0.15점' 차이가 난다.
⑤ 외부 이해관계자 평점 순위에서 5위를 차지한 고객정보 보호 이슈의 평점은, 순위 상 4위와 6위 이슈의 평점 사이에 있어야 하므로 4.34점에서 4.41점 사이가 된다.

09 정답 ③

甲이 공항에 도착한 후 공항에서 수하물을 찾아 나오기까지 1시간이 소요되며, 공항에서 렌터업체까지 소요되는 시간은 10분이라고 하였다. 따라서 甲이 렌터업체에 도착하여 빌리는 시간은 6월 7일 11시 20분이 된다.
출발 시에 탑승 수속 시간이 1시간 소요되며, 렌터업체에서 공항까지 10분이 소요되므로, 甲은 '6월 8일 15시 20분'까지 차량을 반납해야 한다. 따라서 甲은 총 28시간 차량을 대여하게 되는데, B차량의 대여요금은 24시간에 4시간 초과요금이 적용되어 총 64,000+36,000=100,000(원)이 된다.

10 정답 ③

〈조건〉에 따라 주문금액(치킨 가격+배달료)의 총 합계가 최소가 되도록 주문해야 한다. 그런데 A가게의 경우, 배달가능 최소금액(20,000원)이 치킨 가격을 초과하므로 치킨 하나를 주문할 수는 없다.
B~D 가게의 가격을 비교해 보면, 프라이드치킨의 경우 가격이 가장 저렴한 C가게에서 주문해야 한다. C가게의 경우 배달가능 최소금액이 14,000원이므로, 다른 치킨을 하나 추가로 주문해야 한다. 이상을 통해 주문 가능한 조합을 찾아보면 다음과 같다.

- C가게에서 프라이드(12,000원)와 양념치킨(16,000원)을 주문하는 경우 주문금액은 29,000원이 된다. 남은 간장치킨의 경우 가격이 가장 저렴한 D가게에서 주문해야 하며, 주문금액은 17,000원이 된다. 따라서 이 조합의 경우 총 주문금액은 46,000원이 된다.
- C가게에서 프라이드(12,000원)와 간장치킨(16,000원)을 주문하는 경우 주문금액은 29,000원이 된다. 이 경우 양념치킨은 B 또는 C에서 주문할 수 있으며, 주문금액은 모두 17,000원으로 같다. 이 두 조합의 경우도 총 주문금액은 46,000원이 된다.

따라서 〈조건〉을 모두 고려하여 주문할 수 있는 조합(프라이드-양념-간장)은 'C-C-D', 'C-B-C', 'C-D-C'의 3가지이다.

11 정답 ③

〈시급 관련 조건〉에서 당해 연도 시급 대비 다음 연도 시급의 인상률은 당해 연도 수강생 만족도에 따라 결정된다고 하였다. 20X1년 D강사의 수강생 만족도는 4.4점이므로 다음 연도 시급은 5% 인상되며, C강사의 수강생 만족도는 4.8점이므로 10%가 인상된다. 이를 토대로 20X2년 D

강사와 C강사의 시급을 구하면 다음과 같다.
- 20X2년 D강사의 시급 : 59,400×1.05=62,370(원)
- 20X2년 C강사의 시급 : 54,600×1.1=60,060(원)

그런데, 〈시급 관련 조건〉에서 강사가 받을 수 있는 시급은 최대 60,000원이라고 했으므로, D와 C가 20X2년 받게 되는 시급은 모두 60,000원이 된다.

오답해설

① 당해 연도 시급 대비 다음 연도 시급의 인상률은 당해 연도 수강생 만족도에 따라 결정된다고 하였으므로, 20X1년 시급 대비 20X2년 시급 인상률은 20X1년 수강생 만족도에 따라 정해진다고 할 수 있다.
② 강사 E의 20X1년과 20X2년 수강생 만족도는 각각 3.2점, 3.5점인데, 이 점수가 '3.0점 이상 4.0점 미만'인 경우 다음 연도 시급은 '동결'되므로 20X1년과 20X2년 시급도 모두 동결된다. 따라서 20X2년 시급은 20X1년과 같은 48,000원이 된다.
④ C강사의 20X1년 시급은 52,000원이고, 20X2년 시급은 54,600원이다. 따라서 인상률은 5%가 된다. 인상률이 5%이므로, 20X1년 수강생 만족도 점수는 '4.0점 이상 4.5점 미만'이 된다.
⑤ 20X2년 시급이 20X1년 시급보다 5,000원 이상 인상된 강사는 A(5,000원 인상)와 D(5,400원 인상) 2명이다.

12   정답 ③   

제시된 글의 제00조(경계표, 담의 설치권) 제2항에서 전항에도 불구하고 토지의 경계를 정하기 위한 측량비용은 토지의 면적에 비례하여 부담한다고 하였다.

갑과 을이 공동 구매한 토지(1,000m²)는 갑이 600m², 을이 400m²를 소유하고 있으므로, 토지의 면적에 비례하여 6 : 4로 부담해야 한다. 따라서 갑은 60만 원, 을은 40만 원을 부담해야 한다.

13   정답 ③   

A를 포함한 친구 5명(모두 6명)이 회비를 매월 2만 원씩 8개월을 걷었고, 걷은 회비의 60%를 사용하였다고 했으므로, 남은 회비는 '20,000×6×8×0.4=384,000(원)'이 된다.

6명이 보통 시기(6월 둘째 주 금요일)에 남은 회비로 ③과 같이 이용권을 구매하고 각종 물품을 이용한다고 할 때, 소요되는 비용을 구하면 다음과 같다.
- 이용권 : 50,000×6=300,000(원)
- 구명재킷 이용요금 : 6,000×6=36,000(원)
- 실내 로커 이용요금 : 2,000×6=12,000(원)
- 미니형 비치 체어 이용요금 : 14,000×3=42,000(원)

따라서 이용권 및 물품 이용요금은 모두 390,000원이 된다. 남은 회비가 384,000원이므로, 1인당 1,000원씩만 추가로 내면 된다.

오답해설

① 6월 1일이 화요일이므로, 둘째 주 금요일은 6월 11일이 된다.
② 남아 있는 회비는 384,000원이다. A와 동갑 친구 5명이 보통 시기에 주간권 이용료를 구입하고 각자 1개씩 실내 로커 이용하는 요금은 '52,000×6=312,000(원)'이므로, 회비를 추가로 걷지 않고도 가능하다.
④ 대형타월의 보증금은 개당 3,000원이며, 보증금은 물품 반납 시 반환된다. 따라서 6명이 대형타월을 1개씩 사용하고 반납하면, 18,000원을 돌려받게 된다.

---

⑤ 주간권 이용권(50,000원)보다 오후권 이용권(42,000원)이 8,000원 싸므로, 6명이 오후권 구매 시 총 48,000원을 절약할 수 있다.

14   정답 ④   

A~C의 소득세산출액을 제시된 〈소득세 결정기준〉과 〈과세표준에 따른 근로소득세율〉에 따라 계산하면 다음과 같다.
㉠ A의 소득세산출액
- 근로소득세 : $1,000×0.05+4,000×0.1+5,000×0.15+5,000×0.2=2,200$만 원
- 금융소득세 : $5,000×0.15=750$만 원

따라서 A의 소득세산출액은 2,950만 원이 된다.
㉡ B의 소득세산출액
- 근로소득세 : $1,000×0.05+4,000×0.1+5,000×0.15+10,000×0.2+2,000×0.25=3,700$만 원
- 금융소득세 : 0원

B의 소득세산출액은 3,700만 원이 된다.
㉢ C의 소득세산출액
- 근로소득세 : $1,000×0.05+4,000×0.1+5,000×0.15+10,000×0.2+1,000×0.25=3,450$만 원
- 금융소득세 : $2,000×0.15=300$만원

C의 소득세산출액은 3,750만 원이 된다.
따라서 가장 많은 소득세산출액과 가장 적은 소득세산출액의 차액은 3,750−2,950=800(만 원)이 된다.

15   정답 ④   

ㄴ. 신제품 홍보 및 판촉 행사 방안 구상은 개발부와 영업부의 업무이므로, 영업부 사원이 담당할 수 있다.
ㄷ. 국내 제품의 특징과 관련 제품 홍보 및 판촉 성공사례 수집 및 분석은 개발부의 업무이므로, 'ㄷ'도 적절한 내용이다.

오답해설

ㄱ. 해외 판촉 사례를 분석하는 것은 마케팅부의 업무에 해당한다. 따라서 'ㄱ'는 적절하지 않다.
ㄹ. 자사의 홍보용 콘텐츠 분석은 미디어제작부의 업무이므로, 영업부에서 수행하는 것은 적절하지 않다.
따라서 각 부서별로 수행해야 할 업무로 적절한 것은 'ㄴ'와 'ㄷ'이다.

16   정답 ③   

제시된 시간 비교를 보면, 우리나라의 시간은 미국 필라델피아보다 13시간 빠르고, 필라델피아는 러시아 모스크바보다 7시간 느리다. 따라서 우리나라는 모스크바보다 6시간 빠르다는 것을 알 수 있다.
이 지사장과 전화통화를 종료한 시각은 5월 30일 오후 7시이므로, 이 시각 러시아 모스크바의 시각은 5월 30일 오후 1시가 된다.

17   정답 ⑤   

A 평가의 경우 총사업비가 500억 원 이상인 사업 중 중앙정부의 재정지원(국비) 규모가 300억 원 이상인 신규사업을 대상으로 하며, 재해예

방 및 복구지원 등으로 시급한 추진이 필요한 사업은 평가 대상에서 제외된다고 하였다. 따라서 ⑤는 A 평가 대상에는 해당되지 않는다. 또한 재해복구사업은 B 평가와 C 평가의 대상에도 해당되지 않으므로, 정부의 평가 대상에서 제외된다.

① A 평가의 경우 총사업비가 500억 원 이상인 사업 중 중앙정부의 재정지원(국비) 규모가 300억 원 이상인 신규사업이 평가 대상이며, 이 사업에는 관광 분야의 사업도 포함된다. 따라서 ①은 평가 대상이 된다.
② B 평가의 경우 신규사업의 시행이 환경에 미치는 영향을 미리 조사·예측·평가하는 것이며, 평가 대상에는 공항건설사업도 포함된다. 따라서 ②는 정부의 B 평가 대상이 된다.
③ C 평가는 대량의 교통수요를 유발할 우려가 있는 신규 사업으로서, 부지면적인 10만㎡ 이상인 도시개발사업을 평가 대상으로 한다. 따라서 ③은 이 평가의 대상이 된다.
④ C 평가는 정거장 1개소 이상, 총길이 5km 이상인 철도건설사업도 평가 대상이 된다고 하였으므로, ④도 평가 대상이 된다.

18 정답 ⑤ 

ㄴ. A안에는 반대하고 B안에 찬성하는 사람의 비율은 $7.3+12.8=20.1(\%)$이다.
ㄷ. A안을 찬성하는 사람들 중에서 B안을 반대하는 사람의 비율은 $15.4+12.1=27.5(\%)$이고, B안을 찬성하는 사람들 중에서 A안을 반대하는 사람의 비율은 $7.3+12.8=20.1(\%)$이므로, 전자의 비율이 후자의 비율보다 높다.

ㄱ. 적어도 하나를 찬성하는 사람의 비율은 전체에서 둘 다 반대하는 사람의 비율을 뺀 것이므로, $100-2.9=97.1(\%)$가 된다.

19 정답 ④ 

〈각 부서별 선발 인원 정보〉의 ⓒ에서, 인사팀의 신입 및 경력사원 선발인원은 교육팀의 1/20라 했으므로, 인사팀은 신입사원과 경력사원을 각각 3명씩 선발한다는 것을 알 수 있다. 또한 법무팀의 총 선발 인원은 인사팀 총 선발인원보다 4명 더 많다고 했으므로, 법무팀은 총 10명을 선발한다는 것을 알 수 있다.
ⓗ에서 신입/경력 선발인원에 대한 구분이 없는 경우에는 50 : 50의 비율로 선발한다고 했으므로, 법무팀의 신입사원과 경력사원은 각각 5명씩 선발한다.

① 〈각 부서별 선발 인원 정보〉를 통해 신입사원 선발 인원을 살펴보면 다음과 같다.
• 교육팀 : 6명 / 기술지원팀 : 6명
• 인사팀 : 3명 / 법무팀 : 5명
• 재무팀 : 6명 / 홍보팀 : 6명
따라서 신입사원 총 선발 인원은 32명이다. 〈면접 정보〉에서 면접 인원은 선발 인원의 6배수라고 했으므로, 신입사원 면접 대상자는 모두 $32×6=192(명)$이 된다.

② 〈각 부서별 선발 인원 정보〉를 통해 총 선발 인원을 살펴보면 다음과 같다.
• 교육팀 : 12명 / 기술지원팀 : 12명
• 인사팀 : 6명 / 법무팀 : 10명
• 기획팀 : 7명 / 재무팀 : 9명 / 홍보팀 : 6명
따라서 총 선발 인원은 62명이므로, ②는 옳지 않다.
③ 〈면접 정보〉의 ㉠에서 채용면접은 10월 첫째 주~둘째 주 근무일에만 진행되고 공휴일에는 면접이 진행되지 않는다고 하였다. ⓒ에서는, 기술지원팀은 가장 먼저 면접을 실시하고 바로 다음에 법무팀 면접을 실시한다고 했다. ⓔ~ⓜ에 따라 면접 일정은 기획팀>홍보팀>교육팀>재무팀의 순으로 실시하므로, 기술지원팀>법무팀>기획팀>홍보팀>교육팀>재무팀의 순서가 된다. 그런데 ⓗ에서 인사팀 면접은 10월 5일에 진행된다고 했으므로, 주어진 〈면접 정보〉만으로는 인사팀의 순서를 확정할 수가 없다.
⑤ 채용면접은 10월 첫째 주~둘째 주 근무일에만 진행되며 공휴일에는 면접이 진행되지 않는다고 했으므로, 면접일정 중 휴무일은 3일(개천절), 6일(토요일), 7일(일요일), 9일(개천절)의 나흘(4일)이다.

20 정답 ④ 

A~C는 자동차 요일제와 차량 홀짝제로 인해 자동차를 운행할 수 없는 경우를 제외하면 모두 자신이 소유한 자동차로 출근을 했다고 하였다. 제시된 〈진술〉 내용과 〈조건〉에 따라 A~C가 자신의 자동차로 출근한 날을 살펴보면 다음과 같다.
• A의 경우 12일에 자신의 차로 출근하였고 이번 주에 총 4일을 출근하였다고 했으므로, 12, 14, 15, 16일에 자신의 자동차로 출근했음을 알 수 있다.
• B의 경우 이번 주에 이틀만 자신의 자동차로 출근했다고 했으므로, 13일에 자신의 자동차로 출근했음을 알 수 있다.
• C의 경우 13, 15, 16일만 자신의 자동차로 출근하였다.
A~C가 이번 주에 운행한 날을 살펴보면 다음과 같다(운행 : ○, 운행불가 : ×).

구분	12일(월)	13일(화)	14일(수)	15일(목)	16일(금)
	차량 홀짝제 시행			자동차 요일제(끝 번호 7, 8 운행불가)	자동차 요일제(끝 번호 9, 0 운행불가)
A	○	×	○	○	○
B	×	○	×		
C	×	○	×	○	○

• A의 경우 끝 번호가 7, 8, 9, 0이 아니며, 짝수이다. 따라서 가능한 최댓값은 6이 된다.
• B의 경우 끝 번호가 홀수이므로, 13일과 15일에 자신의 자동차로 출근했다고 할 때, 가능한 최댓값은 9가 된다.
• C의 경우 끝 번호가 홀수이고 7, 8, 9, 0은 아니므로, 가능한 최댓값은 5가 된다.
따라서 A~C의 자동차 번호 끝자리 숫자의 합으로 가능한 최댓값은 $6+9+5=20$이 된다.

21　　정답 ④

〈프로그램 편성 규칙〉에서 방영되는 프로그램의 종류는 뉴스, 드라마, 코미디, 스포츠, 다큐멘터리 중 하나이며, 같은 채널에서 같은 프로그램이 두 번 방영되는 경우는 앞서 방영한 프로그램의 재방송이며, 정규방송과 재방송은 이어서 방송하지 않는다고 하였다. 이를 토대로 채널 11에 관한 〈편성정보〉를 살펴보면 다음과 같다.

- 나 : 프로그램의 방영시간은 스포츠(최소 1시간 이상)를 제외하고 모두 1시간이다.
- 마 : 채널 11에서는 뉴스가 7시 30분부터 1시간 방영된다.
- 바 : 이 시간대에 4종류의 프로그램 5개가 방영되며, 오후 6시 30분까지 방영되는 프로그램은 오후 8시 30분에 시작하는 프로그램과 동일하다(재방송이다).
- 아 : 모든 채널에서 뉴스 프로그램을 방영하기 직전에 코미디 프로그램을 방영한다. 따라서 코미디와 뉴스 프로그램은 아래 표와 같이 정해진다.
- 자 : 다큐멘터리 프로그램을 편성한 채널에서는 스포츠 프로그램을 방영한다.
- 차 : 드라마와 코미디 프로그램은 연속해서 방영하지 않는다.
- 카 : 뉴스 프로그램 다음에는 스포츠 프로그램이 올 수 없다.

'바'를 통해 채널 11에서 6시 30분 전의 프로그램과 8시 30분~9시 30분 프로그램이 같은 프로그램(정규방송과 재방송)이라는 것을 알 수 있다. 따라서 이 시간대에 채널 11에는 남은 드라마, 스포츠, 다큐멘터리 3개의 프로그램 중 2개가 들어간다는 것을 알 수 있다. 따라서 '자'에 따라 편성된 프로그램은 다큐멘터리와 스포츠가 되며, '카'에 따라 스포츠는 9시 30분부터 방영된다는 것을 알 수 있다. 이를 정리하면 아래 표와 같이 정해진다.

시간	5시 30분 ~6시 30분	6시 30분 ~7시 30분	7시 30분 ~8시 30분	8시 30분 ~9시 30분	9시 30분 ~
프로 그램	다큐멘터리	코미디	뉴스	다큐멘터리 (재방송)	스포츠

따라서 채널 11에서 10시 10분에 방영되고 있는 프로그램은 '스포츠'이다.

22　　정답 ②　　

여객의 수용능력이 $\dfrac{1,400}{6,300} ≒ 22.2\%$ 늘어난다.

① 4단계 건설로 제2여객터미널이 205천m² 늘어나 563천m²이 된다.

③ 화물의 수용능력이 $\dfrac{120}{400} ≒ 30\%$ 늘어난다.

④ 여객 계류장은 종전보다 $\dfrac{73}{163} ≒ 44.8\%$ 늘어난다.

⑤ 활주로가 기존의 3본에서 1본이 늘어나 4본이 된다.

23　　정답 ④　　

〈공사입찰공고〉를 토대로 회의 참가자의 의견을 검토해 보면 다음과 같다.

- B 대리 : 입찰참가자격의 '나'에서 입찰참가자격은 개찰일 전일까지 조달청에 등록해야 한다고 하였으므로, 전자입찰서 개찰일인 6월 1일의 전일인 5월 31일까지 등록하여야 한다. 따라서 B 대리는 공고문을 제대로 이해하지 못한 것으로 볼 수 있다.

- D 부장 : 입찰보증금 및 귀속 항목에 보면, 모든 입찰자의 입찰보증금은 전자입찰서상의 지급각서로 갈음하며, 입찰금액의 5%를 입찰보증금으로 준비해야 하는 입찰자는 낙찰자로 선정된 입찰자이다. 따라서 D 부장은 공고문을 제대로 이해하지 못했다고 볼 수 있다.

- A 사원 : 입찰내용 항목에 적시한 공사기간이 착공일로부터 25일 이내이므로, 甲 기업의 공사팀이 폐수처리설비 배관 공사를 25일 동안에 완료할 수 있는지 사전에 확인해보는 것이 필요하다. 따라서 A 사원은 공고문을 제대로 이해한 것이다.

- C 과장 : 입찰의 무효 항목의 '가'에 따르면, 입찰참가등록증 상의 법인 명칭 및 대표자가 법인등기부등본의 법인 명칭 및 대표자와 다른 경우에는 변경등록하고 입찰에 참가하여야 하며, 변경등록하지 않고 참여한 입찰은 무효라 하였다. 따라서 C 과장은 공고문을 제대로 이해하고 있다.

24　　정답 ②　　

A는 소형 화물차를 이용하며 주차시간은 6시간 30분이다. 기본 45분 무료에 추가 15분당 500원이므로 1시간 요금은 2,000원이다. 무료시간을 제외하고 남은 시간은 5시간 45분이므로 $2,000×5+500×3=11,500$원이다.

25　　정답 ③　　

- 상하이 $= \dfrac{2+2+4+4+7}{5} = 3.8$

- 방콕 : $\dfrac{3+2+3+2+4}{5} = 2.8$

- 싱가포르 : $\dfrac{-1+5+2+2+3}{5} = 2.2$

- 시드니 : $\dfrac{4+3-1-3+1}{5} = 0.8$

- 호놀룰루 : $\dfrac{2+2+2+2+4}{5} = 2.4$

따라서 가장 큰 부가수익을 기대할 수 있는 공항은 상하이이다.

26　　정답 ⑤　　

야간에 4시간을 이용하므로 $2,000×2×4=16,000$원이다. 부대시설 야간 조명이 시간당 1만원이므로 2면 4시간이므로 $4×2×10,000=80,000$이다 따라서 지불하여야 할 사용료는 96,000원이다.

27　　정답 ①　　

워크숍은 시작하는 날짜를 알 수 있지만 시작하는 시간은 알 수 없다.

② 위 계획안에는 예비비에 관한 내용이 없으므로 이 항목을 추가하는 것이 이상적이다.

③ 현수막에는 200,000원으로 가장 적은 예산이 든다.

④ 계획안에는 필요한 항목들로만 구성되어 있다.

⑤ 장기자랑이나 힐링체험 등으로 비용이 더 추가될 수 있다.

28   정답 ①   

제2터미널 확장은 A등급이므로 최소 30% 증가하여야 한다.

$\dfrac{5,720-4,930}{4,930}\times100≒16.0\%$이므로 A등급에 미치지 못한다.

오답해설

② 제4활주로는 C등급이므로 최소 10% 이상 증가하여야 한다.

$\dfrac{2,140-1,640}{1,640}\times100≒30.5\%$이므로 A등급에 해당한다.

③ 계류장은 D등급이므로 최소 5% 이상 증가하여야 한다.

$\dfrac{1,870-1,365}{1,365}\times100≒37.0\%$이므로 A등급에 해당한다.

④ 주차장은 B등급이므로 최소 20% 이상 증가하여야 한다.

$\dfrac{1,230-984}{984}\times100=25\%$이므로 B등급에 해당한다.

⑤ 도로는 E등급이므로 최소 5% 미만 증가하여야 한다.

$\dfrac{625-575}{575}\times100≒8.7\%$이므로 D등급에 해당한다.

29   정답 ③   

〈자료〉에 따라서 제시된 온도에 따라 재배가능 식물 개수를 구하면 다음과 같다.

① 15.5℃ : A, E식물=12,000+35,000=47,000

② 19.5℃ : A, E식물=12,000+35,000=47,000

③ 23.5℃ : C, D, E식물=32,000+15,000+35,000=82,000

④ 27.5℃ : C, D식물=32,000+15,000=47,000

⑤ 31.5℃ : C식물=32,000

따라서 가장 많은 상품가치를 낼 수 있는 온도는 23.5℃이다.

30   정답 ②

해외 7개국의 평균 수도요금을 구하면

$\dfrac{3,790+3,183+2,313+1,969+1,260+412+149}{7}=1,868$(원/m³)이다. 따라서 우리나라 수도요금은 7개국 평균 수도요금의 $\dfrac{744}{1,868}\times100≒39.8$(%), 약 40%가 된다.

CHAPTER 03 법조문 이해

01 ②	02 ①	03 ④	04 ④	05 ②
06 ④	07 ③	08 ①	09 ②	10 ①
11 ④	12 ③	13 ③	14 ②	15 ②
16 ④	17 ①	18 ③	19 ③	20 ②
21 ④	22 ⑤	23 ④	24 ⑤	25 ③
26 ①	27 ③	28 ⑤	29 ①	30 ②
31 ③	32 ①	33 ①	34 ④	35 ①
36 ③	37 ⑤	38 ③	39 ①	40 ⑤

01   정답 ②   

위의 한국철도공사 임직원 행동강령에는 처벌에 관한 내용이 없다.

오답해설

① 제32조 품위손상행위 금지

③ 제33조 성희롱 금지

④ 제30조 사조직을 통한 이권행위 등의 금지

⑤ 제31조 근무시간의 준수 및 근무시간 내 사적인 업무의 금지

02   정답 ①   

① 문서에 쓰는 날짜는 숫자로 표기하되, 연·월·일의 글자는 생략하고 그 자리에 온점(.)을 찍어 표시하며, 시, 분은 24시각제에 따라 숫자로 표기하되, 시, 분의 글자는 생략하고 그 사이에 쌍점(:)을 찍어 구분한다.

오답해설

② 공고문서는 효력발생 시기를 구체적으로 밝히고 있지 않으면 그 고시 또는 공고가 있은 날부터 5일이 경과한 때에 효력이 발생한다.

③ 문서는 수신자에게 도달(전자문서의 경우는 수신자가 지정한 전자적 시스템에 입력되는 것을 말한다)됨으로써 효력이 발생한다.

④ 문서의 내용은 간결하고 명확하게 표현하고 일반화되지 않은 약어와 전문용어 등의 사용을 피하여 이해하기 쉽게 작성하여야 한다.

⑤ 문서에는 음성정보나 영상정보 등을 수록할 수 있고 연계된 바코드 등을 표기할 수 있다.

03   정답 ④   

청소년 : 「청소년복지 지원법」에 따라 운임이 감면되는 만 13세 이상 만 19세 미만의 사람을 말한다.

오답해설

① 유아가 단독으로 여행할 때에는 어린이로 본다.

② 어린이는 만 6세 이상 만 13세 미만의 사람 및 만 13세의 초등학생을 말한다.

③ 어른은 만 13세 이상 만 65세 미만의 사람을 말한다.

⑤ 노인은 「노인복지법」의 적용을 받는 만 65세 이상의 사람을 말한다.

PART 03 실전모의고사

04 정답 ④ 

ㄱ. 교도소장은 개방처우급, 완화경비처우급, 일반경비처우급 수형자로서 교정성적, 나이, 인성 등을 고려하여 다른 수형자의 모범이 된다고 인정되는 경우에는 봉사원으로 선정하여 교도관의 사무처리 업무를 보조하게 할 수 있다.

ㄴ. 소장은 개방처우급, 완화경비처우급 수형자에 대하여 교도소 밖에서 이루어지는 사회견학, 사회봉사, 종교행사 참석, 연극, 영화, 그 밖의 문화공연 관람 활동을 허가할 수 있다. 다만 처우상 특히 필요한 경우에는 일반경비처우급 수형자에게도 이를 허가할 수 있다. 따라서 일반경비처우급 수형자에게는 해당할 수 있다.

ㄹ. 소장은 교화를 위하여 특히 필요한 경우에는 일반경비처우급 수형자에 대하여도 가족 만남의 날 행사 참여 또는 가족 만남의 집 이용을 허가할 수 있다.

오답해설

ㄷ. 소장은 개방처우급, 완화경비처우급 수형자에게 자치생활을 허가할 수 있다. 소장은 자치생활 수형자들이 교육실, 강당 등 적당한 장소에서 월 1회 이상 토론회를 할 수 있도록 하여야 한다. 일반경비처우급 수형자에게는 해당하지 않는다.

05 정답 ② 

제12조 제1항에서 재심청구는 제재 통보를 받은 날로부터 7일 안에 이사회에 재심을 청구할 수 있다고 규정하고 있다.

오답해설

① 이사회는 직무청렴의무 위반자가 제1항의 출석통지에 불응하거나 서면으로 진술하는 때에는 진술포기서를 제출하게 하여 서면심사로 제재수준을 의결할 수 있다.

③ 이사회가 직무청렴의무 위반사항을 의결할 때에는 청렴의무 위반자의 평소의 소행, 사건의 진상 등의 정상을 충분히 고려하여야 한다.

④ 이사회가 직무청렴의무 위반사건을 심의할 때에는 위반자에게 출석하여 의견을 진술하도록 알려야 한다. 이 경우 이사회는 위반행위에 대하여 미리 충분한 조사를 실시하여야 한다.

⑤ 이사회는 재심청구를 받은 날로부터 30일 안에 이를 심의한다고 규정하고 있다.

06 정답 ④ 

제□□조 제3항. 위원회는 반환의무를 전부 부담시키는 것이 타당하지 않다고 판단하는 경우에는 반환의무의 일부 또는 전부를 면제하는 결정을 할 수 있다.

오답해설

① 제○○조 제1항. 지방자치단체의 장은 소속공무원이 적극행정으로 인해 징계 의결 요구가 된 경우 적극행정지원위원회의 변호인 선임비용 지원결정에 따라 200만 원 이하의 범위 내에서 변호인 선임비용을 지원할 수 있다.

② 제○○조 제3항. 지원결정을 받은 공무원이 이미 변호인을 선임한 경우를 제외한다.

③ 제□□조 제1항 제2호. 고소·고발 사유와 동일한 사실관계로 유죄의 확정판결을 받은 경우 취소할 수 있다.

⑤ 제□□조 제4항. 해당 공무원이 변호인 선임비용을 지원받은 후 퇴직한 경우에도 적용한다.

07 정답 ③ 

제4조 제2항. 국가와 지방자치단체는 일·가정의 양립 지원에 필요한 재원을 조성하고 여건을 마련하기 위하여 노력하여야 한다.

오답해설

① 국가와 지방자치단체는 이 법의 목적을 실현하기 위하여 국민의 관심과 이해를 증진시키고 여성의 직업능력 개발 및 고용 촉진을 지원하여야 한다.

② 이 법은 근로자를 사용하는 모든 사업 또는 사업장(이하 "사업"이라 한다)에 적용한다.

④ 근로자는 상호 이해를 바탕으로 남녀가 동등하게 존중받는 직장문화를 조성하기 위하여 노력하여야 한다.

⑤ 사업주는 일·가정의 양립을 방해하는 사업장 내의 관행과 제도를 개선하고 일·가정의 양립을 지원할 수 있는 근무환경을 조성하기 위하여 노력하여야 한다.

08 정답 ① 

무도학원업과 무도장업은 식당, 목욕시설, 매점 등 편의시설을 설치할 수 없다.

오답해설

② 수영장을 운영할 때 수용인원에 탈의실과 급수시설을 갖추어야 하고 세면실을 갖추지 않아도 된다.

③ 체력단련장은 신고 체육시설이므로 체육시설 외에 다른 종류의 체육시설을 설치할 수 없다.

④ 복합건물 내에 다른 시설물과 함께 위치한 경우로서 그 다른 시설물과 공동으로 사용하는 주차장 및 화장실이 있을 때에는 별도로 갖추지 아니할 수 있다.

⑤ 수영장을 운영할 때에는 부상자 및 환자의 구호를 위한 응급실 및 구급약품을 갖추어야 한다.

09 정답 ② 

임직원은 직위를 이용하여 부당한 이익을 얻거나 타인이 부당한 이익을 얻도록 하여서는 아니 된다.

오답해설

① 임직원은 국제화·개방화 시대에 바람직한 인재상을 스스로 정립하고 끊임없는 자기계발을 통해 이에 부합되도록 꾸준히 노력한다.

③ 임직원은 직무를 수행함에 있어 ○○항만공사의 이해와 상충되는 어떠한 행위나 이해관계도 회피하여야 한다.

④ 임직원은 조직의 윤리적 가치 극대화를 위해서 지속적으로 노력한다.

⑤ 임직원은 ○○항만공사와 개인 또는 부서간의 이해가 상충될 경우에는 ○○항만공사의 이익을 우선적으로 고려하여야 한다.

10　정답 ①　

형기의 3분의 1(21년 이상의 유기형 또는 무기형의 경우에는 7년)이 지나고 교정성적이 우수한 사람이 귀휴를 받을 수 있으나 징역 1년을 선고받고 4개월 동안 복역 중인 甲은 귀휴를 허가할 수 없는 경우이다.

오답해설
② 제00조 제1항 제5호. 본인 또는 형제자매의 혼례가 있는 때
③ 제00조 제1항 제6호. 직계비속이 입대하거나 해외유학을 위하여 출국하게 된 때
④ 제00조 제1항 제1호. 7년이 지났으므로 귀휴를 허가할 수 있다.
⑤ 제00조 제2항 제1호. 소장은 가족 또는 배우자의 직계존속이 사망한 때에 해당하는 사유가 있는 수형자에 대하여는 5일 이내의 귀휴를 특별히 허가할 수 있다.

11　정답 ④　

이사회는 출석한 직무청렴의무 위반자에게 사실내용에 관한 심문을 행하고 필요하다고 인정될 때에는 관계인의 출석을 요구하고 심문할 수 있다고 규정하고 있다.

오답해설
① 이사회는 재심청구를 받은 날로부터 30일 안에 이를 심의한다.
② 이사회는 직무청렴의무 위반사항을 의결할 때에는 청렴의무 위반자의 평소의 소행, 사건의 진상 등의 정상을 충분히 고려하여야 한다.
③ 이사회는 직무청렴의무 위반자에게 충분한 진술의 기회를 주어야 하며, 위반자는 서면 또는 구술로써 유리한 사실을 진술하거나 증거를 제출할 수 있다.
⑤ 제재를 받은 임원이 제재내용에 이의가 있을 경우에는 제재 통보를 받은 날로부터 7일 안에 이사회에 재심을 청구할 수 있으며 재심은 1회에 한정한다.

12　정답 ③　

실무위원회의 위원장은 광역교통위원회의 상임위원이 되므로 위촉이 필요하지 않다.

오답해설
① 실무위원회의 위원 위촉 시 성별을 고려해 위촉하는 50명 이내의 사람으로 한다.
② 실무위원회의 위원장은 광역교통위원회의 상임위원이 되므로 광역교통위원회의 구성원은 실무위원회의 구성원이 될 수 있다.
④ 광역교통에 관한 학식과 경험이 풍부한 사람 중에서 위원장이 위촉하는 경우 광역교통위원회의 위원은 될 수 있다.
⑤ 위원은 국토교통부장관이 임명 또는 위촉한다.

13　정답 ③　

기술위원회 위원의 임기는 3년으로 하되 연임할 수 있으며, 위촉한 위원의 결원이 발생하였을 경우에는 남은 임기동안 새로운 위원을 위촉할 수 있다(철도기술심의위원회 구성 및 운영 등에 관한 규정 제3조 제3항).

오답해설
① 철도기술심의위원회 구성 및 운영 등에 관한 규정 제4조 제1항
② 철도기술심의위원회 구성 및 운영 등에 관한 규정 제3조 제4항
④ 기술위원이 해촉되더라도 새로운 위원을 위촉하므로 기술위원회는 존속한다(철도기술심의위원회 구성 및 운영 등에 관한 규정 제3조 제3항).
⑤ 철도안전법 시행규칙 제44조에 규정된 사항을 심의하기 위하여 설치되었다.

14　정답 ②　

Ⅰ급비밀 취급 인가권자는 대법원장, 대법관, 법원행정처장이고, Ⅱ급 및 Ⅲ급비밀 취급 인가권자는 Ⅰ급비밀 취급 인가권자이다. 따라서 법원행정처장은 Ⅰ급비밀, Ⅱ급비밀, Ⅲ급비밀 모두에 대해 취급 인가권을 가진다.

오답해설
① 비밀 취급의 인가 및 해제와 인가 등급의 변경은 문서로 하여야 한다.
③ 비밀 취급의 인가는 대상자의 직책에 따라 필요한 최소한의 인원으로 제한하여야 한다.
④ 중대한 보안 사고는 과실인 경우도 비밀 취급 인가를 해제하여야 한다.
⑤ Ⅰ급비밀 취급을 인가하는 때에는 새로 신원조사를 실시하여야 한다.

15　정답 ②　

사업주는 성희롱 발생 사실을 신고한 근로자 및 피해근로자등에게 다음의 어느 하나에 해당하는 불리한 처우를 하여서는 아니 된다(남녀고용평등과 일·가정 양립 지원에 관한 법률 제14조 제6항).
1. 파면, 해임, 해고, 그 밖에 신분상실에 해당하는 불이익 조치
2. 징계, 정직, 감봉, 강등, 승진 제한 등 부당한 인사조치
3. 직무 미부여, 직무 재배치, 그 밖에 본인의 의사에 반하는 인사조치
4. 성과평가 또는 동료평가 등에서 차별이나 그에 따른 임금 또는 상여금 등의 차별 지급
5. 직업능력 개발 및 향상을 위한 교육훈련 기회의 제한
6. 집단 따돌림, 폭행 또는 폭언 등 정신적·신체적 손상을 가져오는 행위를 하거나 그 행위의 발생을 방치하는 행위
7. 그 밖에 신고를 한 근로자 및 피해근로자 등의 의사에 반하는 불리한 처우

16　정답 ④　

ㄴ. 지방보조사업자는 수익성 악화 등 사정의 변경으로 그 지방보조사업을 다른 사업자에게 인계하거나 중단 또는 폐지하려면 미리 도지사의 승인을 얻어야 한다.
ㄹ. ○○도 도지사는 지방보조금 지급대상사업인 상하수도 정비사업(총사업비 40억 원)에 대하여 최대 20억 원(상하수, 치수 : 총사업비의 30% 이상 50% 이하)을 지방보조금 예산으로 정할 수 있다.

오답해설
ㄱ. 경미한 내용변경이나 경미한 경비배분변경의 경우에는 도지사의 승인을 얻지 않아도 된다.

ㄷ. 시장, 군수는 도비보조사업에 대한 시·군비 부담액을 다른 사업에 우선하여 해당연도 시·군 예산에 반영하여야 하고, 도비보조사업과 무관한 자신의 공약사업 예산은 우선적으로 예산에 반영하지 않아도 된다.

17 정답 ①

제작자 승인의 결격사유(철도안전법 제26조의4)
1. 피성년후견인
2. 파산선고를 받고 복권되지 아니한 사람
3. 이 법 또는 대통령령으로 정하는 철도 관계 법령을 위반하여 징역형의 실형을 선고받고 그 집행이 종료(집행이 종료된 것으로 보는 경우를 포함한다)되거나 집행이 면제된 날부터 2년이 경과되지 아니한 사람
4. 이 법 또는 대통령령으로 정하는 철도 관계 법령을 위반하여 징역형의 집행유예 선고를 받고 그 유예기간 중에 있는 사람
5. 제작자승인이 취소된 후 2년이 경과되지 아니한 자
6. 임원 중에 제1호부터 제5호까지의 어느 하나에 해당하는 사람이 있는 법인

18 정답 ③ 

연구실적평가위원회의 표결은 무기명 투표로 하며, 재적위원 과반수의 찬성으로 의결하므로 항상 의결정족수는 3명이다.

오답해설

① 연구실적평가위원회는 위원장과 2명의 위원은 소속기관 내부 연구관 중에서, 위원 2명은 대학교수나 외부 연구기관, 단체의 연구관 중에서 연구실적평가위원회를 구성할 때마다 임용권자가 임명하거나 위촉한다.
② 위원장과 2명의 위원은 소속기관 내부 연구관 중에서 임명된다.
④ 연구실적평가위원회를 구성할 때마다 임용권자가 임명하거나 위촉한다.
⑤ 연구실적 심사평가를 3번 이상 통과한 연구사는 연구실적 결과물 제출을 면제받는다.

19 정답 ③ 

국토교통부장관은 철도보안·치안을 위하여 필요하다고 인정하는 경우에는 차량 운행정보 등을 철도운영자에게 요구할 수 있고, 철도운영자는 정당한 사유 없이 그 요구를 거절할 수 없다(제48조의2 제3항).

오답해설

① 제48조의2 제1항. 국토교통부장관은 철도차량의 안전운행 및 철도시설의 보호를 위하여 필요한 경우에는 「사법경찰관리의 직무를 수행할 자와 그 직무범위에 관한 법률」 제5조 제11호에 규정된 사람으로 하여금 여객열차에 승차하는 사람의 신체·휴대물품 및 수하물에 대한 보안검색을 실시하게 할 수 있다.
② 제48조의3 제1항. 보안검색을 하는 경우에는 국토교통부장관으로부터 성능인증을 받은 보안검색장비를 사용하여야 한다.
④ 제48조의2 제4항. 국토교통부장관은 철도보안정보체계를 운영하기 위하여 철도차량의 안전운행 및 철도시설의 보호에 필요한 최소한의 정보만 수집·관리하여야 한다.

⑤ 제48조의2 제2항. 국토교통부장관은 제1항의 보안검색 정보 및 그 밖의 철도보안·치안 관리에 필요한 정보를 효율적으로 활용하기 위하여 철도보안정보체계를 구축·운영하여야 한다.

20 정답 ② 

청원경찰을 배치받으려는 기관의 장 등은 관할 지방 경찰청장에게 청원경찰 배치를 신청하여야 한다. 따라서 청원경찰은 기관의 장 등의 신청에 의해서도 배치될 수 있다.

오답해설

① 청원경찰의 임용승인은 관할 지방경찰청장의 승인을 받아야 한다.
③ 청원경찰의 임용자격, 임용방법, 교육 및 보수에 관하여는 대통령령으로 정한다.
④ 청원경찰은 수사활동 등 사법경찰 관리(司法警察官吏)의 직무를 수행해서는 아니 된다.
⑤ 청원주가 청원경찰이 휴대할 무기를 대여받으려는 경우에는 관할 경찰서장을 거쳐 지방경찰청장에게 무기대여를 신청하여야 한다.

21 정답 ④ 

국토교통부장관은 거짓이나 그 밖의 부정한 방법으로 승인을 받은 경우에는 승인을 취소하여야 한다(제9조 제1항 제1호).

오답해설

① 제7조 제2항. 전용철도의 운영자는 자체적으로 안전관리체계를 갖추고 지속적으로 유지하여야 한다.
② 제7조 제3항. 철도운영자등은 승인받은 안전관리체계를 변경하려는 경우에는 국토교통부장관의 변경승인을 받아야 한다.
③ 제8조 제1항. 철도운영자등은 철도운영을 하거나 철도시설을 관리하는 경우에는 제7조에 따라 승인받은 안전관리체계를 지속적으로 유지하여야 한다.
⑤ 제9조 제2항. 승인 취소, 업무의 제한 또는 정지의 기준 및 절차 등에 관하여 필요한 사항은 국토교통부령으로 정한다.

22 정답 ⑤ 

ㄷ. 제□□조 제1항. 고시된 중요정보를 표시·광고하지 않은 경우에는 1억 원 이하의 과태료를 부과할 수 있으므로 공정거래위원회는 5천만 원의 과태료를 부과할 수 있다.
ㄹ. 제△△조 제1항. 공정거래위원회는 상품 등이나 거래 분야의 성질에 비추어 소비자 보호 또는 공정한 거래질서 유지를 위하여 필요한 경우에는 사업자가 표시, 광고에 포함하여야 하는 사항과 표시, 광고의 방법을 고시할 수 있다.

오답해설

ㄱ. 제△△조 제1항. 공정거래위원회는 상품 등이나 거래 분야의 성질에 비추어 소비자 보호 또는 공정한 거래질서 유지를 위하여 필요한 경우에는 사업자가 표시, 광고에 포함하여야 하는 사항과 표시, 광고의 방법을 고시할 수 있다.
ㄴ. 제○○조 제2항. 비방적인 표시, 광고의 행위를 하거나 다른 사업자로 하여금 하게 한 사업자는 2년 이하의 징역 또는 1억 5천만 원 이하의 벌금에 처한다.

23　정답 ④　

윗글은 여객운송약관의 일부로 휴대금지품과 휴대제한 물품에 관한 내용이다. 따라서 '휴대금지 및 제한 물품'이 제목으로 적절하다.

24　정답 ⑤　

식품의약품안전처장은 수입신고된 수입식품이 우수수입업소로 등록된 자가 수입하는 수입식품에 해당하는 경우에는 수입식품의 검사 전부 또는 일부를 생략할 수 있다.

오답해설

① 수입신고를 하려는 자(업소를 포함한다)는 해당 수입식품의 안전성 확보 등을 위하여 식품의약품안전처장이 정하는 기준에 따라 해외 제조업소에 대하여 위생관리 상태를 점검할 수 있고, 위생관리 상태를 점검한 자는 식품의약품 안전처장에게 우수수입업소 등록을 신청할 수 있다.

② 우수수입업소 등록의 유효기간은 등록된 날부터 3년으로 2월 20일에 우수수입업소로 등록되었다면, 그 등록은 2023년 2월 20일까지 유효하다.

③ 식품의약품안전처장은 우수수입업소가 거짓이나 그 밖의 부정한 방법으로 등록된 경우 등록을 취소하여야 한다.

④ 수입식품 수입. 판매업의 시설기준을 위배하여 영업정지 2개월 이상의 행정처분을 받은 경우는 등록을 취소하거나 시정을 명할 수 있지만 영업정지 1개월의 행정처분을 받았다면. 그 때로부터 丁은 우수수입업소 등록을 신청할 수 있다.

25　정답 ③　

국방부장관이 아니라 국토교통부장관이 인정하는 사람이다.

오답해설

① 2. 철도기술분야 및 철도관련 생산업체에서 10년 이상 해당 기술 분야에 근무한 경력이 있는 사람

② 3. 「고등교육법」 제2조에 의한 대학, 산업대학, 교육대학, 전문대학, 원격대학, 기술대학 등에서 5년 이상 철도관련분야의 연구경력이 있는 사람

④ 4. 「국가표준기본법」 제23조에 의한 공인 시험 · 검사기관의 선임연구원급 이상인 사람

⑤ 6. 철도관련의 협회. 단체 또는 중소기업협동조합의 이사직 이상인 사람

26　정답 ①　

농식품투자조합이 해산하면 업무집행조합원이 청산인이 된다. 다만 조합의 규약으로 정하는 바에 따라 업무집행 조합원 외의 자를 청산인으로 선임할 수 있다.

오답해설

② 조합은 그 채무에 대하여 무한책임을 지는 1인 이상의 조합원(이하 '업무집행조합원'이라 한다)과 출자액을 한도로 하여 유한책임을 지는 조합원(이하 '유한 책임조합원'이라 한다)으로 구성한다.

③ 업무집행조합원은 농식품투자조합의 업무를 집행할 때 농식품투자조합의 재산으로 지급보증 또는 담보를 제공하는 행위를 하여서는 아니 된다.

④ 농식품투자조합의 해산 당시의 출자금액을 초과하는 채무가 있으면 업무집행조합원이 그 채무를 변제하여야 한다.

⑤ 농식품투자조합의 자산이 출자금 총액보다 적어지거나 그 밖의 사유가 생겨 업무를 계속 수행하기 어려운 경우로서 조합원 총수의 과반수와 조합원 총지분 과반수의 동의를 받은 경우 해산한다.

27　정답 ③　

제47조 제3호를 위반하면 1천만 원 이하의 과태료를 부과한다.

오답해설

① 제79조 제3항에 의하여 2년 이하의 징역 또는 2천만 원 이하의 벌금에 처해 질 수 있다.

② 흡연을 한 경우 제50조에 의하여 열차 밖이나 대통령령으로 정하는 지역 밖으로 퇴거시키거나 철거할 수 있다.

④ 제47조 제7호에 의하여 민원이 제기되면 열차 밖이나 대통령령으로 정하는 지역 밖으로 퇴거시키거나 철거할 수 있다.

⑤ 철도종사자와 여객 등에게 성적(性的) 수치심을 일으키는 행위는 500만 원 이하의 벌금에 처한다.

28　정답 ⑤　

제□□조 제1항. 난자 또는 정자의 기증자가 배아의 보존기간을 5년 미만으로 정한 경우에는 이를 보존기간으로 한다. 배아의 보존기간이 지난 잔여 배아는 발생학적으로 원시선(原始線)이 나타나기 전까지만 체외에서 난임치료법 및 피임기술의 개발을 위한 연구 목적으로 이용할 수 있다.

오답해설

① 제△△조 제3항. 누구든지 금전, 재산상의 이익 또는 그 밖의 반대급부를 조건으로 배아나 난자 또는 정자를 제공 또는 이용하거나 이를 유인하거나 알선하여서는 아니 된다.

② 제□□조 제1항. 배아의 보존기간은 5년으로 하고, 난자 또는 정자의 기증자가 배아의 보존기간을 5년 미만으로 정한 경우에는 이를 보존기간으로 한다.

③ 제△△조 제2항. 누구든지 배아를 생성할 때 미성년자의 난자 또는 정자로 수정하는 행위를 하여서는 아니 된다.

④ 제◇◇조. 보존기간이 남은 잔여배아는 발생학적으로 원시선이 나타나기 전이라면 체외에서는 이용할 수 있지만, 체내에서 난치병 치료를 위한 연구 목적으로 이용할 수 없다.

29　정답 ①　

ㄱ. 누구든지 공표된 저작물을 저작권자의 허락없이 청각장애인을 위하여 한국수어로 변환할 수 있으며 이러한 한국수어를 복제, 배포, 공연 또는 공중송신할 수 있다.

ㄴ. 한국어수어통역센터가 영리를 목적으로 하지 아니하고 청각장애인의 이용에 제공하기 위하여, 공표된 영화에 포함된 음성을 자막으로 변환하여 배포하는 행위는 할 수 있다.

ㄷ. 점자도서관이 영리를 목적으로 하지 아니하고 시각 장애인의 이용에 제공하기 위하여, 어문저작물을 저작권자의 허락 없이 녹음하여 복제하거나 디지털음성정보 기록방식으로 복제, 배포 또는 전송할 수 있지만 공표된 피아니스트의 연주 음악을 녹음하여 복제, 전송하는 행위는 할 수 있다.

30 정답 ② 

당사자의 신문이 중복되거나 쟁점과 관계가 없는 때, 그밖에 필요한 사정이 있는 때에 재판장은 당사자의 신문을 제한할 수 있다.

① 재판장은 언제든지 신문할 수 있다.

③ 재판장은 당사자의 의견을 들어 신문의 순서를 바꿀 수 있다. 따라서 재판장은 A가 丁에 대한 신문을 바꾸기 위해서는 甲과 乙의 의견을 들어야 한다.

④ 증인은 따로따로 신문하여야 한다. 재판장은 필요하다고 인정한 때에는 증인 서로의 대질을 명할 수 있다. 따라서 재판장 A가 필요하다고 인정한 때 丙과 丁의 대질을 명할 수 있다.

⑤ 증인은 서류에 의하여 진술하지 못하지만 재판장이 허가하면 서류에 이해 진술할 수 있다.

31 정답 ③ 

ㄴ. 유치권자는 채권의 변제를 받기 위하여 유치물을 경매할 수 있으므로 乙은 수선비의 변제를 받기 위해 그 옷을 경매할 수 있다.

ㄷ. 유치권은 점유의 상실로 인하여 소멸하므로 乙이 도둑맞아 점유를 상실하였다면 乙의 유치권은 소멸한다.

ㄱ. 유치권자는 채권 전부의 변제를 받을 때까지 유치물 전부에 대하여 그 권리를 행사할 수 있다. 甲이 수선비의 일부 지급한다면 乙은 수선한 옷을 돌려주지 않아도 된다.

ㄹ. 유치권자는 채무자의 승낙 없이 유치물의 사용, 대여 또는 담보제공을 하지 못한다. 乙은 수선한 옷을 甲의 승낙 없이 다른 사람에게 대여할 수 없다.

32 정답 ① 

ㄱ. 기획재정부장관은 미합중국통화 또는 그 밖의 자유교환성 통화나 금(金) 또는 내국통화로 그 출자금을 한꺼번에 또는 분할하여 납입할 수 있다.

ㄴ. 기획재정부장관은 미합중국통화 또는 그 밖의 자유교환성 통화나 금(金) 또는 내국통화로 그 출자금을 한꺼번에 또는 분할하여 납입할 수 있다.

ㄷ. 기획재정부장관은 내국통화로 출자하는 경우에 그 출자금의 전부 또는 일부를 국무회의의 심의를 거쳐 대통령의 승인을 받아 내국통화로 표시된 증권으로 출자할 수 있다.

ㄹ. 기획재정부장관은 출자한 증권의 전부 또는 일부에 대하여 각 국제금융기구가 지급을 청구하면 지체 없이 이를 지급하여야 한다.

33 정답 ① 

지방의회는 감사원에 감사를 청구할 수 있다. 노후수도 설비교체사업 중 발생한 예산낭비에 관한 사항에 대하여 감사원에 감사를 청구할 수 있다.

② B정당의 사무총장은 감사청구의 주체가 아니다.

③ D정부투자기관의 장은 감사를 청구할 수 있다. 자체감사기구에서 직접 처리하기 어려운 부득이한 사유가 있거나 자체감사기구가 없는 경우에 한한다.

④ 수사 결과, 판결, 재결, 결정 또는 화해, 조정, 중재 등에 의하여 확정되었거나 형 집행에 관한 사항은 감사청구의 대상에서 제외한다.

⑤ 감사청구의 대상은 공공기관에서 처리한 사무처리가 대상이므로 민간 유통업체는 감사를 청구할 수 없다.

34 정답 ④ 

ㄱ. 건의민원을 접수한 경우에는 10일 이내에 처리하여야 한다. 6일 이상이면 일 단위로 계산하고, 8월 7일부터 21일 사이에 공휴일이 12일, 13일, 15일, 19일, 20일이 있으므로 21일 14시에 처리하였으면 기간 내에 처리한 것이다.

ㄷ. 기타민원을 접수한 경우에는 즉시 처리하여야 한다. 5일 이하로 정한 경우에는 민원의 접수시각부터 시간 단위로 계산하고, 이 경우 1일은 8시간의 근무시간을 기준으로 한다. 8월 16일 17시 민원을 17일 10시에 처리한 것은 기간 내에 처리한 것이다.

ㄹ. 제도 · 절차 등에 관해 설명이나 해석을 요구하는 질의 민원의 처리기간은 4일이다. 5일 이하로 정한 경우에는 민원의 접수시각부터 시간 단위로 계산하고, 이 경우 1일은 8시간의 근무시간을 기준으로 한다. 17일 6시간, 18일 8시간, 21일 8시간, 22일 4시간으로 32시간 이내에 처리한 것은 기간 내에 처리한 것이다.

ㄴ. 행정기관의 장은 고충민원을 접수한 경우에는 7일 이내에 처리하여야 한다. 단, 고충민원의 처리를 위해 14일의 범위에서 실지조사를 할 수 있고, 이 경우 실지조사 기간은 처리기간에 산입(算入)하지 아니한다. 8월 14일부터 10일간(8월 28일) 실지조사를 하고 7일을 추가하면 9월 6일까지 처리하여야 한다.

35 정답 ① 

국내에서의 새로운 기술을 기준으로 하면 이미 다른 나라에서 널리 알려진 것이라도 A국에서 특허권을 부여받을 수 있다.

오답해설

② 보호기간은 특허권을 부여받은 날로부터 10년이므로 11년이 지난 손전등을 제조 · 판매하기 위해서 발명자로부터 허락을 받을 필요가 없다.

③ 새로운 기술로 석유램프를 발명한 자는 특허권을 주는 것이지 금전적 보상에 관한 내용은 없다.

④ 특허권은 신청에 의한 특허심사절차를 통해 부여하는 방식을 채택하고 있다. 따라서 특허심사절차를 밟아야 A국 내에서 다른 사람이 그 필기구를 무단으로 제조 · 판매하는 것을 금지시킬 수 있다.

⑤ 특허권의 효력발생범위를 A국 영토 내로 한정하고 있으므로 다른 나라에서 그 망원경을 무단으로 제조 및 판매한 자로부터 A국 특허법에 따라 손해배상을 받을 수 없다.

36 정답 ③

제○○조 제2항. 월령 2개월 이상인 개인 경우 표시한 인식표를 그 개에게 부착하여야 한다. 따라서 월령 1개월인 맹견은 인식표를 부착하지 않아도 된다.

오답해설

① 제□□조 제1항 제2호. 월령이 3개월 이상인 맹견을 동반하고 외출할 때에는 목줄과 입마개를 해야 한다. 월령 1개월인 맹견은 목줄과 입마개를 하지 않아도 된다.

② 제□□조 제3항. 맹견의 소유자는 맹견의 안전한 사육 및 관리에 관하여 정기적으로 교육을 받아야 한다.

④ 제□□조 제2항. 시장 · 군수 · 구청장은 맹견이 사람에게 신체적 피해를 주는 경우, 소유자의 동의 없이 맹견에 대하여 격리조치 등 필요한 조치를 취할 수 있다.

⑤ 제△△조 제2항. B에게 목줄을 하지 않아 사람의 신체를 상해에 이르게 한 자는 2년 이하의 징역 또는 2천만 원 이하의 벌금에 처한다.

37 정답 ⑤

부위원장은 해당 지방의회 의원 2명, 해당 지방자치단체 소속 행정국장, 기획관리실장 4명 중에서 선임하므로 I는 부위원장으로 선임될 수 있다.

오답해설

① B는 시민연대 회원이므로 시민단체에서 추천한 자로 위촉하여야 한다.

② 위원은 소속 공무원인 경우에는 그 직위에 재직 중인 기간으로 하므로 명예퇴직하면 위원직을 유지할 수 없다.

③ 위원 중 결원이 생겼을 경우 그 자리에 새로 위촉된 위원의 임기는 전임자의 남은 기간으로 한다.

④ 위원의 임기는 2년으로 하되, 한 차례만 연임할 수 있다. F가 최초로 위촉된 일자가 2014. 9. 1.이므로 연임이 불가능하다.

38 정답 ③

• 甲(56세) : 제1항 제1호. 사업주가 근로자 대표의 동의를 받아 정년을 60세 이상으로 연장하면서 55세 이후부터 일정 나이, 근속시점 또는 임금액을 기준으로 임금을 줄이는 제도를 시행하는 경우에 해당한

다. 임금피크제 지원금은 해당 사업주에 고용되어 18개월 이상을 계속 근무한 자가 받을 수 있으므로 3년간 계속 근무하고 있고, 임금이 4,000만 원에서 3,500만 원으로 100분의 10 이상 낮아졌기 때문에 임금피크제 지원금을 받을 수 있다.

• 丙(56세) : 제1항 제2호, 제3호. 사업주가 재고용하면서 주당 소정의 근로시간을 15시간 이상 30시간 이하로 단축하는 경우에 해당한다. 임금이 2,000만 원에서 1,200만 원으로 100분의 30 이상 낮아졌기 때문에 임금피크제 지원금을 받을 수 있다.

오답해설

• 乙(56세) : 제1항 제2호. 정년을 55세 이상으로 정한 사업주가 정년에 이른 사람을 재고용(재고용 기간이 1년 미만인 경우는 제외 한다)하면서 정년퇴직 이후부터 임금만을 줄이는 경우에 해당하지만 乙은 재고용 기간이 10개월이고 1년 미만인 경우에 해당하여 임금피크제 지원금 지원대상이 아니다.

39 정답 ①

ㄱ. 제△△조 제1항. 시 · 도 교육감은 폐교재산을 교육용시설, 사회복지시설, 문화시설, 공공체육시설로 활용하려는 자 또는 소득증대시설로 활용하려는 자에게 그 폐교재산의 용도와 사용 기간을 정하여 임대할 수 있다. 따라서 폐교가 소재하는 시 · 군 · 구에 거주하지 않은 사람도 임대할 수 있다.

ㄴ. 제△△조 제2항. 폐교재산을 임대하는 경우, 연간 임대료는 해당 폐교재산평정가격의 1천분의 10을 하한으로 한다. 문화시설로 사용하는 경우 연간 임대료의 1천분의 500이다. 따라서 폐교재산평정가격이 5억 원인 폐교재산은 0.5%인 250만 원이다.

오답해설

ㄷ. 제□□조 제1항 제3호. 폐교가 소재한 시, 군, 구에 주민등록이 되어 있고 실제 거주하는 지역주민이 공동으로 폐교재산을 소득증대시설로 사용하려는 경우로 지역주민이 단독으로 폐교재산을 소득증대시설로 사용 하려는 경우는 해당하지 않는다.

ㄹ. 제□□조 제2항. 공공체육시설로 사용하는 경우 연간 임대료의 감액분은 연간 임대료의 1천분의 500을 초과하지 아니하는 범위에서 정한다.

40 정답 ⑤

제2항. 산림청장 등은 산지전용허가가 신청을 받은 때에는 허가대상 산지에 대하여 현지조사를 실시하여야 한다. 다만 산지전용타당성조사를 받은 경우에는 현지조사를 않고 심사할 수 있다.

오답해설

① 제1항 제2호. 산지전용허가를 받으려는 산지의 면적이 50만㎡ 이상 200만㎡ 미만인 경우에 사유림의 산지인 경우 시 · 도지사에게 신청서를 산림청장에게 제출해야 한다.

② 제1항 제1호. 산지전용허가를 받으려는 산지의 면적이 200만㎡ 이상인 경우 산림청장에게 신청서를 산림청장에게 제출해야 한다.

③ 제3항 제1호. 산지전용허가를 받으려는 자는 사업계획서(산지전용의 목적, 사업기간 등이 포함되어야 한다) 1부를 제출하여야 한다.

④ 제3항. 산림조사서 1부는 전용하려는 산지의 면적이 65만㎡ 미만인 경우에는 제외한다.

CHAPTER 04 상황판단

01 ③　　**02** ②　　**03** ④　　**04** ③　　**05** ④

01　정답 ③　　

이동편의시설을 위한 투자금액은 감소 후 증가하고 투자금액은 2019년이 390억 원으로 가장 크다.

오답해설

① 총 투자금액은 2020년에 1,870억 원으로 가장 적다.
② 노후통신 개량을 위한 투자금액은 매년 5억 원씩 증가하고 있다.
④ 양방향신호에 대한 총 투자금이 100억 원으로 가장 적다.
⑤ 승강장조명설비를 제외하고는 3년 동안 매년 투자가 이루어지고 있다.

02　정답 ②　　

가족친화지수의 순위에 관한 자료를 통하여 가족친화지수의 영역별 순위와 점수를 판단하면 다음과 같다.

- 탄력적 근무제도는 3위에 해당한다.
- 가족친화 문화조성 지수＝부양가족 지원제도 지수×3
- 자녀출산, 양육 교육 지원제도의 지수＝가족친화 문화조성 지수＋10점
- 노동자 지원제도 지수＝가족친화 문화조성 지수－20점
- 부양가족 지원제도 지수는 21점이므로 가족친화 문화조성 지수 63점, 자녀출산, 양육 교육 지원제도의 지수 73점, 노동자 지원제도 지수 43점이다.

탄력적 근무제도 지수는 3위이므로 43점 초과 63점 미만이다.

오답해설

① 노동자 지원제도 지수는 43점이다.
③ 부양가족 지원제도 지수는 21점으로 5개 영역 중 가장 낮다.
④ 신문기사의 마지막 부분에서 가족친화지수는 점점 증가하는 추세에 있다.
⑤ 자녀출산, 양육 교육 지원제도의 지수가 73점으로 가장 높다.

03　정답 ④　　

1998년 개발도상국에 대하여 이루어진 은행 융자 총액은 500억 달러였으나 2005년에 은행 융자 총액이 670억 달러가 되었다.

오답해설

① 첫 번째 문단에서 개발도상국에 대한 투자는 경영에 대한 영향력보다는 경제적 수익을 추구하기 위한 투자이고, 외국인 직접투자는 회사 경영에 일상적으로 영향력을 행사하기 위한 투자이다.
② 두 번째 문단에서 해외 원조가 최근 경제학자들 사이에서는 그러한 경제적 효과가 없다는 주장이 점차 힘을 얻고 있다.
③ 개발도상국으로 흘러드는 외국자본은 원조, 은행 융자, 포트폴리오 투자와 외국인 직접투자로 이루어진다.
⑤ 외국인의 채권 매수는 1998~2002년에는 연평균 230억 달러, 2003~2005년에는 연평균 440억 달러였고, 포트폴리오 투자는

1998~2002년에는 연평균 90억 달러로 떨어졌고, 2003~2005년에는 연평균 410억 달러였다. 채권 증감액은 210억 달러, 포트폴리오 투자 증감액 320억 달러로 포트폴리오 투자가 채권보다 증감액이 더 크다.

04　정답 ③　　

세 번째 문단에서 훈장은 본인에 한하여 종신 패용할 수 있고, 사후에는 그 유족이 보존하되 패용하지는 못한다.

오답해설

① 첫 번째 문단에서 훈장 등 12종이 있고, 무궁화대훈장(무등급)을 제외하고는 각 훈장은 모두 5개 등급으로 나누어져 있으므로 11×5+1＝56개로 구분한다.
② 첫 번째 문단에서 포장에는 12종이 있고, 훈장과는 달리 등급이 없다.
④ 두 번째 문단에서 서훈대상자는 국무회의의 심의를 거쳐 대통령이 결정한다.
⑤ 네 번째 문단에서 훈장을 받은 자의 공적이 허위임이 판명되어 서훈이 취소된 경우 서훈을 취소하고 훈장과 이에 관련하여 수여한 금품을 환수한다.

05　정답 ④　　

ㄴ. 첫 번째 문단에서 주가 폭락 사태로 위기를 맞았을 때 정책당국이 어떤 행동을 취했다면 대공황을 막을 수 있었을까에 대한 내용과 두 번째 문단에서 가장 시급한 조치는 금리인하였을 것이라는 내용에서 금리인하를 해결방안으로 볼 수 있다.
ㄹ. 네 번째 문단에서 주가 폭락 사태로 경제 전반의 수요가 둔화되었다면 경제 전체에 물가는 떨어지고 경제성장률은 하락할 수밖에 없을 경우 정부가 재정지출을 늘리거나 통화공급을 확대하는 방향으로 대응하는게 더 적절할 것으로 보아 정부가 주도적으로 물가조절 정책을 시행하는 것이 적절한 방안이 될 수 있다.

www.siscom.co.kr ●